人文社会科学
基础文献选读

罗卫东 主编

语言学
基础文献选读

Essential Readings in Linguistics

施　旭　编选

ZHEJIANG UNIVERSITY PRESS
浙江大学出版社

图书在版编目(CIP)数据

语言学基础文献选读/施旭编选. — 杭州:浙江大学出版社,2011.5

(人文社会科学基础文献选读)

ISBN 978-7-308-08321-8

Ⅰ.①语… Ⅱ.①施… Ⅲ.①语文学—文集 Ⅳ.①H0-53

中国版本图书馆 CIP 数据核字(2011)第 000444 号

语言学基础文献选读

施 旭 编选

丛书主持	陈丽霞 王长刚
责任编辑	王长刚
装帧设计	张志伟
出版发行	浙江大学出版社
	(杭州天目山路 148 号 邮政编码 310007)
	(网址:http://www.zjupress.com)
排 版	杭州天一图文制作有限公司
印 刷	杭州富春印务有限公司
开 本	710mm×1000mm 1/16
印 张	23.75
字 数	376 千
版 印 次	2011 年 5 月第 1 版 2011 年 5 月第 1 次印刷
书 号	ISBN 978-7-308-08321-8
定 价	45.00 元

总　序

不同于很多前贤往哲，也不同于一些朋友和同事，我一向认为什么是合格的阅读总是不该一概而论的。

对于我们这些大部分时间都呆在书斋里的人而言，对经典的深入阅读以及由此而引发的思考不仅是一种享受，而且简直就是天经地义的事情，是责任，是劳作，是生产……埋首于自家书房或图书馆，潜心阅读已经成为一种基本的存在方式。但是，对这个社会的绝大多数人而言，阅读也许只是他可以选择的若干彼此竞争的消费方式中的一种。对于他们而言，读还是不读，取决于读物本身能否给他带来快乐，他的时间和心境是否刚好适宜于读书以及其他一些十分偶然和情境性的因素。对于这两种人来说，几乎不会在读书问题上有什么困惑和尴尬，似乎也没有挥之不去的焦虑。

但这个世界上还存在一个不小的人群，现状要求他们要认真读些有价值的文献，但其知识背景和心境则无法满足这样的要求。他们不断地学习各种教材和教辅，应付各种考试，而很少甚至从未接触过带有思想的文字。读书，对于他们而言只是应付学业的需要。受制于各种主客观因素，他们缺乏深度阅读和思考的可能性，却还是希望有一种阅读能够使他们摆脱机械式记忆和浮光掠影般浏览的夹击。他们未必愿意像专家那样读书，但也不想浑浑噩噩地沉溺于只会造成无数飘浮的知识碎片的阅读方式。依我看，大多数在高校中就学的人以及一部分走上社会还需要更新知识和提升认识能力的人都属于这个群体。借用经济学的术语，也许我们可以把他们称作是介于"生产型"的少数专业读者和"消费型"的广大社会读者之间的"中层读者"，是"投资型"的读者。

对于这些人而言，时间始终是一个极为坚硬的约束。他们要应付各种各样的学业和工作的压力，即使是全日制学生，阅读时间也很难得到保证。很多学生在大学阶段后期以及在研究生阶段的几乎全部时间都陷入了学习知识和寻找工作的矛盾之中，时间正是在这样的困惑之中渐渐被耗掉；另一方面，他们受制于自己有限的判断力，面对浩如烟海的资讯而一筹莫展。尤其是对于一个进入大学不久，开始向专业领域迈进的大学生而言，最大的困惑就是不知道哪些东西是必须读的，如果不读就很难掌握专业知识的核心和精髓。若像无头苍蝇一般，放任自己尚不成熟的兴趣和不很可靠的判断力，靠自己摸索和试错，那么在时间和精力上必然耗费太多，而收效则全然不确定。这样的阅读是不"经济"的。

很多大学教师，常常感叹这一代学生的意志薄弱和贪图享受，抱怨甚至指责他们不能认真地读些正经的东西；但对这种不能令人满意的状况，他们却采取了袖手旁观的态度，这是令人遗憾的！我觉得当务之急是想办法帮助学生摆脱阅读上遭遇的困境，改善他们的阅读生活，尤其是要提高他们阅读专业文献的质量。要做到这一点，最重要的是要向学生们提供合适的阅读材料。

所谓"合适的阅读材料"，简言之，就是能够兼顾目前包括大学生在内的"中层读者"的现实约束和各学科专业基础的内在要求两方面情况的文献。具体说来：

所选的文献在内容上是必需的。它们基本上覆盖了学科基础甚至主干的重要方面。这些文献能够在学科的知识内容、方法内容和思想内容三者之间保持应有的平衡。无论是初学者还是有一定基础的读者，围绕这些文献的阅读、交流和思考都能够有益于把握学科的基本观念和核心范式。

所选的文献难度适中，可以兼容专业和非专业、教学和自学的要求。对于学科基础处于中等水平的专业学生，自学应该没有什么大的困难；如有教师讲解，则基础略差一些的学生也可以较好掌握；对于基础较好的非专业读者,应该也能读懂其中的大部分文献并有所收获。

所选的文献在分量上面也是适中的。我们的基本考虑是,按照在校学生每周一篇的阅读速度,半年左右可以比较仔细地通读全部的文献。这样的时间投入,对于全日制的在校学生而言可以比较轻松地予以保证;对于利用业余时间阅读的其他读者而言,稍做规划,这点时间也是可以安排出来的。

我们认为,国内迄今为止问世的各种阅读文献选编,林林总总虽然不少,但符合上述要求的"合适的阅读材料"则比较缺乏。鉴于此,我们决定组织专家来做一做这个工作。希望这套丛书能够成为这样一个"合适的阅读材料",发挥导引读者步入学科堂奥的台阶和通向开放的未来的知识桥梁的功能。

承担这套丛书选编工作的基本上都是浙江大学各相关学科具有较高学术水平和丰富教学经验的教授和博导。大多数本子也都是他们在自己的学科为学生开文献研读课所用的教材。在公开出版之前,我们对丛书体例、文献分量做了大致的规范,基本上做到了在形式和内容上的统一。

需要说明的是,我们本着"合适的阅读材料"的宗旨对各位选编者提出了比较明确的要求,而且在整个过程中,经常通过各种方式来沟通和调整以便形成基本一致的风格。但既然是教授个人主持选编,则对何为学科基础文献的理解总是受其眼光、学识、学术偏好和品位的影响的,所选的内容总还是有一些个性化。好在人文社会科学的基础文献其实是一个具有包容性、开放性的概念,这意味着带有个性不仅是允许的而且是有意义的。当然,效果如何还得看读者的反应。

由于多种原因的制约,本丛书一定还存在这样那样的有待改进之处。作为一种尝试,既希望得到方家的鼓励和有益的评论,更希望得到来自广大读者的反馈意见和建议。我们希望大家以不同的方式参与到我们的工作中来,帮助我们把此项工作做得更好。

罗卫东

目　录

导　言

　　自改革开放以来,特别是 20 世纪 80 年代中期以来,国内翻译和介绍的关于语言学特别是西方语言学的文章和书籍层出不穷,为我国语言学的发展与国际对话提供了一定的必要条件。然而,这些译介性文献一般都聚焦在西方某些学者或某些流派上;而且,它们往往只侧重语言学的理论和方法问题,而忽视了深层的文化问题、语言哲学问题和语言研究对现实问题的关切等。实际上,随着国际社会科学的交叉与反思的不断进行,语言学领域已经发生了很大的变化,这特别反映在学科的拓展与交融(比如语言学延伸到话语学、语言哲学、文化学、文学批评、妇女研究、传播学、修辞学、心理学、社会学等领域)、学科的语言转向(比如出现了以语言研究为核心的批判心理学)以及对社会问题的关注(比如批判话语分析)等上面。本书的目的就在于,在本书范围内,为国内人文社会科学领域的年轻学者和学生,特别是以语言、修辞、传播、文化为研究对象和主修内容的学者和学生,提供一个既较为广阔、系统,又较为具体、详尽的语言学基础文献读本。

　　在对本书所选文献进行讨论之前,先简要介绍一下现当代语言学的概貌。现当代语言学起源于 20 世纪初,以瑞士语言学家索绪尔的《普通语言学教程》(1916) 为代表和基础。从严格意义上说,现当代语言学指的是西方结构主义语言学;但由于结构主义又深刻地影响了 20 世纪 70 年代初兴起的以同时考虑语境为共同特征的话语分析、社会语言学、语用学等,所以后者可以称之为西方后结构主义语言学。本读本包括的内容是广义的。因为本读本是从不同学派的代表人物及其代表作品入手的,所以下面我就以西方结构主义语言学和后结构主义语言学的普遍特点为分析重点,这样可以从思想性上帮助读者理解西方现代语言学。

1. 结构主义语言学认为人类自然语言是一个以句子为最大单位的符号规则系统,分三个不同层次:音位系统、词法系统和句法系统。这种符号规则系统是语言学的研究对象和目标。

2. 结构主义语言学认为作为符号规则系统的语言也是一套思想系统,是一种能力,与外部世界的性质不同,它决定正确语句的使用。

3. 这种思想系统是人们共有的,在一个时期内是稳定的,虽然不同的人在不同的场合会有不同的表现形式。

4. 在结构主义语言学中,一个特殊情况就是功能主义语言学,它认为语言符号系统受到外部世界的影响,即实现人们的社会需要,所以它是功能性的。

5. 作为对结构主义语言学的拓展,后结构主义语言学认为语言能力(或规则系统)不得不包括在特定的场合下使用这些符号规则的规则,由此就出现了话语分析、社会语言学、语用学,等等。

6. 后结构主义语言学认为句子以上的在特定场合下的使用以及更大单位的会话、篇章,具有同样的或类似的规则系统,这些也应该是语言学的研究对象。

7. 受功能主义语言学的影响,后结构主义语言学认为,在特定语境下的语言使用同样是功能性的,因此间接地反映社会现实,甚至构建社会现实。

8. 西方现代语言学认为语言与世界是两个不同性质的事物,两者关系是机械的(分离的或再现的或间接反映的)。

本读本在选择文献时特别注重展示语言学的基础思想和问题意识,为此,我们选择了该领域中最具影响力的一些作者及其代表作品;与此同时,我们选择了反映这些学者的基本观念、出发点和所研究问题的篇章。此外,我们也力争在本书里表现出当今语言学的学术思想和所研究问题的广度,为此,我们不仅收集了学界已较熟悉的功能语言学、形式语言学、语用学,还选择了传播交际学、民俗学、文化学、社会学等中涉及语言的文献。当然,语言学中不是只有西方国家的理论、方法和志趣,除此之外,其他文化中也存在关于语言、文学、修辞、传播、话语的研究以及相关概念、原则和研究方法,它们同样值得我们去了解。为此,我们加入了一些亚洲和苏联的研究成果。最后,我们希望通过这个读本,除了反映关注抽象的语言现象和问题之外,还反映如许多学者从语言理论和语言分析的视角去研究的社会现实问题。因此,本书呈现的应该是具有多种目的的现当代语言学。

在阅读这本文选时,读者还需注意以下几点:

第一,目前的语言学研究内容其实是纷繁复杂的。现在已知的西方语言学比目前国内所介绍的要宽广、丰富得多,虽然我们在本读本中力图全面反映西方语言学,但还是远不够理想。另外需提到的是,有些语言学、话语学的理论和方法在我国已有很多译介,所以我们把有限的篇幅留给了那些应该却没有被关注或关注甚少的文献。还有一些流派有不同的代表人物和代表作,但考虑到篇幅限制,我们未收录相关学者及其作品;但是,我们在每一篇的结尾为读者提供了可进一步拓展阅读的文献列表,以弥补此缺憾。

第二,语言学研究的各种范式其实都包括了相应的语言哲学、理论、方法、问题意识等不同环节,我们不可能在这样一个文选里将它们的全貌展现出来。但从外语学界以外的、希望基本了解现当代语言学的学者和学生的角度出发,在选材上我们偏重于基本语言观、理论、方法、研究方向或问题方面的文献,并将这些文献大略分为语言哲学、语言理论和研究方法三个部分。所以,尽管像乔姆斯基和韩礼德这样的语言学家在语言学方面的贡献主要在理论方面,而在本读本里我们却采用了他们讨论语言哲学方面的篇章;在研究方法方面本读本则呈现了一些不同理论指导下的方法讨论。此外,由于书中所选语言学家都有繁多的著作及学说,因而文献的选取不可避免地带有一定的任意性,但是基本的缘由读者可以在每一篇的作者介绍中获得。

第三,读者应该注意到,虽然现代西方语言学具有相同或相似的思维模式、文化价值观等,但是它们同时又有内部的差异。况且本读本所选文献出自不同的学者之手,因而在概念上、术语上很难也不可能达到很系统的统一。因此,读者在探索西方现代语言研究的语言观、语言研究的目的和问题的时候,应该一方面注意各类"派系"的差异,另一方面又要注意术语、概念的差异可能带来的混乱。

第四，还应该特别强调的是，本读本所再现的绝非是普世的、反映整个人类语言的知识和研究方法；它主要还是西方的，尤其是以英美为代表的知识和研究方法，因而也反映了它们的视角、概念、价值观等。所以，读者在阅读过程中一方面要注意考虑西方学术与东方/中华文化学术的差异和局限，另一方面也要注意它在全球化的过程中可能带来的负面影响。比如，西方模式中的价值观、范畴、研究程序等都可能掩盖、诋毁东方话语的特性。

另外，为了读者阅读的方便及篇幅限制，我们对部分文献做了适当的节选和删减，特别是注释方面，我们原则上只保留了解释正文内容的脚注，其他有关参考文献等信息等一律省去，要进一步研究学习的读者可以根据每篇文献后面的出处按图索骥，查阅这些信息。

最后，为了帮助读者更好地认清西方现代语言学的文化特质，我想从东方，特别是以中国的视角对它的基本特征做一分析。

"分一为二"的思维模式。 西方现代语言学的主流采用"二元论"的方式看世界、语言和语言研究，因此，它往往将语言与行为、语言与语境、认知与社会、主观与客观先分离对立起来然后再分析。同样道理，"批判话语分析"也把真与假、好与坏、对与错等分成截然对立的两方面。这种思维模式来源于法国哲学家笛卡尔的"二元论"，它往往导致片面、极端的结论。而东方/中国的主导思维方法是辩证统一：语言研究者将宇宙、人生、语言等皆看作是一个相互联系、相互依存、相互逆转的有机统一体。据此，他们会使用从语言看人生、从人生看语言的循环对话，使用主客观统一、多元文化交融的分析、理解、评价方式。

言者中心论。 在语言理论中，西方现代语言学的主流将说话人看作是语言活动独立的主体；说话人的话语目的是表达真理、说服别人。因此，语言教学是为了教导学生如何操纵语言以达到言者的目的，语言分析是为了辨明说话者的目的，语言批评是为了判断语言的形式与言者的目的是否一致（或者说语言形式是否"有效"）。这种语言观念当然与崇尚个人主义的西方文化是分不开的，而在这种理念指导下的语言研究和教学必将忽视听者的地位和作用。但东方文化则强调说话人和听话人共同的作用和价值，因而也强调话语构建社会和谐的性质和原则。而这种更加宽阔的、利他的、社会沟通的语言理论正是资本主义全球化时代所急需的。

　　语言中心论。西方现代语言学一般把"客观的"语言形式作为语言的"本体"、意义的"载体"。这主要是受了索绪尔的结构主义以及后结构主义的影响。因此,西方语言学的学者往往把主要研究精力放在"可观察的"语言形式和内容上,而不考虑与之辨证存在的语境以及它们之间的相互关系。而在东方,如在中华文化里,我们知道语言形式和语言意义的关系是不对称的。中国传统中有"书不尽言,言不尽意"、"言者之所以在意,得意而忘言"、"言有尽而意无穷"、"弦外之音"等言语概念,因而也有"以意逆志"、"听其言而观其行"、追求"人道/天道"的语言诠释方法。

　　综上所述,西方现代语言研究的理念和方法有其合理的成分和自身的价值,但它绝非如其学术话语所宣扬那样是普适的。它其实带着深刻的西方文化的烙印,因此相应的本土语言学,尤其是非西方/亚非拉语言学传统应该得到尊重和发展。

　　我们认为,中国的学者和学生应该把东西方的现当代语言研究思想都作为一种资源,尽快开始构建一套既有国际视野、又有中华文化特色的新的语言学范式,比如我们通过跨历史、跨文化的批评、对话,提出中国理论、中国方法和中国问题意识框架。这样,我们就能够以中国的视角和要求去审视和提高中国的话语实践,并能够更好地与国外的流派进行平等对话,以促进人类语言学知识的创新和积累。我们是一个世界大国的学者,而且是第三世界领袖国的学者,所以有引领国际学术的使命和责任。三十多年的改革开放为中国的学者和学生创造了空前优越的条件,我们应该抓住时机,积极进行中西对话和批评,去创造具有中国特质的新语言学范式。

　　最后,特别感谢为这本书作出辛勤劳动的翻译人员:李晓丽、梁爽、田芬、皮爱红、贵文泱、叶惠君、吴鹏、刘东虹、冯莉、张心翠、孙淑女、冯卉、麦丽哈巴·奥兰、邹惠明等。

施　旭

2011 年 2 月定稿于杭州

论语言的民族特性

威廉·冯·洪堡特

威廉·冯·洪堡特（Wilhelm von Humboldt，1767—1835），德国著名的教育改革者、语言学家及外交官。他的一大贡献就是依照自己"研究教学合一"的理念，于1809年创办了柏林大学。洪堡一生研究过多种语言，包括巴斯克语、爪哇语，还有汉语。他是最先提出语言是一个规则系统和语言左右思维学说的学者之一，对西方语言学有重大影响。

在较早的一篇科学院演讲中，我曾试图提请听众注意：各种语言的差异并不仅仅在于符号有别；词语和词语的接合同时也构成并确定着概念；就其内在的联系、就其对认识和感知的影响而言，不同的语言也即不同的世界观。

在另一篇演讲里，我探讨了各种语言的结构所能达到的高度，从这一高度出发，诗歌和科学研究才获得清晰的形象和自由发展的可能；同时，我也针对所有语言提出了一个要求，而不论各种语言的特性如何。

现在，我希望在上述基础上进一步展开研究。我将从这样一个阶段入手：达到这一阶段的语言能够参与最深刻、最细腻的精神活动，充分关注个性的特点并用不同的方式表现出来，因此，每一语言都能以其内具的力量去处理所有语言共同面对的领地，将其化改为精神的财富。

个性也即差异的统一，这一点至为明白，无须多讲。一种语言有别于其他语言，它以同样的方式发挥作用并产生反作用——只有在这种作用和反作用的始终一致之中，才能观察到一种语言的个性。但真正的精神个性只见于那些业已达到较高发展阶段的语言。

探索语言的这种个性,以及在特定场合对语言的个性予以更确切的定义,这是一项最艰巨的语言研究。当然我们不能否认,语言的个性在一定程度上是只能体会而无法描述的,所以问题是,有关语言个性的探讨是否都应该被排除在科学的语言研究的范围之外?

对具体语言的结构和成分所作的分析,在两个方面产生了有益的结果,对此没有人能轻易否认。第一,这种分析说明了人类以何种方式造就语言;第二,只有这种分析才能可靠地解释各种语言和民族的起源。

关于上述第二个方面,这里没有必要展开讨论。至于第一个方面,迄今人们主要是通过哲学的途径作了研究。对此我们倒不应多加指责。即使将来,除了历史的途径外也还必须在哲学上进行探讨,因为在任何科学活动中,忽视纯粹的思维都必然会导致明显不良的结果。糟糕的是,人们用来支持哲学研究的往往是一些片面、零碎的事实,这样一来,在大多数普遍语法的探索中,关键性的正确结论便被揉杂进了真伪参半或明显错误的东西。[1] 历史的研究当然不可能保证完美无缺,所以,凡是在纯粹的思维充分有效的领域里,经验都不能取代纯粹的思想。然而,如果在已知历史事实的总和的基础之上利用其中的一部分事实,就完全不同了,因为经验的普遍性始终取决于经验的适用范围。

就比较语言研究而言,必须进行三种历史的描述:

(1)每一语言怎样解决由于言语的需要而产生的各种任务?

其中一方面是语法上的任务,包括:

- 语言怎样认识和处理每个词类及词类之间的联系?
- 它使用什么样的手段,黏附、屈折形变、元音交替等等,来表达语法概念?

---

〔1〕 此处我只想举一个例子,即关于不同词类的形成顺序的看法。人们一会儿认为名词最早出现,一会儿又认为动词最早出现,而把代词的出现推得很晚,却没有考虑到,名词和动词起初在语法上根本就没有分别,动词只是通过代词跟语法上尚处于模棱两可状态的词相结合,才得以产生。——原注

- 为此语言确定了哪些音,是确定了某些音(比如阿拉伯语里的所谓"从音"[servilen]),还是确定了所有的音?此外,在每一个别场合确定什么样的音?

另一方面是词汇上的任务:

- 从语音角度看,一些词如何从另一些词产生出来?
- 在词的意义中,根据什么样的观念方式从一些概念中派生出另一些概念?
- 每个词都完整地表达了一个相应的概念,或者概括起若干关联的概念,那么,词与概念是什么样的关系?
- 语音与其意义之间是否存在可识辨的相互关系?这种关系的性状如何?

(2)对于有些语言,我们可以观察到它们漫长的历史,这样的语言在其内部如何发生变化,发生了哪些变化?

(3)同出一源的若干语言,其亲缘关系或更密切或较疏远,这方面的程度之别在词的构造和词语的接合上会导致什么样的差异?

把已知的活语言和死语言的所有事实系统地综括起来,就能解答这里提出的一系列问题。对于这一综括工作的可能性和重要性,没有人会表示怀疑。这一工作甚至应当先期展开,然后才谈得上编写一张语言谱系表,因为只有这样才能弄清楚,起源同一的语言在哪些方面以及在多大程度上保持着一致。

历史的语言研究还有第三种用途(其难点我们在前面已有所交代),那就是个性的研究,也即探讨各种语言对思维和感知的影响。

我不认为自己在处理这一对象时可以避开其中涉及的困难。语言研究若不打算半途而废,而是要澄清对象的最内在、最重要的关系,那就不能回避这样一个问题:语言是否的确拥有一种特定的精神作用形式,这种形式在各种语言中是否以及在哪些方面可以识别。但要想正确地认识生动的力量，就不能指望对这些力量在所有个性方面的作用作出详尽的描述。整个轮廓的线条是不可能完完全全真实地描绘出来的，不过我们可以尽可能地接近这一轮廓，尽可能多地阐明决定着发展方向的细节，从而在一定程度上察觉和猜度到那种无法精确描述的东西。实际上我们很难抵制［这个对象对我们的］诱惑，至少可以进行尝试；不辞辛劳地搜罗大量具体事实，是对每一语言进行研究的前提，但这种搜集材料的工作只有置于上述更高层次的探讨之中，才真正值得称道。

各个民族和时代的特点与语言的特点极为密切地交织在一起，人们往往会错误地把完全或主要属于民族和时代的特点归因于语言，而其实语言只是被动地起了作用。单说个别的作家，他们拥有的是同样的一些语词和联结方式，只不过用法不同而已，但通过其精神强有力的呼吸（Anhauch），便在他们的著作中将一种新的性质赋予了语言。尽管如此，以下诸点仍然可以成立：

(1)语言通过作用于它的那种影响而获得某种个性，这种个性可成为语言本身的性质（Character），因为它将作为语言性质的一部分产生反作用，并且只是在其性质允许的界域内供人们随意运用。

(2)语言中经由各个时代和民族所积累的一切，对个人产生着影响，这种影响决定了语言反作用的确定程度；由于个性处在相同的语言影响之下并受到类似的调节，个人很难抵制语言的反作用。

(3)如前所述，具有特性的个人能够将一种新的性质赋予语言，就此来看，可以说这样的构造能力是语言原初性质本身的组成部分。

(4)一切原因和结果的序列都是连续和稳定的，其中的每一项都受制于前一项，而我们所拥有的历史材料只允许我们立足于这一序列中间的某一点而不是其始发之点；所以，每一种具体的语言，不论属于哪个民族，都具有确定的性状，其语词、形式和联结方式是承袭下来的，并因此对一个民族产生影响。语言的这种影响，并不仅仅是它对来自民族的影响的反作用；对于这个民族来说，来自语言的这种影响乃是语言原初本性的一部分。

(5)如果把民族和语言放在一起考虑，那么，可以说语言始终具有一种原初的性质,这种性质同语言从民族那里获取的性质融合成为一个整体。在此,至少历史地看,我们也不应假设存在一个似乎固定的时间,一旦达到这个时点一个民族就获得了新生的语言。因为,各个民族本身的产生也只不过是连续的序列之中的一个过渡行为;一个民族就像一种语言一样,我们很难想象它会有一个始点。我们的历史学显然也从不支持这样一个假定:一个民族在其语言出现之前便已存在;或者换一种说法,一种语言完全是由它所隶属的那个民族构造起来的。如此看来,每一语言也都包含着一种原初的特性和作用方式。然而,对于那些起源已湮没在混沌暗昧的太古时代的语言来说,这种双重性质的联系可能会显得无足轻重,因为其原初的性质已无法考释清楚。但有些语言,例如源自拉丁语的若干语言,虽然也经历了变化和混合,其起源以及生成之初就已十分发达的构造却为我们所了解,而且早期的文献对后期的影响也明显可见,在这种场合,很容易并且很有必要把共通性与特殊性区分开来。

这样,在分清作用原因的前提之下,我们有可能在语言中辨认出其特性,当然必须真正是属于语言的特性,或至少是可以成为其特性的性质。倘若人们忽视了民族特性在语言中留下的印痕,就会导致否认各种语言至为深在的本质以及意义重大的语言多样性。倘若人们不去努力尝试解答这样一个问题:每一种语言为什么以及怎样特别适宜于这个而不是那个民族,那么也同样有可能忽略不同类型的精神创造与每一语言的独特方式之间的细微、深刻的关联。除了语言所拥有和能够采纳的表述方式外,还存在其他同语言并无内在联系的表述方式,以及不同方向的思维和创造活动所运用的、不依赖于主观个性的表述方式,——只有当我们把所有这些表述方式中所映现的民族特性全都联系起来加以考察,才能对多样性和统一性形成进一步的认识,而人类的种种精神努力作为一个永无止境、不可穷尽的整体,就在这样的多样性和统一性之中融会了起来。

希腊人凭借精微的语言意识,极为深切地体会到了诗歌类型同语言方式之间的密切联系,使得每一类型的诗歌只能用丰富多样的希腊语的特殊方言之一来吟诵。这个例子生动地体现了希腊人语言特性的强大力量。倘若我们打乱角色,设想希腊人用多利克方言吟诵史诗,用爱奥尼亚方言吟诵抒情诗,那么立即就会发现,不只是语音被错调了位置,而且精神也被颠倒了。至于较高级的散文,假如没有雅典方言的话,根本就不可能真正发展起来。由此看来,雅典方言的产生以及它与爱奥尼亚方言的奇妙的亲缘联系可以说是人类思维史上最重大的事件之一。很难想象,在雅典方言出现之前或在不依赖于这种方言的情况下,会存在真正意义的散文;人类精神为走上最崇高、最自由的发展之途所需要的那种散文,只能在雅典方言出现之后并在其内部产生。显然,对雅典方言需要进行专门的研究。

以上我试图说明,语言具有某种特性,以及这种特性表现在哪些方面。首先,语言的特性最完整、最纯粹地体现在生动的言语运用之中。但言语运用中的语言特性会随说话人和听话人的消失而消失,所以,我们必须对语言的特性加以限定,它指的是在语言既成的[文字]产品中——如果语言缺乏这类产品,则是在它的结构和构造成分中——保留下来的特点。在更窄的意义上,我们把语言的特性理解为语言最初所具的性质,或是语言很早就已适应了的性质;对于以后的一代代讲话者来说,这种性质在某种程序上是陌生的,限制和影响着他们的运用。

通过自身的这种特性,各种语言所影响的远不只是拥有它们的各个民族的历代人民;因为一些语言迟早要与另一些语言相接触,而其中有的语言往往已经死亡,只存在于其产品之中,或只保存在人们关于其结构的知识之中。所以,语言的相互影响是双重的:一种是无意识的影响,表现在一些语言将自身的本质和特性传给了它们所生成的语言;另一种却是不断在增长的、出自清晰明确的意识深底的影响,表现在一些语言成为拥有另一些发达语言的民族手中的研究对象,或与后一类语言建立起生动的联系。

这里只需举希腊语和拉丁语为例。就其原初的结构而言,这两种语言成功地表达每一思想的禀赋应归功于古印度语。然而,这种联系是在大自然积极发挥作用的太古时期形成的,那时,就连高深莫测的精神力量也还在自然怀抱的孕育之中;要不是欧洲殖民者来到印度的土地上,处在漫漫夜幕笼罩之下的时期仍不会为历史学家所知。对于那些从事世俗殖民活动的人们来说,得以认识古印度语并不是什么特别重要的事情,但对于不断扩展和提升着思维的人类而言,这件事情却会产生持久的影响。在这里,人们突然面对着一个古典时代,从其表达和性质来看它远远超过了古希腊;它使得人们流连忘返，被其精神境界的尊严、刚直坚忍的意志、深刻内在的目力以及对自然本性的丰富多彩且具体入微的描述所深深打动。

古印度语与我们德语以及古典语言（德语的发达很大程度上也要感谢古典语言）的内在联系，从历史的角度看已经含混不清，但正是这种联系对我们今天的科学进步产生着强烈的影响；而且我们有理由相信，随着时间的推移，与这种影响同时还会产生第二种影响。如果印度文学和语言能像希腊文学和语言一样为我们所熟稔（以当代人如此强烈的求知欲望，这并不难做到），那么，二者的特性一方面将在我们对自己的语言、思维和诗歌的处理中留下痕迹，另一方面则可以提供一种有力的辅助手段，帮助我们扩展观念的领域，探明人类了解这一观念领域的各种途径。

从后一方面看，语言的差异具有世界史的意义。不同类型的［语言］特性汇同起来，赋予思维新的形式，并为随后的一代又一代人所继承；观念的力量和观念的领域同时成长，成为所有不辞辛劳、勇于开辟者的共同财富。这是一条历经数千年，把各个民族的思想以及很大程度上它们的感知相互联结起来的链带，只要这一链带不被暴力变革强行折断，原有之物就决不会失传；当然，原有之物也在不断地添生新的东西，这样的进步正如思想和感知活动本身一样，很少会受到某种桎梏的捆缚。

每一种人类活动都具有一个顶点，一旦活动真正达到了目标，这一顶点便几乎没有可能超越。然而，一种人类活动所植根的理念（Idee）却可以无限地延续发展，与所有其他理念建立更多更丰富的联系，并且更纯正、更完美地为人们所设想和感知。例如我们可以想象，奴隶制的废除是从民族隔阂由于基督教的传播而消除，一种普遍的友爱关系得以建立起来的那一刻开始的，并且有一天会在世界范围取得成功。到那时候，废除奴隶制的活动就无可继续了。但是，自由权取决于人性，而在认识人性的基础之上形成的对自由的内在评价是不断发展、永无尽头的。

在思维本身的领域里，语言发挥作用的方式也决不允许思维在任一业已达到的阶段停步不前。虽然，在探索真理、确定规律的活动中，人类精神也在寻求一种固定的界限，但这种活动以及人的全部内在力量的发展并不取决于语言；人在朝着一个无限的目标努力，与此同时语言也陪伴着他沿着这条无尽的道路走下去，增强着他的信心，赋予他以力量。

所以，一方面是心灵与语言的交互作用和进步，另一方面是社会组织的进步以及由此而来的道德文化的完善，再一方面是科学和艺术的进步，其中第一个方面是不应与后两个方面混为一谈的，尽管它们之间的关系异常密切。但语言的影响可以带来双重的益处，其一是使语言能力得到提高，其二是造就独特的世界观。语言在不断地向前行进，不断地进行着分析和综合，它的这种活动会给纯粹的思维套上羁绊，影响其敏捷和统一；不过，人们可以逐渐地学会更好更有把握地驾驭思想，把思想浇铸进新的、更具激励作用的形式，并使得语言的羁绊不那么明显可察。语言通过其表达和创造，使含混不定的思想获得确定的形态和模印，而精神由于得到众多语言的作用支持，也将努力开辟新的道路，深入至事物的本质。

一个事物，若处在一长串前后相续的原因和效果的序列之中，便有充分的理由要求被视为世界史进程的一部分；而如果这一事物深深地涉及人类的全部本质，就更应如此看待。正因为此我在前面才说，语言的差异——就我们在这里所描述的语言对心灵的影响和心灵为其所制约的作用而言——具有世界史的意义。从世界史的角度看，把过去和现在联系起来的字作品中得到保存，这种保存方式同样也是一条把过去、现在和将来直接维系起来的纽带。

因此，我们必须把语言及其差异视为一种控制着人类史的强大力量。倘若我们忽视这种力量，或未能全面、完整地理解这种力量的作用，就难以充分认识这样一点：人类是如何通过使思想的王国清晰明确化，而成功地掌握其全部精神财富的。我们甚至会放过最关键的事实，因为正是语言直接关系到客观思想的创造与主观力量的升华相互促进、共同前进的过程。对各个民族的科学、艺术上的进步以及其文学的内在结构所作的考察，并不能取代对语言差异的研究，因为这些方面除了语言的作用外，还包含着其他因素的作用，而且也不能反映出语言所具有的一切特性。

从这一角度出发，可以看出各种不同的语言所产生的不同的影响范围。我们必须看到，有些语言对我们今天的文明（Bildung）作出了重要的贡献，它们参与了这一文明自遥远的古典时代开始向前迈进的发展过程。另一些语言则造就了一个孤立隔绝的精神文明领地，它与我们的文明没有直接的联系。许多语言或是未能达到足以生成精神产品的发展高度，或是虽已达到这一高度,却开始走下坡路。所以,这些语言的重要性只是在于,它们可以证明另一些语言的种系史,或可以为说明一些民族的不同文化状态提供具体例证。从世界史的角度对语言进行考察,所要回答的问题便是:语言如何从自然音和需要中发生,而成长为人类所拥有的一切最崇高、最纤细之物的创造者和保藏者。根据语言的不同历史命运,以及根据语言在其他方向的联系和亲缘关系,我们应该可以把已知的语言区别开来并加以分类,确定它们的性质,在它们的结构中探发特性差异的原因,从而对它们的历史价值作出评判。

但首先,为避免陷入含混不清、模棱两可的概念,有必要更精确地断定事实,通过例子来直观地说明:语言特性的差异何在?这种差异怎样在借助语言生成思想的力量中以及在思想本身上面显示出来?语言的特性是由于语言的哪些禀赋、哪些结构属性造成的?根据不同语言特性的影响,可以对语言作不同的历史处理。诸如此类描述性的研究,甚至应当成为我们的前提,因为只有这样的研究才能告诉我们,是否有可能以及如何适当地识察不同语言特性所产生的影响。

但在这里,我有意把自然的研究顺序倒了过来,因为我必须指出,比较语言研究对于认识人类的全部精神活动有多么重要。事实上,目前对这一研究的忽视已导致了人们认识上的一个明显的重大缺陷。现在仍有许多人仅仅根据一种语言所拥有的文献的价值来断定这种语言是否值得研究,而那些没有任何文献的语言,对他们来说就只能满足闲暇时的科学好奇心;他们认为语音、语词、屈折形变的研究全是小题大做,而哲学的探讨也毫无可取之处。其实事情很简单,整个说来,个人经验的确会迫使我们的感觉相信,一种语言的特性单独对一些民族的本质产生着影响,其影响所及除了拥有该语言的民族外,也包括那些只是把它当做外语来熟悉的民族;然而,全面、细致的语言研究告诉我们,决不能排除历史和哲学上与最为内在的人类本性有关的因素。只不过是因为语言以其自身的力量发挥作用,我们才必须像对待每一有待认真探究的对象那样,纯粹为语言本身的目的,而不是为了任何其他目的来研究语言。语言不应被看做一种服务于理解的手段,而是应该被视为一种自在的目的(Zweck in sich),即一个民族的思维和感知的工具,这一认识乃是一切真正意义的语言研究的基础;至于学会一种语言,哪怕是彻底地掌握,本质上也不同于上述意义的语言研究。所以,这样的语言研究与所有其他自然事物的研究相同:必须尽可能地囊括所有的类别,因为每个类别都是概念整体的一部分;必须对各个组成部分作最精细的分析,因为语言的全部影响正是由这些成分一再重复发生的作用合而形成的。

于是,就需要回答这样一个问题:各种语言的特性差异以怎样的方式广泛、深刻地影响着认识和感知?

就其作用的非感性而言,语言具有三重的目的:

(1)它是理解活动的传递手段,因此必须清晰明确;

(2)它将表达赋予感知,并且引发感知,因此需要力量、敏感和灵活;

(3)它在进行创造的同时,通过它赋予思想的形式而激发起新的思想及其联系,因此需要精神的参与;精神在词里面留下了印记,这印记也即精神运动的痕迹。

一种语言可以在上述三种作用方式的一种上面与别的语言不同,显示出其优点或缺陷,但实际上每一作用方式都与其他作用方式互为条件:若是只有一种方式占据支配地位,语言就会走上歧路,明晰性将让位于空洞乏味,感性的表达将为夸张、做作的多情善感所取代,理智的思考则将跌入混乱无序的苦思冥想之中。所以,完美无缺的语言特性取决于三种作用方式适当的协调一致,虽然其中的某一种可能具有优势。

语言把思想和感觉当做对象予以表达,但语言同时也伴随着思维和感知的运动,影响着这一运动的速率和均衡程度,以及各个民族编排梳理思想和感觉的独特方式。一方面作为思维的形式陪伴,另一方面作为思想的物质表达,语言的这两种作用既相互促进,又相互约束。如果内在观念联系的表达具有过多的物质内容,就会妨碍思维的敏捷运行;而如果思维过于轻灵迅捷,则会使已获感性特征的表达失去分量。

人只能在语言中思维、感知和生活,他必须通过语言接受教养,而后才能理解那种并非通过语言产生作用的艺术。不过,人能感受和意识到,语言对于他只是一种手段,在语言之外还存在着一个不可见的领域,而这个领域他唯有借助语言才能了解。最普通的感知和最深在的思维都不能容忍语言的贫乏,它们把上述不可见的领域看做一个遥远的国度,虽然语言是唯一的领路人,但它永远无法把感知和思维最终带到目的地。一切较高层次的讲话行为,都是语言与思想的一场搏战,有时更多地表现出力量,有时让人感觉到某种欲望。

由此便产生了语言之间的两种极为奇特的差异。一种差异源于人们对语言贫乏的不同感觉,以及企图克服这种贫乏的努力;另一种差异源于人们对表达方式的不同把握,因为事物是多方面的,认识途径也是多种多样的,二因相加,便使表达方式有无限多样的可能。

某些民族似乎更满足于它们的语言所勾画的世界图景,只不过还试着把更多的光明、联系和平衡赋予语言。另一些民族孜孜不倦,仿佛一头扎进了思想之中,永远不满足于现有表达,不相信能予以适当的运用,因此忽略了形式本身的自足和完善(das in sich Vollendete der Form)。这两类民族的语言于是都分别带有民族的印痕。不过这方面也还有细微的差别。那些更注重形式,因此可能会使内容受到损害的民族,他们有时寻求的主要是一种逻辑的形式,这种形式特别要求清晰明确、易于理解;但有时则追求一种更合乎想象力、更具感性色彩的形式。

另一种语言差异,即由于表达方式的不同而产生的语言差异,其基础是对事物的看法,以及据此形成的概念。虽然概念的差异是无限的,但是,同一个民族所掌握的所有概念具有某种共同的表现,而这种共同的表现便由作为符号的词来传达。这方面的差异大致上可以这样来描述:一种语言的词语可能具有更多的感性直观色彩,另一种语言可能更具内在的精神特质,而第三种语言可能更善于进行冷静的概念分析。不过,表达方式的多样性,特别是体现在表达方式中的认识特性,没有一种是单独存在的;而且,即使这些特性在不同的民族中全都可以见到,它们在每一民族中也体现得与众不同。对于各个民族,我们必须研究其精神特性和作品,并研究其语言的组构和成分,然后我们可以凭感觉草拟一幅画面,如果觉得它还不错,再用语词来加以描绘。当一个民族形成之初,其语言始获初步的形式,此时这个民族所遭遇的事物和感情,以及后来它主要遭遇的那些类型的事情和感情,也对其语言产生着影响。

特别是就这里说的差异而言,语言从一个方面看可以与艺术相比,因为它也像艺术一样力图对不可见的世界作出感性的描述。虽然在具体细节方面以及在日常运用中,语言似乎不能超越现实,但是,在语言的内部却始终有一幅完整的图景,展示着一切事物及其隐蔽的联系和关系。换言之,语言就像艺术家的绘画那样,程度不同地忠实于自然,或掩藏、或展现其艺术,以这一或那一色调为主表现其对象。

从另一方面看,语言在某种程度上又对立于艺术。这是因为,我们可以把语言只看做一种表现手段,当语言以自己的作品代替了分离存在的现实和观念的时候,显然起了破坏的作用。从语言作为符号所具的这种更为狭隘的属性之中,便产生了新的语言特性差异。一种语言可能更多地表现出习惯用法和约定俗成的痕迹,带有更多的任意性,另一种语言则可能更具自然属性,这主要表现在不同的词以及同样一些词的意义渊源上。在每一语言里,除了表达思维和感知的实际对象的名称外,还有一些成分完全属于联系方式即语法技术。语言的这两个部分之间的相互关系,决定了概念如何呈现于心灵之中,是以杂乱拥挤的方式还是以轻松灵便的方式出现,辅之以自然流畅的联系还是生硬断续的联系。此一或彼一特性之所以成为可能或不可避免,原因即在于语言的稳固和原初的结构;而其结果则见于精神最细腻的、通过教养而变得异常活跃的运作。

可见,语言的构造方式不同,它对于这一或那一精神活动的适当性也不同。但是,如果像有些人那样区分语言,以为一种语言只适合于诗歌,另一种只适合于哲学,再一种只适合于实用,等等,却是错误的。如果说,某种语言似乎特别有助于抽象真理的研究,而不太有利于诗歌创作,那么这并不是因为这种语言具有哲学倾向,而是在于其他原因;也并不是因为这种语言有优点,而是因为这种语言有缺陷。即使是哲学本身,就其概括一切事物本质的深在性来看,其要求在这样一种语言里也不会得到满足。因为,人类最主要的精神力量的表达是相互支持、共同作用的,就像从一个焦点射出的光束。智力活动在语言中看起来似乎是分割开来的,倘若我们一定要照这样划分智力活动,那也必须从精神的深处入手,而不是根据表面现象行事。精神在语言中是否以集中、全面的方式发挥作用,是否努力探索一切认识和感觉的根源,这在精神所达到的每一阶段都会以类似的方式产生反作用,影响着精神的每一种倾向。

从以上所述可见,语言特性的差异在精神活动和思维、感知的方式中表现得最为明显。这类差异对主观性的影响是无可辩驳的。每一种语言的特性在诗歌里面最能显示出来,因为在诗歌中,既成材料不会给精神带上任何羁绊,或只起微小的束缚作用。而在一个民族生动的生活中,以及在受到这种生活影响的文学类型中,一种语言的特性获得了更自然的表现。但语言的个性在哲学言谈中表现得最富情感,也最美妙;在这里,语言从无比崇高的主观性的和谐振奋之中促成了客观真理的发现。感觉有平静、温和的思想相伴,思想也有温暖、绚丽的感觉为伍;能够让我们把握精神的最严肃和最伟大的东西,便是哲学言谈的主题和目的本身,至于我们的参与,显得是一场轻松的游戏,由于自愿乐意加入而得以延续。社会群体的这一最美好的成就要想充分展开,一个民族的人性就必须通过一系列幸运的事件而得到提升,其语言的力量也必须建立在客观性与主观性紧密交织的基础之上,其中客观性虽然占据上风,但并不损害主观性的利益。在对话中,主观与客观生动地相互作用,观念和感觉真正得到交换;这样的对话本身仿佛就是语言的中心,因为我们始终只能在声音和回响、发话和应答的同一过程中想象语言的本质。不论从起源还是从变迁来看,语言都从不属于一个人,而是属于所有人;它孤寂地存在于每一个人的精神深底,但只有在群体中才可能出现。所以,各种语言对于这种对话的适宜性,乃是测试它们所具价值的最佳试金石,只有那些在这方面表现突出的语言才会具有最自然的优点和最丰足的禀赋,从而适合于变幻无穷的运用。

主观性受到语言的确定和限制,它对精神的客体、对思想和感觉、对认识和情感产生着影响;这种影响就以下关系来看应该说是容易衡测的,即:力量越强、越丰富多样,所取得的成就必然越大。

然而,一旦思维达到了那种为认识真理所必需的敏锐和明晰,通过语言的差异似乎未必就能赢得真正客观的认识。

(选自威廉·冯·洪堡特著:《洪堡特语言哲学文集》,
姚小平译,湖南教育出版社 2001 年版,第 63—78 页。)

扩展阅读文献

1. Duranti，A. *Linguistic Anthropology*. Cambridge：Cambridge University Press,1997.

2. Gumperz，J. J. & S. Levinson（eds）. *Rethinking Linguistic Relativity*. Cambridge：Cambridge University Press,1996.

3. Urban，G. *A Discourse-Centered Approach to Culture：Native South American Myths and Rituals*. Austin：University of Texas Press，1991.

4. 威廉·冯·洪堡特:《论人类语言结构的差异及其对人类精神发展的影响》,姚小平译,商务印书馆 1997 年版。

5. 本杰明·李·沃尔夫:《论语言思维和现实》,高一虹等译,湖南教育出版社 2001 年版。

语言的基本特性

爱德华·萨丕尔

爱德华·萨丕尔（Edward Sapir，1884—1939），出生于波美拉尼亚，五岁时随家人移居美国。1909 年获人类学博士学位，年轻时就对语言的本质感兴趣。曾研究维什兰部族印第安人等土著语言，于 1921 年完成其主要著作《语言论——言语研究导论》。他是最早探求语言和人类学之间关联的学者，其语言影响思维的思想为沃尔夫（Whorf）所发展，成为著名的"萨丕尔—沃尔夫假说"。

什么是语言

说话是日常生活里太熟习的事情了，我们难得会踌躇一下来给它下个定义。人说话，和走路一样，是自然而然的，只是比呼吸略次一点儿。然而只要稍加思索，我们就会相信：人自然就会说话，这不过是一种幻觉。学说话的过程其实是和学走路的过程绝不相同的。学走路时，文化，或者说社会习惯的传统，不起什么重要作用。小孩子天生具有我们叫做生物遗传的一套复杂因素，能做出走路所必需的一切肌肉、神经适应。这些肌肉和神经系统的相应部分的配备，可以说本是特别适宜于做出走路和类似的动作的。实在说，一个正常的人先天就注定要走路，并不是因为大人帮助他学会这种技术，而是因为从出生起，甚至于从受胎起，他的机体就准备好承担起走路这件事的一切神经机能消耗和一切肌肉适应。简括地说,走路是人类的遗传的生物的功能。

语言不是这样的。自然,在某种意义上,说一个人先天注定要说话,也是对的。但这完全是由于他不只出生在自然界里,同时也出生在社会怀抱之中,而社会一定会,大概一定会,领导他走向社会传统。没有了社会,如果他还能活下去的话,无疑他还会学走路。但也同样可以肯定,他永远学不会说话,就是说,不会按照某一社会的传统体系来传达意思。要不然,把一个刚生下来的人从他出生的社会环境迁移到完全另外一个社会环境里去。在新环境里,他会发展走路的技术,差不多像在老环境里一样。然而他的言语会和他本土环境的言语全然不同。那么,走路是一种普遍的人类活动;人和人之间,走路的差别是有限的。这种差别是不自主的,无目的的。言语这人类活动,从一个社会集体到另一个社会集体,它的差别是无限度可说的,因为它纯然是一个集体的历史遗产,是长期相沿的社会习惯的产物。言语之有差别正如一切有创造性的事业都有差别,也许不是那么有意识的,但是正像不同民族之间,宗教、信仰、习俗、艺术都有差别一样。走路是一种机体的、本能性的功能(当然它不是一种本能);言语是一种非本能性的、获得的、"文化的"功能[1]。

有一件事往往叫人不会认识语言只是声音符号的习惯系统,而引起通俗的想法,以为语言具有某种它实在没有的本能基础。这就是大家都看到的,在情绪激动之下,譬如说在剧痛或是狂欢时,我们会不由自主地发出声音来。听到的人以为这声音就是情绪的表达,但是这样的不由自主的感情表现和传达意思的正常方式(也就是言语)天差地远。前者实在是本能的,不是符号性的。换句话说,疼痛的声音、喜欢的声音本身并不表达情绪,它并不像是自己站在一旁,宣称某种情绪正在被感觉到。它所做的只是叫情绪的力量多少自动地流露出来,从某种意义上说,它只是情绪本身的一部分。并且,严格地说,这种本能的喊叫也难以说是传达。它们并不是对任何人发出的。如果有人听到的话,也只不过是偶然听到的,就像听到狗叫、行近的脚步声或风的淅

---

[1] 译按:"本能"是 instinct,"本能性的"是 instinctive。这里反映 20 世纪初年美国心理学上的一种争论。

淅声一样。如果这也对听者传达了某些意思，那只是就最广泛的意思说的，环境中任何声音以至任何现象都可以说对观察到的人传达了意思。要是把不由自主的呼痛声（通常用"噢"来代表）看做真正的语言符号，和"我很疼"那样的意思等同起来，那么也就可以把出现云彩看作等同于"看来要下雨了"这样的传递确定信息的符号了。语言的定义假若扩展到包括一切这样的推想，就变得毫无意义了。

千万不要犯这样的错误，以为我们惯用的感叹词（"噢!"、"啊!"、"歆!"）就是本能的喊叫。这些感叹词不过是自然声音的习俗的定型，所以在各种语言里，它们按着各该语言的语音特性而有很大差别。这样，就语言这个名称的确切的文化上的含义来说，感叹词可以算是语言本身的一部分。它们不等于本能的喊叫，就像 cuckoo, killdeer〔1〕不等于真的鸟叫，罗西尼（Rossini）在《威廉泰尔》歌剧序曲里描拟的风暴不就是风暴。换句话说，正常语言里的感叹词、象声词和它们的自然原型的关系，正像是艺术和自然的关系，而艺术纯粹是社会的或文化的。也许有人会反对说：从一种语言到另一种语言，感叹词虽然略有区别，但又突出地相似，像一家人一样，所以可认为是从一个共同的本能基础上成长起来的。但是这种情况跟绘画表现上的民族风格没有什么不一样。日本画画山和现代欧洲画画同样的山，既相同又不相同。二者都受到同一自然形象的启发，都是"摹拟"它。二者又都不是这自然形象本身，也不能用任何让人能了解的话把它们说成是这自然形象所直接产生的。这两种表现风格不一样，因为它们出自不同的历史传统，是用不同的绘画技术来处理的。日语和英语的感叹词也正是这样，都是同一自然原型，本能喊叫，所启发的，所以不能不是彼此互相启发的。它们有时差得很大，有时差得极小，因为它们是由这两个民族历代沿袭下来的不同资料或不同技术所构成的。这不同的资料或不同的技术就是这两个民族各自的语言传统、语音系统和说话习惯。然而，整个人类的本能喊叫本身是差不多完全相同的，就像人的骨骼或神经系统总不过是人体组织的"固定"部分，只能稍有"偶然的"变异而已。

---

〔1〕 cuckoo 是鹃鹉的叫声在英语里的语言定型，killdeer 是一种美洲小鸟的叫声在英语里的语言定型，是这两种鸟的名字。——中译注

　　语言成分中,感叹词属于最不重要的部分。它们所以值得讨论,主要是因为可以用它们来说明:即使是它们,肯定是所有语音中最接近本能喊叫的,也只在表面上具有本能性质。所以,即使我们能证明整个的语言,在它原始的历史和心理基础上,都可以追溯到感叹词,我们仍然不能说语言是一种本能活动。何况事实上企图这样来解释语言起源都是徒然的。没有任何可以抓得住的证据——历史的或其他的——足以说明语言成分和语言程序大体是从感叹词演化来的。感叹词只是语言词汇中极小的和功能上最不重要的一部分;在任何时候,在有记载的任何语言领域中,都没有看到它们有组成语言基本经纬的明显趋势。它们从来就至多不过是这块宽阔而复杂的织品上的装饰花边而已。

　　感叹词是这样的,象声词更是这样了。Whippoorwill, to mew, to caw〔1〕这一类的词都不是人本能地或自动地响应自然的声音。它们实在是人脑的创作,想象力的发挥,和语言里任何其他东西一样。它们并不直接从自然里生长出来,只是自然所启发的,与自然游戏而已。所以语言的象声起源说,就是认为一切言语都是从摹拟性的声音逐渐演化出来的,并不能使我们达到比我们今日所认识的语言更为接近本能水平的地步。至于这种学说本身,它也不见得比感叹词起源说更可信些。诚然,有些词我们今天虽然已经不感到它们有摹拟声音的意味,可以证明曾经有过一种语音形式,很有力地暗示着它们的起源是摹拟自然声音的,例如英语的 to laugh(笑)〔2〕。即使如此,也不可能证明,并且没有内在的理由足以叫人设想,语言成分,除去微不足道的部分,是从象声起源的,或是语言的形式机构上的任何东西是从象声起源的。不管我们在一般原则上怎样有意强调摹拟自然声音在原始人的语言里的基本重要性,事实上这些语言对摹拟词并不显出特殊的爱好。马更些(Mackenzie)河上的阿萨巴斯根(Athabaskan)部落是美洲土著最原始的一种,他们的语言里几乎没有或者全然没有象声词;而在英语、德语这样自以为文明的语言里却随便使用象声词。这个例证可以说明语言的根本性质和单纯摹拟之间,关系是何等微弱。

---

　　〔1〕 Whippoorwill 是一种美洲猫头鹰的叫声在英语里的语言定型,就是这种鸟的名字。mew, caw 是猫叫声和乌鸦叫声的语言定型;to mew, to caw 是这两个词的动词形式。——中译注
　　〔2〕 译按:指盎格鲁—撒克逊 hlehhan,参考古日尔曼 hlahhan 等。

上文已经廓清了道路来给语言下一个可用的定义。语言是纯粹人为的，非本能的，凭借自觉地制造出来的符号系统来传达观念、情绪和欲望的方法。这些符号首先是听觉的符号，是由所谓"说话器官"产生的。不管本能表现和自然环境能给某些语言成分的发展多大刺激，不管本能的趋势（运动的或其他的）在多大程度上规定了语言表达的范围和方式，人类语言本身并没有可以觉察到的本能基础。人或动物用不由自主的、本能的喊叫来进行的交际（如果可以叫做交际的话），根本不是我们所谓语言。

我刚谈到了"说话器官"，乍一听，这好像等于承认说话本身是一种本能的、由生理决定的活动。不要被这个名词引入歧途。确切地说，并没有说话器官，只是有些器官碰巧对发生语音有用罢了。肺、喉头、上颚、鼻子、舌头、牙齿和嘴唇都用来发音，但它们不能认为主要地是说话器官，正像手指不能认为主要地是弹钢琴的器官，或膝盖主要地是祈祷的器官。说话并不是一种简单的活动，不只是由一个或几个生理地适应于这用途的器官来进行的。它是一张极端复杂、经常变动的调节网（在脑中，神经系统中，以及发音和听觉器官中），可以满足交际的要求。肺大致可说是为了所谓呼吸这一必需的生物功能而发展起来的，鼻子是嗅觉器官，牙齿是为了嚼碎食物以备消化。这些器官以及其他器官经常在说话时被利用，那是因为任何器官一经存在，只要能自主地控制，人就会叫它服务于第二重目的。从生理方面说，说话是一种上层的功能，或者更恰当些说，是一群上层的功能。它叫神经、肌肉的器官和功能尽可能地为自己服务，而这些器官和功能却是为了另外的目的而存在的。

诚然，生理心理学家会谈到语言在脑中的位置。这只能这么理解：语音是位于脑的听觉神经路中，或位于它的某一限定的部分中的，就像非语音的声音也位于那里一样；说话所包含的运动过程（如喉头中声带的动作、发元音所必需的舌头动作、发某些辅音所必需的嘴唇动作等等）是位于运动神经路中的，就像其他一切特殊运动的神经冲动也位于那里。同样，阅读这动作所包含的那些视觉认识过程，它们的神经控制也位于脑的视觉神经路中。当然，跟任何语言成分有关的各神经路中的各个位置点，或各丛位置点，都由脑中的联合路线连接起来；所以语言的外观方面，或是心理—物理方面，是由脑中的联合位置和下导神经路所组成的一张大网，而其中听觉位置无疑是最基本的。但是,位于脑中的一个语音,即使已经和发这个语音所必需的"说话器官"是一定动作联合起来了,也还远不能成为一个语言成分。它必须进一步和人的经验的某个成分或某些成分(例如某个或某类视觉印象,或对外物的某种关系的感觉)联合起来,否则不可能具有起码的言语意义。这个经验"成分"就是一个语言单位的内容或"意义"。在说话这动作和听话这动作的直接背景上,有互相联合着的听觉的、运动的和其他大脑的过程,而这些过程不过是这些"意义"的复杂符号或标记,下面就要讨论这一点。[1] 可见语言并没有,也不可能有一定位置,因为语言是一种特别的符号关系,一方面是一切可能的意识成分,又一方面是位于听觉、运动和其他大脑和神经线路上的某些特定成分;从心理上说,这关系是一种任意关系。如果要说语言是一定地"位于"脑中的,那也只是在一般的并且没有多大用处的意义上说的,即意识的一切方面、人类的一切兴趣和活动,都可以说是"在脑中的"。那么,我们没有别的办法,只有承认语言是在人的心灵或"精神"结构中充分形成的功能系统。我们不能把语言当做单只是一件心理-物理的事来给它下定义,虽然这心理-物理基础是很需要的,否则语言不能在人身上发生作用。

从生理学家或心理学家的观点来看,我们研究语言这一门学问,而不经常或者明明白白地谈到这基础,好像是无理地说得那么抽象。但是这样的抽象说法正是可以辩解的。我们大可以从语言的作用,形式和历史来讨论它,正像我们可以把人类文化的任何其他方面——譬如说艺术或宗教——只当做一桩制度上的或文化上的事情来讨论,抛开背后的生理的和心理的机构不谈,把它们看做是当然有的事情。所以必须明确了解:这本语言研究绪论就是不谈作为语言基础的生理学和心理学方面的事。我们的语言研究不是有关某一具体机构的产生和作用的研究;它不如说是为了讨论所谓语言这个任意性符号系统的功能和形式。

我已经指出语言的本质就在于把习惯的、自觉发出的声音(或是声音的

---

[1] 译按:本节下文原文晦涩。如不能读,跳过也不妨。那个时代的语言学者都知道一些神经生理学以及当时流行的所谓机能心理学,特别像作者提到"关系的感觉",那是詹姆斯(James)的看法。本节所说,大致不过是:语言活动以及所凭借的神经生理这方面,和个人经验(就是意识)这方面的关系是符号性的关系。符号性的关系,即语音和经验的关系,是偶然建立起来的。作者说"语言是在人的心灵或'精神'结构中充分形成的功能系统",这也不能解释为二元论或是"并行论"。作者是受了克罗齐(Croce)的《精神哲学》的影响的。并且当时的机能心理学又把意识当做一种神经机能。

等价物)分派到各种经验成分上去。"房子"这个词,如果所指的只是组成它的辅音和元音,按着一定的次序说出来,而在耳朵产生音响效果,那不是语言;发出这个词的运动过程和触觉也不是语言;听者对这发音动作的视觉也不是语音;对写在或印在纸上的"房子"这个词的视觉也不是语言;书写这个词的运动过程和触觉也不是语言;对这些经验的任何一种或全部的记忆也不是语言。只有当这些,可能还有其他的,联合的经验自动地和一个房子的印象联合起来时,才具有一个符号,一个词或一个语言成分的性质。但是仅仅这样联合起来还是不够的。一个人可能在某一所房子里,在一种感人的情况下,听到过某一个词,以至于这个词和这个房子的印象在这个人的意识中总是共同出现,缺一不可。这样的联合并不构成语言。联合必须是纯粹符号性的。换句话说,这个词必须指出这个印象,标出这个印象,并且每当需要而且合适的时候,能用作这个印象的筹码〔1〕,而不作别用。这样地联合起来——自主地,而且在某种意义上说只是任意地做的——需要高度运用自觉注意。至少开始的时候要这样,因为习惯很快就会叫这种联合变得几乎像任何联合一样地自动,而且比其中绝大多数运用得更为迅速。

但是我们又走得太快一点了。如果"房子"这个符号——不管是听觉的、运动的、或是视觉的经验或印象——只是附着于某次看到的某一所房子的个别印象,那么,泛泛地说,它是可以叫做一个语言成分。可是显而易见,这样组成的言语在交际上很少有价值或者全没有价值。必须把我们的经验世界大事简化和一般化,才可能给我们所有的对事物、对关系的经验开一个清单,这个清单是我们传达观念时所必需的。语言成分,标明经验的符号,必须和整组的经验,有一定界限的一类经验相联合,而不只是和各个经验相联合。只有如此才可能交际,因为单个的经验位置在个人的意识中,严格地说是不能传达的。要想传达,它必须归入一个社团所默认的共同的类。这样,我对某一房子的个别印象就必须和我对它的所有其他印象参同起来。更进一步,我对这所房子的一般化的记忆或我对这所房子的"意念",必须和所有看见过这所房子的人对它的"意念"融合起来。原来的那个个别经验到此已扩展开来,包括了凡有感觉的人对这所房子形成的或可能形成的一切感觉或印象。

---

〔1〕 "筹码"(Counter)指"合符","代表"。——中译注

这样初步把经验简化,是一大类语言成分的基础。这一大类即所谓专名词或各人各物的名字。这样的经验简化,主要地也是历史和艺术所依托的,是形成它们的素材的。但是我们还不能满足于把无穷的经验仅仅这样简化。我们必须深入到底,必须多少有点任意地把一堆堆相似的经验归在一起,认为它们是相似到足以看做是相同的——这样做是错误的,但正是方便的。这所房子和那所房子以及成千累万性质相似的其他现象,尽管细节上有很大的和显著的差别,还是被认为足够相像,可以归为同一项目。换句话说,"房子"这个语言成分主要不是单个知觉的符号,甚至也不是对某一事物的意念的符号,而是一个"概念"的符号;或者说,是一个可以顺手把思维包装起来的胶囊,包括成千累万不同的经验,并且还准备再接纳成千累万的。如果说语言的单个有意义的成分是概念的符号,那么实际上联串的言语就可以认为是把这些概念安排起来,在它们中间建立起相互关系的记录。

常有人提到这个问题:没有语言,思维是否可能。或者进一步问:语言和思维是否不过是同一心灵过程的两个方面。这个问题到处遇到误解,以致更加变为难题。不如首先指出,不管思维是否需要符号(也就是语言),联串的言语并不总是表示思想的。我们已经看到,一个典型的语言成分标明一个概念。但是并不能由此引申说,语言的使用永远或主要地是概念的。日常生活中,我们并不怎么关心概念,反而更关心具体的东西和特殊的关系。例如我说:"今天早晨的一顿饭很不错",显然我并没有苦苦思想,我所要传达的只不过是一种愉快的回忆,用符号把它顺着常轨表现出来。句中的每一成分指定单个的概念或是概念的关系,或是概念和关系联合起来,但整个句子没有概念的意味。这就有点像一个能供给足够的电力来开动电梯的发电机只用来专门供给一个电铃。这样比拟,乍一看没多大意思,其实不然。可以把语言看成一架乐器,能奏出不同高度的心灵活动。语言的流动不只和意识的内在内容相平行,并且是在不同的水平面上和它平行的,这水平面可以低到为个别印象所占据的心理状态,也可以高到注意焦点里只有抽象的概念和它们的关系的心理状态,就是通常所谓推理。可见,语言只有外在的形式是不变的;它的内在意义,它的心灵价值或强度,随着注意或心灵选择的方向而自由变化,不消说还随着心灵的一般发展而自由变化。从语言的观点来看,思维的定义可以是:言语的最高级的潜在的(或可能的)内容,要达到这内容,联串的言语中的各个成分必须具有最完满的概念价值。由此可知语言和思维不是严格地同义的。语言最多也只有在符号表现的最高、最概括的水平上才能作为思维的外表。稍微改变一下角度来看，语言主要地是一种先理性的功能。它逐渐接近思维。思维先只是潜伏在语言的分类法中和形式中，而最终才可以从语言中看出思维。语言并不像一般的但是肤浅的想法那样，是贴在完成了的思维上的标签。

　　大多数人，如果你问他能否不用言语来思想，大概会回答："能，但要我这样做不容易，然而我知道是能的。"语言只不过是一件外衣，但如果语言不怎么像一件外衣，而更像是一条现成的路或是车辙，那又怎么样呢？非常可能，语言本是一种在概念水平以下使用的工具，而思维是把语言的内容精炼地解释了之后才兴起的。换句话说，产品随着工具而改进。正像数学推理非借助一套适当的数学符号不能进行一样，没有语言，思维的产生和日常运用未必更能想象。没有人相信数学命题，即使是最难的，注定要依靠一套任意性的符号；但是不可能设想，没有符号，人的心灵会得出这个命题或把它掌握住。作者本人颇以为许多人觉得能不用语言来思想，甚至推理，只是一种错觉。这种错觉似乎是由好几个因素造成的，其中最简单的是没有能区分印象和思维。事实上，只要我们试一试叫一个印象和另一个印象在意识上发生关系，就会发现自己默默地说了一联串的词了。思维可能另是一个自然领域，不同于人为的言语，但是就我们所知，言语似乎是通向思维的唯一途径。还有一个原因更会叫人幻想思维可以抛弃语言，那就是一般不理解语言并不等于它的听觉符号。听觉符号可以用运动符号或视觉符号一个对一个地来代替（例如许多人能够纯粹凭视觉来阅读，即不需要从印刷或书写的词引起一联串相应的听觉印象作为中间环节），或用其他一些更隐微，更难以捉摸，以至不容易确指的转移作用来代替。所以，仅仅因为一个人不觉得有听觉印象同时存在，就硬说他不用语言来思维，那绝不是合理的。甚至可以猜想思维的符号表达有时会跑出意识边缘之外，所以就某种类型的人的心理来说，会感觉到一种自由的、非语言的思维之流，这倒是相对地可以辩护的（但也只是相对地）。从心理一物理的角度来看，这句话的意思就是：言语在大脑中的相应部分，即脑中的听觉中枢，或相应的视觉或运动中枢，以及和这些中枢适应的联合路线，在思维过程中只被轻微地触动，以致全没有进入意识。这是一种极端的情况,思维不和语言手拉手地颠簸着,而只轻飘飘地骑在潜伏的语言的顶峰上。现代心理学给我们指出符号在无意识心理中起着多么有力的作用[1]。所以现在比二十年前更容易了解,最清楚的思维可能只是无意识的语言符号的有意识的对应物。

让我就语言和思维的关系再略谈几句。上文发挥的观点一点也不排除这样一种可能:语言的成长要充分依赖思维的发展。我们可以假定语言是先理性地兴起的——至于如何兴起,确切地在哪样的心理活动水平上才会兴起,我们不知道——但是我们绝不能想象一个高度发展的语言符号系统会在明确的概念和思想(即概念的安排)起源之前自己发达起来。我们宁可设想,几乎在语言表达开始的时候,思维过程像是一种精神泛滥,就渗进来了;并且,一个概念一经确定,必然会影响到它的语言符号的生命,促使语言的进一步成长。我们确实看到这种语言和思维相互作用的复杂过程在我们眼前进行着。工具使产品成为可能,产品又改良了工具。一个新概念的产生总是在旧语言材料的使用多少有点勉强的时候或是扩大了的时候预示出来;这个概念在具有明确的语言形象之前是不会获得个别的、独立的生命的。在绝大多数情况下,这个概念的新符号是用已经存在的语言材料,按照老规矩所制定的极端严格的方式造成的。有了一个词,我们就像松了一口气,本能地觉得一个概念现在归我们使用了。没有符号,我们不会觉得已经掌握了直接认识或了解这个概念的钥匙。假如"自由"、"理想"这些词不在我们心里作响,我们会像现在这样准备为自由而死,为理想而奋斗吗? 但是我们也知道词不只是钥匙,它也可以是桎梏。

语言主要地是一个听觉符号系统。因为它是说出来的,它也是一个运动系统。但是语言的运动方面显然比听觉方面次要。在正常的人,语言的冲动首先发生在听觉印象的范围,然后再传送到控制发音器官的运动神经。运动过程和相伴的运动感觉可也不是终点。它们只是一种手段、一种制约,引起说话的人和听话的人的听觉。说话的目的是交际,只有当听者的听觉翻译成适当的和预期的一串印象或思维,或二者兼有,交际才算成功。所以就语言作为纯粹的外表工具来说,它的循环起始于并且终结于声音的领域。起始的

---

[1] 译按:"现代心理学"原文作"the modern psychology",指弗洛伊德的精神分析论。

听觉印象和终了的听觉知觉互相对应了,这个过程才得到社会的印证,算是成功了。正如我们已经看到的,这个过程的典型程序可以受到无穷的修改,或转移成别的相当的系统,而不丧失它主要的形式特征。

种种修改之中,最重要的就是思想时语言过程的紧缩。随着各人的心理结构或心理功能的特点,这种紧缩无疑会有多种形式。修改得最少的形式是所谓"自言自语"或"出声思想"。这里,说话者和听话者变为同一个人,可以说是自己对自己交际。更有意思的是进一步紧缩的形式,它根本不发出语音来。各种各样的默语和正常思想都属于这一类。只有听觉中枢受到了激动;或者是语言表达的冲动虽然传给了跟发音器官相通的运动神经,而被抑制在这些器官的肌肉中或运动神经本身的某点上;再不然是听觉中枢只稍稍受到影响,或根本没有受到影响,言语过程直接在运动范围中显现出来。一定还有其他类型的紧缩。默语时虽然听不见声音,看不见发音动作,但是运动神经的兴奋却是常有的。例如在阅读非常动人的读物之后或深思之后,发音器官,特别是喉头,往往会感到疲乏,这就证明运动神经的兴奋。

以上所说的一切修改法都是以正常言语的典型过程做底子的。还有非常有趣而且重要的事,就是把整个言语符号系统转移到典型过程所不包括的其他范围里去的可能性。典型过程只涉及声音和用来发出声音的动作。视觉并没有参与。但是我们可以假设一个人不仅听见声音,并且看见说话者的发音器官的动作。显然,人观察说话器官的动作,只要能灵敏到足够的程度,就给一个新类型的语言符号开辟了道路,和声音相应的动作所引起的视觉印象就代替了声音。对绝大多数人,这样的一个系统没有多大用处,因为我们已经有了听觉—运动系统,而视觉系统最多也不过是把它不完全地翻译一下,不是一切发音动作都是眼睛看得见的。不过大家都知道聋哑人如何巧妙地利用"念嘴唇"来作为了解言语的辅助方法。在一切视觉语言符号中,最重要的自然是书写或印刷的字。在运动方面与此相应的是有精细调节的动作系统,它形成手写、打字或其他记录语言的书写方法。从这些新类型的符号里,我们除了认识到它们已经不再是正常语言的副产品,还认识到一件有意思的事,那就是新系统中的每一个成分(字母或书面的词)相应于原本的系统中的一个特殊成分(单音或音组或口头的词)。借用一个数学术语来说,书面语和口语是点对点地相等的。书面形式是口语形式的第二重符号——符号的符号,但是它们对应得如此严格,以致不仅在理论上而且在某些专用眼睛读书的人的实践上,又可能在某些类型的思想里,书面形式可以完全代替口语形式。不过听觉—运动的联合大概至少总还是潜伏在内的,就是说它还是在下意识里起作用。即使那些在阅读或思想时绝不用声音印象的人,分析到底,还是要靠它的。基本听觉符号好比是商品和服务,而视觉符号是流通媒介,是货币,这些人只是为了方便而掌握了货币。

语言转移的可能性实际上是无限的。一个大家熟悉的例子就是摩尔斯(Morse)电码,书面语的字母用约定俗成的一串串长短不同的滴滴声来代表。这里,转移由书面的词形成,而不是直接由口语的声音实现的。所以电码字母是符号的符号的符号。自然,一个熟练的电报员要了解电文,并不需要把一串串的滴滴声先翻成词的视觉印象,然后才能体验到正常的听觉印象。每个人实在怎么从电报交际中念出言语来,那无疑是有很大差别的。甚至可以想象(虽然未必实有其事),就思维过程的纯粹可意识的部分来说,某些电报员可能学会了直接用滴滴的听觉符号来思想;或者碰巧他们对运动符号有很强的自然倾向,会直接用发送电讯所引起的相应的触觉—运动符号来思想。

另一类有趣的转移是各种手势语,例如聋哑人用的、发誓永不说话的脱拉毕斯脱(Trappist)教派的修道士用的、或是能互相看见而不能互相听到的两方交际人用的。这些系统之中,有的是和正常言语系统点对点地相等的,有的,像军用手势符号或北美洲平原印第安人的手势语(语言互不相通的部落都懂得),是不完全的转移,仅限于在困难情况下传递必不可少的、比较粗糙的言语成分。也许有人会争辩说,在这后两种系统里,还有在海上或森林里使用的更不完全的符号里,语言实在已经不起作用、观念是直接由跟语言绝然无关的符号过程传达的,或是由半本能的摹仿来传达的。这样的解释未免错了。这些较模糊的符号所以能了解,不是因为别的,还是因为把它们自动地、默默地翻译成了更完备的词句。

我们可以毫不犹豫地做出这样的结论:除了正常言语之外,其他一切自主地传达观念的方式,总是从口到耳的典型语言符号的直接或间接的转移,或至少也要用真正的语言符号做媒介。这是非常重要的事。听觉印象和与之相关的引起发音的运动印象,是一切言语和一切思想的历史渊源,不管追溯它的过程是怎样的曲折。还有一点更为重要。语言符号能容易地从一种官能转移到另一种官能,从一种技术转移到另一种技术,可见单只语音并不是语言的基本事实;语言的基本事实毋宁说在于概念的分类、概念的形式构造和概念的关系。再说一次,语言,作为一种结构来看,它的内面是思维的模式。我们所要研究的,与其说是言语的物理事实,不如说是这抽象的语言。

有关语言的一般现象中,最叫人注意的无过于它的普遍性。某个部落是否有足以称为宗教或艺术的东西,那是可以争论的,但是就我们所知,没有一个民族没有充分发展的语言。最落后的南非布须曼人(Bushman)用丰富的符号系统的形式来说话,实质上完全可以和有教养的法国人的言语相比。不用说,在野蛮人的语言里,较为抽象的概念出现得不那么多,也不会有反映较高文化水平的丰富词汇和各种色彩的精密定义。然而,语言和文化的历史成长相平行,后来发展到和文学联系起来,这至多不过是浮面的事。语言的基础规模——清晰的语音系统的发展、言语成分和概念之间的特定联合以及为种种关系的形式表达做好细致准备——这一切在我们所知的每一种语言里都已经完全固定了和系统化了。许多原始的语言,形式丰富,有充沛的表达潜力,足以使现代文明人的语言黯然失色。单只清算一下语言的财富,就会叫外行人大吃一惊。通俗的说法以为原始语言在表达方面注定是非常贫乏的,这简直是无稽之谈。语言的多样性也给人深刻的印象,不见得次于它的普遍性。我们学过法语或德语的,更好是学过拉丁语或希腊语的,都知道同一种想法可以采取多少不同的形式。但是英语的规模和拉丁语的规模,在形式上的分歧还是比较小的,只要看一看我们所知的更陌生的语言格局就知道了。语言的普遍性和多样性引出一个很有意思的推论。我们不得不相信语言是人类极古老的遗产,不管一切语言形式在历史上是否都是从一个单一的根本形式萌芽的。人类的其他文化遗产,即便是钻木取火或打制石器的技艺,是不是比语言更古老些,值得怀疑。我倒是相信,语言甚至比物质文化的最低级发展还早;在语言这种表达意义的工具形成以前,那些文化发展事实上不见得是一定可能的。

语言、种族和文化

语言有一个底座。说一种语言的人是属于一个种族(或几个种族)的,也就是说，属于身体上具有某些特征而不同于别的群的一个群。语言也不脱离文化而存在，就是说，不脱离社会流传下来的、决定我们生活面貌的风俗和信仰的总体。人类学家惯于凭种族、语言和文化这三个纲目来研究人。着手研究一个自然区域（如非洲或南海）的时候，他们首先要做的事情之一就是用这三重观点来画地图。这些图能回答下列的问题：人这种动物，从生物学角度来看，有哪几大类，都住在哪里（如刚果尼格罗人，埃及白人；澳大利亚黑人，波利尼西亚人）？范围最广的语言群，即所谓"语系"，是哪些个，每一个怎样分布（如北非汉姆语，南非班图语；印度尼西亚、美拉尼西亚、密克罗尼西亚和波利尼西亚的马来－波利尼西亚语）？某一地区的人，作为文化的人，是怎样分类的，显著的"文化区"有哪几个，每一区的主导思想是什么（如北非的回教文化；南非的原始狩猎、非农业的布须曼人文化；物质上贫乏而仪礼上高度发展的澳大利亚土著文化；比较进步的，高度专门化的波利尼西亚文化）？

　　一个普通人不会去分析他自己在人类的总表格上占什么地位。他觉得自己代表着人类的某一个紧紧团结在一起的部分——有时叫做"民族"，有时叫做"种族"——并且所有那些使他成为这个大群的典型代表的东西都是结成一团儿的。如果他是一个英国人，就会觉得自己是"盎格鲁－撒克逊"族的一员，这个种族的"天才"创造了英语和用英语表达的"盎格鲁－撒克逊"文化。科学的看法是比较冷静些的。它要问一问这三种分类法——种族的、语言的、文化的——是否互相一致，有内在的必要把它们联络起来呢，还是只是表面的历史现象。回答会使"种族"狂想者扫兴。历史学家和人类学家发现，种族、语言和文化分布不平行，它们的分布区域犬牙交错，最叫人迷惑，并且它们的历史会各自走不同的道路。种族比语言容易混合。反过来说，语言会传播到远离老家的地方，侵入别的种族，别的文化的领域。一种语言可以在本地灭绝了，反而生存在粗暴地敌视原来说这语言的人的群体里。并且，历史上的偶然事件往往会重划文化区域的疆界，而不一定磨灭存在的语言分歧。只要能确信，种族，就它唯一可以了解的意义来说，也就是从生物学的方面来说，对语言和文化的历史全不关心，只要能确信，语言和文化的历史不能直接用种族来解释，正像不能用物理和化学的定律来解释一样，我们就能一方面对斯拉夫狂热主义、盎格鲁－撒克逊主义、条顿主义、拉丁天才等等神秘的口号发生某种兴趣，一方面又不让其中任何一个蒙骗了。仔细研究语言分布和它的历史，会给这些狂热信条加上最干燥无味的注疏。

一群语言完全不必和一个种族集体或一个文化区相应，这很容易举例证明。我们甚至可以指出一种语言怎样和种族、文化的界线互相交错。英语不是一个统一的种族说的。几百万美国黑人不会说别的语言。英语就是他们的母语，是他们的最深刻的思想和感情的形式外衣。它是他们的无可转让的财产，是"他们的"，正像是英王的。说英语的美国白人也不形成一个确定的种族，除非是和黑人对比着说。人体人类学家一般公认的欧洲的三个基本白人种族——波罗的海或北欧种、亚平宁种和地中海种——都有许多说英语的代表住在美国。但是，说英语的人的历史核心，那些还住在英国和它的殖民地的、相对地"没有混种"的人，他们也不代表一个单纯的种族吗？我看不出证据是指向这方面的。英国人是许多不同血属的大混合。除了习惯认为是基本血属的盎格鲁－撒克逊成分，或者说北日耳曼成分，英国血统还包括诺曼法兰西[1]、斯堪的那维亚、"克尔底"[2]和先克尔底成分。要是所谓"英国人"也算上苏格兰人和爱尔兰人[3]，那么，"克尔底"这个名称至少又指两个相当不同的种族成分——威尔士的短小、黯色的类型，和苏格兰高原和爱尔兰某些部分的较高、较白、时常是红头发的类型。即使我们说的只是撒克逊成分（不用说，这也不是"纯净"的），仍旧不解决问题。大致说来，这个血属就是如今在丹麦南部和相接的德国北部占多数的那个。要是这样，我们就只有这么想了：英语在历史上和弗里辛语（Frisian）关系最密切，其次是和别的西日耳曼方言（低地撒克逊语，即所谓"平地德意志语"，荷兰语，高地德语），第三才轮到斯堪的那维亚语，但是第五和第六世纪踏遍英格兰的那个"撒克逊"种族，反倒和说斯堪的那维亚语的丹麦人所代表的种族大体上一样，而说高

---

[1] 本身又是北"法兰西"和斯堪的那维亚成分的混合。

[2] 现在所谓英格兰和威尔士的"克尔底"血统，绝不限于住在说克尔底语的地区——威尔士和不久以前的康沃尔（Cornwall）。完全有理由相信，入侵的日耳曼部落（盎格鲁、撒克逊、宪特"Jute"）没有把英格兰的布来宋－克尔底人（Brythonic Celts）消灭了，也没有把他们全部赶到威尔士和康沃尔去（我们的历史上，把被征服的人"赶到"山寨、地角去的事说得太多了），而只是和他们混合起来，把自己的统治和语言强加在他们头上。

[3] 实际上很难把这三种人完全分开。这些名称与其说是清楚地指种族，还不如说是指地方感情。几世纪来他们不断相互通婚，只有在某些边僻地区才能找到相对纯净的类型，如赫布里底群岛（Hebrides）的高原苏格兰人。在美洲，英格兰人、苏格兰人和爱尔兰人已经无可分解地混合起来了。

地德语的中德和南德居民〔1〕,在种族上显然和他们有区别。

要是我们不顾这些细致的区别,而只是假定"条顿"种族或波罗的海种族或北欧种族在分布上和日耳曼语互相一致,成不成呢?这就保险了吧?不,这就更糟糕。首先,说德语的人口的大多数(住在中德、南德和瑞士、奥地利说德语的部分)根本不属于高身材、金发、长头〔2〕的"条顿"族,而属于较矮的、黯色的、扁头〔3〕的亚平宁种,这个种可以同样恰当地由法国中部居民、瑞士说法语的人和许多西部和北部斯拉夫人(如波希米亚人和波兰人)来代表。"亚平宁"人口的分布一部分和从前大陆上的"克尔底人"相一致,大陆"克尔底人"的语言已经到处屈服于意大利、日耳曼和斯拉夫语的压力了。我们最好不要用"克尔底种族"这个名称,如果非要给它某种内容不可,把它大致用于西部的亚平宁人,也许比用于上述的两个海岛类型更恰当些。后者在语言上,部分地在血统上,当然是"克尔底化"了的,正像几世纪以后,大部分英格兰和一部分苏格兰是被盎格鲁人和撒克逊人"条顿化"了的。从语言上说,今日的"克尔底人"(爱尔兰的高卢人、满克斯岛人"Manx",苏格兰的高卢人、威尔士人、布列登人〔4〕)是克尔底的,大部分今日的德国人是日耳曼的,就像美国黑人、美国化了的犹太人、明尼苏达州的瑞典人和落户美国的德国人是"英吉利的"。但是,还有第二个问题,波罗的海种族过去不是,现在也不是只说日耳曼语的。最北部的"克尔底人",如高地苏格兰人,大概是这个种族的特殊化了的分支。谁也不知道在克尔底化以前他们说什么话,但是没有任何证据说他们说的是日耳曼语。他们的语言可能很不像我们所知的任何印欧话,正如今日的巴斯克语和土耳其语那样不像。此外,斯堪的那维亚人东边还有这个种族的非日耳曼语成员——芬兰人以及有关的人,他们的语言还不能肯定和印欧语有任何关系。

我们不能就此打住。日耳曼语的地理位置〔5〕让人想到它们很可能只代

---

〔1〕 现在北德说的高地德语年代不久,那是推广标准德语的结果。标准德语的基础是上撒克逊语,是一种高地德语方言,它排挤了"平地德意志语"。

〔2〕 "Dolichocephalic"。

〔3〕 "Brachycephalic"。

〔4〕 Breton,法国西北角说克尔底话的人。——中译注

〔5〕 从现有的资料上溯,也许可以断定这些语言原来只限于北德和斯堪的那维亚的一个相当小的地区。这个地区显然处在说印欧语的人所分布的整个地区的边沿上。公元前一千年,它们的引力中心好像在俄罗斯南部。

表某种印欧方言(也许是一种原型克尔底－意大利语)在边沿地区转移给一种波罗的海人,而这种族原先说的语言,或一群语言,是和印欧语不相干的[1]。所以,不只是现在说英语的人不是一个统一的种族,英语的原型对如今和英语特别有关的种族来说,还可能是外国语呢。我们大可不必认真地想,英语,或英语所属的语群,在任何可以了解的意义上是一个种族的表现,在它里面埋藏着可以反映人类的一个特殊种族的气质或者"天才"的特性。

要是篇幅许可的话,还可以举出许多更突出的例子来说明种族和语言不一致。现在只再举一例作为代表。马来－波利尼西亚语形成一个界限清楚的语群,包括马来半岛南端及其以南、以东的广大岛屿世界(除去澳大利亚和新几内亚[2]的大部分)。住在这辽阔地域里的人至少代表着三个不同种族——新几内亚和美拉尼西亚的像尼格罗人的巴布亚人、印度尼西亚的马来种、外围岛屿的波利尼西亚人。波利尼西亚人和马来人都说马来－波利尼西亚语群里的语言,而巴布亚人的语言部分属于这个语群(美拉尼西亚语),部分属于与此无关的新几内亚的语群("巴布亚语")[3]。尽管这个地区的主要种族界线是划在巴布亚人和波利尼西亚人之间,主要的语言区分却是马来语作为一方,美拉尼西亚语和波利尼西亚语作为另一方。

文化和语言的关系正和种族和语言的关系一样。在原始的水平上,特别容易说明语言和文化没有内在联系,因为这时"民族"[4]观念这统一势力还没有兴起来干扰那种我们不妨叫做自然分布的潮流。完全不相干的语言在同一种文化里共存,密切相关的语言——甚至同一种语言——属于不同的文化区域。土著的美洲有许多上好的例子。阿萨巴斯根语形成一个明确统一的、结构上特殊化了的语群,不下于任何别的我所知道的语群[5]。说这些语

---

[1] 这虽说只是一种理论,可是专门例证并不像想象的那么薄弱。好些常用而又典型的日耳曼词和我们所知的印欧根本成分连不起来,例如英语的 house(屋子),stone(石头),sea(海),wife(妻子),德语中分别是 Haus, Stein, See, Weib,它们可能是我们所设想的先日耳曼语的残余。

[2] 殖民者对伊里安的称呼。——中译注

[3] 说美拉尼西亚语的巴布亚人只占居这个岛的最东部。

[4] "民族"是一个重要的、感情上统一的群体。引起民族统一观念的历史因素是多种多样的——政治的、文化的、语言的、地理的,有时候特别是宗教的。真正的种族因素也可以算进去,但是这里所谓"种族",一般着重心理价值,而不着重严格的生物学上的价值。在民族感情占优势的一个地区里,语言和文化都有统一化和特殊化的趋势,所以语言和文化的疆界多少也会趋于一致。但是,即使在最好的情况下,语言的统一从来也不是绝对的,文化统一则容易流于表面化,是半政治性的,不怎么深远的。

[5] 塞姆语是比众不同的,也不见得比它们更明确地标志出来。

言的人属于四个不同的文化区——加拿大西部和阿拉斯加内地的简单狩猎
文化(鲁丘克斯、契普沿)、平原地区的野牛文化(萨尔西"Sarcee"),西南地区
的高度仪礼化的文化(纳伐霍),加利福尼亚西北的非常特殊的文化(呼帕)。
说阿萨巴斯根语的人对文化的适应性和这些语言本身的不易接受外来影响,
恰好形成最奇怪的对比。呼帕印第安人是他们所属的文化区的典型。文化
上和他们相同的有邻近的犹洛克人(Yurok)和卡洛克人(Karok)。这三个部
落之间来往最频繁,甚至于一方所举行的重要宗教仪式其他两方一般都参
加。很难说他们的联合文化里哪一个成分原来属于哪一个部落,他们在共同
行动,感情,思想上太一致了。但是,他们的语言不仅互不相通,还分属于三
个主要的美洲语群,每一群在北美大陆上都分布得很广。呼帕语,我们已经
知道是属于阿萨巴斯根语的,因此也是海达语(夏洛脱王妃群岛)和脱令基脱
语(南阿拉斯加)的远亲;犹洛克语是阿尔贡巾语支的两种孤立的加利福尼亚
语言中的一种,而阿尔贡巾语支的引力重心是在大湖地区;卡洛克语是霍堪
语群的最北的成员,霍堪语群一直向南伸,越过加利福尼亚的边界,在墨西哥
湾一带还有它的更远的亲属。

再回头来谈英语。我相信我们大多数人都容易承认,英国和美国有共同
语言,并不能作为文化共同的论据。人们常说两国有共同的"盎格鲁-撒克
逊"文化传统。"有文化的人"以为这共同传统当然是有的了;难道这种倾向
没有把许多生活上和感情上的分别掩盖起来吗?至于说美国仍旧是特别"英
吉利式的",那也不过是殖民时代的遗迹而已;它的文化主流,部分趋向于自
主地、独特地发展,部分趋向于沉浸在广泛的欧洲文化中,而英国文化只不过
是其中的一个方面。我们不能否认,共同语言的存在能为英国和美国在文化
上互相谅解铺平道路,现在是这样,以后很长一个时期里还会是这样。但是,
非常清楚,别的因素正在有力地反抗这种拉平的趋势,其中有的因素正在很
快地积累起来。到了文化的地理、政治和经济决定因素已经不再相同的时
候,共同语言也就不能无限期地作为共同文化的印证。

语言、种族和文化不一定互相关联。这可也不是说它们永远不那样。实
际上,种族和文化的分界线确有点和语言的分界线相应的趋势,虽然后者并
不是在每一例证上都和前二者同样重要。例如,在波利尼西亚人的语言、种

族、文化，和美拉尼西亚人的语言、种族、文化之间，尽管有许多交错之处[1]，还是有一条相当明确的界线。可是，种族和文化上的区分，特别是种族上的区分，占主要地位，而语言上的区分只有次要意义；波利尼西亚语多不过是联合的美拉尼西亚—波利尼西亚语类的一个特殊的方言支派而已。还能找到更整齐的界线一致的例子。爱斯基摩人的语言、种族、文化和他们的邻人显然不同[2]；南非布须曼人的语言、种族、文化和他们的邻居班图人形成更明显的对比。这样的一致当然有极大的意义，不过并不在于种族、语言、文化三因素之间有什么内在的心理关系。界线上的一致不过指出浅显的历史上的联系。班图人和布须曼人所以在各方面迥然不同，只因为前者来到南非比后者更晚近。这两种人在完全隔绝的情况下发展，他们现在的接近发生得太晚，所以迟缓的种族和文化同化还来不及发生有力的作用。把时间往上推，我们不得不假定，比较稀少的人口世世代代占居着广大的地区，和别的人口集体的接触不会像后来那样急切而持久。地理和历史上的孤立造成人种的差别，自然也有利于深远的语言和文化上的差异。历史上有接触的种族和文化，久而久之会趋于同化，而同时相邻的语言只偶然在表面上同化[3]，这件事本身就指出，语言的发展以及种族和文化的特殊发展这二者之间没有深刻的因果关系。

但是，机警的读者必然要反驳了：语言和文化、种族之间一定有点关系，至少是和种族的不可捉摸的方面，就是所谓"气质"的方面有关。某种特殊的集体心理品质形成了某种文化，而这品质又无关某种特殊语言形态的成长，这岂不是不可思议的么。这一问就问到了社会心理学最困难的问题的中心了。至今为止，有没有人充分理解语言和文化沿流的历史过程的性质和这沿流所包含的最后心理因素，因而能清楚地回答这个问题，是很可疑的。我只能简单地说一说我的看法，或者不如说我的一般态度。很难证明"气质"，

---

〔1〕 例如，斐济人属于巴布亚（类似尼格罗的）种，在文化和语言关系上却是波利尼西亚的，不是美拉尼西亚的。

〔2〕 即使在这里也有一些有意思的交错。阿拉斯加最南部的爱斯基摩人，在文化上被邻近的脱令基脱人同化了。在西伯利亚东北，爱斯基摩人和楚科奇人（Chukchi）之间也没有截然的文化分界线。

〔3〕 一种语言代替另一种语言当然不是语言同化。

一个民族的总的情绪倾向[1]，基本上是一种文化的趋势和沿流的决定因素，尽管它会在个人怎样把握这文化的各个成分时显露出来。就算气质对文化的形成起了某种作用（虽然很难说是怎么起作用的），也不能就此说它对语言的形成也起了同样的作用。没法证明语言形式和民族气质有任何一点联系。语言变异的倾向，它的沿流，顺着历史先例给它规定的渠道无情地向前流；它不顾及说话人的感悟和情绪，就像一条河的河道不顾及当地的大气湿度一样。我十分相信，从语言结构里去找分别，以相应于据说是和种族有关的气质变异，那是徒然的。这里，我们最好记起：我们精神生活的情绪方面很少在语言体格中表达出来。

语言和我们的思路不可分解地交织在一起，从某种意义上说，它们是同一回事。基本的思维结构并不显出有重要的种族差别，所以语言形式的无限变异，也就是思维的实在过程的无限变异，并不指出种族上也有这样重要的区别。只有表面上看来这才是诡辩性的。所有语言的潜在内容都是一样的——都是经验的直觉的科学。两种语言从来不相同的是外表形式，因为这形式，就是我们叫做语言形态的，不多不少正是思维表达的集体艺术，一种脱尽了不相干的个人情绪的艺术。所以，分析到最后，语言不可能是从种族本身流露出来的，就像十四行诗的形式一样。

我也不相信文化和语言真有因果关系。文化这名称的定义可以是：一个社会所做的和所想的是什么。语言指的是人具体地怎样思想。很难设想经验的摘录（文化，社会所精选的东西）和社会表达一切经验的具体方式，这二者之间会有什么特殊的因果关系。文化的沿流，也就是说历史，是社会摘录上的一系列复杂变化——有增，有减，也有重点上和关系上的改变。语言的沿流一点也管不着内容的变化，只管形式表达的变化。可以设想，一种语言的每一个声音、每一个词、每一具体概念都改变了，而它的内在的现实一点也不改变，就像可以往一个固定的模子里倒水，倒石膏，或是倒融化了的金子。如果可以证明，文化在一切种类的具体内容之外，另有一种内在的形式，一套

---

〔1〕"气质"是个不容易对付的名词。糊里糊涂地算在民族"气质"账上的东西，有好些不过是习惯的行为，是传统的道德观念产生的效果。例如，在不喜欢夸张做作的文化里，表露情绪的自然倾向就异乎寻常地被抑制了。习惯上的抑制只是文化产物，从此推论到当地人的气质，很容易误入歧途。而我们通常接触到的人类行为又总是受过文化熏陶的。气质本来是个非常难以捉摸的东西。

规模,那么,我们就在文化上找到了可以和语言类比的名义,可以和语言发生关系的手段。在没有发现和揭露这种文化上的纯粹形式格局之前,我们最好还是把语言沿流和文化沿流当做两个不能比较的,没有关系的过程。从此可以看出,企图把语言形态的某种类型和文化发展的某一阶段联系起来,总是徒然的。说实在的,这样联系起来是说废话。随便看一看,就能证明我们在这一点上的理论。在文明进化的任何水平上都有形形色色的单纯类型和复杂类型的语言。就语言形式说,柏拉图和马其顿的牧猪奴是同伙,孔夫子和阿萨姆的猎取人头的野人是同行。

语言的内容,不用说,是和文化有密切关系的。不懂得神通论的社会,用不着神通论这名称;从来没见过或听说过马的土人遇见了马,不得不为这动物创造或借用一个名词。语言的词汇多多少少忠实地反映出它所服务的文化,从这种意义上说,语言史和文化史沿着平行的路线前进,是完全正确的。但是,这种肤浅的、外加上去的平行对语言学家没有真正的价值,除了新词的发生和借用偶然会显出语言的形式趋向。研究语言的人切不可错把语言和它的词汇混为一谈。

如果这一章和前一章多说了一些反面话,我认为这样做还是有益的。要想知道语言的主要性质,最好先弄清楚它不是什么,不做什么。它在表面上和别的历史过程有种种纠葛,必须摆脱了这些,才能看到它的真面目。至今我们看到的真正属于语言的东西都指出,语言是人类精神所创化的最有意义,最伟大的事业——一个完成的形式,能表达一切可以交流的经验。这个形式可以受到个人的无穷的改变,而不丧失它的清晰的轮廓;并且,它也像一切艺术一样,不断地使自身改造。语言是我们所知的最硕大、最广博的艺术,是世世代代无意识地创造出来的、无名氏的作品,像山岳一样伟大。

（选自爱德华·萨丕尔著,《语言论——言语研究导论》,
陆卓元译,商务印书馆 1985 年版,第 3—20,186—197 页。）

扩展阅读文献

1. Gumperz，J. J. & S. Levinson. Rethinking Linguistic Relativity. *Current Anthropology*. 1991,32 (5),pp. 613－623.

2. Sapir，E. *Selected Writings in Language，Culture and Personality*. Berkeley:University of California Press,1949.

3. Sapir，E. *Language：An Introduction to the Study of Speech*. London：A Harvest Book,1970.

4. Vygotsky，L. *Thought and Language*. Trans. newly revised en ed. by A. Kozulin. Cambridge，MA：MIT Press,1986.

5. Whorf，B. L. *Language，Thought and Reality：Selected Writings*. Ed. by J. B. Carroll. California：MIT Press,1956.

语言游戏

维特根斯坦

路德维希·维特根斯坦（Ludwig Wittgenstein，1889—1951），出生于奥地利，后入英国籍。起先对工程学和数学感兴趣，后来转向哲学。研究领域涉及逻辑、数学哲学、心理哲学等，是西方语言哲学的奠基人，20世纪最有影响的哲学家之一。他的主要著作有《逻辑哲学论》和《哲学研究》（去世后出版）；前者是对逻辑语言的诉求，后者则是对日常语言的分析。另外还著有《蓝皮书》和《棕皮书》等。

1. 奥古斯丁，《忏悔录》卷一第八节：[1]"当成年人称谓某个对象，同时转向**这个对象**的时候，我会对此有所觉察，并明了当他们要指向**这个对象**的时候，他们就发出声音，通过这声音来指称它。而他们要指向对象，这一点我是从他们的姿态上了解到的；这些姿态是所有种族的自然语言，这种语言通过表情和眼神的变化，通过肢体动作和声调口气来展示心灵的种种感受，例如心灵或欲求某物或守护某物或拒绝某事或逃避某事。就这样，我一再听到人们在不同句子中的特定位置上说出这些语词，从而渐渐学会了去理解这些语

---

〔1〕 维特根斯坦引用的是奥古斯丁的拉丁原文，而在脚注中附上维氏自己的德译。我的正文译文从维氏的德文译出，这个脚注里附上周士良先生根据拉丁文的译文（商务印书馆，1963，北京）：听到别人指涉一件东西，或看到别人随着某一种声音做着一种动作，我便记下来；我记住了这东西叫什么，要指那件东西时，就发出那种声音。又从别人的动作了解别人的意愿，这是各民族的自然语言：用面上的表情、用目光和其他肢体的顾盼动作、用声音表达内心的感情，或为要求、或为保留、或是拒绝、或是逃避。这样一再听到那些语言，按各种语句中的先后次序，我逐渐通解它们的意义，便勉强鼓动唇舌，借以表达我的意愿。——中译注

词指涉的是哪些对象。后来我的口舌也会自如地吐出这些音符,我也就通过这些符号来表达自己的愿望了。"

在我看来,我们在上面这段话里得到的是人类语言本质的一幅特定的图画,即:语言中的语词是对象的名称——句子是这样一些名称的联系。——在语言的这幅图画里,我们发现了以下观念的根源:每个词都有一个含义;含义与语词一一对应;含义即语词所代表的对象。

奥古斯丁没有讲到词类的区别。我以为,这样来描述语言学习的人,首先想到的是"桌子"、"椅子"、"面包"以及人名之类的名词,其次才会想到某些活动和属性的名称以及其他词类,仿佛其他词类自会各就各位。

现在来想一下语言的这种用法:我派某人去买东西,给他一张纸条,上面写着"五个红苹果"。他拿着这张纸条到了水果店,店主打开标有"苹果"字样的贮藏柜,然后在一张表格上找出"红"这个词,在其相应的位置上找到一个色样,嘴里数着一串基数词——假定他能熟记这些数字——一直数到"五",每数一个数字就从柜子里拿出一个和色样颜色相同的苹果。——人们以这种方式或类似的方式和语词打交道。——"但他怎么知道应该在什么地方用什么办法查找'红'这个词呢?他怎么知道他该拿'五'这个词干什么呢?"——那我假定他就是像我所描述的那样**行动**的。任何解释总有到头的时候。——但"五"这个词的含义是什么?——刚才根本不是在谈什么含义;谈的只是"五"这个词是怎样使用的。

2. 哲学上的那种含义概念来自对语言的作用方式的一种比较原始的看法。但也可以说,那是对一种比较原始的语言(相对于我们的语言来说)的看法。

让我们设想一种符合于奥古斯丁所作的那类描述的语言:建筑师傅 A 和他的助手 B 用这种语言进行交流。A 在用各种石料盖房子,这些石料是:方石[1]、柱石、板石和条石。B 必须依照 A 需要石料的顺序把这些石料递给他。为了这个目的他们使用一种由"方石"、"柱石"、"板石"和"条石"这几个

---

〔1〕 德文词 Wuerfel 指立方的东西,这里指方石。我译作"方石",但就维特根斯坦在这里所要讨论的问题而言,我们须注意,"方石"是个复合词,而 Wuerfel 原是个单纯词。"柱石"、"板石"、"条石"的情况相同。——中译注

词组成的语言。A 喊出这些词，B 把石料递过来——他已经学过按照这种喊声传递石料。——请把这看做一种完整的原始语言。

3. 我们也许可以说，奥古斯丁的确描述了一个交流系统，只不过我们称为语言的，并不都是这样的交流系统。要有人问："奥古斯丁那样的表述合用不合用?"我们在很多情况下不得不像上面这样说。这时的回答是："是的，你的表述合用;但它只适用于这一狭窄限定的范围，而不适用于你原本声称要加以描述的整体。"

这就像有人定义说："游戏就是按照某些规则在一个平面上移动一些东西……"——我们会回答他说:看来你想到的是棋类游戏;但并非所有的游戏都是那样。你要是把你的定义明确限定在棋类游戏上，你这个定义就对了。

4. 设想一套书写系统，其中的字母用来标示声音，但也用来标示重音，用来作标点符号。(可以把一套书写系统看做一种用来描述声音形态的语言。)再设想有人把这样一套书写系统理解成:仿佛每一个字母只是简单地对应于一个声音，仿佛这些字母不再有与此完全不同的功能。奥古斯丁对语言的看法就像对书写的这样一种过于简单的看法。

5. 看看第一节的例子，也许就想得到，语词含义的通常概念形成了多浓的一团雾气，使我们无法看清楚语言是怎么起作用的。而在某些运用语言的原始方式那里，我们可以清楚地综观语词的目的以及语词是怎么起作用的;因此，从这些原始方式来研究语言现象有助于驱散迷雾。

孩子学说话时用的就是这一类原始形式。教孩子说话靠的不是解释或定义，而是训练。

6. 我们可以设想语言(2)[1]是 A 和 B 的**全部**语言。甚至它是一个部落的全部语言。在那里，人们教孩子们做**这些**事情，教他们一边做一边使用**这**

---

〔1〕 即第 2 节所设想的语言，下同。——中译注

些语词，一边做一边对别人说的话作出反应。

训练的一个重要部分是，老师用手指着对象，把孩子的注意力引向这些对象，同时说出一个词；例如，指着板石形状说出"板石"一词。（我不想把这称为"指物定义"〔1〕或"定义"。因为孩子还不能够对名称**发问**。我将把它称作"指物识字法"。我说它会构成训练的一个重要部分，因为人们实际上是这样做的，而非因为无法设想另外的做法）。可以说，这种指物识字法是要在词与物之间建立一种联想式的联系。但"联想式的联系"说的是什么？说的可以是各式各样的东西。但人们首先想到的大概是：孩子听到语词，事物的图像就在他心里浮现出来。就算有这样的时候——但这就是语词的目的吗？——它的确**可以**是目的。——我可以设想这样来使用语词（一串声音）。（说出一个词就仿佛在一架想象的钢琴上击一个键。）但在第 2 节的语言里，语词的目的**不是**要唤起意象。（当然人们也有可能发现这有助于达到真正的目的。）

但若指物识字法会产生这种〔唤起意象的〕效果——我该不该说它产生对语词的理解呢？难道不是听到喊"板石！"就如此这般有所动作的人才理解了这个词吗？——但指物识字法的确有助于这种理解；但它必须同一种特定的训练结合才有这种作用。如果采用的是另外一种训练，同样的指物识字法就会产生一种完全不同的理解。

"我把条钢系在杠杆上，就制成了制动闸。"——是的，如果已经有了机械装置的所有其他部分。只有和整个机械连在一起它才是个制动杠杆；从支撑它的机械上拆下来，它就连个杠杆都不是了；它什么都可以是，或什么都不是。

7. 在使用语言（2）的实践中，一方喊出语词，另一方依照这些语词来行动。在语言教学中，则还有**这样的**做法：学生**说出**对象的**名称**。即，教的人指着石头，学生说"石头"这个词。——这里的确还可以有更简单的练习：学生重复老师前面说的话——这两种做法都类似于语言活动。

---

〔1〕 Hinweisende Krklärung，译作"指物定义"比"指物解释"更通行些，何况后面用的是 Definition。——中译注

我们还可以设想，第2节里使用话语的整个过程是孩子们借以学习母语的诸种游戏之一。我将把这些游戏称为"**语言游戏**"；我有时说到某种原始语言，也把它称作语言游戏。

说出石头的名称，跟着别人说的念，这些也可以称作语言游戏。想一想跳圈圈游戏时用到的好多话吧[1]。

我还将把语言和活动——那些和语言编织成一片的活动——所组成的整体称作"语言游戏"。

......

11. 想一下工具箱里的工具：有锤子、钳子、锯子、螺丝刀、尺子、胶水盆、胶、钉子、螺丝。——这些东西的功能各不相同；同样，语词的功能也各不相同（它们的功能在这一点那一点上会有相似之处）。

当然，我们听到这些语词，看到写出来印出来的语词，它们的外观整齐划一，而这让我们感到迷惑。它们的**用法**却并非明明白白地摆在眼前——尤其在我们从事哲学的时候！

12. 这就像观看机车驾驶室里的各种手柄。它们看上去都大同小异（自然是这样的，因为它们都是要用手抓住来操作的），但它们一个是曲轴的手柄，可以停在各种位置上（它是用来调节阀门开启的大小的）；另一个是离合器的手柄，只有两个有效位置，或离或合；第三个是刹车闸的手柄，拉得越猛，车刹得就越猛；第四个是气泵的手柄，只有在来回拉动的时候才起作用。

......

19. 我们不难想象一种只包括战场上的命令和报告的语言。——或一种只有问句以及表达是与否的语言。——以及无数其他种类的语言。——

---

[1] 西方孩子手拉手组成一个大圆环边跳边唱，歌词虽然成套，却没有什么含义。汤范本以中国孩子跳皮筋时的唱词对译："小皮球，香蕉梨，马兰开花二十一。"——中译注

而想象一种语言就叫做想象一种生活形式。

但在(2)的例子中,"板石"这声呼喊是一个句子还是一个词呢? ——说是个词,它却与我们通常语言中发音相同的那个词有不同的含义,因为在(2)里它是一声呼喊。但说它是句子,它却不是我们语言中的"板石"这个省略句。——〔1〕

就第一个问题而言,你既可以把"板石"称为一个词也可以称为一个句子;也许称为"蜕化句"(就像说到蜕化双曲线)最合适,而那恰恰是我们的"省略"句。——

但我们的省略句的确只是"拿给我一块板石!"这个句子的一种缩略形式,而在(2)的例子中却不存在这样的"原句"。——

但我为什么不应该反过来把"拿给我一块板石!"称作"板石"这个句子的**扩展**? ——因为你喊"板石",真正意谓的是"拿给我一块板石!"——

但你怎么一来就在**口说**"板石"之际**意谓**"拿给我一块板石!"了? 你先在心里对自己说了这个不曾缩略的句子吗? 我为什么得把"板石!"这声呼喊翻译成一个不同的说法才能说明某人用"板石!"意谓的是什么呢? 如果两个说法含义相同,那我为什么不应当说:"他喊'板石'的时候意谓的是'板石!'"? 或:既然你能够意谓"拿给我一块板石",为什么你就不能意谓"板石!"呢? ——

但我在喊"板石!"的时候,我所要的却是他拿给我一块板石! ——

诚然;但"所要的是"是否意味着:你曾以任何一种形式想到过和你实际上说出的句子不同的一个句子? ——

20. 但这样一来,一个人说"拿给我一块板石!"他仿佛就可以把这个表达式当做**一个**长长的单词来意谓了:也就是和"板石!"这样的单词相对应。——那么竟可以一会儿拿它当**一个**词一会儿拿它当五个词来意谓吗? 我们通常怎样意谓这个表达式的? 我相信我们会倾向于说:当我们对照"**递给**我一块板石","拿给**他**一块板石","拿**两块**板石来"等其他句子(这些句子

---

〔1〕 这一段和以下六个小段原文是一大段,为了让读者清楚这是两个人的对话,译者作了分段。——中译注

含有我们那个命令中的语词,但和另外一些词相联系)来使用"拿给我一块板石"的时候,我们是把它当做一个包括**五个词**的句子来意谓的。——然而,同其他句子对照着使用一个句子意味着什么? 这些句子这时浮现出来? **所有**这些句子都浮现出来? 是在说这个句子的这段时间里? 还是之前? 之后? ——不。即使这样一种解释对我们有点儿诱惑力,我们只消考虑一下实际上发生的是什么,就会看到我们在这里是误入歧途了。我们说我们同其他句子对照着使用这个命令,因为**我们的语言**包含着其他那些句子的可能性。一个不懂我们的语言的人,如一个外国人,经常听到一个人命令说:"拿给我一块板石!"可能会以为整个这一串声音是一个词,也许相当于他的语言中的"石料"这个词。那么,若由他自己发这道命令,他就可能说得不大一样;我们就会说,他说得真怪,因为他把这句话当成**一个**词了。——但他这样说的时候,他心里的活动——和他把这句话看作了**一个词相对应**——不也有所不同吗? 他心里的活动也许没什么不同,也许有所不同;你这样发出一道命令的时候,你心里有些什么活动? 你在发命令**之际**是否意识到,这个命令是由五个词组成的? 当然,你已经**掌握**了这门语言——这门语言里还存在着其他那些句子——但这种掌握难道就是你在说出这个句子之际"**发生**"的事情吗? ——我已经承认的是,那个外国人对这个句子的看法若不一样,大概说得就不一样;但我们称作错误看法的东西**不必**藏在和说出这个命令相伴随的任何东西里。

一个句子是"省略句",并非因为它略去了我们说出这句话之际所意谓的某些东西,而是因为同我们的语法的某一确定范本比较,它是简缩了的。这里自然可以反对说:"你承认简缩的句子和没简缩的句子有同样的意思。——那么,这个意思是什么? 究竟能不能用话语把它表达出来?"——然而,句子的意思一样,不就在于它们的**使用**一样吗? ——(在俄语里,人们说"石头红"而不说"石头是红的";他们是在意思上省掉了系词呢抑或**通过思想**加上系词呢?)

21. 设想一个语言游戏:B 根据 A 的提问向他报告一堆板石或方石的数目,或堆放在某处的石料的颜色和形状。——某个报告可能是"五块板石"。那么,"五块板石"的报告或断言和"五块板石!"的命令之间的区别是什么呢?

区别在于说这些话在语言游戏里所扮演的角色。说出这些话时的语调以及表情等等大概也会不一样。但我们也可以设想语调是一样的语调，——因为一个命令或一个报告本身就可以通过多种语调带有多种表情说出来——设想它们的区别只在于使用。（我们当然也可以把"断言"和"命令"只用来标示句子的语法形式和声调，我们的确把"今天天气不是很好吗？"这个句子称作问句，尽管它被用作一个断言句。）我们可以设想一种语言，其中**所有的**断言都具有设问的形式和语调；或每个命令都具有"你愿意这样做吗？"这样的提问形式。这样一来，人们也许会说："他说的句子具有问句的形式，实际上却是个命令"——即在语言实践中具有命令的功能。（与此类似，"你将这样去做"这话可以不是个预言，而是个命令。什么使它成为预言或成为命令？）

22. 弗雷格认为每个断言都包藏着一个假定，即假定了它所断定的事情；这种见解的真实基础是我们语言里的这样一种可能性：每一个断言句都可以写成"情况被断定是如此这般"这样一种形式。——然而，"……是如此这般"在我们的语言里恰恰不是一个句子，它还不是语言游戏里的**一步**。如果我不写成"情况被断定是如此这般"而写成"所断定的是：情况是如此这般"，那这里的"所断定的是："这话就恰恰是多余的。[1]

我们也完全可以把每一个断言句写成一个后面跟着"是的"这样一种形式的问句；例如，"在下雨吗？ 是的。"这是否表明每一个断言句里都包藏着一个问句呢？

我们也满有道理使用一种表示断言的标点符号，以与问号之类相对照，或借此把一句断言同一个虚构或假定区别开来。但若以为断言是由斟酌和断定[2]（赋予真值之类）两个步骤构成，以为我们是按照句子的命题符号来完成这两个步骤，差不多像按照乐谱唱歌那样，那可就错了。大声或小声朗读写出来的句子当然可以和按着乐谱唱歌对比，但用所读的句子来**"意谓"**

---

〔1〕 这里的翻译勉为其难。这里讨论的句子在德语里可以有两种说法，Es wird behauptet, daß das und das der Fall ist（我们译作"情况被陈述是如此这般"）或 Es wird behauptet, das und das ist der Fall（我们译作"所陈述的是：情况是如此这般"）。daß das und das der Fall ist 从形式上看只能是子句而不是个独立的句子，而 das und das ist der Fall 既可以是子句又可以是独立句，但作为独立句，它又回到了原标准陈述句的形式。维氏以此说明无论哪种情况，弗雷格的立论都站不住。——中译注
〔2〕 behaupten。但上文 Behauptungssatz 一直译为"陈述句"——中译注

（思想）却不可以这样对比。

弗雷格的断言符号标出了**句子的开端**，因此它起到一种和句号相似的作用。它把整句同整句**之中**的句子区别开来。如果我听到人说"下雨了"但不知道我是否听到了整句的首尾，那么这个句子对我来说还不是交流的媒介。

设想一幅图画，上面是一个拳师打拳时的某个姿势。而这幅图可以用来告诉一个人他应该怎样站立，应该保持什么姿势；或者告诉他不应该作什么姿势；或者告诉他曾有某个人站在某个地方，诸如此类。我们可以（用化学术语）把这幅图称为命题根。弗雷格大致就是这样来思考"假设"的。

---

23. 但是句子的种类有多少呢？比如：断言、疑问、命令？——这样的种类多到无数：我们称之为"符号"、"语词"、"句子"的，所有这些都有无数种不同的用法。这种多样性绝不是什么固定的东西，一旦给定就一成不变；新的语言类型，新的语言游戏，我们可以说，会产生出来，而另一些则会变得陈旧，被人遗忘。（对这一点，数学的演变可以为我们提供一幅**粗略**的图画。）

"语言游戏"这个用语在这里是要强调，用语言来说话是某种行为举止的一部分，或某种生活形式的一部分。

请从下面的例子及其他例子来看一看语言游戏的多样性：

下达命令，以及服从命令——

按照一个对象的外观来描述它，或按照它的量度来描述它——

根据描述（绘图）构造一个对象——

报道一个事件——

对这个事件的经过作出推测——

提出及检验一种假设——

用图表表示一个实验的结果——

编故事；读故事——

演戏——

唱歌——

猜谜——

编笑话;讲笑话——

解一道应用算术题——

把一种语言翻译成另一种语言——

请求、感谢、谩骂、问候、祈祷。

——把多种多样的语言工具及对语言工具的多种多样的用法,把语词和句子的多种多样的种类同逻辑学家们对语言结构所说的比较一下,那是很有意思的(包括《逻辑哲学论》的作者在内)。

24. 看不到语言游戏的多样性,就可能问出"什么是问句?"这样的问题来——问句是否在断定"我不知道某件事情"? 或在断定"我希望别人能告诉我"? 或它在对我的不确定的心理状态进行描述? ——那么"救命!"这声呼喊是不是这样一种描述呢?

想一想有多少种不同的东西被称为"描述":根据坐标来描述物体的位置;描述面部表情;描述触觉;描述心情。

当然可以用断言形式或描述形式来代替通常的疑问形式:"我想知道那是不是……"或"我怀疑那是不是……"——但我们并未借此把各式各样的语言游戏拉得更近些。

我们可以把所有的断言句转换成以"我想"或"我相信"这类短语开头的句子(从而就仿佛转换成了对我的内部经历的描述);这一类形式转换的可能性究竟意味着什么,在另一处将会看得更清楚。(唯我论)

······

26. 人们以为学习语言就在于叫出事物的名称。即叫出人、形状、色彩、痛疼、情绪、数字等等的名称。我们已经说过——命名就像给一件东西贴上标签。可以说这是使用语词前的一种准备工作。但这种准备为的是做什么呢?

27."我们给事物命名,然后我们就可以谈论事物;在谈论中指涉它们。"——似乎一旦命名,下面再做什么就都给定了。似乎只有一种事情叫做"谈论事物"。其实我们用句子做着各式各样的事情。我们只需想一想各种呼叫。它们起着完全不同的作用。

水!

走开!

啊唷!

救命!

好极了!

不!

你仍然要把这些语词都称作"为事物命名"吗?

在语言(2)和语言(8)里不存在命名的问题。我们可以说,命名以及和它联系在一起的指物定义是一种特定的语言游戏。这其实是说:我们被教给被训练去问:"这叫什么?"——人们接着告诉我们一个名称。还有另一种语言游戏:为某种东西发明一个名字,即,先说"这是……"然后使用一个新名称。(例如,孩子就这样给他们的玩具娃娃起名的,然后谈论它们,对它们说话。这里还可以想一想,用一个人的名字去呼叫这个人是一件多独特的事情!)

28. 我们可以用指物方式来定义一个人名、一个颜色词、一个材料名称、一个数字名称、一个方位词,等等。我指着两个核桃给二这个数字下定义说:"这叫'二'"——这个定义充分准确。——然而怎样可以这样来定义二呢?听到这个定义的人并不知道你要把什么称为"二";他会以为你要把这对核桃称作"二"呢!——他可能这样以为;但也可能不这样以为。反过来,我现在要给这对核桃起个名称,这时他也可能把这个名称误解成了一个数目字。同样,我现在用指物方式定义一个人名,他也可能把它当成了颜色的名称、种族的名称、甚至方位的名称。这就是说:指物定义在每一种情况下都可以有不同的解说。

29. 人们也许会说：只能这样来用指物方式定义二："这个数字叫'二'"。因为"数字"一词在这里标明了我们把"二"这个词放在语言的、语法的什么位置上。但这就是说要理解这个指物定义就要先定义"数字"一词。——定义里的"数字"一词当然标明了这个位置，标明了我们安放"二"这个词的岗位。我们说："这种颜色叫什么什么"，"这个长度叫什么什么"，等等，借此预防误解。这是说：有时可以这样避免误解。然而，只能这样来把握"颜色"或"长度"等词吗？——我们只需给出它们的定义就行了。——于是又是通过别的语词来定义！那么到了这个链条上的最终定义又该怎么样呢？（不要说："没有'最终的'定义"。那恰恰就像你要说："这条路上没有最后一座房子；人们总可以再盖一座"。）

"二"的指物定义是否需要"数字"这个词？这取决于若没有这个词，别人对"二"的理解是否和我所希望的理解不一样。而这又要取决于我在什么情况之下以及对什么人给予这个定义。

从他怎样使用所定义的词将显示出他是怎样"把握"这个定义的。

能够指着不是红色的东西为"红"这个词下定义吗？这就好比要向一个不太通中文的人定义"谦虚"这个词，指着一个傲慢的人定义说"这个人就不谦虚"。这种定义方式会有歧义，但这不是否定这种方式的论据。任何定义都可以被误解。

但很可以问：我们仍应把这个称作"定义"吗？——因为即使它具有同样的实际后果，对学习者具有同样的作用，它在演算中所扮演的角色却当然不同于我们通常称为"红"这个词的指物定义。

---

30. 于是可以说：要是一个词在语言里一般应扮演何种角色已经清楚了，指物定义就能解释它的用法——它的含义。如果我知道某人是要给我解释一个颜色词，"那叫'褐墨色'"，这个指物定义就会有助于我理解这个

词。——是可以这样说,只要没忘记种种问题现在都系于"知道"或"清楚"这些词上。

为了能够询问一件东西的名称,必须已经知道(或能够做到)某些事情。但必须知道的是些什么呢?

31. 指着象棋里的王对一个人说:"这是王",这并没有对他解释这个棋子的用法——除非他已经知道了这种游戏的诸项规则,只是还不曾确定最后这一点:王这颗棋子的样子。我们可以设想他已经学会了象棋的诸项规则却从没有见过实际的棋子是什么样子的。棋子的模样在这里与一个语词的声音或形象相对应。

但我们也可以设想某人学会了一种游戏,却从未学过或制定过规则。也许最初他通过旁观学会了非常简单的棋类游戏,然后逐步学会了越来越复杂的游戏。这时仍然可能向他解释说:"这是王",例如,拿给他看的是一套他不熟悉其形象的棋子。即使在这种情况下,我们也可以说,只因为这个棋子的位置已经准备好了,这个解释才教给了他棋子的用途。换言之:只有位置已经准备好了,我们才会说我们的解释教给了他棋子的用途。这倒不是因为我们向之作解释的那个人已经知道了规则,而是因为在另一种意义上他已经掌握了一种游戏。

再考虑一下这种情况:我向某人解释象棋,一开始就指着一个棋子说:"这是王;它可以这样走,等等。"——在这种情况下,我们要说:只有当学习者已经"知道棋子在游戏中是什么东西","这是王"(或"这叫'王'")这样的话才是对语词的解释。即只有当他做过别种游戏或者看过别人做这种游戏而且"看懂了",——**以及诸如此类的情况**。也只有在这些情况下他才能够在学习这种游戏之际切实地询问:"这个叫什么?"——即这个棋子叫什么。

可以说:只有已经知道名称是干什么的人,才能有意义地问到一个名称。

我们当然也可以设想,被问到的人回答说:"名称你自己定吧"——这时候就得由发问的人自己去拿主意了。

32. 一个人到了异族的地方,有时要通过当地人的指物定义来学习当地的语言;他往往不得不**猜测**这类定义的解释;有时猜对,有时猜错。

我想，现在我们可以说：奥古斯丁所描述的学习人类语言的过程，仿佛是那个孩子来到了一个异族的地方而不懂当地的语言，似乎他已经有了一种语言，只不过不是这一种罢了。换言之：似乎这个孩子已经会**思想**了，只是不会说话。而"思想"在这里就像说：对自己谈话。〔1〕

33. 也许有人会反驳说："根本用不着先掌握了一种语言游戏才能理解一个指物定义。你只是必须知道（或猜到）下定义的那个人指的是什么——而这是不言自明的；即那个人指的是对象的形状还是颜色或数目，等等。"——可"指形状"，"指颜色"又是怎么回事呢？你试着指一片纸看看！——你再来指它的形状——再来指它的颜色——再来指它的数目（这听起来够古怪的）！——你是怎样指的？——你会说你每次指的时候都**"意谓"**某种不同的东西。我要问你那是个什么样子，你会说你把注意力集中在颜色、形状等等之上。那我还要问：那又是个什么样子？

设想有个人指着一个花瓶说："瞧这奇妙的蓝色——别去管它是什么形状"——或者"瞧这奇妙的形状——颜色无关紧要"。无疑，你按这两种请求去做的时候，所做的会**不一样**。然而，你把注意力集中于颜色的时候所做的总是**同样**的吗？请设想一下各式各样的情形！我这里先提示几种：

"这个蓝色和那边的蓝色一样吗？你能看出其中的区别吗？"——

你在调配颜色时说："很难调出这种天空的蓝色。"

"天晴了，又看得见蓝天了。"

"瞧，这两种蓝颜色的效果多不一样啊！"

"你看见那边那本蓝皮儿的书了吗？请把它拿过来。"

"这个蓝色信号灯意味着……"

"这种蓝叫什么？——是'靛蓝'吗？"

人要把注意力集中在颜色上的时候，有时用手挡着围出形状的外部线条，有时不去看对象的轮廓，有时则盯着对象，一面努力回忆以前在哪里见过这种颜色。

---

〔1〕 维特根斯坦后来否弃了这一点；参见 217 页等处。他请我作这个脚注。——安斯康姆（英译者之一）注

人要注意形状时,有时用手勾画着,有时眯起眼睛以便让颜色变得模糊,诸如此类。我要说的是:在人"把注意力集中在某种东西上"的**这段时间里**,会有这一类的情况发生。但并非单单这些情况就使得我们说某人把注意力集中在形状、颜色等等之上。正如走一步棋并不单单意味着如此这般在棋盘上移动棋子——却也不单单意味着棋手走棋时的思想感觉,而是意味着我们称之为"下一盘棋"、"解决一个象棋问题"之类的情形。

34. 但假设某人说:"我在注意形状时所做的总是一样的:我的目光沿着轮廓移动,同时我感觉到……"假设他带着这样的目光和感觉指着一个圆形对象对另一个人说出"这叫做'圆'"这样一个指物定义;然而,即使听到这个定义的人看见了说话人的目光沿着形状移动,也感觉到了说话人的感觉,他不可能仍然对这个定义作出不同的解释吗? 也就是说,这种"解释"也可能在于他现在怎样来使用这个被定义的词,例如,若别人命令他"指出一个圆来",他究竟指出个什么。——因为"如此这般地意谓某个定义"和"如此这般地解释某个定义"这两种说法所标示的都不是某种在给予定义和听到定义之际的伴随活动。

35. 当然,在指向形状的时候,是有些东西可以称之为"指向形状时特有的经验"。例如这时手指或目光沿着轮廓移动。——但**这些**远非我每一次"意谓形状"之际都会发生,而且任何其他一种特有的活动也远不是在所有这样的时候都发生。——然而,即使有这样一种活动每一次都重现,我们要不要说"他指的是形状而不是颜色"仍然取决于周边情况——即取决于指之前和指之后的情况 。

因为"指向形状"、"意谓形状"这些话的用法和"指向这本书(而非那本)","指的是椅子而非桌子"**这类话**的用法是不同的。只请想一想我们怎样学习使用"指这个东西","指那个东西"这类话,又怎样**学习**使用"指颜色,而非形状","**意谓颜色**"及诸如此类的话,想一想这两种学习过程是多么不一样。

前面说:在某些情况下,特别是在"指形状"或"指数目"的时候,的确有些经验和指的方式是特有的——说"特有",是因为"意谓"形状或数目时,它们经常（虽并非每一次都）出现。但你是否也有过把一个棋子作为**棋子**来指所特有的经验呢？但还是可以说："我意谓的是：这个**棋子**叫'王'，我意谓的不是我指着的这一小块木头叫'王'。"（辨认、愿望、回忆等等）

一会儿用"**这**是蓝的"这话意谓关于所指对象的述说——一会儿又用它来意谓"蓝"这个词的定义，这是怎么回事？在第二种情况下，其实意谓的是"这叫做'蓝的'"。——那我们竟可以一会儿用"是"这个词意谓"叫做"、用"蓝"这个词意谓"'蓝'"，而一会儿又用"是"来意谓真正的"是"啦？

一段话本来意在讲一件事情，而某个人却从这话里得到了对某个语词的定义，这也是可能的。〔边注：这里隐藏着一个严重的迷信。〕

我能否用"卜卜卜"来意谓"不下雨我就去散步"？——只有凭借一种语言我才能用某种东西意谓某种东西。这清楚地表明，"意谓"的语法和"设想某事"之类的表达式的语法并不相似。

---

36. 我们这儿的做法正像我们在大量类似情形下的做法一样：因为没有**单独一种**身体动作我们可以举出来称之为指向形状（例如相对于指向颜色而言），我们于是就说和这话相应的是一种**精神**活动。

每当我们的语言让我们揣测该有个实体而那里却并没有实体，我们就想说：那里有个**精怪**。[1]

37. 名称与被命名的事物之间的关系是什么？——好，你说**是**什么关系？看看语言游戏（2）或其他哪个语言游戏！在那里可以看到这种关系意味着什么。在很多种关系里面，也可以有这样一种：听到名称，我们心里就应声出现了所命名的东西的图画：在另外种种关系里面，也可以有：名称写在所命名的东西上面，或一边指向这种东西一边说出名称来。

---

〔1〕 这一节里 Körper 先后译作"**身体**"和"**实体**"，Geist 先后译作"**精神**"和"**精怪**"。——中译注

38. 然而,例如说,语言游戏(8)里的"这个"一词是什么的名称? 或者指物定义"这叫做……"里面的"这"一词是什么的名称? ——如果不想制造混乱,那最好根本不要把这些词叫做名称。——有人却耸人视听,说"这个"才是唯一**真正**的名称。结果我们通常称之为名称的东西倒只是在不精确和近似的意义上才是名称。

这个稀奇的看法,也许可以说,产生于要把我们语言的逻辑拔高到顶点的倾向。对此的真正回答是:我们把**很多很多种**不同的语词称为"名称";"名称"一词指称出一个词的很多种不同用法,这些不同用法以很多种不同的方式互相联系;——但这种种用法里面却不包括"这个"一词的用法。

的确,我们经常在给予指物定义这类情况下指着所称的东西并且说出它的名称来。我们在给予指物定义之类的时候同样也一面指着一样东西一面说出"这个"一词。而且"这个"一词和一个名称往往在一个句子中的位置相同。但是,用"这是 N"(或"这叫做'N'")这样的指物方式来定义一个名称恰恰是名称之为名称的特征。那我们也会这样下定义吗:"这叫做'这个'",或"这个叫做'这个'"?

这同把命名看作偶像崇拜式的活动有关系。命名似乎是一个词和一个对象的奇特联系。——哲学家为了提示名称和所称的东西之间的**独一无二**的那个关系,盯着面前的一个对象,一遍一遍重复一个名称甚至重复"这个"一词,于是乎这种奇特的联系当真发生了。因为只有在语言**休假**的时候,哲学问题才会产生。**这时候**我们当然可以把命名想象为任意一种令人惊异的心灵行为,仿佛在给对象施行命名洗礼。我们甚至可以**向**这个对象说"这个"一词,就像在用"这个"和它**打招呼**——这是这个词的一种奇特的用法,大概只有在从事哲学的时候才会出现。

39. "这"这个词明明**不是**名称;那为什么人们偏偏想到要把这个词弄成名称呢? ——原因正在这里:因为人们被诱导对通常叫做名称的东西提出异议。这种异议可以这样表达:**名称本来应该标示单纯的东西**。人们大概可以这样推论出这一点:"诺统"[1]这个词在通常的意义上是一个专有名称。诺

---

〔1〕 Nothung,亚瑟王的魔剑。——中译注

统是由其各部分以某种特定方式构成的。如果各个部分以其他方式构成，则诺统不存在。但显然"诺统有锋利的剑刃"这句话是**有意义的**，无论诺统全剑犹在还是已经粉碎。如果说"诺统"是一个对象的名称，那么诺统一旦粉碎，这个对象也就不复存在，既然没有东西与名称对应，这个名称也就没有含义。然而这样一来，"诺统有锋利的剑刃"这句话就包含了一个没有含义的词，因此这个句子就是无意义的。可是它的确有含义；因而构成这个句子的诸语词必然始终对应着某种东西。所以，通过意义分析，"诺统"这个词必定会消失，而由一些命名单纯事物的语词取代。我们将乐于把这些词称为真正的名称。

40. 让我们先来讨论这条思路的这一点：一个词如无对应物就没有含义。确立下面一点是很重要的：用"含义"一词来标示与词相对应的东西，不合语言习惯。这样做混淆了名称的含义和名称的**承担者**。N. N. 先生死了，我们说这个名字的承担者死了，而不说这个名字的含义死了。这样说是荒唐的，因为假如名称不再有含义，说"N. N. 先生死了"就毫无意义。

41. 我们在第 15 节把专有名称引入了语言(8)。现在假定其名称为"N"的工具破碎了。A 不知道这一点，给了 B 符号"N"。这个符号这时有含义，还是没有含义？——B 得到这个符号时该怎么做？——我们对此还什么都没约定。或许可以问：他**将**怎么做？也许他会站在那里不知所措，或者指给 A 看那些碎片。在这里**可以**说："N"变得没有含义了；而这个说法所说的是，在我们的语言游戏里不再用得上符号"N"（除非我们给它一个新用法）。"N"也可能通过另一种方式变得没有含义，那就是，人们由于这种那种原因给了那个工具另一个标记而不再在语言游戏里使用符号"N"了。——不过我们还可以设想一个约定：一件工具破碎了，而每逢 A 给 B 这件工具的符号，B 就要以摇头的方式回答他。——那就可以说，即使这件工具不再存在，命令"N"仍然被吸收进了语言游戏，而即使其承担者停止存在，符号"N"仍然具有含义。

42. 然而，从未用于一个工具的名称在那个游戏中也有含义吗？——那让我们假定"X"就是这样的一个符号，A 把这个符号给予 B——连这样的符号也可以吸收到语言游戏里来，而 B 也许会摇摇头来回答这种符号。（可以把这个情形设想为两人之间的一种玩笑。）

43. 在使用"含义"一词的一大类情况下——尽管不是在**所有**情况下——可以这样解释"含义"：一个词的含义是它在语言中的用法。

而一个名称的**含义**有时是由指向它的**承担者**来解释的。

44. 我们说过，即使"诺统"已经残碎，"诺统有锋利的剑刃"这句话仍有意义。的确是这样，因为在这个语言游戏中，即使其承担者不在场，名称仍然被使用着。但我们可以设想一种使用名称（即，使用我们也一定会称其为"名称"的那些符号）的语言游戏，在这里，唯当承担者在场才使用这些名称，从而这些名称就**总是**可以由一个指示代词和指示的手势所代替。

45. 指示性的"这个"永远不能没有承担者。也许有人这样说："只要有一个**这个**，'这个'一词就有含义，无论**这个**是简单的还是复合的。"——但这并不能使这个词变为一个名称。正相反；因为一个名称不是跟着指示的手势使用的，而只是通过这个手势来解释的。

......

48. 让我们把（2）中的方法应用于《泰阿泰德篇》中的表述。让我们考察一个那种表述在那里确实说得通的语言游戏。我们用这种语言来表述一个平面上有色方格的组合。这些方格构成棋盘那种样子的组合体。有红色、绿色、白色和黑色的方格。这种语言的词汇（相应地）是："红"，"绿"，"白"，"黑"，而一个句子是这些词的一个系列。它们以下面的次序描述方格的排列：

1	2	3
4	5	6
7	8	9

因而,像"红红黑绿绿绿红白白"这样的句子描述的就是这种排列:

红	红	黑
绿	绿	绿
红	白	白

这里,句子是名称的复合体,与它对应的是元素的复合体。基本元素是有色的方格。"但它们是简单的吗?"——我不知道在这个语言游戏里还有什么东西应当更自然地被称为"简单的"。但在其他一些情况下,我也许会称一个单色方格为"复合的",或许由两个长方形复合而成,或者由颜色和形状复合而成。但复合的概念甚至可以这样延伸:一个较小的平面可以说是由一个较大的平面和一个从其中减去的平面"复合"而成。比较一下"力的合成",以及用线段外的一点"分割"一条线段;这些说法表明在有些情况下甚至倾向于把较小的东西看成是较大的东西复合的结果,把较大的东西看成是较小的东西分割的结果。

然而我竟不知道我们语句描述的这个图形应该说是由四个元素组成的还是由九个元素组成的!那个句子又是由四个字母还是由九个字母组成的呢?——哪个是它的元素:是字母的种类,还是字母?如果我们在特定情形下避免了误解,这么说那么说不都是一回事吗?

49. 然而说我们无法解释(即描述)这些元素而只能称谓它们,这是什么意思?这可以是说,在某一极端情况下,一个复合体只由**一个**方格组成,而对它的描述就简简单单只是这个有色方格的名称而已。

这里我们可以说——虽然这很容易导致各式各样的哲学迷信——符号"红"或"黑"等等有时可能是一个词,有时可能是一个句子。而它"是个词还是个句子"取决于说出它或写下它的情境。例如,A 要对 B 描述有色方格的复合体而他在这里只使用单词"红",那么我们就能说这个词是一种描述——一个句子。但假如他是默记着这些词及其含义,或者在教别人这些词的用法,在指物教法中说出这些词,我们就不能说它们是句子。在这种情境下,"红"一词不是描述之类;人们用它来命名一种元素——但若因而说一种元素只能被命名,那就稀奇了!命名和描述并不在**同一个**平面上:命名是描述的准备。命名还根本不是语言游戏中的一步——就像在棋盘上把棋子摆好并非走了一步棋。可以说：为一个事物命名，还**什么都没有**完成。除了在语言游戏里，事物甚至没**有**名称。弗雷格说：一个词只有在句子的上下文之中才具有含义，说的也就是这个意思。

50. 讲到元素，说我们既不能说它们存在，也不能说它们不存在，这是什么意思？——有人可能会说：我们称之为"存在"和"不存在"的一切东西都在于元素间有某些联系或没有某些联系，那么，说一种元素存在（不存在）就没有意义；正如我们称为"毁灭"的，就在于元素的分离，因而谈论元素的毁灭没有意义。

但有人会说：不能把存在作为元素的属性，是因为假如元素不存在，我们甚至无法给它命名，更不可能谈论它了。——但我们来考察一下一个类似的例子！有一**件**东西，我们既不能说它是一米长，也不能说它不是一米长；这就是巴黎的标准米。——但是，这当然不是把某种奇异的属性加在它上面，而只是标明它在用米尺度量的游戏中起着一种独特的作用。——让我们设想，像标准米一样，在巴黎存放着各种颜色的色样。我们定义："褐墨色"即是在巴黎密封保存的那个标准褐墨色的颜色。那么无论说这个色样有这种颜色或没有这种颜色就都没有意义。

我们可以这样来表达这一点：这个色样是我们用来谈论颜色的语言手段。它在这个游戏中不是被表现的东西，而是表现手段。——我们用为它命名的方式说出"红"这个词，而它就成为语言游戏（48）中的一个元素：我们借此在我们的语言游戏里给了这样东西一个角色；它于是就是表现**手段**。说"**假如**它不存在，它就不能有名称"不多不少就等于说：假如这个东西不存在，我们就无法在我们的游戏里使用它。——看似必须存在的东西，是属于语言的。它是我们的语言游戏里的范型；是被用来作参照的东西。确认这个范型，可以说是作出了一个重要的确认；但它仍是涉及我们的语言游戏的——涉及我们表现方式的——一种确认。

51. 在描述语言游戏（48）时我说，"红""黑"等词与方格的颜色相对应。但这种对应在于什么？在何种程度上可以说方格的一些颜色同这些符号对应？（48）的定义只不过设定了这些符号和我们的语言中的某些词（颜色名称）之间的联系。——我们已经假定这些符号在语言游戏里的用法是通过其他方式教会的，尤其是通过指向范型的方式教会的。好吧；可是说在**语言实践**中某些元素与符号对应，说的是什么？——是否在于描述有色方格复合体的人见到红方格就说"红"，见到黑方格就说"黑"，等等？但若他在描述时弄错了，看到一个黑方格却误说了"红"呢——该根据什么判定这是一个**错误**？——抑或"红"标示一个红方格就在于：使用这种语言的人用到"红"这个符号时，总有一个红方格在心里浮现出来？

要看得更清楚，就像在无数相似的情况下那样，我们在这里也必须把所发生的事情的诸种细节收入眼帘；必须**从近处考察**这些事情。

......

53. 在我们的语言游戏（48）里，在**多种不同的**可能性下，在多种不同的情况下，我们会说一个符号在游戏里是某某颜色的方格的名称。例如，如果我们知道，使用这种语言的人是用某某方式学会使用这些符号的，我们就会这样说。又如，用图表之类的形式写好：这种元素同这个符号相对应；然后采用这张图表来教语言，引用它来解决争执，这时我们也会这样说。

而我们也可以设想，这样一张图表是语言使用的一种工具。那么，描述一个复合体就是这样一件事情：描述复合体的人带着一张图表，在上面查出复合体的每一种元素，从每一个元素转向一个符号（听到描述的人也可以用图表把描述所用的话转译成有色方格的画样）。可以说这里的图表代替了其他情况下记忆和联想所起的作用。（通常执行"给我拿朵红花来"这个命令时，我们并不是在颜色表上查出红色，然后对照着找出和它颜色相同的花送过去；不过，在选择或调配某一特定的红色时，我们有时的确也利用色样或图表。）

如果我们把这个图表称为语言游戏里某种规则的表达，那可以说，我们称之为语言游戏规则的东西，在游戏里可能会扮演非常不同的角色。

54. 让我们想一下都在哪些情况下我们会说一个游戏是根据一个特定

的规则进行的!

规则可以是教人玩游戏的一种辅助。学习者被告知规则,练习应用这个规则。——或者它是游戏本身的一种工具。——或者规则既不用于教人,也不用于游戏自身;而且也不列在一张规则表上。我们可以通过看别人玩一种游戏学会它。但我们说,这个游戏是按照某些规则进行的,因为旁观者能够从实际进行着的游戏看出这些规则,——就像游戏所服从的一项自然法则。——可是在这种情况下,旁观者怎样区分出游戏者的错误和正确的玩法呢?——游戏者的行为举止为此提供出某些标记。想一下一个人话没说对想要纠正自己时的那种颇具特征的样子。即使我们不懂他的语言,我们似乎也能够看出这种情况。

55. "语言中名称所标示的东西必定是不可毁灭的:因为我们一定可以描述凡可毁灭的东西都已毁灭的状态。这种描述里将会有语词;而与这些语词对应的东西就不应被毁灭,因为否则这些语词就没有含义。"我不应把我坐在其上的树枝锯断。

当然可以立刻反驳说,描述本身也必须免于毁灭。——但对应于描述的语词的那些东西,即当描述为真时不应毁灭的东西,正是给予这些语词以含义的东西——没有它们这些语词就没有含义。——但这个人在某种意义上是对应于他的名字的东西。他却是可毁灭的,而他的名字并不在承担者毁灭后失去其含义。——和名称对应的那个东西,缺了它名称就没有含义的那个东西,在语言游戏里是和名称连在一起使用的一个范型,或诸如此类。

56. 但若语言不包括这种样本,而我们**心里记住**了一个词标示的(例如)颜色,情况会是怎样呢?——"如果我们心里记住了这种颜色,那么我们说出这个词时候,这种颜色就会浮现在我们心灵的眼睛之前。因此,如果我们有可能任何时候都可以把这种颜色回忆起来,那么它自然就是不可毁灭的了。"——但我们用什么作为标准来判定我们记忆的正确呢?——当我们用色样而不靠记忆操作的时候,有些情况下我们说这种色样变了色,而我们是根据记忆作这个判断的。但在有些情况下我们不也能说(例如)我们记忆的影像暗淡了吗?我们听凭记忆的摆布,不是一如听凭样本的摆布吗?(因为有人也许想说:"假如我们没有记忆,我们就得听凭样本的摆布了。")——或者由某种化学反应摆布。设想你要涂一种特定的颜色"F",这种颜色是化学物质 X 同 Y 混合后人们看到的颜色。——假定有一天这种颜色你看来比另一天鲜亮;在某些情况下你不是会说:"我一定弄错了,这颜色肯定和昨天的颜色一样?"这表明我们并不总是把记忆所说的当做无可上诉的最高判决来服从的。

57. "红色的东西可以被毁灭,但红色是无法被毁灭的,因此'红色'一词的含义不依赖于某种红色的东西的存在。"——诚然,说红这种颜色(不是说红颜料)被撕碎或踩碎是没有意义的。但是我们不也说"红色[1]在消褪"吗?不要总固执己见,以为即使再没有红色的东西存在,我们总能在心里唤起红色。那就等于你要说:那总会有产生红色火焰的化学反应呀。——你要是再也记不起这种颜色了,情况又怎样呢?——我们忘记了具有这个名称的是何种颜色,这个名称就对我们失去了含义;即,我们不再能用它来进行某种语言游戏了。这种情形就好比是:这范型曾是我们语言的一种工具,而它现在沦失了。

58. "我将把'**名称**'只用来称谓不能在'X 存在'这样的句式中出现的东西。——从而就不可以说'红色存在',因为假如没有红色,就根本不能谈论它。"——更正当的说法是:如果"X 存在"说的不过是:"X"有含义,——那么它就不是关于 X 的命题,而是关于我们语言使用的命题,即关于使用"X"一词的命题。

我们说:"红色存在"这话没有意义,我们这么说好像是在谈论红色的本性似的。好像在说:红色"自在自为"地存在着。同样的想法——这是关于红色的形而上学命题——在我们说"红色是无时间性的"这话里也表达出来,也许用"不可毁灭"这个词表达得更加强烈。

其实我们真正**想要的**只是把"红色存在"看作"'红色'一词具有含义"这样一个命题。也许更正当的说法是:把"红色不存在"看作"'红色'没有含

---

〔1〕 die Röte,亦作余晖、红晕。——中译注

义"。我们并不想说：这句话**说出了**这个意思，而是说：**假使**它有含义，那它一定说的是**这个意思**。但这个说法由于企图说出这个意思而自相矛盾——恰因为红色"自在自为"地存在。矛盾只是在于这个命题看起来是说颜色的，其实应该是在说"红色"一词的用法。——但在现实中，我们挺习惯说某种颜色存在；这相当于说某种有这个颜色的东西存在。第一种说法同第二种说法同样精确；尤其所说的"有颜色的东西"不是一个物体。

……

64. 设想我们把语言游戏(48)改变一下，那些名称不标示单色的方格，而标示由两个这种方格组成的长方块。一半红一半绿的长方块叫做"U"；一半绿一半白的叫做"V"，等等。难道我们不能设想一些人，他们有这些颜色组合的名称，但没有单个颜色的名称？想一下在某些情况下我们说："这种颜色排列（例如法国的三色旗）很有特点。"

在何种程度上这个语言游戏的符号是需要加以分析的？在何种程度上这个游戏**可以**用(48)的游戏代替？——它是**另一个**语言游戏；即使它与(48)有亲缘关系。

65. 现在我们撞上了所有这些考虑背后的大问题。——因为人们可以反驳我说："你避重就轻！你谈到了各种可能的语言游戏，但一直没有说什么是语言游戏的、亦即语言的本质。什么是所有这些活动的共同之处？什么使它们成为语言或语言的组成部分？可见你恰恰避开了探讨中曾让你自己最头痛的部分，即涉及**命题和语言的普遍形式**的那部分。"

这是真的。——我无意提出所有我们称为语言的东西的共同之处何在，我说的倒是：我们根本不是因为这些现象有一个共同点而用同一个词来称谓所有这些现象，——不过它们通过很多不同的方式具有亲缘关系。由于这一亲缘关系，或由于这些亲缘关系，我们才能把它们都称为"语言"。我将尝试解释这一点。

……

75. 什么叫做知道什么是游戏？什么叫做知道却说不出来？知道在这里相当于没有道出的定义吗？那么,它一经道出,我就能认出它,认为它表达了我所知道的？难道我关于游戏的知识、关于游戏的概念在我所能给予的解释里不曾完整表达出来了吗？即当我描述各式各样游戏的例子;当我指出可以怎样比照这些游戏用各种方式构造出另外一些游戏;当我说这种那种活动恐怕不应该还称作游戏了;诸如此类。

（节选自路德维希·维特根斯坦著:《哲学研究》,
陈嘉映译,上海人民出版社 2005 年版,第 3—42 页。）

扩展阅读文献

1. Austin, J. L. *How to Do Things with Words*. Oxford: The Clarendon Press, 1962.

2. Luckhardt, C. G. (ed.). *Wittgenstein Studies: Sources and Perspectives*. Bristol: Thoemmes Press.

3. 维特根斯坦:《文化的价值》,钱发平译,重庆出版社 2006 年版。

4. 维特根斯坦:《逻辑哲学论》,贺绍甲译,商务印书馆 1996 年版。

5. 巴特利:《维特根斯坦传》,杜丽燕译,东方出版中心 2000 年版。

6. 张学广:《维特根斯坦:走出语言囚笼》,辽海出版社 1999 年版。

意识形态研究与语言哲学

沃洛希洛夫

沃洛希洛夫（Valentin Vološinov, 1896—1936），苏联（俄国）语言学家。其作品在语言学、文学理论、社会心理学以及马克思主义意识形态理论方面有很大的影响力。他认为，语言是意识形态的媒介，并且与意识形态密不可分。他于 1920 年末在苏联出版的《马克思主义和语言哲学》一书中，试图把语言学和马克思主义融合在一起。近年来，其思想对现代语言学的影响在日益扩大。

当代语言哲学中的若干问题对马克思主义而言具有极大的关联性和重要性。马克思主义方法在其科学发展的征途中首当其冲要解决的是语言哲学问题。对语言哲学问题的探讨和解释是马克思主义方法得以顺利进行的必要保障。

首先，马克思主义意识形态理论的基石，也就是科学知识、文学、宗教、伦理研究等方面的诸多根本性问题，都跟语言哲学问题息息相关。

任何一种意识形态产物，一方面如同物质实体、生产工具或消费品，其本身就是现实（自然的或社会的）的一部分；另一方面又异于以上诸物，它还反映和折射外在于它的另一现实。凡意识形态之物皆有**意义**：都代表、描述、象征着他物。换句话说，它是一种象征符号。没有符号就没有意识形态。可以说，一个物质实体等于其自身；它无所指代，仅与其特定的、给定的属性保持一致。既然如此，对它就没有意识形态可言。

然而,任何物质实体都可能被感知为一种意象,比如,某物自身体现的自然惯性和必然性的意象。一个由特定的物质对象牵引出的艺术表征形象就是一个意识产物。该物质对象被转换成一种符号。这样的对象,在一定程度上反映并折射了另一现实,但仍不失为物质现实的一部分。

任何生产工具都是如此。一件工具本身并无任何特殊意义;它仅仅具备某种被指定的功能——在生产中派上这样那样的用场。一件工具如其所是地干这干那,不反映也不象征它物。然而一种工具也可以转换成一种意识形态符号。譬如,苏联的锤镰徽记。此处,锤子和镰刀就拥有一种纯粹的意识形态意义。另外,任何生产工具都可以做些意识形态装饰。史前人类使用的工具都饰有图画或图案——即带有符号。即便如此处理,一件工具,其本身仍未变成一种符号,这很明显。

提升工具的艺术性也是可能的。通过这种方式,它的艺术外形与其在生产中需要派上的用途相得益彰。这样一来,符号与工具之间仿佛就达到了最大限度的接近,几乎是合二为一。尽管如此,我们仍发现一条明显的概念分界线:正如工具未变成符号,符号也未变成生产工具。

消费品也可以被转换成意识形态符号。比如,面包和红酒成为基督教圣餐仪式中的宗教象征物。但即便像这样的消费品也根本不是符号。消费品,就像工具,可以与意识形态符号相结合,但两者之间的那条明显的概念分界线并不会因这种结合而消除。面包被制成特别的形状,这种形状可不是单独由面包作为一种消费品的功能而决定的,它还有某种,或许是最简单的意识形态符号价值(比如,面包被做成了数字8的形状或玫瑰花状)。

因此,与自然现象、技术设备以及消费品共存着一个特殊的世界——符号的世界。

符号也是独特的物质事物,并且,如上文所述,任何自然之物、技术之物或消费之物都能变成一种符号(在此过程中符号获得超出其既定特殊性的意义)。符号不单单作为现实的一部分而存在——它还反映并折射另一个现实。因此,它或许歪曲现实,或许忠于现实,或许从某个特别的视角认识现实,等等。每个符号都接受意识形态评价标准的考量(比如,是否真实、错误、正确、公平、优良,等等)。意识形态领域与符号领域吻合,它们两相对等。哪里有符号哪里就有意识形态。凡意识形态之物皆有符号价值。

在符号领域内部——即在意识形态领域——存在着深刻的差异：它毕竟是由艺术形象、宗教象征、科学公式以及司法规则等共同构成的领域。每个意识形态创造领域对现实的取向不同，折射现实的路径也不尽相同。每个领域在整个社会生活中发挥着自身独特的功能，但正是它们的符号特征将所有意识形态现象置于同一个普遍概念之下。

意识形态符号不仅是现实的反映和影子，其本身也正是那个现实的物质部分。任何一种发挥意识形态符号功能的现象，都拥有某种物质外化形式，如声、形、色、运动或其他。这样，符号的现实是完全客观的且适用于统一的、一元的、客观的研究方法。符号是外部世界的现象。符号本身和它产生的所有效果（所有行为、反应及其在周边社会环境中引出的新符号）都存在于外部经验中。这一点极其重要。然而，意识形态研究并没有从这个看似粗浅且自明的观点中得出相应的结论。

文化的唯心论及心理文化学将这种思想意识形态归结于意识。[1] 他们认为，意识形态是意识的事实；符号的外表纯粹是一种外衣，一种技术手段，用以实现内部效果——理解。

唯心主义与心理主义都忽略了以下事实：忽略了理解本身只能在某种符号性材料中实现（如内部言语），忽略了符号与符号之间相互关涉，忽略了意识本身只有靠符号的物质外化才得以产生并成为可行的事实。符号的理解就是正被理解的符号和其他已知符号之间的指称行为；换句话说，理解就是用符号回应符号。从符号到符号继而到新的符号，意识形态创造和理解的这根链条是相当稳定的、延续的；从一种符号性质（因此，也是一种物质性质）的一个环节我们不间断地前行到绝对同质的另一个环节。这条符号链上无一处断点，无一处坠入非物质性的、非符号外化的内部存在。

这条意识形态链从个体意识延伸到另一个个体意识，以此将它们相连。符号就是在个体意识与个体意识交互的过程中浮现的。个体意识本身也充满了符号。仅当意识充满了意识形态（符号的）内容，继而进入社会互动过程

---

〔1〕 值得注意的是在现代新康德主义中对这个论点的看法有所转变。我们指的是欧内斯特·卡西尔（Ernest Cassirier）的最新著作（*Philosophie der symbolischen Formen*，Vol. 1，1923）。尽管仍停留在意识领域，卡西尔认为它们的主导特点是表征。意识的每个成分都代表某物，具有一种符号功能。整体由部分构成，但部分只能在整体中得以理解。卡西尔认为一个观念正如一种物质是可以被感知的；其中的感知却是有关象征性符号的，它是表征性的感知。

中时,意识方为意识。

　　抛开方法论上的严重分歧不谈,文化唯心主义哲学和心理文化研究都犯有同样的根本性错误:通过把意识形态置于意识之中,它们把意识形态研究转化成一种意识及其法则的研究;这种研究无论是从超验还是从实证心理角度去做都没什么差别。这一错误不仅造成了不同知识领域之间相互关系的方法论混淆,而且造成了所研究的特定现实的极度扭曲。意识形态创造——一种物质和社会事实——就这样被逼入了个体意识的框架之中。个体意识自身被剥夺了现实的支撑。它变成了全部或虚无。

　　对唯心主义者来说,个体意识变成了全部:它的处所在高于存在的某处而且它决定着存在。可事实上,这种万物的主宰只是唯心主义对意识形态创造中最普遍的形式和范畴的一种抽象关系的实体化。

　　对心理实证主义来说,恰恰相反,意识变成了虚无:它只是偶然的心理生理反应的聚集物,奇迹般地产生了有意义的、统一的意识形态创造。

　　意识形态创造的客观社会规则如果被误解为与个体意识法则相符,就不可避免地丧失了它在存在中的真正位置,而要么飘向先验主义的超存在天际抑或跌入心理生理、生物有机物的前社会隐居处。

　　然而,不可能根据这些超人类或亚人类、动物根源来解释意识形态。真正的存在之所是位于人所创符号的特别的社会物质中。它的特殊性恰恰在于它置身于有组织的个体之间,在于它是人们交流的媒介。

　　符号只能在个体交际领域中出现。这一领域不能被称为最直接意义上的"自然"[1]:符号不出现在任意两个智人物种成员之间。两个个体必须社会化地组织起来,构成一个群体(一个社会单位);只有这样,符号的媒介才能在他们之间成形。个体意识不仅不能用来解释任何事物,它自己反倒需要借助社会、意识形态媒介的优势才能被解释。

　　个体意识是一种社会意识形态事实。除非大家意识到这一点,同时对由此引发的后果做相应的准备,才有望构建客观的心理学或进行客观的意识形态研究。

　　正是意识问题造成了与心理学和意识形态研究相关所有方面的巨大困

---

〔1〕 社会当然也是自然的一部分,但它是一个性质独立的、独特的部分,具有自身的法则系统。

难和可怕混乱。总体上,意识已成为所有哲学产物的不起眼的收容所(asy-lum ignorantiae)。它已沦为堆放所有未解之难题、所有客观上无法消解之残余的场所。思想家们不但不竭力寻找意识的客观定义,反而用它将所有可靠、稳定的客观定义改造得主观、随意。

对意识的客观定义只可能是社会学的定义。意识不可能直接从自然中引出,而那些天真的机械唯物论和当代客观心理学(生物的、行为主义的和反射论的变体)曾经或正在这般徒劳。意识形态也不能从意识中导出,那是唯心主义和心理实证论的做法。意识形成于并呈现在有组织的群体在社会交往过程中所创造的符号的物质中。个体意识滋生于各种符号,并成长于其中;它反映这些符号的逻辑和法则。意识的逻辑就是意识形态交际的逻辑,是一个社会群体符号性互动的逻辑。如果我们剔除了意识的符号内容和意识形态内容,意识就空无一物了。意识只能栖生于意象、词语、有意义的动作等。除去这些材料,仅剩未经意识关照的纯粹的生理行为,即符号没有提供解释、也没有赋予意义的生理行为。

综上所述可得出以下方法论的结论:意识形态研究丝毫不依赖心理学也无须扎根于心理学。这一点我们在后文会看得更清楚,事情恰恰相反:客观心理学必须扎根于意识形态研究。意识形态现象的现实就是社会符号的客观现实。这种现实的法则即为符号交际的法则,直接受制于全部社会经济法则。意识形态现实是直接建立在经济基础之上的上层结构。个体意识不是意识形态上层结构的建筑师,而只是寄居在意识形态符号这座社会大厦中的房客罢了。

通过将意识形态现象及其规律性从个体意识中解脱出来的初步论证,我们把它们同社会交际的环境和形式更紧密地联系起来。符号的现实完全是由此交际决定的。说到底,符号的存在纯粹是这种交际的物质化。这也是所有意识形态符号的本质。

没有何处能像语言那样清楚地、完整地体现社会交往的符号属性及其作为调节因素的延续性和全面性。词语是最独特的(par excellence)意识形态现象。

词语的整个现实统统浓缩在它的符号功能之中。一个词语内含之物无不与此功能相关,无不由此功能造就。一个词语是最纯粹的、最敏感的社会交往媒介。

词语作为意识形态现象的这种指示力和表征力,及其符号结构的超常特殊性已足以确立词语在意识形态研究中的首要地位。正是在词语的物质性中符号交际的基本的、普遍的意识形态形式才得以充分显现。

还不只如此。词语一方面是最纯粹的、最具指示性的符号,同时也是中立的符号。其他任何一种符号性材料都只针对意识形态创造的某个特定领域。每个领域都拥有专门的意识形态材料,并形成自身独有的且不适用于其他领域的符号和象征。这样一来,一种符号由特定的意识形态功能创造并与之须臾不离。而词语在意识形态功能方面是中立的。它可以行使**任何**意识形态功能——科学的、美学的、伦理的、宗教的。

另外,有一个意识形态交际的庞大领域不能被限定在任何一个意识形态范畴:这就是人类生活,人类行为的交际领域。这类交际相当丰富和重要:一方面,它直接与生产过程相连;另一方面,它与诸多专门的、成熟的意识形态领域相交。我们将在下一章对行为、生活、意识形态这个特别的领域进行更细致的阐述。此刻,我们应注意到,词语是首当其冲的行为交际材料。所谓会话语言的发生地及其形式就在此处,就在行为的意识形态领域内。

词语的另外一个特征同时也是最显著的特征促使词语成为了个体意识的首要媒介。尽管词语跟其他任何符号一样,它的现实存在于个体之间,但同时,语词还是个体通过自身手段生成的,无需借助任何工具和任何身体之外的材料。这就决定了词语是内在生命的(即意识的)符号材料(内部言说)。事实上,意识只有借用灵活的、由身体手段来表达的材料才能得以进行。而词语正是这种材料。词语作为符号,可以说是有内部用途的:它能在缺少外部表达的情况下发挥符号的作用。鉴于此,个体意识作为内部词语(总体上作为**内部符号**)的问题就成了语言哲学中最重要的问题之一。

从一开始就很清楚,借助非社会性的语言学和语言哲学中常用的词语和语言的概念无法真正解决这个问题。只有对词语作为社会符号进行了深入细致地分析之后方可理解词语是意识中介这一功能。

正是由于词语作为意识媒介这一独有的功能,词语才成为了伴随所有意识形态创造的必要成分。词语伴随并评价每一个意识形态行为。对任何意识形态现象(无论是图画、乐曲、仪式、或是人类的行为活动)的理解过程都缺少不了内部言语的参与。一切意识形态创造的表现——一切其他非语言符号——都充满着并悬浮于言语成分而且不能彻底地与之分隔或剥离。

当然,这并不意味着词语可以取代其他的意识形态符号。没有哪个基本的、独特的意识形态符号能完全被词语取代。想用词语充分地传达音乐作品或绘画意象是根本不可能的。词语也不能完全代替宗教仪式;也没有真正够格的言语替代品来替代哪怕是人类行为最简单的动作。否认这一点,将导致最庸俗的唯理论和简单化。但与此同时,尽管任何意识形态符号都不能被词语替代,但它们都靠词语支持,由词语伴随,正如歌唱和音乐伴奏一样。

没有一种文化符号一旦成为符号、获得意义之后还保持孤立:它成为了言语建构的意识统一体的一部分。它已融入了意识的能力之中,去探寻通向它的言语路径。因此围绕一个个意识形态符号形成了层层涟漪似的言语回应和共鸣。存在形成过程中的每一次意识形态折射,不论其重要材料是何种性质,都必然伴随着词语中的意识形态折射。词语在每一个理解行为中出场,在每一个阐释行为中出场。

词语的上述属性——符号的纯粹性、意识形态的中立性、行为交际的参与性、转化为内部词语的能力,最后,伴随任何一种意识活动必然到场——所有这些属性使词语成为意识形态学的根本研究对象。在符号和意识中存在的意识形态折射之法则、形式和构成必须首先在词语的材料中研究。要把马克思主义社会学方法运用于研究"内在"意识形态结构的所有深层问题和微妙之处,唯一可行方法是,把语言哲学作为意识形态符号的哲学来操作。这一基础必须由马克思主义本身来建立和解释。

(Volosinov, V. N. *Marxism and the Philosophy of Language*.
Cambridge, Mass.: Harvard University Press, 1986.

李晓丽、梁爽译)

扩展阅读文献

1. 钱中文主编:《巴赫金全集》(共六卷),河北教育出版社 1998 年版。

2. Vološinov, V. N. *Marxism and the Philosophy of Language*. Cambridge, Mass: Harvard University Press, 1986.

3. Vološinov, V. N. *Freudianism: A Critical Sketch*. Trans. by I. R. Titunik & ed. with N. H. Bruss. Bloomington: Indiana University Press, 1987.

4. Vygotsky, L. *Thought and Language*. Trans. newly revised en ed. by A. Kozulin. Cambridge, MA: MIT Press, 1977.

5. 沃洛希洛夫:《马克思主义与语言哲学》,曾宪冠、顾海燕、胡龙彪译,曾宪冠校,载许宝强、袁伟编选:《语言与翻译的政治》,中央编译出版社 2001 年版。

语言学与科学

诺姆·乔姆斯基

诺姆·乔姆斯基（Noam Chomsky，1928—），美国语言学家。出生于犹太家庭，其父是希伯来语言学者，因此从小就受到了语言学的熏陶。1945年进入宾夕法尼亚大学读语言学、数学和哲学。他挑战了在20世纪50年代占主导地位的行为主义，发动了心理学的"认知革命"。他用类似数学公事的式子，来建立生成语法体系，以此来描写自然语言。其《生成语法》被认为是20世纪理论语言学研究领域最伟大的贡献。乔姆斯基还因他对左翼政治的热忱，尤其是他对美国政府的批评而著名。

语言学与人文科学[1]

罗纳：在过去的几年里，有许多有关"边缘学科研究"（interdisciplinary studies）的问题，讨论如何建立相邻学科间更为密切的联系。你对语言学和心理学之间的关系有何看法？

乔姆斯基：我认为，不应该说语言学和心理学之间有什么"关系"，因为语

---

〔1〕 本节选自乔姆斯基的《语言与责任》（*Language and Responsibility*）一书的第二章"Linguistics and the Human Sciences"。该书为乔姆斯基与法国语言学家米苏·罗纳（Mitsou Ronat）的谈话录。该谈话深入浅出地阐述了乔姆斯基的语言哲学思想。——中译注

言学是心理学的一部分,我想象不出还会有什么其他的可能。

一般来说人们会作如下区分:语言学是对语言的研究,而心理学则是对语言的获得及使用的研究。我认为这种区分没有多大意义。如果不研究知识系统的本质,没有任何一个学科可以富有成效地研究知识的获得和使用。

假如心理学将自己限制在对学习、感知或话语模式的研究方面,而不把所获得的或所使用的系统包括在研究领域之中,那么这种研究是不会有结果的。那样界定心理学是毫无意义的。

在这一点上,将语言学理解为对语言系统的研究似乎填补了一般人所认识的心理学概念上的一个空白。实际上,这使得语言心理学(psychology of language)成为可能。语言心理学同时涉及所获得的系统及获得和使用的方式。这种研究方向很有希望。如果语言学只涉及所获得的系统,而不涉及获得方式或使用方式,那么这种语言学会把自身限制在很窄的范围内,会忽略对具有重大意义问题的思考。

语言心理学是对包括已获得系统(语法)、获得方法(和普遍语法有关)和语言感知(Perception)及表达(Production)进行研究的学科,它还研究以上所述的生理基础。此研究是一个统一的整体。从其中任何一部分研究所得到的结果可以对理解其他部分作出贡献。杰里·福多(Jerry Foder)在心理语言学方面所做的研究就是一个例子……

罗纳:如果我没有记错的话,他的实验包括以下内容:在磁带上录有句子的位置插入噪声或"咔哒"声,然后问受试对象他们在句子的什么位置感到或听到了这些"咔哒"声。

乔姆斯基:是的。从原则上讲,这一研究可能会帮助解决语言结构方面具有争论性的问题。就拿语法转换操作"提升"(raising)为例,在诸如"John expected Bill to leave"(John 希望 Bill 离开)的结构中假设存在这种操作。此操作将内嵌句 Bill leaves 中的主语提升到主动词的宾语位置(John expected that—Bill leaves 变为 John expected—Bill—to leave)。我们再看一个和以上例句表面结构相似的句子:John persuaded Bill to leave(John 说服 Bill 离开)。以上的"咔哒"声实验原则上可能会告诉我们以上这些句子是否具有相同的结构。在这两句话的录音中,假如"咔哒"声是插到 Bill 这个词上的,如果受试者感到在 expected 句子中"咔哒"声在 Bill 之前听到的,而在 persuaded 句子中是在 Bill 后听到的;如果进一步提出对"咔哒"声位置的感觉取决于表面句法结构,那么,可以得出结论,以上两句各自的结构是:

[John excepted (Bill to leave)]

和[John (persuaded Bill) (to leave)]

如果是另一种情况,相关实验表明在以上两句中所听到的"咔哒"声位置相同,即都在右边(也就是在 Bill 之后)。那就证明发生了"提升",说明内嵌的短语的主语变成了 expect 的宾语。

这样的结果可能有助于解决在这些结构中是否发生了"提升"这一问题。要知道,希望从这些实验中得到肯定的答案还为时过早,但这一情况的逻辑是够清楚的。有可能通过实验说明感知和句子结构之间存在重要的关系。实际上,任何一个对语言结构感兴趣的人都会希望这样的实验技术有所发展,因为通过对感知模型的研究,人们会得到实际检验语言结构理论的途径,反过来也是如此。

另外,我们也希望在语言心理学研究方面所取得的任何进展,会对认知心理学(cognitive psychology)的其他方面(如视觉感知,有关外部世界理论的形成,不管是常识还是科学研究,等等)提供有启发性的模型,可以用相似的方法进行有益的研究:即通过确立已获得认知系统的基本特性,通过调查这些系统的获得及使用的过程。

因此,认知心理学把每一个认知系统作为一个有其自身结构的"心智器官"来研究,随后研究它们相互作用的方式。因为这样的相互作用是存在的:当我们看到什么东西,我们一般能够谈论这个东西,掌握适当的词语还会在加强视觉感觉功能方面发挥作用。在视觉表现和口头语言之间可能存在一种"翻译"。其他系统也是如此。语言学是认知心理学的一个组成部分,是一个容易区分的部分。语言是一个系统(当然非常丰富),但在多种心智器官中也容易区分出来。

罗纳:很明显,你通过生成语法理论(generative grammar)填补行为科学中概念上的空白,所创立的心理学和长期以来所介绍给我们的实验心理学有很大的区别,不管是斯金纳(Skinner)的,还是皮亚杰(Piaget)的实验心理学。

我们已远离智力商数,我们不再对测试有绝对的信心。

乔姆斯基:许多人一想到心理学就会想到测试及实验方法。但我们不能通过过程来定义一个学科。首先应该通过研究对象来定义。实验或分析过程必须为搞清楚研究对象而设计。例如,行为主义(behaviorist)心理学在实验技术方面略胜一筹,但我认为它没有适当地定义它的研究对象。它有很好的工具……但却没有多少东西可以用这些工具来研究。

罗纳:正是从对行为主义的批评,你开始了哲学研究。你在 1959 年《语言》(*Language*)杂志上所发表的对斯金纳的评论文章中,批评了自命为科学的、用动物研究的刺激反应和"操作性条件反射"(Operant Conditioning)的实验方法。例如,斯金纳认为这样的方法是有意义的:问若干个受试对象,当他们看到名为"佛兰芒人学校"(Flemish School)这幅画时会想到什么。所引出的、被斯金纳认为是"好"的反应应该是:"对我来说它使我想到了荷兰"。可是,你指出也可以这样回答:"我感到这幅画挂得太低了"或者"我认为这幅画和带花儿的墙纸不协调"。你在文章中写到,这样的实验既简单又空洞。

乔姆斯基:我必须补充的是沃尔夫冈·科勒(Wolfgang Kohler)及其他格式塔心理学家多年前也曾作过类似的批评,但没有多大效果。正如我刚才所讲的,我们不能忘记,许多行为主义心理学实验设计得很漂亮而且具有相当的创意。但为了合理的利用行为主义心理学的实验方法,就要保存这些方法。在物理学中也是如此,也许有更多的物理学家设计出用于回答有趣问题的实验技术,但这些技术和具有科学价值的问题不相关。那么要用实验技术来定义物理学将是毫无意义的。除了可能和相关的有意义的问题联系在一起,技术本身并没有意义。

同样,心理实验本身也没有意义,除非这些实验能加深对有重要意义理论的理解,这些理论应涉及有意义的研究目标。

罗纳:现在有没有很多按你刚才定义的方向进行研究的心理学家? 他们既对语言系统感兴趣,也能对它的获得规律感兴趣。

乔姆斯基:在这个国家有一些。在法国就有雅克·梅莱(Jacques Mehler)。它正在成为一个重要的研究领域,我希望和这个领域保持密切的接触。

罗纳:可是实验心理语言学家是否总是只验证语言学家提出的假设? 或

者说你是否认为这个领域有自己的目标?

乔姆斯基:正如我以前进过的,原则上讲,语言结构的研究(心理学中称之为"语言学"的那一部分)和主要涉及感知和表达模型的实验心理语言学之间相互影响。我个人对测试语言学假设的可能性感兴趣。有些问题不能只依靠通常所用的语言学方法而得到解答。例如,时间过程的研究,记忆方面的约束及认知系统间的相互作用。另外,语法的抽象研究以及语言学家所用的语料,这些都不足以解答与语言有关的某些问题。语言学有希望刻画描述可能语法(Possible Grammars)的范畴,就是要建立使每一种语言都能够满足的抽象特征。这有点像代数的研究,每个抽象的代数式可以由多种不同的实际系统所实现。簇的理论(the Theory of Groups)可由数字系统(the Number System)实现,或由物体的旋转而具体化。同样,语言学家的形式系统可以和不同的实际系统相对应……

罗纳:正如在韵律学(metrics)中,根据莫里斯·哈利(Morris Halle)的说法,比如相同的抽象符号——XXXXXX,对诗人来说可对应于六个元音,对园丁来说代表六朵玫瑰,或对跳舞者来说代表六步……

乔姆斯基:假如语言学家对人类的真正本质感兴趣——我想应该是这样的,那么他就会寻求发现人类实际所使用的系统。语言学的语料不够丰富,不能回答这些迷人的问题。因此,语言学家必须期望从对过程模型及神经结构的研究中得到进一步的顿悟。

罗纳:语言学模型是一种可称之为语言能力(Competence)的模型。你刚才提到了过程模型或语言运用(Performance)。这两个相对的概念"语言能力—语言运用"大约是在 1964 年至 1965 年第一次明确提出来的。你把语言能力定义为语言使用者内在化的知识,一旦掌握之后,可使人无意识地理解和说出无限多的新句子。生成语法是为了解释那种语言能力而提出的明确的理论。在语言运用方面,除了能力之外,还有其他认知系统介入。

在《语言与心智》(*Language and Mind*)一书中你提到,为了具有科学性,涉及视觉、记忆等方面的心理学分支都要定义相当于语言能力的概念。而现在很明显,大多数心理学家反对那种概念。

乔姆斯基:我认为,许多心理学家对他们的学科都有一个很奇怪的定义。这种定义是有害的,是自我毁灭,是没有出路的。他们想将自己限于对语言运用的研究,也就是对行为的研究,然而,正如我所说过的,要建设一个学科,而这个学科只研究系统获得及使用的方式,拒绝考虑这个系统的本质,这样做是毫无意义的。

我认为,为了更好地进行心理学研究,人们必须从确定认知领域入手,比如视觉。也就是说它可以作为一个系统或心智器官,是自成一体的领域。一旦那个系统得到确定,就可设法确定它的本质,研究与它的结构有关的理论。等到这个理论达到可以系统阐述的程度,就可以探问此系统以什么为基础,与普遍语法中相对应的是什么,它的生物学原理是什么。同样,对语言应用的研究要预先提出一个对所使用的认知系统本质的理解。假设对认知系统理论的理解已达到某种水平,我们可以希望建设性地研究这个认知系统是如何使用的,它是如何与其他认知系统相互作用的。我想这应该就是心理学研究的示例。当然这样说是过于简单化了。一个人不可能规定"发现次序"(Order of Discovery),但我看这个示例基本上是恰当的。

罗纳:这是你在语言学研究方面所遵循的方法。你已经确定了这个系统,即语言能力,你也提出了一个理论,即生成语法理论。普遍语法是一套和系统的获得等有关的假设。但这不是心理学研究通常所采取的途径。

乔姆斯基:对,因为一直到最近,心理学家还试图跳过起步阶段,想直接进入后续阶段,所以他们没有取得本应该能够取得的那么多成绩。因为,如果你对所获得和使用的语言一无所知,你就不可能以明智的方式研究语言的获得和使用。如果你对语言的了解只是知道它是由词构成的,或你只了解索绪尔(Saussure)类型的理论,它告诉你"语言是一连串符号,每个符号都有声音和意思",那么,这会极大地限制你研究过程模型的类型。你只能研究这样的语言运用模型,该模型产生一个词接一个词的序列,没有更高层的结构。你只能研究这样的语言获得模型,该模型获得概念和声音系统以及研究这些系统间的关系。那是原始的心理学,它受到语言概念的限制,这正是问题所在。在其他方面的情况也是如此。

心理学家经常说他们不预设一个语言能力模型(a model of competence),也就是语言理论。这不是真的;没有语言本质的概念,我们将不能做任何研究。每个心理学家至少预设语言是由词汇构成的一个系统,那就是语言能力模型;这是一个很差的模型,但还算是个模型。如果他们要更好地进行心理学研究,就必须选择一个更好的语言能力模型。

为什么许多心理学家不愿意考虑更丰富、更抽象的语言能力模型呢? 很多语言学家也是如此。我认为这是由于他们仍处于经验主义教条的影响之中。这些教条把他们限制在很基本的语言能力模型上。这些教条认为所有的学习,其中包括语言获得,都是通过特定材料的积累,通过联想的发展,通过某些刺激产生的概括,通过从复杂的现象抽象出某些特性。如果是这样的话,这种语言能力模型的价值就不大了,可以忽略它。

罗纳:如果这样看的话,索绪尔的符号系统(我们可以认为此系统只是在记忆中逐渐储存的结果)实际上和没有价值的经验主义模型是类似的。

你是否知道格雷戈里(Gregory)在视觉方面的实验? 这些实验证明视觉是由内在系统和经验的相互作用而产生的。

乔姆斯基:格雷戈里是那些试图建立视觉能力(competence for vision)的人之一,那是件有趣的工作,可能是解决这些问题符合逻辑的方法。很明显,哺乳动物的视觉皮层一部分是由先天决定的,但还有未确定的部分。比如,有一些视觉皮层细胞用来感觉以某种角度进入的直线,其他的细胞则收受来自其他不同角度的直线。这些感受器的发育,特别是它们的密度,或者在先天决定的范围内准确的方向性,所有这些显然都取决于视觉环境。

罗纳:视觉就是这样一套结构,就像语法?

乔姆斯基:视觉系统总的结构似乎是固定的,但具体的实现是开放的。例如,一般认为遗传实际上不可能决定准确的双目协调。虽然双目视觉是遗传决定的,似乎需要视觉经验来准确地解决这个技术问题。

一般来说,严肃的心理学会主要关心人类擅长的领域,在这些领域人类的能力是突出的。语言正是这类领域。在这里可以找到丰富的结构来研究。在视觉感受方面,其中一个非凡的能力就是识别人的面孔。从某一角度看到一张脸,如何从另一个角度就可以辨认出来? 这里涉及了不起的几何转换。要识别两张脸应更为复杂。要设计一个能和人类在这方面的行为相匹敌的装置,绝不是件容易的工作。

面孔识别理论可能类似于生成语法。和语言一样,如果你假设有基础结构(base structures)和转换结构(transformed structures),那么你就可以想象出一个模型,它会产生可能的人类面孔,而转换可以告诉你从各个角度所看到的每一张面孔。当然这样的形式化理论肯定和语言理论有很大的不同……

罗纳：……因为我们是从线性序列转到立体方面。

乔姆斯基：最近也有一些有关婴儿感知系统方面的研究。在过去的几年里，设计出了一些做婴儿实验的方法，来确定我们知觉系统中某些先于经验而存在的东西，即婴儿只有几天或几周大。比如，据报道婴儿能区分语音种类 P、T 和 K，这些音在声学上形成一个连续体，它们间没有分界线，物理性质上也没有划分这一声学连续体的必要。但从感觉方面来说它们并没有构成连续体。在这个连续体上的特定刺激就会感知为 P 或 T 或 K。婴儿似乎已经能够区别这类差异。这种能力反映了人类感知系统的部分情况，那些也许和语言有关、没有经过学习而先天就具有的能力，虽然这方面还有争论。

还有一些有关惊吓反应的研究。例如，你让婴儿看一个小圆圈，如果这个小圆圈变大，孩子就会感到惊吓。但如果缩小，就没有惊吓反应。这样的结果是非正式报道的，但我不知道现在是否已正式发表，是否可靠。假如结果是正确的，这说明有一个机制存在，实际上就是先天辨认接近的物体的能力。在这里惊吓没有任何功能，婴儿不可能移动。那种反应能力会建立在人类的感知系统之中，对此要找到功能性的解释，就得追溯到几百万年以前，去寻找某种进化演变的解释。

罗纳：婴儿那么小，能看见东西吗？

乔姆斯基：直到前不久，人们还不清楚婴儿在多大程度上能看见东西，还没有确认的任何手段。很明显，在孩子能移动之前，早就有了相当复杂的视觉感知。人们也许还可以通过类似方法研究语言能力以及语言缺陷、失语症等等。

在语言神经学方面也有一些相当有趣的研究，例如，关于大脑侧翼化（lateralization）或大脑两半球功能的研究。语言功能主要在左脑，当前研究工作的目标是要搞清楚大脑两半球的具体功能。比如 Bever 所报告的研究显示，音乐分析是在左半脑进行的，左半脑涉及分析处理，而右半脑则管理感知方面的事情。如果这个研究是事实的话将很有趣。大脑侧翼化现象不光人类有，只是在人身上得到了高度发展。

这些不同的研究是相互支持的。在未来几年里，这些研究可能成为科学中最令人激动的研究领域。

罗纳:你没有提及社会学。可社会语言学(sociolinguistics)似乎得到广泛的认可。这个学科试图把语言事实看做社会不同阶层的产物。我特别想到了拉波夫(Labov)对贫民区中所使用的非标准英语的研究。在我看来,那也是语言学。

乔姆斯基:对不同方言的研究当然属于语言学。从纯语言学的观点来看,还看不出对贫民区方言的研究和对上过大学的人的方言的研究有什么不同。在理论层面那是一回事情。实际上有些人曾声称存在有关社会语言研究的理论。也许有,可我还没有看到这样的理论或相关的任何具体阐述。据我所知,对这些问题只有极少的理论假设被提出来。

当然,没有哪一个人说的是所谓的标准语言。语言概念本身是高度抽象的。实际上,每个人在说话时都运用几个语言系统。如何能描述这样的混合物?语言学家们一般以理想化的方式进行研究。语言学家们说,让我们假设语言使用团体是同质的(homogeneous),即使他们不承认持有此观点,他们实际上是这样做的。我也认为这是进行理性研究的唯一方式。你研究理想化的系统,然后问自己这些理想化的系统是如何在真实的个体身上体现出来,是如何相互作用的。也许社会语言学家提出了某些涉及这样不同系统运作的原则,虽然我不知道有这样的成果产生。有人认为,一个人的语言系统不存在于理想系统的相互作用之中,只是有差异的不同变体的单个系统。如果真是这样,那就没有什么意思了。

我同意你说的这句话:那也是语言学的一部分。一种把一般语言学的理想化向前推进了一步、并使之接近现实复杂性的语言学,这很好。

罗纳:我认为对拉波夫来说,很重要的一点就是要说明贫民区的语言有它自己的语法,这种语法不能定义为错误的集成或对标准英语的违背……

乔姆斯基:……可谁会怀疑这一点?语言学家没有人会怀疑这一点。

罗纳:好吧,因为语言学家知道这是一条语言学原则。但拉波夫主要是在给教师及教育工作者提出这一点的,总的来说,这些人并没有意识到口语的合法性。另外,这些人还有意识观念方面的任务,那就是让说不标准方言的人感到低人一等。

乔姆斯基:他在教育实践层面正在做有益的工作,试图和社会上的一般偏见作斗争,这非常好。但在语言学层面,这是很显然的和普通的。目前据我们所知,石器时代的人所说的语言和我们的相似。很明显,贫民区的语言和郊区的语言有一样的规律。从语言学的观点来看,对黑人英语的研究和对朝鲜语或美国印第安语的研究,或对英国剑桥英语和麻省剑桥英语差异的研究都是一样的。这些研究是很有用的。我所担心的是理论追求。我们有出色的描写语言学家,在语言学中作出与社会相关的结论并不复杂。例如,同样的观念目标在西奥多・罗森加滕(Theodore Rosengarten)所写的 *All God's Dangers* 一书中达到了,这本书是内特・肖(Nate Shaw)的自传。罗森加滕记录下了一位老黑人的叙述,这位黑人是文盲,而他的记忆力却是惊人的,他能回忆起整个一生的经历。他是那种天生的说书人,他的一生曾涉及历史上的社会斗争,他的生活颇具魅力。罗森加滕在记录了这位老人口述的同时,还想说明你对拉波夫的看法:这个老人也是个人,实际上他是一个很出色的人。

也许是我所说的话造成了混淆,引起的争论比我预计的要多;我谈到过假设同质性语言社区的必要性……

罗纳:……因为理想化是科研工作所必需的,正如你所写的,理想化并不意味着现实是同质性的,当研究贫民区语言时,这样的理想化是必需的,甚至是不由自主的。

乔姆斯基:当然,所有的方言研究都是这样的。我认为这是研究方言变异的合理方式:我们仍然离不开理想化的系统。只有这样的系统才具有令人感兴趣的特征。系统的混合很难具有有意义的特征。我举一个例子来说明:当我的朋友莫里斯・哈利还是个小孩子的时候,就会说五种语言。将这五种语言放在一起并没有产生有意义的特征,而各自作为一种语言才会有。同样,如果一个人同时讲几种方言,而你不能区分构成整体的成分,你只能得出令人困惑的结果。

罗纳:可是,我认为很重要的一点就是把拉波夫的具有进步意义的研究工作和一些心理语言学家,如伯恩斯坦(Bernstein)的观点加以对比,伯恩斯坦支持社会歧视并为其辩护。

乔姆斯基:伯恩斯坦的研究具有很大的反动性,作为语言理性研究的例子,他的研究也许不值得讨论。我曾经以为再也没有必要强调说,城市贫民区的口语是一种真实存在的语言。但也许实际并非如此。一些教育家,还有其他人,似乎把"下等阶层"孩子语言能力的不足看得很严重。但是称之为"社会语言学"学科的存在使我感到费解。

罗纳:社会学对你意味着什么?

乔姆斯基:还是我讲过的,要用对象和结果定义一门学科。社会学是对社会的研究。至于它的结果,至少在一般层面上好像还没有多少成果可言。我们会发现一些观察、直觉、印象,也许还有一些有效的概括。这些都有价值,但在解释原则层面上无疑是没有价值的。文学批评也有东西可谈,但它却没有解释性的原则。当然自从古希腊以来,人们就一直想找出文学批评的一般原则,我虽然根本不是这方面的权威,但我有这种印象:还没有人成功地建立了这样的原则。在其他人文科学也是类似情况。这不是批评,而是客观描述,我认为这样的描述是正确的。我想社会语言学是一门将社会学原理应用到语言研究的一门学科,但我怀疑它能从社会学中吸取多少东西,也不知道它会对社会学有多大贡献。

罗纳:一般人们会把社会阶层与一些语言形式一一对应地联系起来。

乔姆斯基:你也可以采集蝴蝶并做许多观察。如果你喜欢蝴蝶,那很好,但不要把这样的事和研究混为一谈。研究要发现有一定深度的解释性原理,否则就是失败。

罗纳:某些社会学家指责语言学参与了使占统治地位的语言成为法定语言的活动,特别是因为"语言能力"这一概念,此概念或多或少经常与使用语言的技能相混淆。主要还是他们指责语言的提出的理想化,认为这样做会使语言脱离社会现实。

乔姆斯基:反对理想化就是反对理性化,就是坚持我们不要搞有意义的智力研究工作。非常复杂、值得研究的现象一般都涉及几个系统的相互作用。同时你必须把研究对象抽象化,要排除那些不相干的因素,至少,如果要进行有重要意义的调查研究时,你就要这样做。在自然科学中,这是不用讨论的,是不言自明的。而在人文科学中,人们不断地对此提出疑问。这是很不幸的事。当你用理想化的方式进行研究时,也许你会忽略一些非常重要的东西。这是人们进行理性研究时可能发生的事,是人们常常所能理解的。对此不必过于担忧,要面对这个问题,设法应对它,使自己适应它。这是无法回避的。

没有简单的、可用于正确的理想化研究的标准，除非所获取的是有意义的结果。如果你取得了好的结果，那么你就有理由相信自己离正确的理想化不远了。如果你通过改变观点而获得更好的结果，那就说明你改进了你的理想化研究。在研究领域的定义和有意义原理的发现之间存在不断的相互作用。反对理想化是幼稚的。特别感到奇怪的是听到来自左派的批评。马克思主义政治经济学在理想化和高度抽象化方面都提供了经典和熟悉的例子。

罗纳：社会语言学家们不是在尽力维护他们目前所使用的研究方法吗？不是在设法保护那些代替科学实践的采访、调查、统计数据吗？

乔姆斯基：这种办法本身并无好坏之分。问题是它能否发现有意义的原理。我们又回到了自然历史和自然科学之间的差异问题。在自然历史方面，你不管做什么都可以。如果你喜欢采集石头，你可以根据它们的颜色、形状等分类。一切都有同等的价值，因为你并没有寻求原理。你在自乐，没有人反对你那样做。而在自然科学情况就完全不同了。自然科学的研究是为了可理解的结构及解释性原理的发现。在自然科学领域，事实本身并没有意义，除非它们和解释性原理或所隐藏的结构有关，这些才是令人感兴趣的。我想整个讨论归结到对"令人感兴趣"（interesting）这个词两种意思的混淆。某些事情本身令人感兴趣，比如人的行为。一个小说家处理人的行为，这令人感兴趣；鸟的飞翔，一朵花，那也是令人感兴趣的。从这个意思上讲，自然历史和描写社会学都是令人感兴趣的，就像一本小说。两者都在处理有趣的现象，在向我们展示这些现象，也许使我们增长见识。

但"令人感兴趣"这一词还有另外一个意思，如在物理学中，对一个物理学家来说，现象本身并不令人感兴趣。实际上，物理学家至少在当代一般对"奇异"的现象感兴趣，而这种现象本身实际上是不令人感兴趣的，这是"令人感兴趣"这个词的第一种意思。在科学实验条件下所发生的情况本身并不重要。它令人感兴趣的地方在于它和相关理论原则的关系。自然科学不同于自然历史，它并不涉及现象本身，而是涉及原理和相关的解释。选择这些定义中的任何一个并无错对之分（或选择别的意思，例如和实用有关的意思）。对人的行为感兴趣并没有错，或对粒子加速器感兴趣就特别对。这两者是完全不同的。社会学的吸引力不应当建立在对这个词的两个意思的混淆上。

在语言研究方面你也会发现一些奇怪的现象。在英语中你不能说：

John seems to the men to like each other.

这句话意思是，在这些人中的每个人看来，John 似乎喜欢另一个人。想表达的意思并没有什么不对；只是这句话不表示这个意思。这句话本身没有任何意思，从来没有人那样说，仅此而已。可是碰巧这个现象有智力活动方面的意义，因为它和语言学理论的某些重要原则有联系。

人文科学的问题是，研究者很容易发现自己在描述一些不怎么令人感兴趣的现象，或对他们的研究问题说不出令人感兴趣的东西。那是最糟糕的；比如说，陈述那些不令人感兴趣的数据统计分析……当然，人类学和社会学经常取得非常有趣的成果。就拿我的同事肯尼斯·哈勒(Kenneth Hale)为例，他一直在研究澳大利亚土著文化和语言的"文化财富"(cultural wealth)。至少从科技发展角度，这些人可以被描述为是世界上最"原始"的。可是他们发展出了非常复杂的智力系统，他们的语言游戏是无法比拟的……

罗纳：我记得读过他对反义词游戏的研究，在游戏中每个说话者必须根据某些规则作反义词替代……

乔姆斯基：是的，那是一个例子。他的研究工作无疑非常令人感兴趣。发明这些游戏不可能是为了消磨时间；它们是对基本智力活动需要的响应。另外据说那个非常复杂难懂的亲属关系系统，可能不能用社会功能的概念加以解释……

罗纳：因此他反对莱维·斯特朗斯(Levi Strauss)的功能主义(functionalism)，莱维·斯特朗斯认为亲属关系(kinship system)系统与交易(exchange)有联系。

乔姆斯基：也许这些亲属关系系统满足了智力活动的需要。相当于在没有形式数学的情况下所创造出的数学。希腊人建立了数论，其他人建立了亲属关系系统。哈勒和其他人的报告都指出，接受调查的本地人在掌握亲属关系系统方面特别有天赋，就和有天赋的数学家一样。这些发现属于人类学的范畴，也属于心理学的范畴。这些发现显示了人类在物质匮乏的情况下是如何创造了丰富多彩的文化。就这些语言游戏而言，据说孩子们学会没有任何困难,这似乎和青春期的活动有联系。所有这些都非常奇特迷人。

罗纳:这些发现可用"令人感兴趣"一词的两种意思来形容。在我看来,语言事实在这两种意义上也是令人感兴趣的。

乔姆斯基:是的。就拿一部好的传统语法为例:它呈现出那些令"人"感兴趣的现象,如不规则动词,不规则动词很有趣。但传统语法对生成语法学家的"明确的主语条件"(specified subject condition)这一术语不感兴趣,因为此条件所排除的现象并不"令人感兴趣"。

例如,我在前面提到过的句子:John seems to the man to like each other 是明确主语条件所排除的句子。但我怀疑任何传统语法,即使是最全面的,也不会费神去注意这种必须排除的句子。就传统英语语法而言,这是相当合理的;这些语法求助于读者的智能,而不是追求明确地刻画这种"智能"。你可以假设,明确的主语条件,或任何能把这个句子排除在外的原则,是说话者智能的一个方面,是普遍语法的一个方面;因此,它不需要给读传统语法的人以明确的传授。

对语言学家来说,情况刚好相反。语言学家感兴趣的是那些传统语法没有讲的;他对原则感兴趣,或至少在我看来应该对原则感兴趣。

罗纳:人们在人文科学中所遇到的典型反应,就是反对理想化,这好像和人们对他们所共有的事物不感兴趣这一事实有联系,但……

乔姆斯基:……但对有别于他们的东西感兴趣,是这样的。在他们正常的生活中,这是正确的抉择。青蛙也是如此。毫无疑问,它们不会对什么使它们成为青蛙感兴趣,但对什么使它们彼此不同感兴趣;是否一个会跳得更远,等等,对任何使一个青蛙不同于其他青蛙的东西感兴趣。

青蛙认为作为青蛙是十分自然的,它们不会专注于"为什么是青蛙"这一问题。

罗纳:美国人也用"青蛙"来指法国人……

乔姆斯基:我不知道这个。

语言哲学[1]

罗纳：你在语言学方面的成就使你在语言哲学（philosophy of language）以及被称之为"知识哲学"（Philosophy of Knowledge）领域占有重要地位。特别是在你最近的著作《语言问题思考》（*Reflections on Language*）中，你要确定思维可知（knowable in thought）的范围界限；结果，对语言问题的思考实际上变成了一种科学哲学……

乔姆斯基：当然，不是对语言的研究才确定了什么才是科学方法；但这种研究实际提供了人类知识研究可借鉴的有用模型。

就语言来说，人们必须解释在一个人语料相当有限的情况下是如何发展了特别丰富的知识系统。把一个孩子置于一种语言的社区之中，他所接触的句子是有限的，经常是不完整的、支离破碎的等等。尽管如此，在很短的时间内，他可以成功地"构建"语言的内在化语法，掌握非常复杂的知识，而这些知识是不可能来自于归纳法或源于经验的抽象法。我们的结论是，内在化的知识一定是受某种生物特性的严格限制。每当我们遇到类似的情况，如果知识是构建在有限的、不完整的语料之上，而在每个人身上表现为统一、同质时，那么，我们可以作出结论，认为一些初始的制约因素在决定构建于大脑之中的认知系统方面发挥重要作用。

我们发现自己所面临的似乎是自相矛盾的处境，虽然实际上一点都不矛盾：当人们以统一的方式构建丰富及复杂的知识的时候，如语言知识，就一定存在制约因素，存在生物方面的限制，限制由大脑所构建的认知系统。人类可获得知识的范围和对它的限制有根本的联系。

罗纳：假如任何语法规则是可能的话，那么获得这些规则就变得不可能了；假如所有的音素组合是可能的，那就不再会有语言了。语言研究从另一个方面说明在多大程度上词的组合及音素的组合是受限制的，证明在可以想象得到的组合集里，只有一小部分子集才能组合。语言学家必须描述限制这

---

〔1〕 本节选自乔姆斯基的《语言与责任》（*Language and Responsibility*）一书的第三章"A Philosophy of Language"。该书为乔姆斯基与法国语言学家米苏·罗纳（Mitsou Ronat）的谈话录。该谈话深入浅出地阐述了乔姆斯基的语言哲学思想。——中译注

些组合明确的规则。在这些限制的基础上人们能够得到无限多的语言形式
……

乔姆斯基：如果不存在对可获得知识严格的限制，我们就不可能有像语言那样复杂的知识。道理很简单，如果没有先天的限制，我们可能造出数量庞大的、可能的知识系统，每一个系统和从经验中所得到的是一样的。所以，一些超出经验范围的特定知识系统就不可能被一致地获得：我们有可能采用不同的认知系统，而无法确定这些系统的哪一个实际上是正确的。如果我们有非常多的、同样可信的理论，那实际上是和没有任何理论是一样的。

假设我们发现了一个人类所擅长的智能领域。如果有人发展出了一套丰富的解释理论，尽管受现有证据的限制，我们有理由问：允许将经验转为知识的一般步骤是什么？使智力上的飞跃成为可能的制约因素是什么？

科学历史可能会提供一些相关的例子。在某些特定的时间，丰富的科学理论在有限数据的基础上建立起来了，对这些理论，其他人也是可以理解的，内容包括以某种方式和人类智能本质有联系的命题。在这种情况下，我们会试图发现那些刻画这些理论的初始制约因素。这又使我们回到这个问题：什么是可理解理论的普遍语法？其生物性限制是什么？

假设我们在原则上回答这个问题是可能的。那么，在给出限制因素的情况下，原则上我们就可以研究可以获得的理论。在语言方面，这等于我们问：有了普遍语法理论（a theory of universal grammar），什么类型的语言在原则上是可能的？

让我们把那类受生物制约所形成的理论称为"可获性理论"（accessible theories）。这类理论有可能是不同质的，可能有可获度，就是有相对于其他理论的可获性。换言之，可获性理论也许或多或少是有结构性的。"普遍语法"的理论构建就是可获性理论结构的理论。假如这个"普遍语法"是人类生物构造的一部分，那么如果有适当的证据材料，人类至少在一些情况下可以得到某些可获性理论。我承认，在这里，我把问题看得过于简单化了。

接着我们再看真实的理论（real theories）。我们可以想象这类理论是存在的，可以用某种现有的概念表达出来。然后我们可以问：可获性理论和这类真实的理论的交叉点是什么？也就是说，哪些理论既属于可获性理论同时又是真实的理论（或者我们可以提出有关可获程度及相对可获性方面更为复

杂的问题)？如果存在这样的交叉点，人类便可以获得真实的知识。如果不存在，他就不可能获得超出那个交叉点的真实的知识。

当然，这些都是建立在以下假设之上的：人类的心智是自然的一部分；生物系统和其他系统一样，也许比我们所了解的其他系统更为错综复杂，但生物系统具有潜在的范围和固有的局限性。而这种局限性正是那些决定其范围的因素所决定的，从这一点上来说，人的理性并不是笛卡儿(Descartes)所认为的普遍的工具(universal instrument)，而是一个特定的生物系统。

罗纳：我们又回到了这种思想，科学活动只有在人类生物属性的范围内才是可能的……

乔姆斯基：但请注意，为什么会存在这样的交叉点，并没有特别的生物方面的原因。有理由假设，发明核物理的能力并没有给生物体提供选择性方面的好处，这种能力不是人类进化的一个要素。解决代数问题的能力也不是人类与其他物种在生殖方面的差异。据我所知，还没有可信的观点说明这些特殊的能力是实用能力、工具制造等类似能力的延续。当然这并不是否认这些原因不明的特殊能力的发展是大脑进化的产物，这种进化是受选择压力影响的。

在某种意义上，可获性类的理论和真实理论交叉点的存在是一种生物学上的奇迹。似乎这种奇迹至少在一个领域出现，这就是物理学及未经严格定义的、被认为是物理学延伸的自然科学：化学、生物化学、分子生物学。尽管只有有限的资料，这些领域的进步是特别快的，也是人们可理解的。也许我们所面临的是人类历史上独一无二的时代：没有什么东西使我们相信人是万能的生物体。相反，我们可创造及理解的理论是受生物因素限制的。我们有幸能有这些限制，不然的话我们就根本不可能构建丰富的知识及理解系统。这些限制很有可能排除了我们非常想了解的领域。这太糟糕了。也许还有另一类具有不同智力结构的生物，他们可以做我们所不能做的事情。我认为作为尝试的第一步，这是有道理的，是思考自觉知识获得的一种方式。

再进一步讲，一个特定的生物体要审视自己获取知识的系统不是不可能的；这个生物也许可以决定能够获得而且可以理解理论的类别。在这里我看不出有什么自相矛盾的地方。一个发现是不可理解的理论，就是刚才讲的"非可获性理论"就不可能变为可理解的或可获的。

我们只能识别这种理论。如果在某些思想领域,可获性理论和真实的理论相距甚远,那就太糟了。那么人类充其量只能发展出某种智能技术,由于原因不明,这种技术只能预测这个领域的某些事物。但人类不会真正懂得这种技术为什么会起作用。他们将不会拥有可理解的理论,一门令人感兴趣的科学应该是可理解的。虽然人类的理论也许是有效的,但在可理解性方面不是令人满意的。

从这个观点来看人类的智能获取的历史,我们会发现一些奇怪的、令人吃惊的事情。数学的某些领域似乎和人类特有的潜能有关,如数论、空间直觉。对这些直觉的研究决定了数学进步的主要方面。至少在 19 世纪末以前是这样的。很明显,我们的心智有能力处理数学系统的抽象特征,抽象的几何学以及连续数学(the mathematics of the continuum)。这些理论并不具有绝对的界限,我们可能被限制在科学和数学的某些分支领域内了。

也许我刚才所说的一切会遭到严谨的经验主义者的反对,或被认为是愚蠢的。

罗纳:也就是说,那些人认为人是通过归纳和概括获得知识,认为一开始脑子是"空的"或是"空白的",没有事先的生物学限制。在这种思想构架内,知识与其说是由大脑的结构决定的,倒不如说是像蜡版一样印上去的……

乔姆斯基:是的。我认为这些经验主义(empiricist)的假设没有多少可行性;看起来不可能用归纳、概括、抽象等方法来解释人们对物质和社会常识的理解。现有的数据和可理解性的理论之间不存在这样的直接途径。

在其他领域也是如此,比如说音乐。你总可以想象出无数个音乐系统,大多数系统对人耳来说只不过是噪音。在这里同样是生物学因素决定哪些系统类别对人类来说是可能的音乐系统,虽然这个类别到底应该是什么,目前还没有定论。

这个例子也是如此,好像找不到直接的功能性解释。音乐能力和繁殖无关。音乐不能改善我们的物质生活,不会使一个人在社会上发挥更好的作用,等等。非常简单,它反映了人类对美好表达的需要。如果我们以适当的方式研究人类的本性,我们可能发现某些音乐系统能满足那种需要,而有些则不能。

罗纳:在过去的两千年里,在科学研究方面没有取得任何进展的领域中,你提到了对人类行为的研究。

乔姆斯基：是的，人类行为是其中之一。自从有历史记载就提出了这些基本的问题：行为的起因问题似乎容易提出来，但理论实际上毫无进展，一直无法回答这个问题。人们或许可以这样阐述这个基本问题：带有几个变量的函数，如果给出变量的值，这个功能函数就会给出由这些变量所限定的行为，或者可能给出可能的行为分布。但这样的功能函数还没有被认真地提出来，甚至连初探性质的都没有，这个问题还是没有任何结果。实际上，我们还没有听说有任何解决这个问题的合理的途径。这种不断失败的原因可以解释为，真实行为的理论超出了我们认知的范围。因此，我们不可能取得任何进展。这好比是我们试图教猴子欣赏巴赫（Bach）的作品，是浪费时间。

罗纳：行为问题和句法问题有所不同：句法问题在生成语法得到发展之前从来就没有被提出来。

乔姆斯基：但在句法研究方面，一旦问题提出来，每个人会提出相似或相同的答案。当某些问题提出后，有时所得到的回答是难以想象的，有些回答彼此相差甚远。还有，当一个答案提出后，那些对问题有充分了解的人也能理解这些答案。实际情况常常是问题不能够恰当地提出来，或提出的问题没有深度，而有时能恰当地提出问题时，却超出了我们的智能范围。

也许和语言相类似的另一个问题，是我们对所生活的社会结构的理解。我们具备各种涉及与他人关系心照不宣及复杂的知识。也许我们具有某种有关社会相互作用的"普遍语法"，是这个系统从直觉上帮助我们组织我们对社会现实不完整的感知，虽然这并不意味着我们能够在这个领域通过应用"科学理论形成机制"发展出自觉性的理论。如果成功地找到我们所寻找的结构，那也许是因为这些社会有我们所寻找的结构。发挥一点想象力，我们会设计出一个找不到自己位置的虚拟社会……

罗纳：那么，你就可以比较人工语言（artificial languages）的失败和乌托邦式社会的失败了。

乔姆斯基：也许可以。人们学不会违反普遍语法的人工语言，而学习自然语言时通过沉浸在此语言中，很容易就学会了。人们充其量将这样的人工语言看做游戏、字谜……同样，我们可以想象一个社会，一个没有人可作为社会的人而生存的社会，因为它不符合由生物性所决定的感知及人类社会的需要。由于历史原因，现存社会可能有这样的特征，导致了各种反常现象的出现。

任何严肃的社会科学或社会变革理论，都必须建立在某种人性概念的基础上。古典的自由主义理论家，如亚当·斯密（Adam Smith）一开始就假设人性中存在买卖、易货，也就是交换货物的倾向：这个假设和他为其辩护的社会次序是非常一致的。如果你接受这个前提（它几乎是难以接受的），人性就和早期理想的资本主义社会相符合，这种社会没有垄断，没有国家干涉，也没有对生产的社会控制。

相反，如果你相信马克思或法国和德国的浪漫主义，认为只有社会合作才能使人的能力得到充分的发展，那么一个理想的社会将是另一幅非常不同的图画。总有某些人性的概念，不管是显性的还是隐性的，都会反映在有关社会秩序或社会变革的学说中。

罗纳：你在语言方面的发现以及你对知识领域的定义在多大程度上可以导致新的哲学问题的产生？你的思想跟哪一种哲学更近？

乔姆斯基：就我们刚才一直在讨论的问题而言，我感到靠得最近的是哲学家查尔斯·桑德斯·皮尔斯（Charles Sanders Peirce），我几乎是在意释他的思想。他提出了一个有趣的概念，他称之为"溯因"（abduction），但还很不完整……

罗纳：我认为溯因是一种不完全依赖于先验原则的推理（就像推论），也不完全依赖于实验观察（就像归纳）。但皮尔斯这方面的思想在法国很少有人知道。

乔姆斯基：在美国也是如此。根据皮尔斯的论证，为了解释知识的增长，人们必须假设"人的心智对设想正确的理论具有自然的适应能力"，某些"溯因"原则"限制可以接受假设"，这些原则是在进化过程中所产生的"本能"。皮尔斯有关"溯因"的思想相当模糊，他所提出的生物结构在选择科学假设时发挥首要作用的建议似乎没有多大影响。据我所知，几乎没有人试图进一步发展这些思想，虽然有类似的想法在不同的场合提出。皮尔斯有巨大的影响，但不是因为这个原因。

罗纳：他的影响主要是在符号学方面……

乔姆斯基：对，是在那个领域。他有关"溯因"的想法是从康德（Kant）的思想发展而来的,这些想法并未被当今英美哲学界接受。据我所知,他在认识论方面的思想从来就没有被人采纳,即使归纳受到许多批评,如 Popper。

就罗素(Russell)来说,他专心于自己后期的著作《人类的知识》(*Human Knowledge*),他应用经验主义方法研究知识的获得是不适当的。但这本书没有受到重视。他提出了非指示性推理(non-demonstrative inference)的多种原则,其目的是解释我们实际所具有的知识。

罗纳:非指示性推理不同于数学逻辑中的推论,尽管前提为真,论证严密,但结论不能保证为真。只能看做是"可能"。是这样的吗?

乔姆斯基:实质上是这样的。在某种程度上有人会说他的方法是类似于康德的,但还是有根本的不同。就某些方面而言,罗素是一个经验主义者。他的非指示性推理原则是一个个地添加到归纳法的基本原则上的,并没有提出整体的改变。但这里的问题不是在量的方面,而是在质的方面。非指示性推理原则不能满足这个需要。我相信有必要采用全然不同的方法,从一开始就远离经验主义假设。不仅当今普遍接受的科学知识方面应该是如此,而且被我们称为"常识理解"的构建也是如此,也就是涉及物质世界及社会本质方面的一般概念,涉及我们对人类的行为、行为目的、原因以及成因的直觉了解。

这些都是非常重要的问题,需要比我在这里所能做的作更多的分析。还是让我回到你提出的问题,当代许多探讨语言及科学研究本质的哲学家对我启发很大。我自己的研究从一开始就受到了哲学发展的极大影响[正如我在已出版的著作致谢中所说的,特别要感谢尼尔森·古德曼(Nelson Goodman)和 W. V. 奎因(Quine)]。而这种影响以后还在持续。这里只举几个例子,奥斯汀(John Austin)在言语行为方面富有成效的研究,格赖斯(Paul Grice)在会话逻辑方面也是如此。目前对意义(meaning)理论有许多有趣的研究,这些研究是以多种不同方式进行的。值得一提的有塞缪尔·克里普克(Samul Kripke)、希拉里·普特南(Hilary Putnam)、杰罗尔德·卡茨(Jerrold Katz)、米歇尔·达米特(Michael Dummett)、尤利乌斯·莫拉维克斯克(Julius Moravcsik)、唐纳德·戴维森(Donald Davidson)以及许多其他人。其中某些对模型理论语义学(modeltheoretic semantics)的研究,也就是对"可能世界的真值"的研究,好像很有希望。我特别要提到伊科·欣提卡(Yaakko Hintikka)和他的同事们的研究工作。他们的研究涉及自然语言句法及语义方面的核心问题,特别是对量化(quantification)的研究。这种研究同样延伸到了语用学,就是研究语言的使用方式以达到某种目的;例如,以色列哲学家阿萨·卡舍(Asa Kasher)所做的研究。仅从以上所提出的几个例子我们就可以看出,相关研究工作不仅仅在英美进行,而且在世界各地也都在进行。

我也应该提一下科学史及科学哲学方面的研究,这方面的研究提供了对概念在自然科学领域的发展及生根更丰富、更准确的理解。例如托马斯·库恩(Thomas Kuhn)或伊姆雷·拉卡托斯(Imre Lakatos)的研究工作,这些研究早就超越了证实和证伪的人工模型,这两种模型已经流行了很久并给"软科学"施加了影响,因为软科学不是基于可以指导其发展的健康的理性传统之上的。我认为在这些领域进行研究工作的人要熟悉自然科学取得进步的途径,这样做是有益的。特别是要了解自然科学在发展的关键时期是如何被理想化研究方式所引导,关心见解的深度及解释能力,而不是为了取得"所有事实"。所有事实这个概念近乎没有意义,即使有时要不顾明显的反例,希望后来的发现会解释这些反例(有时要经过许多年或许多世纪才能证明这样做是对的)。这些是有益的教训,而这些教训在很多有关认识论和科学哲学的讨论中变模糊了。

罗纳:你对欧洲哲学家有什么看法,特别是法国哲学家?

乔姆斯基:我对英美哲学之外的当代哲学家不够了解,不能进行严肃的讨论。

罗纳:你见到过法国的马克思主义哲学家吗?

乔姆斯基:很少见到。我必须作以下区分:当代马克思主义哲学在很大程度上已经和列宁主义的学说联系到一起了,至少到目前是这样的。我认为欧洲的马克思主义在第一次世界大战之后出现了令人遗憾的倾向:这些倾向与布尔什维克的背景有关。我总认为布尔什维克是独裁的和逆潮流的。它在俄罗斯革命以后,成为欧洲马克思主义传统的主流。但和我的观点比较接近的是一种完全不同的思潮,例如,从罗莎·卢森堡(Rosa Luxembury)、荷兰马克思主义者安顿·潘尼科克(Anton Pannekoek)以及保罗·麦迪克(Paul Mattick)到工联主义者(anarcho-syndicalist)鲁道夫·罗克(Rudolf Rocker)和其他人。

这些思想家没有对我们所谓的哲学作出贡献,但他们对社会,对社会的改变以及人类生活的基本问题进行深入的讨论,虽然他们没有讨论我们一直在探讨的问题。

马克思主义已经被人看作为类似于教派或神学之类的东西。

当然,我有点过分概括了。那些自认为是马克思主义的人做了一些有价值的研究工作。从某种意思上来说,恐怕以上批评仍是对的。无论如何,我不认为马克思主义学说,或任何其他的思潮,对我们一直在讨论的问题有过什么实质性的贡献。

在其他方面,我了解的马克思主义哲学并没有给我留下很深的印象,并没有促使我去进一步了解。

罗纳:可我想,你在阿姆斯特丹的电视广播中见过米歇尔·福柯(Michel Foucault)。

乔姆斯基:是的,在广播节目之前及节目中,我们都进行了很好的讨论。在荷兰电视节目中,我们讨论了几个小时,他用的是法语,而我用的是英语。我不知道荷兰观众怎么看这个节目。我们发现至少还能部分地同意对方的观点,如"人性"问题,但政治方面分歧就大了[这两点是丰斯·埃尔德(Fons Elder)采访我们的主要问题]。

就人性的概念及其与科学进步之间的关系而言,这里我要重复埃尔德的比喻,我们好像是"从相反的方向爬同一座山"。我认为科学的创造性取决于两个方面的因素:一方面是靠心智内在的特性。另一方面是靠社会条件和智能条件的结合。不可能从其中只选择一个。要理解科学发现,就有必要理解这些因素之间的相互作用。但我个人对第一种因素更感兴趣。而福柯(Foucault)则强调第二种因素。

福柯认为,特定时代的科学知识就像社会和智力条件的框格(grid),就像一个系统,它的规则规范着新知识的创造。假如我的理解没有错的话,他认为人类的认识是由于社会条件和社会斗争逐步演化而来的。一个框格取代了另一个,给科学的发展带来了新的可能。我认为,从非历史的观点看,他对心智是人类知识来源这一说法的可能性和合理性感到怀疑。

他的立场也和"创造性"这一词的不同用法有关。当我在此谈论创造性时,我并没有作价值判断:创造性是指语言的一般日常使用及人类行为的一个方面。可当福柯谈论创造性时,他想得更多的则是像牛顿(Newton)这样一些人的成就,虽然他所强调的是科学创造的一般社会的智力基础,而非个别天才的成就,也就是说他所考虑的是进行彻底创新的条件。他对创新这个词的使用比我更规范。但即使当代科学能发现解决与创造性有关的一般问题的方法,我对此仍有怀疑。我当然不能指望可以掌握创造性的一般内涵,或者说预测伟大艺术家的成就或科学未来的发现。那是一种没有希望的追求。我认为当笛卡儿区分人与鹦鹉时,我所谈论的"一般创造性"的含义是和他所想的是一样的。根据福柯的历史观,人们不再需要识别创新者以及他们的具体贡献,或识别妨碍真理发现的障碍,而要决定,作为独立于个体的系统,知识是如何修正自己的形成规则的。

罗纳:福柯把一个时代的知识定义为框格式系统,他是否更靠近结构主义的想法? 结构主义也是把语言看成一个系统。

乔姆斯基:要恰当地回答这个问题,有必要深入研究这一问题。无论如何,我谈论的是赋予获理论的限制,这类理论首先是和可以构建丰富理论的大脑的局限性有关;而他对社会条件的多样性而导致的理论的可能性更感兴趣,认为这种社会条件使人类智力得以发展。

罗纳:同样,结构主义语言学家也强调不同语言间的差异。

乔姆斯基:这个问题必须谨慎回答,因为"结构主义语言学"这一词语可包含众多不同的立场。美国的"新布龙菲尔德学派"的语言学家,有时也自称是"结构主义者",他们对于语言多样性的看法给人们留下了深刻的印象,其中有些人,如马丁·裘斯(Martin Joos),甚至宣称语言之间的差异是任意无限的,并以此作为语言科学的一个普遍原则。他们所说的"普遍性"只涉及有限的描写,也许是一些统计观察。而另一方面,结构主义语言学的其他学派的描写却很深刻,例如,罗曼·雅柯布森(Roman Jakobson)的研究,他致力于语言普遍性的研究,要严格限制可能性语言的类别,特别是在音系学方面。

正如我所说的,就福柯而言,他似乎对发展出一套在生物学上有明确定义,独立于社会和历史条件的"人性"概念的可能性持怀疑态度。我认为他不会将自己的方法描述为"结构主义"的。我不赞同他所持有的这种态度。我同意他的这种说法:人性不在科学的研究范围之内。到目前为止,科学还无法研究人性的问题;但我相信,在一些特定的领域,如语言研究,我们在智力和认知方面可以开始建立有意义的"人性"概念。无论如何,我都坚定地认为语言机制是人性的一部分。

罗纳: 你和福柯讨论过波特·罗奥(Port Royal)学派的《普遍语法》吗?

乔姆斯基: 更准确地讲,我们谈到了有关我和思想史研究的关系。在这方面有一些误解。

这些问题可以用多种不同的方法来研究。比如,我早期研究当代理性主义(rationalist)传统的方法不同于科学或哲学历史学家的方法。我并没有想详尽地重构当时人们想的什么,而是要发现被后来学者忽视,甚至常常被严重曲解的重要见解。要说明当时某些人已经觉察到一些重要的问题,也许连他们自己还没有完全意识到。这种尝试在我的著作如《笛卡儿语言学》(*Cartesian Linguistics*)中已作了清楚的说明。

我对和当代重大问题有关的早期思想和思索感兴趣。我曾试图证明类似的思想是如何提出的,从不同的角度说明当时人们对以后发展的期望。我认为,用现在的观点来看,我们常常可以看到思想家是如何探索某些非常有意义的思想,他所用的方法是建设性的和卓越的,但也许他们本人对所探求的本质并不十分清楚。

让我们打一个比方。我的研究方法不像一个艺术史学家的研究方法,倒是像个艺术爱好者的,比如说寻求 17 世纪对他有价值的东西。而是否有价值,大多则是根据当代审视事物的眼光来判断。这两种方法都是合理的。我认为依靠我们今天所掌握的知识,可以通过观察科学知识早期的发展阶段,说明那个时期一些有意义的贡献。由于受所生活的时代的限制,当时富有创造性的天才做不到的我们可能做到。这是为什么我对笛卡儿这样的人以及受他影响的哲学传统感兴趣的原因,还有洪堡特(Humboldt),虽然他并不认为自己是笛卡儿主义者,我对他依据内在化规则系统,在阐述自由创造力概念方面所做的努力感兴趣。我相信这样的概念源于笛卡儿的思想。

虽然我当时所采用的方法受到批评,但据我所知,这些批评不是建立在理性基础之上的,虽然这种方法的合理性当时对我来说(现在仍然如此)是显而易见的。我刚才所说的方法在科学史上很常见。例如,迪克斯特瑞斯(Dijksterhuis)在他的有关古典力学起源的主要著作中谈到了牛顿,并指出:"严格地讲,整个系统只能借助以后科学的发展才能得到理解。"假如失去了古典力学的洞察力,假如类似于"自然历史"的学科又卷土重来——也即积累并组织大量数据和现象观察,也许类似于巴比伦的天文学家(显然这样说也许不够公平)。再假设在科学发展的某个新的阶段,类似于古典力学时期的问题又重新出现了。那么,设法发现早期有意义的见解,确定这些早期的见解是如何预示当前的研究工作,也许可以借助后来的发展更准确地理解这些见解。这样做是完全合适的,实际上也是相当重要的。我认为语言和心智的研究大致就是这样进行的。我认为,重新发现这些已经被忽视的见解是很有益的,从目前感兴趣的问题出发,设法理解那些早期讨论过的问题,有时要借助更新的理解、知识和技术,重新理解那些问题,以此来探讨早期的研究工作(这些工作,正如我讲过的,常常被错误地叙述)。这是合理的做法,不要把它和下列的努力相混淆:精确重建早期的问题是如何出现的,想法是如何形成的(就像物理学界迪克斯特瑞斯那些人)。当然,必须小心,不要歪曲早期的讨论,不过我知道对我的研究工作还没有这样的批评分析。很遗憾的是在所谓"学术文献"中,有许多对我的误解,我曾吃惊地发现,对我从来就没有讨论过的主题竟有如此尖锐的批评。和其他人一样,我有时对这些歪曲,还有其他的错误理解,有一些回应,但很不完整彻底,这个问题我在此就不多讲了。

任何一个致力于知识工作(intellectual work)的人自己都可以这样做:你可以试着重新思考你二十年前理解的问题。在问题不大清楚的情况下,你是努力朝什么方向前进,目标又是什么,只有到了后来你的目标才变得清楚⋯⋯

罗纳:你和福柯有什么政见分歧?

乔姆斯基:对我来说,我要区分两种理性任务。其一是按我们的理解想象出一个符合人性要求的未来社会;其二是我们要分析当今社会权力和压迫的本质。对他来说,假如我对他的理解是正确的话,我们现在所能想象的只不过是现代资产阶级社会的产物:正义或者"人类本质的实现"的概念仅仅是我们文明的发明,是我们阶级体制的产物而已。因此,正义的概念是一个已经掌握权力或者将要掌握权力的阶级所提出的托词。改革或革命的目标是取得权力,不是使社会更公正。抽象的正义这个问题没有被提出来,也许永远不会明确地提出来。如果我的理解是正确的话,福柯说人们进行阶级斗争是为了取得胜利,而不是因为阶级斗争会使社会更加公正。在这方面我的看法完全不同。我认为,一场社会斗争只有得到论证的支持,即使这种论证是间接的,是建立在没有得到很好地了解的事实和价值的问题之上的,如果显示这场斗争的结果将会对人类有利,将会创造一个更加公正的社会,这样才能说明这种斗争是合理的。让我们以暴力为例看这个问题。我不是一个十足的和平主义者,因此不会说在任何情况下使用暴力都是错误的,例如自卫。但任何求助于暴力的行为必须有合理的理由,也许从暴力可以纠正不公正的现象这一点来论证。假如无产阶级革命的胜利使全世界陷入火海之中,那么这种阶级斗争就失去了正当的理由。只有根据这种斗争可以消灭阶级压迫的这一论据才能使它有正当的理由,并且斗争的方式必须符合基本人权。毫无疑问,这里有很多复杂的问题,但这些问题是我们必须面对的问题。我们有明显的不同看法,因为我谈论的是正义,而他谈论的则是权力。至少我认为这就是我们观点的不同之处。

（节选自诺姆・乔姆斯基著:《乔姆斯基语言学文集》,宁春岩等译注,湖南教育出版社 2006 年版,第 80—112 页。）

扩展阅读文献

1. Chomsky, N. *Language and Responsibility*. New York: Pantheon Books, 1979.

2. Chomsky, N. *Lectures on Government and Binding*. Dordrecht: Foris Publications, 1981.

3. De Beaugrande, R. Performative Speech Acts in Linguistic Theory: The Rationality of Noam Chomsky. *Pragmatics*, 29, 1998. pp. 765—803.

4. Newmeyer, F. J. *The Politics of Linguistics*. Chicago: University of Chicago Press, 1986.

5. 乔姆斯基著:《语言与心理》,牟小华、侯月英译,华夏出版社 1989 年版。

语言学作为隐喻

韩礼德

　　唐纳德·韩礼德（M. A. K. Halliday, 1925—），澳大利亚语言学家。出生于英国，获伦敦大学中文系现代汉语语言文学学士，其后在中国留学几年。回英国后，在剑桥大学获汉语语言学博士。1963年担任英国伦敦大学语言学教授。1976年到澳大利亚悉尼大学任教授直至退休。韩礼德继承欧洲语言学的传统，根据语言是人们为达到自己目的的工具的观念，提出了具有较高国际影响力的"系统功能语法"，这尤其反映在外语教学研究和话语分析方面。他在晚年还提出了"生态批判话语分析"的方法。

一、引　言

　　本文要点看上去似乎很简单，但却又很难作出系统化的阐述。我的论点是这样的：语言是一个创造意义的系统——姑且让我把语言的这一特性叫做"造义性"（Semogenesis），即语言创造意义的能力。我想说，我们能够找出语言中与此能力相联系的某些特征（我将举出五个在我看来较有意义的特征）。现在，可以说，理论也是一种"造义"系统；这点适用于所有的理论——它们都是创造意义——因此也适用于所有的科学理论，并且也适用于理论语言学。我们在科学理论中是否也能找到同样的特征呢？具体地说，既然语言学是关于创造意义的理论,那么,我们是不是会发现语言理论同时也具有模仿语言自身的某些造义特性?

二、语言作为一种意义潜势

我总是把语言说成是一种意义潜势(meaning potential);这是在系统网络(system network)这一观念背后的主旨,系统网络旨在捕捉这一潜势。我们试图为语言的所有层面构建系统网络——或许具体说来是注重于词汇语法这一层,因为它是能量的源泉,语言造义的动力库,不过,需要明确指出语言的所有层面都参与了意义的整体构造。从某种意义上说,这一中心问题贯穿于我们所常问的全部其他问题之中,至少就目前我们对语言的有限认识而言:人们是怎样表达意义的? 这一造义能力的真正的本质是什么? 它是怎么被语言所获取的? 或者说,它是怎么被人类通过各种语言的形式而获取的? 我一向认为把语言看做一个整体,了解它作为创造意义的全部潜势是很重要的。但这并不意味着语言是某种机械装置,其零件完美无缺地装配成一体,就像假如你把人体看成是一个整体的话,并不意味你是在把它设想成一台理想的机器那样。确实,正因为人体并不是各个零件的机械组合,因此,从聚合与组合两种角度对它加以观察是很重要的;这也同样适用于语言。

我在解释和坚持把语言看做是一种造义资源这一抽象的视角时发现,如果我们把重点放在我称为元功能(metafunctions)的一套相互定义的关系上,是很有帮助的。我说的元功能即概念功能,语言借此解释我们的人生经验;人际功能,语言借此作用于人与人之间的关系;语篇功能,语言借此为使另外两大功能成为可能的现实建立一种离散的顺序。这就使得意义潜势这一观念获得了一些实质性的内容。语言把我们的经历转变成一种对意义的体验来加以解释;它通过把人与人的关系落实到对意义的行动来作用于这些关系;这样,符号世界和物质世界互相渗透地同时展现在我们面前。语言的造义能力来自并依赖于其不断与人类生存的物质条件相联系;元功能的概念使我们得以解释这些联系产生于何时,以及这些联系是怎样产生的。

我也许该在此提一下我们用元功能这一框架所能揭示的某些较具体的问题,因为这些问题与我的总主题有关。有这么一个关于语法的"亲属关系"

的问题：即我们怎样来建立可预见的意义关系之有系统的格式？这些格式有结构上的平衡性为证，但其底层的比例则是呈系统性的，它们位于由元功能所定义的语法的各个领域中——这就使我们能够建立起如英语语气这一领域中的平衡格式：

I think[they're away]	:	l don't think[they're here]
我想[他们出去了]	:	我不认为[他们在这儿]
∷it's possible[they're away]	:	it's not certain[they're here]
可能[他们出去了]	:	不一定[他们在这儿]
∷they must[be away]	:	they can't[be here]
他们肯定[出去了]	:	他们不可能[在这儿]

第二个问题是这种"亲属关系"的格式与功能的各种不同类型的关系——与语域变体的关系，以及与情景语境的关系。第三个问题，或一整套问题，是由于我们采取发展的角度而产生的，即当我们看到幼小的儿童是怎样发展出他们表示意义的潜能。元功能的框架使我们有可能解答这些问题，即建立语法内部环境，使之(1)互相联系，(2)与语法部署和习得其中的典型和历时的环境相联系。

这里让我想到另外一点，在结束我的开场白之前也需要提一下。假如我们采用"造义"这一说法，它意味着是在时间上发生的事。但是，如果我们想从时间的角度来给它定位，或情景化的话，那么我们会发现我们不是在一个单一的时间维度，而是在三个不同的时间纬度上操作，每一纬度都构成一段"造义史"(semohistory)。整个系统有着自己的历史，其下属的这个或那个特定的子系统又各有其自己的历史——此为"种系发生史"这一纬度(phylogenetic dimension)，意义就是从这儿产生与发展的。其次是语言使用者的历史——这一纬度称为"个体发生史"(ontogenetic dimension)，在此，意义以成长和日趋成熟的模式发展，然后逐步走向衰老、腐朽和死亡。第三个纬度是文本的历史，称为"语词发生史"(logogenetic dimension)，即语言实例的发生，在此，意义按照个人的成长方式展开。于是就有我们所说的潜能，例示和介于这两者之间的例示者(即潜能之保管者)——人脑。

三、五个关键特征

我在六个月前递交系统功能语法第二十一届国际学术研讨会的论文提纲中已下决心要对自然语言的语法中那些作为语法能量来源的特征加以确认和阐述:即那些使语言获取造义能力并得以进化为一个具有自我调节功能的系统的特征。我得出五个标题:语言是全面的(comprehensive),奢侈的(extravagant),不定的(indeterminate),非自主的(nonautonomous)和易变的(variable)。现在让我来解释一下为什么这些特征在我看来是至关重要的。其中的一两个我只要简单论述一下就行,而另外几个则需要"长篇大论"。

1. 全面性

我刚才提到语言的概念功能和人际功能:即语言用于解释人们的经历,和语言用于激活人际关系和社会关系。而语言的这两大元功能更令人惊讶的是在于其覆盖面:语言可以解释我们所有的经历;语言可以激活我们所有的人际交往过程。比如,请注意幼儿从很小的时候起与周围的人打交道是怎样通过语言来调解和调整的;这在他们的原始语言阶段,甚至在他们开始学习母语之前,就早已建立起来了。当然,那里面也有一些属于儿童特有的次语言的特殊语域,就其定义而言是非完整的语言形式;但这些非完整的语言形式却能创造意义恰恰因为它们是全部整体中的有系统的变体(你不可能以先学母语的某些特殊的变体而开始学习母语)。从量的角度看,这些变体不过是整个系统的全局概率的局部再设而已,这就使它们获得了造义能力:即以非特殊的语域(符合常识的话语)为出发点而创造新的意义。

语言之所以能包罗万象是因为它规模之大。我很奇怪为什么很少有人会问:"语言究竟有多大?"——也许这是因为他们不习惯从整体上把语言看做是一个创造意义的资源。几年前,我在一个心理系举办的讲座上就这个题目作过一次报告:我认为这一问题是可以也必须认真对待。乔姆斯基说过,语言是一个有限的系统,它可以生成无限的文本;我则想反其道而行之,把语言刻画成一个无限的系统,它可以生成有限的文本,但要把"无限"改成"无限大"[请记住罗伯特·德·波格兰德(Robert de Beaugrande)所说,语言学家通常不知道"无限"指的是什么意思]。

我在1995年的一篇论文中用英语动词短语的一个不完全的系统网络为例对这一要点做了演示——该系统网络只是用于一个单一动词所可能出现的潜势,到精密阶的某一点为止。我想,它一共延伸出大约75000个可能的表达式(即诸多特征的可选择结合);而那还远不是终点:我对其中很多系统作了"风格化"(姑且借用语音学家们的术语)的处理,如情态系统,及那些由语调所实现的系统;还不包括那些涉及复杂动词短语的系统。我们很快就会发现这样一个系统网络的输出延伸到成千上万个表达式——而我们的入列处仍然是一个词汇意义上的动词。这儿我想向你们提一下克利斯辛·迈锡森(1994)关于系统网络的讨论,他向我们演示了一个系统网络不仅是已有的意义潜势的表达(即那些现存的正在实现的选择项目集),而且是这一意义潜势进一步扩展的样板,从而显示其所固有的开放性。换言之,语言不只是一个意义潜势;它是这一意义潜势之潜势,假如我们坚持语言作为造义资源这一特点的全面含义的话。

不过,我们可以看到这一庞大的意义潜势是由为数不少的相当简单的各系统的相互交叉作用而实现的。归根结底,它可以由仅仅25个互相独立的非此即彼的选择项而生成超过 3×10^7 (3000万)个可能性;虽说一个系统网络中的语法系统只是相对来说互相独立,其数目却远远超过25个(在COMMUNAL和Nigel计算系统语法中则有1000多个),而且并非全是"非此即彼"的二分法选择。因此,无需在概念上下很大的工夫来想象具有如此规模的造义资源。

我们也不难想象这样的一种资源会具有一种非凡的生成力;这就能进入我的第二个标题。

2. 奢侈性

语言的奢侈性的明显特征之一表现在它对互补成分的偏爱——即两者皆可的表达方式。不管我们的物质活动是否典型地带有离散性(我们的印象中总是或者做这,或者做那,而那可能就需要用语言来对这些物质活动进行范畴化),而在我们的符号活动中,至少我们经常是同时做——或意指——两件不同的事。用更通俗的话来说,就是用语言表达的话,"你可以吃着你的蛋糕并且同时拿着它"(eat your cake and have it)。我注意到在当今的用法中这一说法变成了"拿着你的蛋糕并且同时吃着它"(have your cake and eat it)(英语动词 to have,直译为"有,具有,持有,占有",但它又可以表示"拿到,得到"等各种动态的属有概念,在这个例句中只能译成"拿着"比较符合汉语习惯——译者注)。后一种说法比较平淡,且没多大意思,让人听着不知其义——两个分句的连接是线性的,"你吃着你的蛋糕……但你还拿着它"。我这里并不是在讨论对外或对内修辞学方面的离散性歧义句,而是想讨论一下语言所特有的那种对"现实"进行范畴化和构建方式中所出现的成系统的互补现象。克利斯廷·戴维斯(Kristin Davidse)的理论性工作把我们的注意力集中到英语中一种主要的互补现象,也是一种普遍见于所有语言的及物性系统中的互补现象:即介于(物质和其他)过程的及物性和作格性两种结构之间者。如果一个过程涉及两个参与者,这两个参与者是其中的一个作用于另一个呢,还是其中的一个使另一个行动起来? 有人也许会说:在任何给定的实例中,两者都有可能,但这两者在一起则是自相矛盾的——同一个现象不可能是两者皆有。然而语法却想两者都要:不仅整个语法系统本身可以包容这两个不同的视角,而且很多过程的语义解释都体现了这两者之间的较量。在那些用形式标记来区分这两种结构的语言中,该双重视角通常是很明显的。另一个十分重要的现象是用于解释时间概念的体貌(aspect)和时态(tense)之间的互补:即时间究竟是一个从过去,经过现在,通向未来的线性流动呢,还是一种在虚与实之间所形成的移动?(这一点最终必然与过程的及物/作格性质相联系。)这一点似乎又不可能两者同时兼有;但是语法却坚持两者共存,根据具体语言的具体情况而共存于这样或那样的混合体中。(当我们横穿欧亚大陆时,这一平衡开始随之转变,越靠近西方的语言,其时态的系统化程度越高,而越靠近东方的语言,其体貌的系统化程度越高——而那些处于中间地带的语言则更多的是两者兼有之,如俄语和印地语。)在对实体的释义中,我们还发现另一种互补现象,即"可数"和"不可数"之间的互补。

这些互补现象的特点是,它们为我们的主客观经验提供了可选择的模式,以至于当我们有可能在用两种视角的其中之一解释某一现象的全貌时,若能兼顾两种视角,则可使整个画面更具有深度。事实证明,同一现象的某些特征从这一视角看得很清楚,而另一些特征则从另一个视角显示得更清楚。用多种方法来模拟人类经验的同一方面,这种"奢侈"性导向了一种更丰寓多彩,更具有生命力的解释。当然,这也不免造成克劳德·海然热(Claude Hagége)所说的"被忽视的矛盾"(unheeded contradictions),即语言建筑材料中不断地被搁置一边的剩余部分;但是,这种释义矛盾的原则从本质上说却有其多产性的一面。

让我再来举两个我称为语言奢侈性的例子。一个就是冗余性(redundancy),取自信息理论的技术用语。尽管有些语法系统表现出大致的平等概率,有些语法系统(如肯定/否定)却很不对称;不对称之处就出现冗余现象。另一个例子是隐喻(metaphor),语义和词汇语法的不停地分离与结合,使得两者一旦发展成独立的层面,就有可能产生隐喻。这些也是符号学意义上的符号奢侈性的表现形式;是语言作为一个多功能的造义系统而运作的内在本质。

3. 不定性

从语言的奢侈性到语言的不定性可以说是很自然的一步。我们都熟悉语言的体现模式中那些不确定的成分:如需要我们在两个意义之间作出选择的双关语(词汇或结构上的歧义成分)。儿童一开始接触母语,就开始与这些歧义成分打交道。但是,更为显著的不确定性——之所以更为显著是因为它们能创造新的意义——是无法用选择的方法来分辨的:如重叠、两可、合成等。属于重叠类的有英语中的"行为过程"(behaviour process),其中不乏"物质过程"(material process)和"思维过程"(mental process)的某些特征。两可的情况表现为某一现象可用两种方式的任何一种来解释,而产生的后果不同罢了;如英语中的一种句型:participant 1 + *get* + participant 2 + *to* + process(参与者 1 + 使得 + 参与者 2 +动词不定式标记 + 过程)(we got it to stick 我们使它粘住),既可以是一种简单使动句,就像 we made it to stick(我们使它粘住)(参照:施动句 we stuck it 我们粘住它),也可以被看成是一种使动句的调整,如 we forced it to stick(我们迫使它粘住)(参照:两个过程:we forced it,so it stuck 我们使劲按它,所以它才粘住了)。合成的情况出现在某些聚合或组合的语境中,一些本来互不相干的特征失去了原有的明显区别而得以中和化。比如英语中的情态动词,在用于非间接格的形式时,如

can，may，其表示"可能"，"通常"，"有责任或义务"和"情愿"的意义一般来说是很不一样的，但在用于间接格时，如 could，might，它们的意义就变得模糊了：he can be tough 可以是"（他）有时很坚强"，也可以是"（他）能做到很坚强（如果需要的话）"（两者选一）；但 he could be tough 却有点像是二合一，听者不必在两者之间作出选择。

不定性在语言中是不可避免的，因为语法不断地在互相冲突的范畴之间调解，把它们包容进来，以求解释这一多纬度的意义空间，高度灵活地接纳新的意义。这样一来，语法所采用的是一种三重眼光，从三个不同的角度来看这些范畴及其构建。首先，是从上往下看——根据其在一个较高等级的结构上的意义来对该现象作出解释；其次，是从下往上看，参照它们的显现方式来对该现象作出解释。还有第三个角度，那就是从周围绕着看：所有的现象都可以从它们与其他现象的联系来解释——没有一个范畴是只靠自身而得以成立的。不定性正是来自对这一三重视角的三个方面的调和：由于它们所描绘的画面各不相同，因此最后的结果总是不得不作出妥协。所有的语法都是这种妥协的结果。

4. 非自主性

我想我不需要花很多的笔墨来解释语言的这一特性。语言是作为人类历史的重要组成部分而进化的，而不是作为一种神秘的副产品自发地产生。因此，语法作为人类社会及环境所组成的经济社会系统的一部分与人类生存条件的各个方面密切相关。它的形式取自于语言中与其相交的其他层面，取自语言与其他符号过程、社会过程和物质过程之间的联系，取自于这些过程自身的性质。它是人类生活中不断发展的物质活动和符号活动的辩证统一的产物。

5. 易变性

语言是由方言的变异和功能的或"语域的"（registerial）变异所组成的一个空间。我想有必要在此强调一下用"方言"（dialect）和"语域"（register）这一类比来命名变异类型的好处。这两者都是集合名词。当我们从作为集合名词的"方言"这一范畴转向作为可数名词的"一种方言"（a dialect）时，我们所构建的经验模式实际上只反映了在这一变异空间中所出现的某些特征的组合;所以它们看上去很是显眼。这和我们从集合名词"语域"引申出"一种语域"(a register)的转变性质是一样的。我们所说的"一种语域"是一组特征群——在这种情况下,主要是内容平面的特征,而不是"一种方言"的表达平面的特征——该特征群呈现出可被观察到的有规则的共现:如我前面所说,即在整个系统的全部概率中的局部再设置。一种语域,就像一种方言那样,是由于大部分有可能组合的特征不曾出现才得以存在;在语言的变异空间中出现了大量的脱节,即空区。

此外还有第三种语言变异现象,由巴兹尔·波恩斯坦(Basil Bernstein, 1971,1996)最先提出来,称之为"语码"(code)。茹卡娅·哈桑(Ruqaiya Hasan)用语言学的理论把它解释成系统化的语义变异:即那些与给定社会环境密切相关的语义特征的变异。换句话说,语码变异是(1)语义现象——因此它不像方言,而像语域;同时,(2)它是相对更高层次上的常体而言的——就这点而言,它不像语域,而像方言(参见下表)。在此我想把这些概念再推进一步,以探索我所赋予语言的这些特点可能产生的影响。所有这些特点——其全面性、奢侈性、不定性、非自主性和易变性——都将在语言实践的任何领域(这实际上意味着人类活动的各个领域)产生影响。但就我们这里的研究目的而言,我们正好可以由此进入下一步的论证。

语言变异的类型

变异得以统一的高一级层次("高层次常体")	语义(内容平面)	社会语境	[无高层次常体]
变异最常出现的层次	语音(表达平面)	语义	语义
变异类型	方言	语码	语域

四、语言作为一种约束力

我已强调过语言作为造义资源的性质:即它作为"意义潜势"的特性,包括它所具有的自我扩展的潜势——在提高已有成分的精密度的同时，又不断向释义和行动的新领域进军。我觉得，在当今这么一个（对语言，及其他事物）以"批评"——通常只是指破坏性的批评——为时髦观点的时代，把语言的使动功能明确地置于舞台中心是很重要的；否则，在我们自己的实践中，无论是搞教育，还是临床试验，或举行辩论，不管是哪一行，我们只会碰到问题，而永远拿不出解决问题的方案。

但是，如果我们只是一味地歌颂语言的使动力而不顾其另一面，即其释义的一面，那也是很愚蠢的。语言不仅能开放，而且也能关闭；它既能解放我们，也能奴役我们。这从某种意义上说是形式（form）的问题：要释放一种无所不在的力量——这种力量存在于任何实体，任何过程之中——就必须为其塑形，在为其塑形之时，就限制了它的范围。这一点我们在艺术形式中可以最清楚地看到；如散文和诗歌的一般结构和韵律格式，音乐的作曲形式，以及建筑的风格等等，都是先形成艺术创造之波纹，然后逐渐僵化，风格化，一成不变直至被遗弃。语言中的"系统"，就像其他任何一种符号代码一样，使实例化成为可能（事实上这也就是系统的含义：实例化之潜能）；同理，它不但对可能的实例作出限定，即哪些可以实例化，而且同样重要的是它对那些具体的实例的解释和理解也加以了限定。

这一特性在任何一个系统中都是固有的。不过，语言的"约束"性不仅只在这一方面。由于语法对我们想要表达的意义也会作出限定（尽管这些限定总是不断地被突破），它也限定了我们对经验——即我前面所说的"将要转换成意义"的经验——的解释。我们最常见的小句语法是从日常生活的语境来解释经验的；这就约束了我们的认识，使我们不能更深入地认识日常生活现象的本质。迈锡森向我们表明了英语中的及物性系统（与在许多其他语言，至少是标准的普通的欧洲语言中一些并列的系统一起），尤其是表示思维过程的语法，是如何解释心智现象的，从语法的角度所看到的心智图，对于日常生活情景而言，在功能上固然有效，但作为科学认识的基础却未免漏洞百出，问题严重。

当我们调用隐喻造义资源来克服日常语法作为通向有系统的专业知识之入门的局限时，另一种形式的约束又显而易见：这种约束使得有些人无法接触某些意义领域，如非常专业化的科学用语。科学语篇的名物化语法的进化使那些实验科学的开创者能够很好地推理和提出理论,即建立专业化的分类和逻辑论证环节;但这同时也把他们,或他们的后来者,锁进了一个实体化的(塑造成一个又一个实体的)有限的世界,一个以抽象的、虚无的事物来表述的世界,与实际的、杂乱无章的日常生活相去甚远。这种名物化的语法对于我们如何像量子物理所要求的那样对易变的、不确定的"现实"进行概念化却帮助不大。在童年结束时所发展成长的语法,打开了青少年通向教育,接受知识的大门;但同时也关闭了儿童在家庭以及和邻居交谈中所最先领悟的孩提时代的经验形式。这两种效果加在一起——由语法所造成的分离,把他们的日常经历和他们自己过去的符号意义上的体验——这两者又产生另一种形式的约束:在语言创造新的知识的同时,它又限定了对该知识的接触。并不是每个人都能控制产生意义的新途径;于是,对一部分人来说,语法使他们获得解放,而对于另一部分人来说,语法则使他们成为奴隶。如巴兹尔·波恩斯坦在他的演讲中所说,语法不是中立的。

因此,内容平面上的变异,尽管它大大地增加了语言的意义潜势,却未免总是"单纯的幸事"。现在让我再回到语域和语码这两个概念上来。语域变异是根据社会语境而出现的语义上的变异:不同的活动与不同的语域同时进化。于是它成为社会分工的支撑——使其成为可能,同时又限定——巩固这些社会分工。语码变异则是不受情景驱动的语义变异:它是在"同一社会语境"中的变异。两者并非在所有情况下都截然不同——也有一些难以确定的两可情况;但它们在理论上的区别是至关重要的。哈桑向我们展示了这一意义:例如,对母亲和孩子在家中日常生活范围内——吃饭时,洗澡时,睡觉时等等——所出现的问答模式进行考察,她发现根据从统计数字上看意义非凡的语义变异可把受访对象分成划界清楚的各个小组,她们总是按以下两种方式之一组合:男孩的母亲为一组,女孩的母亲为一组;中产阶级家庭为一组,工人阶级家庭为一组。这种组合的区别是语码的区别。就其本身来说,所有这样的变体都具有相同的效力:使儿童进入学习常识和文化价值之门成为可能。但是,就其对儿童日后接触教育而言,一种语码可能比另一种语码更具有束缚力,这点伯恩斯坦早在 20 世纪 60 年代就已经注意到了。因此,从语码变异的现象,以及在某种语境中可能有效的变异转换到另一种语境也许就不那么有效的这一事实,可以清楚地看到语言造义能力的两个相对立的方面。

大家都知道伯恩斯坦把占优势的语码称为"受限制的"和"精制的"两种。他认为受限制的语码较典型地为所有的儿童所共有,而精制的语码则只为那些佼佼者所享用。不过他所选用的这两个术语并不见好;还不如他最初用的"公共用语和正规用语"更合适。甚至"语码"这一用词本身也有问题,因为它倾向于把语言自身也看成为一种代码——这一观念是带有极大的误导性的,语言与此毫不相干。和语域变异一样,语码变异的确增加了语言的整个意义潜势。通过语码变异,语言系统自身调整以有利于那些被有关亚文化集体,如由社会地位、性别、出身及年龄或其他因素所形成的语言社区,所选择的意义(增加其出现的概率)。因此,正是这种语码的选择使(亚)文化变异得以代代相传;而且被证明为使社会等级制度得以维持和永久存在的重要符号机制,就像伯恩斯坦和哈桑所论证的那样。同样,我们知道,这种(亚)文化传播过程也可能受到破坏,从而在断裂处出现新的意义,这些新意义,即使不被转换,至少也能对社会秩序产生影响——有时是不知不觉的,有时则是人为的,或可称之为"语言学工程"。

对伯恩斯坦来说,他在 20 世纪 60 年代对这些课题进行研究时所面临的问题是:这些语码在语言这一繁茂丛林中的位置何在。那时,语言系统和语言实例这两个概念被乔姆斯基(Chomsky)的语言"能力"(competence)和语言"行为"(performance)这对概念硬行拆开,好像它们属于现实世界的不同层级——这种二分法已给语言学造成了极大的损失。伯恩斯坦明白语码并非不同的语言系统;因此他试图把它们归入语言行为。但同样很清楚的是,它们不是一套套偶然的实例;所以,他明智地放弃了把它们纳入乔姆斯基框架的尝试。但是,问题还是不得而解——不是在语言能力和语言行为这一方面,而是在语言系统和语言实例这方面:我们该在实例化的连续体上的哪部分来制作这些语码的模式?

这一问题通过对基于语义的语域变异的研究可得到一些启发。这里也许值得提一下常识的语言和教育及技术知识的语言的区别其实也是语码的区别,就像我和杰姆·马丁(Jim Martin)在我们合著的《科学文章的写作》一书中所讨论的那样,虽然我们所说的差别比伯恩斯坦最初所说的语码更接近语域变异。我在其他文章中提过为什么我觉得语码是最不容易模型化的变异类型:因为它紧挨着实例化连续体上代表"系统"的一端,以至很难得到具有典型意义的实例。下图便是以图表的形式论证这一点。系统和实例所形成的互补性能使我们把语言变异看做是介于两者之间、从其两端出发向中间靠拢的现象。假如我们先从语域变异着手:从"实例"这一端来看,我们可以得出一种语篇类型,即相同实例之集。然而,当我们换一个角度,把它看做系统变异,这些语篇类型的每一类便会以语域的面貌出现,即相当于一个子系统,其所反映的是根据"语场"(field)、"语旨"(tenor)、"语式"(mode)所确定的语境特征。

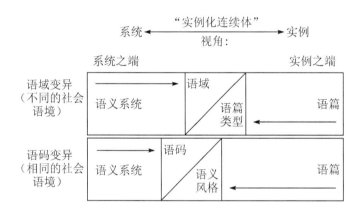

"实体化连续体"上的语码

同理,我们可以从实例的视角来看语码变异。这样做非常困难,因为它意味着辨认同一语言中的不同的语义风格(用哈桑的话说,即不同的"表义方法")——从上面所说的来看,这可能会是指"表示同一种意义"的不同方法(如为一个给定的论点建立牢靠的论据,或对一个给定的复杂的经历类别作出解释),但往往最终会造成不同的现实模式。这里最关键的一步是找出变异实例的共同点,从而找出这些共享特征所组成的语码。伯恩斯坦在认识到变异实例的共同点与差异非属偶然之后,从系统的角度对由此所产生的语码进行了一番考察,发现它们呈现一种有系统的变异模式,由此形成以社会阶级为最显著的变体的社会等级大厦。他还指出这不仅仅存在于几个词汇项目或语法标记之中,而是深深地根植于语法的奥秘之处。那时我们对语法的了解还很片面,更不用说什么语义模式了,要想在语义系统中表现如此具体的变异细节是不可能的。而现在,我们对语法已经有了一个比较全面的了解,哈桑对母子间相互影响的研究,以及她对语义变异所提出的理论模式,很有效地演示了语码变异的原则,并进一步确认了伯恩斯坦最初发现的有效性。

今天,人们喜欢把(实际的或潜在的)语篇集成称为"话语/篇章",这又是一个把集合名词转变为可数名词的例子;至于他们是否把"一个话语/篇章"看成是具体语篇的一个集成,还是语义潜势的一个子系统,这点并不总是很清楚的。造成这一问题的部分原因是,我们不知道某一特定话语/篇章的实例有哪些共同的词汇语法或语义特征使得它们与其他话语/篇章区别开来。如果像有人假设这些类别的话语/篇章对于思想意识的形成、政治权利的分配等等起着不同的作用的话,那么,这点就更至关重要了。语码变异的原则(与任何一种变异一样)是,我们可以用明确的语言学术语对它进行模式化;模式化之后,它就能帮助我们理解我在前面所说的语言之所以既能使人行动,又能使人受到束缚的基本功能之一,及其是如何达到这一功能的基本途径之一。这就是我所认为的语法非中立的观点。

不过,当我们往后退一步,联系人类自身状况的整体来看语法,那么,它无疑是中立的。而且,从我们所不断地赋予语言的强大无比的力量来看,它也必然是中立的。我们这里所说的语法是中立的,其含义跟科学或科技知识是中立的一样。语言也许会不知不觉地或有意图地被某一特定的意识形态,或某一特定的社会、政治集团所利用,以为其服务;但它也很容易调节自己,从一个集团转向另一个集团。而语法本身却并不青睐任何一个社会集团,或为任何一个集团的利益服务。只有当语言和形成其发展环境的历史进程互相作用时,它才会偏向某一特定的方面,而不是通过语言所具有的任何内在属性所产生的。

我认为,关键在于,如我前面所说的那样,语言是作为人类历史的一部分而进化的。让我把这点说得更明确些,也许,应该说语言是作为人类进化的一部分。这在杰罗德·爱德尔曼(Gerald Edelman,1992)关于《神经系统之达尔文主义》的研究中尤为清楚——即他所提出的人脑进化的理论模式。人类似乎是独一无二地具有爱德尔德所说的"高级意识":它包括自我意识,对过去和将来的意识,对可报告的主观经验的意识。这种高级意识仍然是在物质世界运作的进化过程的产物;没有必要为脱离肉体的大脑假定某种神秘的形式。但它和"初级意识"是有区别的,后者(就我们所知)是一切其他有感觉的物种都具有的,所不同的是,我们的大脑具有映射和对这些映射进一步映射的功能,不仅能对先前的经历加以映射,而且也能映射由后来的经历所付诸的人生价值。人脑是在一个特定的历史环境中进化的:生物体为求生存必须对其所经历之事作出日益复杂的分析和解释。初级意识能起的作用在于它使个体能够对在涉及多元平行信号的环境中所发生的复杂变化进行抽象和妥善处理。但是初级意识有其局限性,它缺乏自我意识,不能对过去和将来加以模式化而形成一个复杂的系统——它受制于爱德尔曼所说的"可记忆的眼前的经历"。它只能通过社会符号,即语言这一符号系统的进化得以超越。语言对于区别自我和非自我,对于记忆不受眼前狭小短暂间隔限制的经历,是绝对必不可少的。

就像所有关心语言问题的生物学家那样,至少我是这么认为,爱德尔曼只看到语言的概念功能,即语言用以解释经验的元功能,而忽略了另一个同样重要的功能,即语言的人际功能。事实上,语言的进化离不开在日益复杂的社会关系中人与人的相互作用。也许我们想以这些理由来批评他。但是如果只是就这一点而论,他对语言性质的刻画是不必作什么修改的。用我们的话来说,爱德尔曼所赋予语言的属性要有一个分层次的符号系统(stratified semiotic):也就是说,处于幼年后期的原型状态的语言。像婴儿的原始语言那样的系统是无法胜任的,因为它所反映的是意识进化的低级阶段——初级意识。语言在其进化了的高级阶段,从发生学的角度来看,依赖于大脑中某些形态的变化:具体地说,它依赖于人的喉头以上部位的进化。爱德尔曼进一步问道:"我们不在语言学理论和生物学之间开掘一条鸿沟是否也能对语言的进化过程的出现作出解释?"他的回答是"能——假如我们是从发生学和后成学这两个方面来解释人的言语的话":即把人的发展历史和进化历史相联系。儿童的语言发展必须遵循一定的轨迹;这一轨迹从深一层的意义上说是复制和模仿该系统的进化轨迹。爱德尔曼说这意味着"放弃任何关于由遗传因素所设置的语言习得机制的观念"。语言的发展是后天的,沿着一个可定义的顺序而进行的,初始为意义和语音的无层次(或最低层次)的配对——或者说意义和表达的配对,因为表达可能是语音形式,也可能是用手势;只有当婴儿两岁进入高级意识阶段时,语法(词汇语法)的层次结构才出现——这一出现取决于婴儿在其生活环境中和其他人的互相交往。爱德尔曼又说:这种言语理论是一种先天论的理论,因为它要求先有大脑特殊结构的进化。但它并没有超越 TNGS(theory of neuronal group selection,神经中枢群选择理论)而有什么创新。它既不是一种计算机学的理论,也不是那种坚持包括用于普遍语法的内在的由遗传因素规定之规则的语言习得机制的理论。句法是在遗传因素制约下后天形成的,就像人的脸(它也像语法那样具有普遍性)同样是由不同的发育因素而造就的那样。生物发生学的原理对这两种情况都是适用的。

从爱德尔曼的这段讨论中可以清楚地看到语言的进化是人类进化的一个完整和必不可少的组成部分;语言是一个由社会而形成的系统,并逐渐发展成一个以社会为基础的自我;它是一个有层次的构件,以词汇语法为其最近的发展阶段。(我一向认为把语法看成是先天就存在的那种说法是很有问题的,因为我们知道儿童最初所构建的完全是功能性的元符号系统根本就没有语法,然后,当他们发育成熟之时,才用像成人那样的有层次的系统取而代之。)当然,我对语言性质的刻画,即全面性、奢侈性、不定性、非自主性和易变性,是就这种进化了的成人语言系统而言的,它是社会化的、有层次的,按遗传原理进化发展的。在最后一节里,我想回到我在一开始就提出的问题上来:在我们对语言的论述中,在我们的语言学,或更具体地说来,在我们的语法学中,语言的这些特征在多大程度上得到了反映?

五、语言学作为一种隐喻

关于语言的全面性,我想有两点需要明确一下,这两点既有联系又有区别。自从一百多年前我们现在这种以学科为基础的知识结构开始走向学科化以来,每一门学科都趋向于分出不同的"分支";语言学,除了传统上分出历史语言学和描写语言学这两个分支,始终自成一体直至较近阶段,现在也成了一个许多专业的集合。这就给它带来所有其他学科所面临的危险,加上那些非他莫属的风险。因为语言是一个集物理、生理、社会特性于一体的系统,以及它所特有的符号性(如我在别处所说,它是一个四级制的复杂体),就其本质来说,它可以从众多不同角度来作出解释;因此,我觉得最重要的是,一种语言理论本身就应该是全面、综合的,能包容这些不同的存在形式。否则,我们就得不到一幅完整的画面。如果有人辩解道没有理由非得将所有的部分拼成一幅完整的画面,那么,我就要说,如果画面的部分拼不成整体的话,那么,我们所创作的这幅画就是残缺不全的,比如说,我们就无法解释语言是如何被儿童所习得的。

我们的语言理论之所以需要全面、综合的第二层含义是把语法作为一个整体来考察。我注意到关于"语言作为资源"的说法听起来很容易像是一种虔诚的口号;但是对我来说,它却有着很实在的意义。我认为我们只有把语言作为一个整体来看,才能全面地了解语言的每个具体的特征;因此,我们所努力开发的理论模式、研究方法和表达形式都是把语法作为一个整体,而不是一些离散的部分的堆集;作为一个由各系统构成的网络,而不是一张列出结构的清单。不然的话,不管某一部分的语法研究有多精彩,当我们把它和其他部分置于一起时,它也许会不攻自破,或自相矛盾。这里,我们可就语言和元语言之间的关系打一个自然的比方:如果语法的全面性足以包容人类经历和人与人关系之大全的话,那么,我们的语法学又何以不能构建一个足以体现语法之大全的模式呢?

理论或许过于奢侈,这种说法可能会引起争议;但我一直是把这一点看做是肯定的,即作为概念资源的理论要多于用来研究任何具体问题所必需者。这也许和那些要求理论越少越好,"力求能与事实相容的最简单的解决问题方法"的呼声相抵触;说实在的,我并不觉得简单就一定是最好的——我更赞成"适用于这件活的最好的工具"这一标准。但是,问题的实质并非那么简单。语言研究者都有这样的体会:逻辑上很简单之事,整体上却很复杂,反之亦然。我们时常会碰到这样的例子;我印象最深的是关于语调和语法的关系。语调具有系统性,这一点是清楚的:它以规则的、可预见的方式表达意义。因此,把语调模式作为语义特征的直接体现,而不是语法化的处理,也许更为简单。如果你只是对语调感兴趣,而不管语言的其他部分,那么,这样的处理显然是简单多了;但是,一旦你想要把语调看做是语言这幅总图中的一部分,那么,试图回避语法的做法将会是无限的复杂(和其他部分一样,对语调所表达的不同意义的选择取决于它们的语法环境），而建立由语调所体现的语法系统最终将得到一个更简单的解释。保罗·探契（Paul Tench, 1996）对英语语调的研究在这点上是一个很好的尝试。

语言理论的奢侈性，我认为可以与语言本身的奢侈性相类比。如我在前面所说的，语言通常以互补的方式来注释人类的经验：即从互相矛盾但却各自"真实"的可选角度所产生的模式（如许多事物可以同时是"黏着的"或"非黏着的"，如 rock"岩石"，a rock"一块岩石"）。这种互补在对语言进行理论模式的构建中也占了一席之地。语法和词汇的互补就是一个很清楚的例子：词形变化表或是一个封闭的系统（"语法"）或是一个开放的系统（"词汇"），但是，可以推测的是同一个词形变化表不可能两者同时兼有。我们所发现的是一个连续统，在该连续统的一端是一些很明显的封闭性的词形变化表，在该连续统的另一端是一些很明显的开放性的词形变化表；于是我们写语法，编辞典。但是，有很大一块中间地带我们搞不清我们所研究的对象是什么（如英语中的介词，汉语中的动词补语等等）；这些成分我们既可以从封闭的一端，也可以从开放的一端来研究。而当我们这样做的时候，就能很清楚地看到事实上我们完全可以从其中的任何一端来观词汇语法之全貌，这样做也能使我们获得更为深邃的洞察力。哈桑所述"词汇作为精密语法"中揭示了作为复杂特征群的词汇成分是怎样组成封闭型系统的；而另一方面，由词汇"驱动"的 COBUILD 语法则把语法类型作为开放型的集合处理。要解析一种范畴总是会有多种途径的。

我认为我们的理论是不确定的，这又一次表现在两个不同的方面。首先，它反映了语言自身的不定性，而不是削足适履，强求一致。也就是说，它有可能在那些本身比较灵活且不稳定的描写范畴中运用自如——正是这些灵活且不稳定的描写范畴组成了像语言自身范畴那样的模糊集合。描写一种语言需要有语言自身所具有的那种三重视角，更明确地说，即层次的观念：例如在建立语法系统时，我们必得从上而下（从语义的角度：它们体现什么意义），从下而上（从语素和音位的角度：它们是怎样体现的）以及由中间而上（从词汇语法的角度：它们组成什么关系模式）。这就意味着范畴本身不可避免地成为妥协的产品，因为不同的角度使得范畴的分界也会有所不同。

其次，具有指导意义的理论框架也会对构建语言的不确定性提供不同的模式。其中最重要的莫过于概率这一观念。概率这一观念在语言学中地位甚微，这是因为占主导地位的语言学研究所关心的大都是组合关系，而概率究其本质是一种聚合概念——它与系统相关，而不是与结构相关。在系统语法中，概率占据着中心地位：第一，作为任何一个给定系统的特征，因此，一个 a/b 系统被刻画成"带有某一概率的或者 a 或者 b"这样的系统，而不仅仅是"或者 a 或者 b"；第二，作为系统与系统之间关系的一个特征，因此，对 a/b 和 x/y 这两个系统的刻画就不再是简单的"或者自由联系（自发），或者毫无联系"，而是"部分联系，而 a＋x，b＋y 则为最佳组合"。另一个可以用来构建不确定性的模式是层次这一概念，尤其是在内容平面上的表达。毫无疑问，内容平面需要体现为两个层次，在词汇语法和语义之间画一分界线（没有这一分界就不可能有任何隐喻）。但这两个层次间的分界并不是那么明确的，它会根据不同的情形"上""下"移动，尤其是根据不同性质的任务和对给定语言的了解。

我认为这一理论的非自主性是很明显的，因为语言是一个符号系统（无疑也是一个原型系统，不过它是许多更为广泛的系统类别之一），因此对语言进行理论化实际上是对整个造义系统进行理论化的一个方面。我在前面所提出的"语言作为社会符号"的理论就是想要使这种研究方法更具有解释力的一个尝试。从这一意义上说，任何一种语言学理论都无法脱离关于意义的一般理论而独立存在。这一点索绪尔早就明确地指出过。

然而，在知识结构整体出现变化之时，尤其是当跨学科研究主旨或主题开始作为组织原则而补充甚至取代各门学科时，语言理论这一非自主性也获得了一种新的含义。语言学受这种变化的影响主要来自两方面的压力，一是来自理论方面：表现在对系统的类型和性质的新的认识，和对变化过程的新的认识。这就使人们有可能从语言在具有自我组织能力的、动态的开放系统中的位置来认识语言，即杰伊·莱姆基（Jay Lemke）所谓的"生态—社会系统"；从更为一般的历史角度来认识语言的进化和发展，以及从对人脑的本质和进化的新的认识来认识语言（这里的进化被杰罗德·爱德曼解释为更一般的"选择性认知"过程的一个实例）。另一种压力来自于应用方面。由于现在我们对语言的认识已经或正在转向一个面对教育界、医学界和法律界那些企业单位的新起点，这就产生了许多以教育、医学和法医学为研究对象的语言学研究的新主旨,它们对语言的理论研究有其特定的内容和方向。我们可以再增加一个计算语言学的行业,人们已经清楚地看到计算机已不再是简单的语篇和语音处理的机器,而是像米其欧·苏格诺(Michio Sugeno)所显示的那样需要由自然语言来驱动和控制了。在这一历史时刻,如果再把语言看做是一种自主的智力游戏,那么这种理论也未免太不合情理了。

下面让我们来看一看本文的最后一个标题"易变性"。我们也许可以说语言理论向来就是"易变"的,除此别无他路,尤其是自本世纪初以来各种互相竞争的理论模式和研究方法如雨后春笋般地出现和发展。不过我更关心的是在一种理论框架之中的变异,这种变异更令人感兴趣,也更具有潜在的肯定价值。福塞特称系统功能语法理论所谓的"方言"为那些用系统功能模式者在解释某些语言现象如交换结构,或语域,或语体或语法和语义的关系时所说的语言变体。如果面临的是比较清楚明确的问题,那么它们就更像语域;但是如果是用不同的方式处理同样的问题,那么它们则更像方言——甚至语码,这取决于在达到我所说的更高的内容平面(即它们的共同之处)前所涉及的抽象层次的高低。至于这一类比在何处界定倒无大碍,但要记住一点,即如果语言变体越像语码,则使用者不能互相交流的危险越大。

既然任何科学的理论都会形成一个符号系统,那么我们就不难发现有关语言的理论应该与其所要理论的内容具有可类推的关系。波恩斯坦指出,符号学和社会科学的每一种理论从实质上说都是一种隐喻;我认为这种隐喻性是我们理论思维的一个重要特征。理论不可避免地具有使役性和限制性,就像我试图说明语言也是如此那样。它的限制性仍然可以是我们进行思考的一个肯定的动力,假定理论的范围——在此即语言——是被解释为具有高度弹性的空间,这和语言是用来注释人类经验一样。

有人可能会问:为什么在这一特定时刻要有这么些先入之见? 在一种意义上说,任何时刻都可以作为一个合适的上下文:我们可以试问语言何以如此神通广大,无论是肯定的还是否定的,我们又如何从某一特定的要求出发将其模式化。而从另一角度来看,目前是特别合适的时刻。作为语言学家,我们第一次可以接触到充足的语料(这里我们不妨回忆一下罗伯特·德·波格兰德在本卷中关于大规模语料所具有的深远意义的观察);这将——或者说至少应该——给本学科带来很大的转变,使我们得以摆脱思想中的一些神秘成分。它将为我们的系统网络提供佐证,并将系统网络进一步精密化,同时继续把语言格式化为一种意义潜势——其中每一个实例,每一个语篇中的每一个句子都指向形成整体的各种概率。系统的输出很清楚是限定的(CO-BUILD的上百万个单词也不见得比一个单句更无限);然而,系统的造义功能却是开放的。如德·波格兰德所说,系统的运作是通过连接局部限制而进行的;用迈锡森的话说,就是通过建立具体的子系统,复制自身的部分而实现其功能。

我们的语言理论的总威力——或者说整个隐喻——最终是试图复制语言的威力。有威力自然就有责任:如戴维·罗斯(David Rose)所说的那样,如果语法具有解释人类经验的威力,那么它同时也承担着传播这种经验的责任——不仅仅是范畴和关系,而是具有经验价值的范畴——使之代代相传。因此,它不该是杂乱无章、支离破碎地曲解语言本质,也不该只是服从社会某一特定阶层的特殊利益,无论该阶层对物质材料的控制权有多大。当然,权力阶层总是试图控制符号资源:纳粹曾有效地进行过部分词汇改革,但他们却无法改变日常德语中的语法范畴的意义。正如保罗·希伯特(Paul Thibault)所说,一种文化的意义潜势并不是哪个统治阶级的意义潜势。语法在发挥其作为我所称为语言之动力库的作用时,它的实质是代表一种民主势力。它需要我们从长远着眼,这不是那些想要控制它的人可以企及的。

克劳德·海然热(Claude Hagège)是那些对语言的威力较敏感,且掌握了世界上大量语言材料的少数语言学家之一。我这里所说的语言威力并不只是指语言被用于政治背景的威力,而是包括它在我们日常生活的个人和学校范围内所取得的成就。在这点上让我吃惊的是我发现语言的丰富内涵与人们对它的肤浅描写有着天壤之别——更不用说那些对语言的威力心有余悸的门外汉所作的描写了。我们不禁要问语言潜能在一堆肤浅的细节表象之下藏而不露是不是语言程序的一部分。在我看来,不管我们的研究活动中最直接的关注点有多具体,也不管我们认为是否应该突出开放或封闭,解放或奴役,我们都需要记住语言所具有的全面造义力量以及使其不断发挥威力的语法能量。说到语言学作为隐喻:这是需要大量的理论能量去研究处理的。

（选自唐纳德·韩礼德著：《韩礼德语言学文集》，周小康、李战子译，湖南教育出版社 2006 年版，第 87—112 页。）

扩展阅读文献

1. Fairclough，N. *Discourse and Social Change*. Cambridge：Polity Press，1992.

2. Firth，J. R. Modes of Meaning. In *Papers in Linguistics 1934—1951*. Oxford：Oxford University Press，1951.

3. Fowler，R. et al.. *Language and Control*. London：Routledge and Kegan Paul，1979.

4. Martin，J. R. Beyond Exchange：Appraisal Systems in English. In S. Hunston & G. Thompson（eds.），*Evaluation in Text：Authorial Stance and the Construction of Discourse*. Oxford：Oxford University Press，2000，pp. 142—175.

5. 韩礼德：《汉语语言研究》，胡壮麟等译，北京大学出版社 2007 年版。

"语言的手段—目的模式"的分析

罗曼·雅各布森

　　罗曼·雅各布森（Roman Osipovich Jakobson, 1896－1982），苏联语言学家和文学批评家。出生于俄罗斯一户富足的犹太人家庭。随着俄罗斯的动荡和第二次世界大战的战乱，他辗转捷克、瑞典，最后到美国哈佛大学执教直至退休。雅各布森建立和发展了一套语言结构—功能理论。凭着在语言、诗歌和艺术的结构分析的先驱者地位，雅各布森成为 20 世纪最有影响力的语言学家之一。

语言的手段—目的模式

　　1928 年，与布拉格语言学小组有联系的几位语言学者，带着他们对会议组委会设计的基本问题的大幅草案来到海牙，参加语言学国际会议。他们都以为，自己偏离传统教条的思想不会受到鼓励，甚至可能会受到强烈的反对。与此同时，在第一届语言学大会的正式讨论（尤其是私下讨论）当中，都证明来自不同国家的年轻学者中，不乏近似观点和路线的坚定支持者。冒着风险建立同盟的学者们惊奇地发现，他们是共同事业的战士。

　　布拉格语言学小组，是由研究理论问题的年轻人组成的非正式的组织，并成为新潮流的核心。他们为第一届斯拉夫学者国际会议（1929 在布拉格举行）提交了一份详细的提纲，就语言学理论与实践提出了重要的建议，并且以《布拉格语言学小组论文集》的最初两卷支持这个纲要。《布拉格语言学小组论文集》是一个系列，一直出版到 1939 年，在国际学术研究方面发挥了重要作用。1930 年，布拉格语言学小组在布拉格召开了语言学国际会议，会上生动而深入地讨论了语言研究的新方法，尤其是语音系统的基本原则。

在那些年之后，"布拉格学派"的称呼在语言学界已经流行开了。毫无疑问，布拉格语言学小组在国际社会为使语言学方法完全科学化方面发挥了重要的作用。事实上，捷克的文化传统以及捷克在二三十年代的发展都有利于这样一种首创精神。然而，当我们考虑两次世界大战之间的那一段时期的时候，我们发现，常常被视为是布拉格学派对现代语言学发展所作出的独特贡献，在很大程度上看上去都是当时欧洲不同国家的学术生活当中汇合潮流所共同具有的基础。在二三十年代，布拉格氛围的特点是对东西方各种文化冲击的兼容并蓄。1926 年，眼光远大的捷克学者马泰休斯（Vilem Mathesius）创建了布拉格语言学小组，该小组以早于它的俄国年轻探索者的先锋派组织莫斯科语言学小组和当时刚刚成立的美国语言学学会为榜样。不同国家学者之间的合作是布拉格语言学小组活动的关键。如小组得以巩固的 1928 年，在小组内部宣读的 13 篇论文当中，有 5 篇是捷克学者的，1 篇是法国学者的，7 篇是俄国学者的。其中 3 篇是来自苏联的访问学者，他们是托马舍夫斯基（Boris Viktorovich Tomashevskii）、泰涅诺夫（Jurii Nikolaevich）、维诺库尔（Grigorily O. Vinokur）。把布拉格语言学小组中的捷克、德国、俄国合作者的语言学信条与同一时期其他国家的语言学学者的观点进行比较，比如，把马泰休斯、施洛蒂（Friedlich Slotty）或者特鲁别茨柯伊（Nilolai Sergeevich Trubctzkoy）与荷兰的格鲁特（Albert Willem de Groot）、波斯，法国的邦弗尼斯特、泰尼埃尔（Lucien Tesniere），挪威的索墨菲尔特（Alf Alexsson Sommerfelt），丹麦的布伦达尔（Rasmus Viggo Brondal）、叶姆斯列夫（Louis Hjelmslev），波兰的库雷沃维奇（Jerzy Kurylowicz），罗马尼亚的罗塞梯（Alexandru Rosetti），匈牙利的龚伯克茨（Zoltan Gombocz）、拉茨克丘斯（Gyula Laziczius），俄国的波利瓦诺夫（Evgenii Dmitrievich Polivanow）、布布里赫（Dmitrii Vladimirovich Bubrix），或者另一个半球的萨丕尔、沃尔夫（Benjiamin

L. Whorf)的观点进行比较,可以容易地找出这些杰出的创新者贡献的个体特征,但是很难找到把布拉格语言学小组作为一个整体与上述其他学者区分开来的统一模式。与此同时,有一种典型的趋势把所有这些探索者的工作连为一体,把他们与旧有的传统和不同的教条严格区分开来。这些传统和教条在 30 年代同样也有直率的表达。

本文的题目把这一共同的趋势定性为:为建立语言的手段—目的的模式所作出的努力。这些努力的出发点是一种普遍承认的语言观,即语言是交际的一种工具。诸如语言是一种工具、仪器、载体之类的说法,在任何教科书当中都可以找到。奇怪的是,上个世纪的语言学传统却未能从这一真理推导出显然是其义自明的结论。因此,从语言所要实现的功能这一观点去分析语言所具有的工具性,这一基本要求变成了一种勇敢的创新。对语言手段—目的关系的长期忽略,至今还保留在一些学术偏见之中,其历史原因在于一向害怕研究与目的导向相联系的问题。所以,对语言发生的研究远远多于对语言取向的研究,对语言先决条件的研究取代了对语言目的研究。

语言的手段—目的的模式系统理论的最初一批成果包括结合声学效果研究语音的发生,分析语言的时候始终兼顾语音在语言中所实现的各种功能。当然,否认早期的语言学者对这些问题有过初步的思考,那是错误的。如同所表明的那样,以目的为导向的分析态度可以追溯到博杜恩·德·库尔德内、克鲁舍夫斯基、温特勒和斯威特等。但是,他们当中没有一位切实提出过进行这种分析的原理和方法,因为他们还仍然受控于他们那个时代所接受的发生学教育。

正是由于考虑语言的语音成分所实现的功能,才使得研究者逐步用一种分析关系的方法取代了主要为定性的和定量的描述方法,把流动的语言连贯体分解为离散成分。与此相同的密切注意研究关系的态度也使用到词法和句法的研究之中,从本质上改变、简化了我们对于语法系统的设想,揭示出了它的内在逻辑。如我们所知,因为相对性与不变量原则密不可分,所以寻找音位学和语法学当中的不变量成为语言分析的根本方法。对语音成分所要实现的功能的日益关注,揭示出在语法成分、语法范畴的区别和用以表达它们的语音模式的层次之间存在密切的联系。

索绪尔从斯多葛学派和经院哲学的传统那里继承了语言符号二元性的

思想。如果从手段—目的统一的角度重新审视符号的能指和所指两个方面，任何对语言符号二元性的强调必然导致新的结果。索绪尔的两条"基本原理"——符号的任意性和直线性——都已经被证明是幻想。

在研究语言的两种基本活动（选择和组合）的时候，或者换一种说法，在研究语言的聚合方面和组合方面的时候，手段—目的的模式特别有助于说明语言的聚合方面。选择语言的单位或者选择这些单位的组合，这是一个有目的的活动，它与没有选择、纯粹是任意的组合形成对照。在音位学和语法学层次上，已经有学者成功地研究过认真区分自由变体和组合变体的问题。最复杂的网络系统之一是聚合系统突出的层级结构，已经有学者，特别是库雷沃维奇对其进行了深入研究。对意义始终如一的关注（这是整个这场运动趋势的真正产物）、对语法意义的系统分析（严格区分一般意义和语境意义），这些都要求对词汇意义进行类似的研究。在第一届斯拉夫学者国际会议上，特鲁别茨柯伊全面主张必须把词汇作为"一个相互协调并且相互对立的词的复杂系统"。在《布拉格语言学小组论文集》第 1 卷刊登的《提交第一届斯拉夫语文学会议的论纲》中，布拉格语言小组坚持语言的目的性，勾勒出对具有广泛功能的语言进行研究的蓝图，并且注意到这些功能的不同格局。在这个有诸多研究任务的语言学的文件中，诗学功能研究成果最丰富。对语言多样化的把握使布拉格语言学小组避免了一种过于简单、生硬、单一的语言观；语言被认为是一个系统，尤其是马泰休斯关于统一语言内部不同音位格局共存现象的论文开辟了新的视野。

对不同"功能方言"的关注，换句话说，对语言的不同文体的关注，彻底改变了人们对语言变化的看法。一个变化正在进行的两个阶段被重新解释为语言中同时存在的两种变体；变化要求考虑语言的整个体系，进行手段—目的的检验。历史语言学因此经历了一场彻底的变革。如果说在此之前的印欧研究，像邦弗尼斯特 1935 年所说的那样，"对形式所进行的大量的努力，并没有导致任何对其进行认真解释的尝试"，那么在此之后，他指出，有必要不再把重构的语言视为一成不变的符号的库存，而是"视为处于流动状态的语言"，而且要正视所涉及的成分的功能。

当对语言后天获得的同一性（语言联盟，Sprachbunde），特鲁别茨柯伊创造的术语，强烈关注取代了对语言先天的共同性（语言家族，Language Families)的传统研究的时候,比较在语言学当中的作用得到极大的拓展并且变得多样化了。因此,时间和空间在语言的手段—目的模式当中找到了内在的位置。最后,比较的第三种形式,同时也是意义最深远的形式,类型学比较把语言的普遍现象引入语言的模式当中。20 年代,类型学比较被描绘成国际语言学趋势的最终目标。1929 年,布拉格语言学小组把国际语言学的这一趋势命名为"功能和结构的分析"。

如果说我们的概述回避了"功能和结构的分析"这种说法,那只是因为在过去几十年中,"结构"和"功能"已经成为语言学当中最含糊、最死板的词汇。尤其是常常有人不加区分的使用"function"这一同形同音异义词,从手段—目的的角度看,它的意思是"作用,人物";而从数学角度看,它的意思是"函数",指的是两个变量之间的对应。正如拉兰德(Andre Lalande)在《哲学词典》(*Philosophical Dictionary*,1926)当中所告诫的那样:"这里有一个混淆的源头,它使得我们时代的某些篇章几乎不能理解。"他的告诫很有道理。就像其他许多学科一样,语言学在两次世界大战之间所经历的狂飙突进,已经让位给目前大规模的广泛而精密的语言科学的基础工作。这是一项联合的、负责任的工作。在这项工作中,国家乃至大洲之间的专题讨论会使以往的差异逐步失去了相关性。同样,不同学派之间许多刚发生过的宗教讨论,突然给人一种属于遥远的过去的感觉。在当代语言学里(无论是理论语言学,还是应用语言学)发挥过重大作用的那些语言模式当中,手段—目的的模式提出的问题达到了新的层次,而且和语言学有关联。

言语活动和语言的功能

幸运的是,学术会议和政治会议没有相通之处。政治会议的成功依赖于大多数、几近全部与会者的一致意见,其赞成与否决权的使用和学术会议完全不同。因为一般来说,学术会议上的异议将更有效果,这些异议揭露了某一研究领域的矛盾和焦点问题,并需要人们进行新的探索性工作。因此,学术会议不应被类比为政治会议而应更像南极洲的探险活动。各学科的国际专家们在某一未知领域努力探寻探索者所能遇到的最大的障碍:不可逾越的高山和险境。这样的努力看起来应该是我们会议的主要任务,而且就这一点来说,是非常成功的。难道我们没有意识到最关键、最有争议的问题吗？难道我们不知道如何为避免操不同行话的人们交流时生误而进行语符转换、术语解释或规避吗？我相信,与会的大部分同仁(如果不是所有人的话)对于这些问题的答案都比三天前更明确。

有人就诗学和语言学的关联问题让我做总结性发言。诗学回答的是最基本的问题,即:是什么把语言信息变成了艺术作品？因为诗学的主题与其他相关的艺术和语言活动相比存在区别和特殊之处。这使得诗学居于文学领域的首要位置。

诗学研究语言的结构就如绘画讲究构图。既然语言学是语言结构的全球性科学,诗学也应该被看做语言学的内在组成部分。

对于这一问题的争论必须全面地阐释一下。值得一提的是诗学研究所用的方式并非只限于语言的艺术。我们可以想象一下把《呼啸山庄》改拍成电影,把中世纪传奇改画成湿壁画或微型图,或者把午后生活改编成音乐剧、芭蕾舞或雕刻艺术。然而,无论连环画中的《伊利亚特》和《奥德赛》看起来多么荒唐可笑,没有语言支持的场景依然被保存了下来。叶芝(W. B. Yeats)曾极力主张威廉·布莱克(William Blake)是诠释《地狱》和《炼狱》的最佳人选,无论他正确与否,这都将直接证明任何艺术之间都是可以相比较的。巴洛克风格也好,其他的历史风格也好,都不会拘泥于一种艺术范围的限制。当我们面对超现实主义的隐喻时我们不可避免地要谈论马克斯·恩斯特(Max Ernst)的绘画,路易斯·布努埃尔(Luis Bunuel)的电影《安达鲁之犬》和《辉煌年代》。总之,很多诗学的特征并非只是语言的科学,而是属于整个符号体系的,即符号学。这一论断不仅适用于话语语言还适用于所有的语言变体,因为语言符号和以至其他所有形式的符号之间有共同的特征(即泛符号的特点)。

同样,无论怎样反驳也不会使文学变得特殊:文字和世界的关系问题不仅是言语问题,实际上还是各种不同的话语语篇问题。语言学更倾向于寻求所有可能涉及话语和话语世界相关的解决方式:如果这个世界充满特定的话语会怎么样呢？怎样才能达到这一点呢？真理价值(如逻辑学家所言)作为超语言的实体,明显超出了诗学和语言学的界限。

有时候会有这样一些言论,诸如相对语言学来说,诗学关注的是评价问题。这样把二者分开其实是建立在当今对诗的结构和其他语言结构对立的错误理解的基础之上的:后者"随意"和"无目的"的本质和诗学的"有意"和"有目的"的特征是完全对立的。然而实际上,任何言语都是有目的的,只不过他们各自的目的不同而已,而且正是因为手段要服从于目的问题促使研究者去关注各种形式的语言交际。这样在语言现象的时空扩展和文学模型的时空延续的问题上就有密切的一致性,远远超出了批评家们的认识。即使有非连续性的扩展如被忽视的和被遗忘的诗人,像死后被承认并冠以荣耀的艾米莉·狄金森(Emily Dickinson,1830—1886)和霍普金斯(Gerard Manley Hopkins,1844—1889),迟迟才被关注的超现实主义诗人洛特雷阿蒙(Lautréamont,1846—1870),在波兰现代诗歌中名噪一时而又从此销声匿迹的赛比安·诺维德(Cyprian Norwid,1821—1883),他们创立于19世纪早期却倾向于16世纪的模型,几乎同时在使用标准的语言来唤醒过时的模型,虽然有的已经像捷克文学一样被遗忘殆尽。

不幸的是,"文学研究"和"文学批评"这两个术语的混淆诱导文学学者们将文学作品内在价值的描述误解为主观的吹毛求疵的论断。给文学作家冠以"文学评论家"的美名跟把语言学家称之为"语法(词汇)评论家"一样,都是错误的。规范语法不可能替代对句法和形态的研究,同样任何带有批评家自己口味和观点的宣言都不可能代替客观专业的语言艺术分析。这一言论并非是最微弱的自由放任原则;任何言语文化都包括有程序的有计划的和规范性的努力。然而,能把纯理论语言学和应用语言学、语音学和正音学截然区分开,为什么却不能区分文学研究和文学批评呢?

以诗学研究为核心的文学研究跟语言学研究一样包括两个方面的问题:共时性和历时性。共时性描述面对的不仅是某个时期文学的产生问题,还要研究这个时期仍然保留活力或复苏的文学传统问题。由此可见,在莎士比亚、邓恩、马维尔、济慈和艾米莉·狄金森所生活的英语诗学世界里,詹姆斯·汤姆森和朗费罗根本不具有任何可行的艺术价值。以新的方式对古典作品进行了筛选和重新解读是共时性文学研究的一个潜在问题。共时性诗学如同共时语言学一样不会同静力学混为一谈,每个时期都会把更保守和更革新的形式区别开来。任何当代时期都会有短暂的动态,也就是说在诗学和语言学的研究中,历史的方法关注的不仅是变化,还可能是连续的、持久的和静态的因素。一个全面的历史诗学或语言的历史是建立在一系列接连不断的共时性描述基础之上的上层建筑。

要固执地将诗学排除在语言学研究之外,其条件只能是语言学领域被非法地限制,比如,就一些语言学家看来,句子是可以分析的最大的单位,语言学的研究范围仅限于语法研究,或言外意义形式不涉及语义问题,或创造性的定义没有任何对自由变体的指称。弗格林(1960)曾明确指出结构主义语言学两个重要而且相关联的问题,即修改"语言的铁板假说"和关注"语言内部相互依存的多元结构"。毫无疑问,对于任何言语共同体和任何说话者来说,都存在一个统一的语言,但这是一个由内在联系的次编码组成的编码体系;每种语言都包括几种并存的模式,每种模式都有各自的功能。

显然,我们必须赞同萨丕尔(1921)所说的总体上"思维高于语言",但这并非是授权语言学忽视任何"次要因素"。约斯倾向于把发言中的表情元素作为"现实世界的非语言元素"来看待,而不是以"有限的数量的绝对范畴"来划分。因此他总结说,"对我们而言,他们保持了模糊、变化、波动的迹象。这是我们在科学里所拒绝接受的"。约斯在归纳实验上是个地道的专家,他强调将"表情元素"从语言科学中"开除学籍"。这在归纳上是个激进的做法,即归谬法。

语言研究应从它的所有功能着手。在谈论诗学功能之前,我们应该界定它在语言其他功能中的位置。要概述这些功能需要在任何言语活动、在任何行为的言语交际中有一个简明的研究构成因素。说话者向受话者发出一段话,为了便于表达,这一段话需要有一个被受话者了解的语境(或用比较含混的说法:"指称"),或是口头的,或能通过口头表达;说话者和受话者完全或部分熟悉的语码(或换言之编码者和解码者之间);最后,还需要接触,这是说话者和受话者能进入并保持交流状态的物理和心理通道。这些因素在言语交际中是不可分割的组成部分,如下图:

语境

一段话

说话者 ————————————————————————— 受话者

接触

语码

言语活动的六大因素

上述六大因素决定了语言的功能。虽然我们能把语言分成六个方面,然而我们很难找到只起到一个功能作用的语篇。语篇的多样性不在于某一功能起垄断作用,而在于这些功能不同的等级次序。语篇的结构首先依赖的是起主导作用的功能。然而,即使语篇结构倾向于所指的集合,倾向于语境的定位——简言之:所谓的指称、"指示"、"认知"功能——而其他附属功能的参与也必须在细心的语言学家考虑之列。

所谓表情或"表达"功能,是以说话者为中心,目的是直接表达说话者对所谈及对象的态度。它往往会产生一种感情,不论这种感情是真还是假;因此,这个由马蒂(1908)发起和倡导的术语(表情的)已被证明比"感情的"更为可取。语言的纯粹表情层次体现在感叹词里。感叹词和指称语言的表达在语音和句法方面都不相同。感叹词声音模式包括奇特的声音序列(甚至听起来非同寻常)和句法作用(他们不是句子成分,但相当于句子)。"Tut!Tut!克林顿说",科南多伊尔笔下人物完整的话里仅包含了两个表示吸住东西的咔嗒声。表情功能显露在感叹词中,这在一定程度上比包括语音、语法、词汇各个层次在内的所有话语更有味道。如果我们从一段话交流的立场来分析语言,我们就不能不把一段话限制在语言的认知方面。一个人用表情暗示自己的愤怒或讽刺来表达表面的一段话,显然这种言语活动不能比作非符号的、汲取营养的活动如吃葡萄柚(尽管这是闲聊者的大胆比喻)。[big]和[biːg]的区别是长短元音。这种常规的、编码的语言特征区别就像捷克语[vi]和[viː]一样,但是后者是音位上的区别,而前者是表情上的。只要我们的兴趣还在不变的音位上,英语里/i/ 和/iː/就是同一个音位的变体;但是若我们关注的是表情因素,那变体和非变体的关系就会扭转:长短音是不同音位的不变体。萨波塔推测表情因素的差别是一个非语言的特点,"归于一段话的传送过程而并非一段话本身"(1960),非常任意地降低了语言的一段话功能。一位曾在斯坦尼斯拉夫斯基的莫斯科剧院工作的男主角告诉过我,一个著名的导演如何让他就"这天晚上"这个词组表达出四十个不同的一段话来。他列了四十个表情的情况,然后把词组按每个情况发出不同的语音语调,而结果是听众从语音语调的变化中大多正确地领悟了作者的意思。这里请允许我补充一点,所有这些表情的线索都很容易进行语言学的分析。

就受话者来说(即呼吁功能),它的最纯粹的语法表现形式是呼吁和祈使,这在句法和形态上都与名词和动词范畴区别开来。祈使句和陈述句截然不同:后者能接受真实检验而前者则不能。如在尤金·奥尼尔的戏剧《泉》中,纳诺"以一种严厉的口气"命令道:"喝!"——这个祈使句就不能问"是真的吗"? 因为,这应该是就"喝了"、"会喝"、"想喝"而发出的疑问;对比祈使句,陈述句则可以转化成"喝了吗?""会喝吗?""想喝吗?"

传统的语言模式,尤其是布勒(Bühler,1933)的模式,共有三种功能:表情、呼吁和指称。这三个功能只涉及三个方面:第一人称的说话者,第二人称的受话者,第三人称即所谈的人和事。其他的附加功能都可以从这个基本模式里推断出来。这样的话,魔术或妖术功能就是将不存在或无生命的"第三人称"转化成呼吁话语里的受话者。"愿这个猪圈马上干,tfu, tfu, tfu, tfu。"(立陶宛语,见 Mansikka,1929)"水,王后之水,天亮吧! 让悲痛越过蔚蓝的大海,沉入海底,像灰色石头不要再从海底浮起;愿悲伤永远不再来负担上帝的仆人那颗轻松的心;愿我的悲伤从此消失,永沉大海!"(北俄罗斯咒语,见 Rybnikov,1910)"太阳,静静地站在吉比恩;月亮默默地停在阿迦隆。太阳静静,月亮静静。"(Josh,10∶12)这样,我们又看到了语言交流的三个因素以及相对应的三个功能。

有些话语是为了建立、延续或终止交流:来检查一下交流是否畅通(你好,能听到吗?);来吸引对方的注意力或确认别人在听(你在听吗? 或用莎士比亚的话来说"注意听!",或在电话的另一端说"喂,喂!")。这种接触(contact)性的话语(或用马林诺夫斯基的术语——寒暄功能)可以通过一些程序化的公式相互交换来进行,或者通过延长交流的对话来表达。帕克举了一个很有说服力的例子:"好!"年轻男子说。"好!"她说。"我们到一起了,"他说。

"我们到一起了，"她说，"不是吗？""我们早该在一起，"他说，"现在我们在一起了。""好！"她说。"好！"他说，"好"。努力开始并保持交流是小鸟式谈话的特点。因此，语言的寒暄功能是鸟类和人类语言相似的唯一的地方，这也是婴儿最先习得的语言功能。在传达和接收信息交流方式之前，他们已经倾向于这种交流方式了。

现代逻辑学区别语言的两个层次：谈论客观事物的客体语言和谈论语言本身的元语言。但元语言并不仅仅是语言学家和逻辑学家必要的科研工具，它在我们日常话语交流中也起着重要的作用。莫里哀笔下的巴黎富商茹尔丹使用了散文却不知道散文是什么，跟他一样我们使用元语言也不知道元语言的特征。每当说话人或受话人需要检查一下他们是否在用同一个语码交流时，话语就集中在了语码上面：它起着元语言的作用。"我没弄明白，你说的什么？"受话者说。意料到受话者会问这个问题，说话者说："你知道我的意思吗？"想象一下这样一个令人动怒的对话："那个二年级的学生考砸了。""考砸了是什么意思？""考砸了就是完蛋了。""完蛋了？""完蛋了就是考试没及格。""二年级学生？"不了解学校用语的人会接着问。"二年级就是上二年级的学生。"这些问答表达的都是英语词码的信息，起着严格的元语言功能。任何语言学习的过程，尤其在孩子习得母语时，都会广泛应用这种元语言的功能，而失语则往往是失去了习得元语言的能力。

除了语篇，我们已经讨论了涉及语言交流的六大因素。语篇的中心是为了语篇本身，即语言的诗学功能。这个功能的研究离不开语言的基本问题，也就是说研究语言需要全面了解它的诗学功能。任何试图将诗学功能限制在诗歌领域或将诗歌局限在诗学功能的努力都是徒劳的过度简单化。诗学功能不是言语艺术的唯一功能，只是支配性的、决定性的功能；而在其他言语活动里，它只是一个次要的附属成分。通过增加符号的可察觉程度，诗学功能加深了符号和客体的二项对立。因此，语言学家不能把诗学功能仅仅限制在诗歌的研究领域。

"为什么你总说 Joan 和 Margery，却不说 Margery 和 Joan，难道这对双胞胎姐妹你更喜欢 Joan？""根本不是那么回事，这样叫只是因为听起来更顺口。"只要没有等级干扰，两个并列的名字中间，短的名字在前会让说话者感到是更合适的表达方式，尽管他也不知道为什么。

一个女孩经常说"that horrible Harry","为什么用 horrible?""因为我恨他。""为什么不用 dreadful，terrible，frightful，disgusting?""我也不知道为什么，就是觉得 horrible 更适合他。"其实她不知道，她用的是文字游戏的诗学手段。

"I like Ike /ay layk ayk/"这句政治口号结构简洁，包括三个单音节和三个双元音/ay/。每个元音对称跟着一个辅音/… l … k…k/。这种组合还表现出一种变化：第一个词里没有辅音音位，第二个词的双元音前后分别有两个辅音音位，第三个词最后有一个辅音音位。同样，海姆斯(1960)也曾注意过济慈的十四行诗里的/ay/。两种三音节的表达方式 I like / Ike 互相押韵，而且/ayk/包围在/layk/中形成回韵(echo rhyme)。这样就产生一种印象，即爱的主题被爱的主体所包围。因此，虽然在竞选口号中居次要位置，诗学功能却增强了感染力，渲染了效果。

如我们所说过的，研究诗学功能的语言学必须超越诗歌的局限，另外，审视诗歌的语言学也不能局限于诗学功能。各诗歌文体的特征意味着除了占主导地位的诗学功能以外还有并列的不同的其他语言功能。史诗，侧重于第三人称，强烈涉及语言的指称功能；抒情诗，倾向第一人称，与表情功能密切相连；第二人称的诗充满了呼吁功能，或是祈愿的或是告诫的，视第一人称和第二人称的级别关系而定。

粗略描述了语言交流的六个基本功能，现在我们可以完成所涉及基本因素的功能图式了(如下图)。

指称

表情　　　　　　　诗学　　　　　　呼吁

寒暄

元语言

语言的六大功能

什么是语言诗学功能的实证标准？特别是，什么是任何诗歌都不可或缺的内在特点？要回答这些问题，我们必须记得有两个基本模式通过选择和组合使用在言语行为之中。如果"儿童"是语篇的主题，发言者就会选择与之相近的名词,像孩子、小孩儿、青少年、幼儿等,然后根据主题选择语义同源的动词进行搭配,如睡觉、瞌睡、点头、小睡等。这两个被选词语组合成语言链。选择产生于对等的基础上,无论是相似或相异还是同义或反义;而组合则是基于连续性而建立的序列。诗学功能就是根据对等原则,从选择进入组合,对等就提升为构成序列的成分。诗歌中的一个音节,和同一序列的其他任何一个音节均衡;词的重音和重音均等,弱音和弱音均衡;长音配长音,短音配短音;单词的长短相应;句子停顿适当。因此,音节就转化成了测量单位,对短音节和重音来说也是如此。

可能有人会反对说元语言在把近义的表达方式组合成相同的句子时利用的也是对等的序列,如:A=A(母马是女性的马)。然而,诗与元语言是针锋相对的:元语言中序列用来建立对等,而在诗歌中对等用来组成序列。

在诗歌和在一定程度上含有诗学功能的言语中,受词语限制的不论结构是否相同它们都变得相称。"Joan and Margery"的故事告诉我们诗歌的音节等级原则和在塞尔维亚民歌史诗中的原则一样都已成了强制性的规则。(Maretic,1907)如果没有两个扬抑格的词组成,"innocent bystander"就不会成为俗语。对称的三个双音动词(Veni,vidi,vici),拥有相同的辅音开头和相同的元音结尾,简洁明快,为恺撒的胜利增添了异彩。

除了诗学功能再也没有合适的方式衡量语言的序列。只有在诗歌当中有规律地重复对等的成分才会找到语言活动经历的时间——例如另外一个符号模型——音乐时间。诗学语言杰出的探索者杰拉德·曼利·霍普金斯这样定义韵文:"讲话者全部或部分重复相同的声音。"而霍普金斯接下来的问题"所有韵文诗都是这样的吗"就可以得到肯定回答:只要诗学功能不再被任意限制于诗歌领域。霍普金斯引述的记忆策略(如九月有三十天),现代的广告短诗,中世纪写成诗文的法律(Lotz 所提),或梵语里成文的科学专著都和真正的诗歌不同——这些韵律的诗文使用诗学功能却没有胁迫、决定的作用。因此,韵文实际上已超过诗歌的界限,但同时,它又总是体现着诗学的功能。显然,人类文化并未漠视韵文,而且有很多文化模式,都有"应用"韵文;即使在纯粹韵文和应用韵文的文化里,后者似乎也是次要的,无疑是衍生的现象。怀揣不同的目的采取适应诗意的手段并不隐藏它们的本质,正如使用在诗歌中的表情语言的成分一样,仍然保持其表情的色彩。冗长的演说家可能会因为海华沙(Hiawatha)很长而去背诵它,然而这篇诗文的首要意图仍然是它的诗意性。不言而喻的是,韵律的、节奏的和画面的商业广告不会把韵文、音乐和图画形式跟诗歌、音乐和艺术研究区别开来。

总之,分析诗文离不开诗学,而后者又可以定义为语言学的一部分,用来分析语言里和其他功能相对照的诗学功能。从词的角度来说,广义的诗学研究的不仅是诗歌(当诗学功能叠加在语言其他功能上),还包括诗歌的外延(别的功能叠加在诗学功能上)。

(选自 Roman Jakobson. *On Language*. Eds. by L. R. Waugh and
M. Monville-Buvoton. Cambridge:Hanvand University
Press,1990. *田芬、皮爱红译*)

扩展阅读文献

1. Bann, Stephen & John E. Bowlt (eds). *Russian Formalism：A Collection of Articles and Texts in Translation*. Edinburgh：Scottish Academic Press，1973.

2. Eagleton, Terry. *Literary Theory：An Introduction*. University of Minnesota Press，1996.

3. Erlich, Victor. Russian Formalism. In Alex Preminger and Terry V. F. Brogan. (eds.), *The New Princeton Encyclopedia of Poetry and Poetics*. New Jersey：Princeton University Press，1993. pp. 1101－1102.

4. Steiner, Peter. Russian Formalism. In Raman Selden (eds.), *The Cambridge History of Literary Criticism*, Vol. 8. Cambridge：Cambridge University Press，1995,pp. 11－29.

5. Vachek, J. *The Linguistics School of Prague：An Introduction to Its Theory and Practice*. Bloomington：Indiana University Press,1966.

"杂语喧哗"的世界

巴赫金

巴赫金(M. M. Bakhtin,1895—1975),苏联文学理论家、批评家和符号学家。1918年毕业于圣彼得堡大学文史系。前期著作有《艺术与责任》、《语言创作的方法问题》等,《陀思妥耶夫斯基诗学问题》是他的力作,去世后出版了论文集《美学和文学问题》和《语言创作美学》。其思想影响了新马克思主义、结构主义和符号学的发展。近年来,他的一系列关于语言、话语、文学等思想重新受到重视。

　　本文的主旨,在于克服文学语言研究中抽象的"形式主义"同抽象的"思想派"的脱节。形式和内容在语言中得到统一,而这个语言应理解为是一种社会现象;它所活动的一切方面,它的一切成素,从声音形象直至极为抽象的意义层次,都是社会性的。

　　这样的主旨,决定了我们把重点放在"体裁修辞学"上。风格和语言脱离了体裁,在相当大的程度上导致主要研究个人和流派的风格,而风格的社会基调却为人们所忽视。随着体裁命运的变化而来的文学语言重大历史变故,被艺术家个人和流派的细小修辞差异所遮掩。因此,修辞学对自己要研究的课题,失去了真正哲理的和社会的角度,淹没在修辞的细微末节之中,不能透过个人和流派的演变感觉到文学语言重大的不关系个人名字的变化。在大多的情况下,修辞学只是书房技巧的修辞学,忽略艺术家书房以外的语言的社会生活,如广场大街、城市乡村、各种社会集团、各代人和不同时代的语言的生活。修辞学接触的不是活的语言，而是语言的生理上的组织标本，是服务于艺术家个人技巧的语言学上抽象的语言。但即使是风格中这些个人和流派的色调，由于脱离了语言发展中基本的社会进程，也不可避免地只会得到浮浅而空洞的解释，不能摆在同作品意义方面构成的有机整体中加以研究。

一、现代修辞学和长篇小说

直到二十世纪以前，人们一直没有能从承认小说(艺术散文)语言的修辞特点出发来明确提出小说修辞的问题。

在很长的时间里，长篇小说只是抽象的思想分析的对象和报章评论的对象。具体的修辞问题或者完全回避不谈，或者附带地毫无根据地分析两句，如把艺术散文的语言解释为狭义的诗语，而后不加区分地用上几个传统修辞学(其基础是语义辞格的理论)的范畴，要么干脆说几句评价语言的空话——"富于表现力"、"形象生动"、"有力的语言"、"语言明快"，如此等等，却不给这些概念以任何确定的和深思熟虑的修辞含义。

上个世纪末，一反抽象的思想分析，对散文艺术技巧的具体问题，对长短篇小说的技术问题，兴趣开始浓厚起来。但在修辞问题上，情况依然故我：注意力几乎全部集中在布局(广义的解释)问题上。同过去一样，对长篇小说(还有短篇小说)中语言的修辞特点，既缺乏原则的研究角度，同时也缺乏具体的研究角度(二者不可分离)；依照传统修辞学的精神对语言作出一些偶然的观察评价，这种方法仍继续占着统治地位，而类似的观察评价是完全不能触及艺术散文的真正本质的。

……

长篇小说作为一个整体，是一个多语体、杂语类和多声部的现象。研究者在其中常常遇到几种性质不同的修辞统一体，后者有时分属于不同的语言层次，各自服从不同的修辞规律。

下面是几种基本的布局修辞类型，整个一部长篇小说通常就可分解为这些类型。

(1)作者直接的文学叙述(包括所有各种各样的类别)；

(2)对各种日常口语叙述的模拟(故事体);

(3)对各种半规范(笔语)性日常叙述(书信、日记等)的模拟;

(4)各种规范的但非艺术性的作者话语(道德的和哲理的话语、科学论述、演讲申说、民俗描写、简要通知等等);

(5)主人公带有修辞个性的话语。

这些性质迥异的修辞统一体进入长篇小说中,结合而成完美的艺术体系,服从于最高的修辞整体;而这个整体绝不等同于其中所属的任何一种修辞统一体。

长篇小说这一体裁的修辞特点,恰恰在于组合了这些从属的但相对独立的统一体(有时甚至是不同民族语言的统一体),使它们构成一个高度统一的整体:小说的风格,在于不同风格的结合;小说的语言,是不同的"语言"组合的体系。小说语言中每一个分解出来的因素,都是在极大程度上受这一因素直接从属的那个修辞统一体所左右,如主人公独具个性的语言,如叙述人的生活故事,如书信等等。这个关系最近的修辞统一体,决定着每一因素(词汇、语义、句法等因素)的语言和修辞面貌。与此同时,这一因素又同自己最亲近的修辞统一体一起,参加到整体的风格中,本身带有该整体的色调,又参与形成和提示整体统一的文意。

长篇小说是用艺术方法组织起来的社会性的杂语现象[1],偶尔还是多语种现象,又是个人独特的多声现象。统一的民族语内部,分解成各种社会方言、各类集团的表达习惯、职业行话、各种文体的语言、各代人各种年龄的语言、各种流派的语言、权威人物的语言、各种团体的语言和一时摩登的语言、一日甚至一时的社会政治语言(每日都会有自己的口号,自己的语汇,自己的侧重)。每种语言在其历史存在中此时此刻的这种内在分野,就是小说这一体裁必不可少的前提条件;因为小说正是通过社会性杂语现象以及以此为基础的个人独特的多声现象,来驾驭自己所有的题材、自己所描绘和表现的整个实物和文意世界。作者语言、叙述人语言、穿插的文体、人物语言——这都只不过是杂语借以进入小说的一些基本的布局结构统一体。其中每一

---

〔1〕 организованное разноречие 是本文用来界定长篇小说的基本范畴,通译为"组织起来的杂语"或"有序杂语"。——中译注

个统一体都允许有多种社会的声音,而不同社会声音之间会有多种联系和关系(总是在某种程度上构成对话的联系和关系)。不同话语和不同语言之间存在这类特殊的联系和关系,主题通过不同语言和话语得以展开,主题可分解为社会杂语的涓涓细流,主题的对话化——这些便是小说修辞的基本特点。

......

长篇小说是一种艺术体裁。长篇小说的语言是诗意的语言,不过现有的诗语观的确容纳不了它。这一诗语观,是以某些限制性前提为基础的。这个观点本身在其历史形成过程中(从亚里士多德到我们今天),就是以某些"正式"体裁为目标的,是同语言生活思想生活特定的历史倾向相联系的。因此,有一系列的现象被置于这一观点的视野之外。

语言哲学、语言学和修辞学,都公认说话者同"自己"统一而又唯一的语言,保持着单纯和直接的关系,公认说话者是以普通的独白话语来现实这一语言。它们实际上只承认语言生活中的两极,两极之间排列着它们所能理解的一切语言现象和修辞现象;这两极就是一个统一语言的体系,以及用这一语言说话的个人。

不同流派的语言哲学、语言学和修辞学,在不同的时代(并同这些时代不同的具体诗作风格和思想风格紧密相联),都给"语言体系"、"独白话语"、"说话者个人"等概念增添了种种不同的意味,然而它们的基本内容一直是稳定不变的。决定了这个基本内容的,是欧洲各种语言特定的社会历史命运,是思想领域里文字著述的命运;还有这类文字著述在特定社会领域,在自己历史发展的特定阶段上,所要解决的那些特殊的历史任务。

正是上述的命运和任务,决定了思想领域文字著述的特定体裁类型,也决定了特定的语言思想领域的流派;最后还决定了特定的语言哲学观,具体说是构成所有修辞学流派基础的诗语哲学观。

思想著述的历史命运和任务,制约着基本的修辞范畴,这一点正是这些范畴的力量所在;但同时,这又是它们的局限所在。它们是受到特定社会集团语言和思想的作用,在这种历史的现实的作用之下而诞生和形成的;这些范畴是各社会集团语言创造力在理论上的表现。

这种力量,是使语言和思想的世界[1]统一起来、集中起来的力量。

"统一的语言"这一范畴,是语言的组合和集中的历史过程在理论上的表现;是语言的向心力的表现。统一的语言不是现成得到的,实际上倒向来是预设而应得的;而且在语言生活的每一环节上,它都同实际中的杂语现象相矛盾。但与此同时,统一的语言又是克服杂语现象的力量,是限定其范围的力量,是保证起码的相互理解的力量;它结晶为一个实际存在的统一体(尽管是相对的统一),这便是居主导地位的口头语言(生活语言)和标准语即"纯正的语言"两者的统一。

通用的统一的语言,是由各种语言规范构成的体系。但这些规范并不是抽象的规则,而是语言生活的创造力量,它克服杂语现象,把语言和观念的思维组合起来集中起来,在混杂的民族语当中创造一个坚固稳定的语言核心——即得到正式承认的规范语,或者维护已经形成的这样一个规范语,使其免受不断发展的杂语现象的冲击。

我们这里指的,不是保证交际中达到起码理解的那个抽象的语言学上的起码的通用语,亦即不是最起码的形式(语言学符号)体系。我们所说的语言,不是抽象的语法范畴构成的体系,而是有思想内容的语言,是作为世界观的语言,甚至是作为具体意见的语言;它在一切思想领域里能保证达到起码的相互了解。所以说,统一的语言,体现了语言和思想的具体组合与集中的力量,而这一过程又是同社会政治文化的集中过程,不可分割地联系着的。

亚里士多德的诗学,奥古斯丁的诗学,中世纪教堂"统一的真理语言"的诗学,笛卡儿新古典主义诗学,莱布尼茨抽象的语法通用论("通用语法"的思想),洪堡的具体观念论等等,尽管相互间有微妙的不同,却都表现出了社会语言和思想生活中的同一种向心的力量,服务于同一个任务——欧洲诸语言的集中和结合。一种主导语言(方言)战胜其他语言,排挤和役使其他语言,用真理的语言启蒙别人,使异乡人和社会底层接触文化和真理的统一语言,将各种思想体系程式化,语文学研究和教授死语(因而实际上也必是统一的语言),印欧语言学从众多语言上溯到统一的母语——所有上述的一切,在语

---

〔1〕 словесно—идеологнческий мир 是作者对文化、人文学科的概括说法。идеология(思想、意识形态)在此文中应作"文化"解。——中译注

言学和修辞学的学术思想中决定了统一语这一范畴的内容和力量；又在受语言和思想领域里同一种向心力影响而形成的多数文学体裁中，决定了这一范畴的创造作用，它的构成风格的作用。

然而，体现为"统一语言"的语言生活里的向心力，是在实际上的杂语环境中起作用的。语言在其形成过程的每一时刻里，都不仅仅分解为严格意义上的语言学里的方言（根据语言学的形式标志，主要是语音标志）；对我们更重要的，是还分解为不同社会意识的语言，即社会集团的语言、"职业语言"、"体裁语言"、几代人的语言，如此等等。从这个角度看，规范语本身也只是杂语中的一种，而且它自身又可分解为不同的语言（不同体裁、不同思潮的语言等）。这种实际上的分解和杂语现象，不仅仅是语言生活的静态状况，又是它的动态状况，因为语言只要生存着发展着，分解和杂语现象就会扩大、加深。与向心力同时，还有一股离心力在不断起作用；与语言思想的结合和集中的同时，还有一个四散和分离的过程在进行。

说话主体的每一具体表述[1]，都是向心力和离心力的施力点，集中和分散的进程，结合和分离的进程，相交在这话语中。话语足以配称语言，因为它是语言在个性言语中的体现，也足以配称杂语，因为它积极参与语言的混杂。每一话语积极参与现实的杂语现象，这一点便决定了话语的语言面目和风格，而且决定的程度不亚于它归属统一语言集中的规范体系这一事实。

每一表述都参与"统一的语言"（即向心力量和倾向），同时又参与社会的和历史的杂语现象（即四散的分解的力量）。

这是岁月的语言，时代的语言，社会集团的语言，体裁的语言，流派的语言，以及其他。对任何一个话语，都可以作出具体而详尽的分析，揭示出它是语言生活中两种对立倾向的尖锐的矛盾统一体。

表述的生存和形成的真正环境，是对话化了的杂语环境；这杂语作为语言，是没有姓名的社会性现象，而作为个人的表述，则是具体的、有充实内容的、有所强调的东西。

一些基本的文学体裁，是在语言和思想生活中的凝聚、集中、向心轨道上

〔1〕 原文为 высказывание，如文中所述指"具体的言语"。在无须区分时，下文亦译作"话语"或"言语"，同样指与语言体系相对的具体的语言成品。——中译注

发展的;而长篇小说和相近的艺术散文体裁,历史上却是在分散、离心的轨道上形成的。在官方的上层社会和思想界里,当诗作正实现语言和思想世界在文化、民族、政治上的集中化任务时,在底层,在游艺场和集市的戏台上,人们却用杂语说着笑话,取笑一切"语言"和方言,发展着故事诗、笑谈、街头歌谣、谚语、趣闻等等。这里不存在任何的语言中心,这里诗人、学者、僧侣、骑士的"语言"得到生动的戏弄,这里所有的"语言"全是假面,没有无可怀疑的真人的语言面貌。

在这些俚俗体裁中组织起来的杂语,不仅仅单是不同于公认的规范语(连同它所有的体裁),亦即不单是不同于一个民族一个时代语言和思想生活里的语言核心。更有甚者,这个杂语是有意地同语言核心相对立才出现的。它是一种目的在于讥讽的模仿,是与当代各种官方语言针锋相对的东西。这是对话化了的杂语。

沿着语言生活里集中倾向的轨迹发展而诞生与形成的语言哲学、语言学和修辞学,忽视体现着语言生活离心力的这一对话化了的杂语。因此它们也就不可能理解语言的这样一种对话性:对话性是不同的社会语言观斗争的结果,而不是语言内部个人意向斗争的结果,或者逻辑矛盾的结果。其实,就连语言内部的对话(戏剧的、雄辩术的、认识性的、生活的),迄今为止也几乎还根本没有从语言学和修辞学角度加以研究。不妨直接地说,语言的对话因素及与之相关的一切现象,直到现在仍然处于语言学的视野之外。

......

二、小说中的杂语

在历史发展过程中,长篇小说体裁的各种变体,形成了引进和组织杂语的一些结构形式。这类形式是十分多样的。每一种这样的组织结构形式,都有着特定的修辞潜力,都要求用一定方式对纳入杂语的各种"语言"进行艺术加工。我们只分析一下对多数小说类型来说是基本的和典型的那些结构形式。

外观最为醒目,同时历史上又十分重要的一种引进和组织杂语的形式,是所谓的幽默小说提供的。它的经典性的代表,在英国是菲尔丁、斯摩莱特、斯特恩、狄更斯、萨克雷等人,在德国是吉佩利和让·保罗。

在英国的幽默长篇小说中,我们看到当时的口头和书面标准语的几乎所有层次,都得到了幽默的讥讽的再现。我们上面列举的属于小说体裁中这一类型的古典作家代表,其作品几乎每一部全是标准语一切层次一切形式的百科全书。作品的叙述语言随着描绘对象的不同,用讽刺的口气一会儿使用议会雄辩的形式,一会儿采纳法庭演说的形式,一会儿又像是议会记录,一会儿是法庭记录,一会儿犹如报章上的采访消息,一会儿是伦敦金融中心的枯燥的公文,一会儿好似拨弄是非者的闲言碎语,一会儿好似书生生气十足的学究讲话,一会儿是崇高的史诗风格或圣经风格,一会儿是伪善的道德说教风格,最后还可能是书中所讲的这个或那个具体人物、带有社会确定性的人物的语言格调。

这种对语言多种体裁、职业以及其他层次的模仿用法(通常是带讥讽意味的模仿),其间不时地又穿插着直接的作者语言(通常是热情动人或闲适感伤的语言),后者直截了当地(不经过折射)体现作者的思想和评价意向。不过,作为幽默小说的语言基础的,是对"通用语言"的十分特别的用法。这个"通用语言"(通常是这一阶层人们通用于口头和书面的语言),作者用来恰恰是作为一般的见解,作为这个社会阶层视为正常的对人和对事的一种言语态度,作为一种流行的观点和评价。作者要使自己或多或少离开这个通用的语言,站到它的一边去,使这个语言客观化,让自己的意向透过体现于语言之中的一般见解(总是浮浅而又常常虚伪的见解)这个语境折射出来。

作者把语言看做是一般人见解的体现,他对语言的这种态度并非是固定不变的,倒无时不处于某种活动和摇摆之中,有时是有节奏的摇摆不定。作者或多或少挖苦地夸张这个"通用语言"的某些因素,有时决然地揭示出这语言不足以达意,有时相反,几乎同这一语言合成一体,仅留有极小的距离,更有的时候干脆把自己的"事理"加入其中,也就是把自己的声音彻底同这个语言融为一体。与此同时,这里要突出加以讥讽的、或要作为对象描写的那些"通用语言"的因素,总在不断地变换着。幽默的风格就要求作者灵活地同语言能合能离,不断变换两者间的距离,使语言的这些或那些成分经常地时隐时沉。否则的话,这种风格就会显得单调乏味,或者需要有一个叙述者出现,那就已经属于引进和组织杂语的另一种形式了。

在幽默的长篇小说中,我们上文讲到的为讽刺而模拟各种体裁语、职业语等的用法,还有集中讲出的直接的作者语言(热情感人的、道德说教的、感伤哀婉的、或是安逸闲适的),其用意恰好就是要同"通用语言"这个基调,同这种没有定属的流行一时的见解,能区别开来。由此可见,直接的作者语言在幽默小说里,体现为直接地无条件地效法诗体(闲适诗、哀伤诗等)或雄辩术(热情激昂的、道德劝喻的)的各种体裁。由通用语言转到讽刺模拟某种体裁或其他性质的语言,转到作者的直接语言,可能是或快或慢地逐步过渡,也可能相反是突然的转折。幽默小说中语言所构成的体系,便是如此。

下面分析几个取自狄更斯长篇小说《小杜丽》中的例子。我们采用 M. A. 恩格尔哈特的译文。这里我们感兴趣的幽默小说风格轨迹的基本轮廓,在译文中得到了相当忠实的表现。

1. "在加尔列和卡温基公园不断喧响着马车辘辘声和门锤咚咚声的中午,谈话持续了四五个小时。当谈话达到了上面指出的结果时,麦尔利先生回到了家里。他结束了日间的劳动,内容在于向世界所有角落,不遗余力地颂扬一个不列颠家族,这家族独具慧眼,懂得规模巨大的贸易实业,懂得智力与资本的博大结合。尽管谁也说不准,麦尔利先生的实业究竟是什么(人们只晓得他能弄钱),可在一切庄重场合,他的活动都正是用这些字眼来形容的;大象和针眼的故事,也恰好形成了一个新的充满敬意的版本,为所有的人们所接受,绝无异议。"(第 1 册第 33 章)。

加重号标出的,是对隆重讲话(议会中、宴会上)语言的讽刺性模仿。作为向这种格调的过渡,一开始使用的句型就多少带有庄严的叙事口气。接下去已是作者的语言(自然其风格也随之一变),揭示出对麦尔利工作崇高评价所含的挖苦意味。这一评价就已是"他人话语"了,本可以加在括号里("在一切庄重场合,他的活动都正是用这些字眼来形容的……")。

所以说这里的作者语言(叙述语言),以隐蔽的形式,引进他人的话语,也就是说没有他人语言(无论是直接引语还是间接引语)的任何形式标志。但这不是用原来"语言"讲出的他人话语,这是用不同于作者的他人"语言"讲出的他人话语。这个不同于作者的他人"语言",是属于虚伪的官场隆重演说体的老式语言。

　　2."过了一两天,全城都知道了:爱德蒙·斯巴尔科列阁下,闻名遐迩的麦尔利先生之养子,成了委婉内阁的一根顶梁柱。一切忠诚之士被告之:这一惊人的任命,是仁慈厚待的杰茨木斯垂青商界的仁慈厚待的标志;在商业大国里,商界的利益应该永远……如此这般,一切均应有相应的排场,有鼓乐相伴。在官方的这种青睐之下,惊人的银行和其他惊人的实业一下子飞黄腾达起来。于是看热闹的人群聚在加尔列和卡温基公园里,只求一睹黄金大亨的住所。"(第2册第12章)

这里标出的诉诸他人语言(隆重的官场语言)的他人话语,是以公开的形式(间接引语)引入的。但这一话语的周围,是以隐蔽形式出之的零零散散的他人话语(同样是用那种隆重的官场语言),正是后者为引入公开形式作了准备,又使它得到收束。作为准备的,是官场语特有的加于斯巴尔科列名字之上的"阁下";作为收束的,是"惊人"这个修饰语。自然,这个修饰语不属于作者,而是属于"一般人的见解",这种见解围绕着麦尔利的吹起来的事业,制造出一场风闻。

　　3."午餐可真叫人食欲大振。精美的菜肴烹制得好,拼配得也妙;还有精选的上好水果和人们罕见的美酒。金银器具、瓷器和水晶玻璃,简直都是艺术珍宝。有无数的方法调节人们的胃口,色香俱全。啊,这个麦尔利真是惊人呀! 这个人多么伟大,多么有才华,多么有天赋,一句话,这是个多么富有的人呀!"(第2册第12章)

开头是讽刺性地模仿崇高的叙事文体。接着是对麦尔利的狂热吹捧,是他的崇拜者们合唱出来的隐蔽的他人话语(标出加重号)。其中的高峰,在于揭露这一合唱的虚伪性,点出这种吹捧的实际基础:"惊人"、"伟大"、"天赋"、"有才华"——都可以一言以蔽之:"有钱"。作者的这一揭露之笔,就在那个简单句之内直接同被揭露的他人话语结合到一起。吹捧的狂热语气之上,又加了第二层愤怒揶揄的语气；而且后者在句尾揭露性的词语中成了主导的语气。

我们在这里看到了典型的双重语气和双重格调的混合语式。

我们所称的混合语式，是指这样的话语：按照语法（句法）标志和结构标志，它属于一个说话人，而实际上是混合着两种话语、两种讲话习惯、两种风格、两种"语言"、两种表意和评价的视角。在这两种话语、风格、语言、视角之间，再重复说一遍，没有任何形式上的（结构上和句法上的）界限。不同声音、不同语言的分野，就发生在一个句子整体之内，常常在一个简单句的范围内；甚至同一个词时常同时分属交错结合在一个混合语式中的两种语言、两种视角，自然便有了两层不同的意思、两种语气（例子见下文）。混合语式在长篇小说的风格中具有重大的意义。

> 4."可是基特·波里普把所有的衣扣全扣好了，因此也就成了一个
>   有分量的人。"（第 2 册第 12 章）

这例子是假客观地解释因果，属于隐蔽的他人话语的一种，这里则是隐蔽的一般流俗的见解。从一切形式标志看，这一解释出自作者，作者形式上同这一解释是一致的。但究其实质，这一解释植根于人物的主观视角，或者是在一般人见解的视野中。

伪客观的解释，以隐蔽的他人话语形式出现，作为混合语式的一种类型，一般说是小说风格所具有的典型现象[1]。从属连词和连接用语（因为、由于、鉴于、虽然等），一切逻辑性的插入语（这样，由此等），失去了作者的直接意向，带上了他人语言的味道，变成为折射性的词语，或者甚至成为纯粹客体性的词语。

在他人（具体的作品人物，或者更常见的是某个集体）话语的形式居主导地位的幽默体小说中，这一类的解释尤为典型[2]。

---

〔1〕 在叙事史诗中不可能出现。——作者注
〔2〕 参看果戈理作品中那些荒诞的伪客观的解释。——作者注

5."犹如熊熊大火以其呼啸之声弥漫了广大的空间,强大的波里普人在麦尔利祭坛上点起的神圣之火,把这个名字传播到越来越远的地方。这名字响在所有人的嘴上,膨胀在所有人的耳鼓里。

过去、现在、将来都不会再有另一个人像麦尔利先生了。

如前所述,谁也不知道他建立了什么功勋,但谁都知道他是凡人中最伟大的一个。"(第 2 册第 13 章)。

"荷马式"史诗般的开头(自然属于讽刺性模拟),外围罩上了大众对麦尔利的吹嘘(是用他人语言道出的隐蔽的他人话语)。接下去是作者的话,可是"谁都知道"这个短语却带有客观的性质。连作者本人似乎也不怀疑这一点。

6."麦尔利先生这位知名的人物,祖国的骄傲,在继续自己那光辉的路程。人们逐渐明白了:像这样对社会作出如此贡献的人,像这样从中捞到大笔钱财的人,不应该仅仅是个普通的公民。有人议论说要让他做二等男爵,又风传要给他贵族称号。"(第 2 册第 24 章)

这里又是佯装附和一般人吹捧麦尔利的虚伪见解。第一句里加给麦尔利的形容词,全是反映一般人见解的修饰语,亦即隐蔽的他人话语。第二句"人们逐渐明白了"等等,口气突出地客观,不像是发表主观意见,倒像是承认完全没有争议的客观事实。"对社会作出如此贡献"——这句纯粹属于一般人见解的范围,是重申官场的吹捧。但接下去一个副句:"从中(指社会)捞到大笔钱财。"——却是作者的话(类似纳入括号的引语)。接下去的话重又归于一般见解的范围。由此可见,作者揭露之词在这里是嵌进"一般见解"之中的。我们面对的,正是典型的混合语式,副句是直接的作者语言,主句是他人语言。主副句分别属于两个不同的表意和评价视角。

小说中整个描写麦尔利和与他相关的人物的部分,都使用的是表现一般人对他虚情假意狂热赞颂的语言(确切说是几种语言),并且为了讽刺而模拟各种各样的语言格调:上流社会阿谀奉承的日常语言、官场褒奖和宴会演说的庄重语言、崇高的史诗风格、圣经格调。笼罩着麦尔利的这种气氛,一般人对他和他的事业的这种看法见解,甚至也感染了小说中的正面人物,比如说头脑清醒的潘克斯,促使他把全部财产(自己的和小杜丽的财产)都投资到麦尔利的虚夸的事业中。

　　7."医生一下子就把这新闻在加尔列给说出来了。律师不可能马上回过来再去讨好央求那些最有教养、最出色的陪审人员。律师有时在陪审席上就能见到这样的陪审员,他敢向自己的同事们保证:对这种陪审人员采用庸俗的诡辩术是徒劳无益的,滥用职业艺术和耍花样是无济于事的(律师正是想用这句话开始自己的演说)。所以他就主动要和医生一起走,对医生说他将在街上等医生出来。"(第2册第15章)

　　这是表现鲜明的一个混合语式,作者语言(说明介绍性的)作框架:"律师不能立刻回过头来再去讨好央求⋯⋯陪审员⋯⋯所以主动要和医生一起走"等等。这框架中间镶进了律师已经准备好的讲话的开头部分,而且在这里是对作者语言中一个直接补语"陪审员"的一种扩展的修饰说明。"陪审员"一词,既属于作者说明介绍语言的一个成分(是"讨好央求"的必不可少的补语),同时又属于讽刺模拟的律师语言的语境。作者本人的一个词语"讨好央求",强调出模拟律师语言的讽刺用意,而律师语言的虚伪含义,恰恰可以归结为:这样好的一些陪审员,是没有办法靠讨好去央求的。

　　8."总之,麦尔利太太作为上流社会的妇女,作为有良好教养的女人,也是粗野之人的可怜牺牲品(因为麦尔利先生从打成了穷鬼那一刻起,就变得彻头彻尾的粗暴蛮横),得到了自己那个圈子里人的保护;而这个圈子如此做,也全是为了自己圈子的利益。"(第2册第33章)

　　这是同样的混合语式。上流社会的一般见解——"粗野之人的可怜牺牲品",同作者的话结合到一起;而作者的话是要揭露这一般见解的虚伪和自私。

　　狄更斯这部小说,通篇都是如此。整个小说的文字,实际上不妨打上许许多多括号,以分出直接的纯粹的作者语言,就像许多零散的小岛,四周则汹涌着杂语的浪涛。但打括号其实是做不到的,因为如上文所说,同一个词时常同时既属他人话语，又属作者话语。

他人话语是经过转述的、施以挪揄的、附上一定色彩的话语，是或密集或分散的话语，多数情况下是没有定属人称的话语（所谓"一般见解"、职业语和体裁语）；它无论在哪里同作者话语都没有截然的界限，因为两者的分界是有意地摇摆不定、模棱两可，常常出现在一个句法整体之中、在一个简单句之中，有时处于句子的主要成分之间。不同话语、语言和视野的界线扑朔迷离、变化多端，是幽默风格十分重要的一个特点。

幽默风格（英国型）的基础，可见是普通语言的分化，是有可能在一定程度上使自己的意向脱离开这个语言的各个层次，不同它们完全融为一体。正是普通规范语的杂语性而不是它的统一性，成为风格的基础。当然，这个杂语性在这里并不会超出语言学上的统一标准语（抽象的语言标志的统一）的范围，在这里不会真正导致语言混杂，而是要保证人们能在一个统一的语言范围内达到抽象的语言上的理解（即不需要懂得各种局部语或各族语言）。不过，语言上的理解，对具体而积极地（参与对话地）理解引入小说并经过艺术组织的生动杂语的事实来说，仅是一个抽象的因素。

……

由此可见，标准语的分化，它的杂语性，是幽默风格不可缺少的前提条件；这一风格的各种因素应该透射到语言的不同层次上。同时，作者的意向在通过这些层次折射出来的时候，可能不把自己完全融进任何一个层次中去。作者似乎没有自己的语言，但他有自己的风格，有自己独具的统一的规律来驾驭各类语言，并在各类语言中体现出自己真实的思想意向和情态意向。这样驾驭利用各类语言，又常常完全没有直接的彻头彻尾自己的语言，自然丝毫也不会降低总体的深刻的意向性，也就是说不会降低整个作品的思想内涵。

在幽默小说中，杂语的引入和修辞运用，有如下两个特点。

（1）引进的是各种各样的"语言"，各种各样语言的、观念的视角，如不同体裁的、职业的、社会阶层的（贵族的语言、农场主的语言、商人的语言、农民的语言）、流派的、普通生活的（流言蜚语、上流社会的闲谈、下房的私语）等等类型；当然，这些类型主要的还是局限在书面和口头的标准语范围内。而且，在多数情况下这些语言并非固定在特定的人物身上（如作品的主人公、叙述人），而是以"作者的话"这种无定形式纳入作品，与直接的作者语言交替出现（但其间没有清晰的形式界限）。

（2）引进的各种语言和各种社会的、观念的视角，虽说自然也用来折射实现作者的意向，却是被作为虚假的、伪善的、自私的、闭塞的、狭隘的、失实的东西加以暴露、加以改变的。所有这些语言，大多是已经定型的、得到正式承认的、占据统治地位的、具有权威性的、注定要衰亡和更替的反动的语言。所以，引进语言主要的方法，是不同形式和不同程度的讽刺性模拟。在这一类小说最为激进的拉伯雷式的[1]代表（如斯特恩、让·保罗）手里，这种讽刺性模拟已经接近于排除任何的直接表现的严肃（真正的严肃，在于破除任何虚假的严肃，后者不仅包括慷慨激昂的严肃，也包括多情善感的严肃）[2]，接近于对整个语言采取从根本上加以批判的态度。

小说引入和组织杂语，还有与这一幽默形式极其不同的一些形式；它们的决定因素，是安排一个个性化的具体的假托作者（书面语中），或是一个叙述人（口头语中）。

运用假定的作者，对幽默小说（斯特恩、吉佩利、让·保罗）来说也是典型的手法，还是早自《堂·吉诃德》那里继承下来的。不过此处这纯粹是一种布局结构方法，目的在于增加文学形式和体裁的相对性、客观性和模拟的讽刺性。

假定的作者和叙述人也会具有完全另一种意义，那是指引进它们时，把它们看做是独特的语言视角和观念视角的载体，是对世界对事件一种独特观点的载体，是独特的评价和意向的载体；这里所说的独特，既指不同于作者，不同于真正的直接的作者语言，又指不同于"通常"的文学叙述和标准语。

假定作者或叙述人的这一独特性，它们同真正作者和通常的文学视角的这一距离，程度可能有所不同，性质可能有所不同。但不管怎么说，这一他人的独特视角、他人对世界的独特观点，所以要引进作品来，就是因为这个视角、观点有积极作用，能够一方面使描写对象本身呈现出一种新的面貌（指出

---

〔1〕 拉伯雷本人无论从年代上或实质上，自然都不能算作是严格意义上的幽默小说的代表。——作者注

〔2〕 但终究多愁善感的严肃，没有被完全克服掉（特别是让·保罗的作品）。——作者注

它的一些新方面、新因素），另一方面又从新的侧面来展现"通常"的文学视角；叙述人的讲述特点，正是以这个"通常"的视角为背景才显露出来的。

例如普希金选择（实为创造）别尔金作叙述人，是把别尔金视为对传统的诗形象、诗情节的一种特殊的"缺乏诗意"的视角（特别典型而且是有意为之的，是《农家小姐》中"罗密欧与朱丽叶"的情节，或是《棺材匠》中浪漫主义的"死神之舞"）。别尔金正如同第三人称的叙述人（他的故事就是由这些叙述人那里听来的）一样，是一个"没有诗意"的人，缺乏诗的激情。圆满而"没有诗意"的情节结局和叙述方法本身，都不会给人以意料之中的传统的诗的效果。别尔金视角的非诗意的积极作用，恰恰在于不懂得诗的那种激昂热烈的态度。

《当代英雄》里的马克西姆·马克西梅奇、《鲁德·潘科》、《鼻子》和《外套》的叙述人、陀思妥耶夫斯基笔下的记事人、麦利尼克夫－佩切尔斯基、马明－西比利亚克作品中民间故事型的叙述人和身兼主人公的叙述人、列斯科夫作品中民间故事型和日常生活型的叙述人、民粹派文学中身兼主人公的叙述人，最后还有象征派和后象征派小说（列米佐夫、扎米亚京等）里的叙述人——尽管叙述形式（口语的和书面语的）本身极不相同，尽管叙述语言（有文学性的，有职业性的、社会阶层的、日常生活的、方言俗语的等等）极不相同，但他们都是被用作语言上的和观念上的不同视角；这些视角是很专门又很狭隘的，然而正是这专门性和狭隘性发挥着积极的作用。他们又是被用作各自不同的特殊视野，这些视野同作为理解他们的背景的另一些视野是互相对立的。

这些叙述人的语言，永远是他人话语（对真正的或可能的直接的作者语言来说），永远用的是他人语言（对叙述人语言相对立的那一标准语来说）。

在这种情况下，我们所面对的也是"非直接的话语"；这话语不是形诸语言，而是透过语言表现出来，是通过他人语言的语境表现出来。所以这也是作者意向的一种折射。

作者在这里实现自己和自己的观点，不仅是对叙述人的观点、对他的话语和语言的观点（这话语和语言在一定程度上是客体性的，是表现的对象），还有对叙述对象的观点；作者的这种观点同叙述人观点是互不相同的。在叙述人的叙事背后，我们还看得到第二种叙述——作者的叙述，他讲的对象与叙述人是一致的,不过在此之外也还讲到叙述人本身。我们感觉得出每一叙述成分都分别处于两个层次之中。一是叙述人的层次,是他的指物达意表情的层次;另一个是作者的层次,作者利用这种叙述、透过这种叙述,折射地讲自己的话。被收进作者这一视野的,除了全部叙述内容外,同时还有叙述人自己及他的话语。在叙述对象身上,在叙述当中,在叙述过程中展现出来的叙述人形象身上,我们可以捕捉到作者的语调和侧重。感觉不到这第二个表达意向情调的作者层次,就意味着没有理解作品。

如我们已经说过的,叙述人或假托作者的叙述语,是建立在通常的标准语的背景上、通常的文学视野的背景上。叙事的每一部分,都同这个通常的语言和视野相呼应,相对立,而且是以对话方式相互对立:观点对观点、评价对评价、语气对语气(而不是两个抽象的语言现象相对)。正是两种语言、两种视野的这一对应关系,这一对话联系,才使作者意向得以如此实现自己,而我们则能在作品的每一因素中都明显感觉得到这种意向。作者不在叙述人的语言之中,也不在与叙述语相对应的那个通常的标准语之中(尽管作者可能接近其中的某个语言);他是既利用这个语言,又利用那个语言,不把自己的意向完全地交给其中任何一个。作者在自己作品的每一因素中,都利用不同语言的这种相互呼应、相互对话;他自己在语言方面倒仍是中立的,是在两者相争之外的第三者(虽然可能是个有所偏袒的第三者)。

引入叙述人或假托作者的所有形式,都在不同程度上意味着作者有自由不拘泥于使用一种统一的和唯一的语言;这就是说标准语的体系也具有了相对性。上述形式还意味着作者有可能在语言方面没有独立的存在,有可能把自己的意向从一个语言体系转到另一个语言体系上,把“真理的语言”同“生活的语言”结合起来,用他人语言讲自己的意思,用自己的语言表达他人的意思。

由于在所有这些形式(叙述人、假设作者或某一主人公的叙事形式)中,都折射着作者的意向,这里便也同幽默小说中一样,叙述人语言的各个部分与作者之间保持着大小不等的距离:折射的体现有时多些,有时少些;有些地方不同的声音可能几乎完全融为一体。

小说引进和组织杂语的另一种形式,也是一切小说无例外全都采用的形式,这便是主人公的语言。

小说里在语言和文意上具有一定独立性、具有自己视角的那些主人公，他们的话语是用他人语言讲出的他人话语，但也同样可以折射反映作者的意向，因此在一定程度上能成为作者的第二语言。不仅如此，人物语言几乎还总是给作者语言以影响（有时是很强大的影响），把他人的词语（人物的隐蔽的他人话语）散布在作者语言中，通过这种办法使作者语言出现分化，出现杂语性。

所以，即或没有幽默、没有讽刺模拟、没有讥讽等的地方，即或没有叙述人、假托作者和叙事主人公的地方，语言的杂语性、分化性也仍然是小说风格的基础。就连初看上去作者语言是一贯统一的、直接表达意向的地方，在这语言统一的光滑表层后面，我们还是能够发现惯常所见的多面性、深刻的杂语性；而且后者是风格提出的任务，又是决定风格的因素。

举例说，屠格涅夫长篇小说的语言和风格，看上去是统一的干净的。可是就连在屠格涅夫作品中，这个统一的语言也远非诗语那样清一色。这个语言的基本部分，被卷进了不同人物之间的观点、评价、语气之争。这个语言充满不同人物相互争斗的意向，到处出现分化；这个语言中星罗棋布地渗透了他人意向的词语、字眼、提法、定义、形容语；作者并不完全同意这些他人意向，但却通过这些他人意向来折射出自己的意向。我们能够清清楚楚感觉到，作者同他语言的各个不同因素，保持着远近不等的距离；这些不同因素体现着不同的社会和世界、不同的视野。我们在作者语言的不同因素中，鲜明地感到作者及其最终的文义有着种种不同程度的体现。语言的杂语性、分化性在屠格涅夫作品中，是一个极其重要的修辞因素；它把全部作者的真理组织成一支合奏曲；作者的语言意识、小说家的意识，在这里具有了相对的性质。

在屠格涅夫作品中，社会杂语主要是用于人物的直接讲话、人物的对话中。不过正如我们说过的，杂语又分布在人物四周的作者语言中，形成了人物所特有的领区。构成这种领区的成分，是半人物语言、各种形式隐蔽表现的他人话语、散见各处的他人语言的个别词语字眼、渗入作者语言中的他人情态因素（省略号、诘问、感叹）。领区是这样或那样附着于作者声音之上的人物语言有效作用的区域。

不过再重申一遍，在屠格涅夫长篇小说中，主题的合奏集中于直接的对话中,人物不在自身周围开拓宽广而密集的领区;修辞上纷繁复杂的混合现象,在屠格涅夫笔下是颇为少见的。

下面我们看几个屠格涅夫作品中散见杂语的例子。

> 1.“他的姓名是尼古拉·彼得洛维奇·基尔萨诺夫。在离客栈十五俄里的地方,他有块不错的领地,约二百个农奴;或者像他同农夫分开自办了‘农场’之后常说的,有块领地约两千俄亩田园。”(《父与子》第1章)

这里加了引号或专门作了说明的词语,是那个时代自由主义派典型的新用语。

> 2.“他开始感到心里暗暗起火。巴扎罗夫的随随便便,满不在乎,激怒了他的贵族个性。这个乡村医生的儿子不但不胆怯,答话反倒冲口而出,一副不大愿意的样子;他那声音里有点粗鲁,甚至有天不怕地不怕的味道。”(《父与子》第6章)

这段的第三句按形式上的句法标志看,属作者语言的一部分,但从选词(“这个乡村医生的儿子”)和情态结构来看,同时又是隐蔽的他人语言(巴维尔·彼得洛维奇的语言)。

> 3.“巴维尔·彼得洛维奇坐到桌旁。他身着很讲究的英式晨装,头上是顶漂亮的小帽。这平顶小帽和随便打起的领带,暗示着乡间生活的自由。可是衬衫脖领却紧绷绷的,虽说这衬衫不是雪白而是杂色的;晨装正是理应如此,衣领一如平日毫不含糊地紧顶着刮得溜光的下巴颏儿。”(《父与子》第5章)

针对巴维尔·彼得洛维奇晨装的这一讽刺之笔,恰是用的绅士语调,用的巴维尔·彼得洛维奇的腔调。“晨装正是理应如此”这一论断,自然不单是作者的断语,而是以揶揄口气转达出来的巴维尔·彼得洛维奇一类绅士们的标准。在一定程度上不妨把这句话打在引号里。这是佯装客观的一种说明。

4."马特维·伊里奇待人的温和,只能同他的恢弘相媲美。他抚爱所有的人,对其中一些人有点厌恶的味道,对另一些人又带几分敬重;在女士面前像一个真正的法国男子毕恭毕敬,又不停地用一个调门朗声大笑,一位高官也正应该这么笑。"(《父与子》第14章)

也是从高官本人的视角发出的讽刺性的说明。"一位高官也正应该这么笑"——同样是假充客观的理由。

5."第二天早晨,涅日丹诺夫动身到城里西皮雅金的家里去;那里有间富丽堂皇的书房,摆满了老式家具,整套陈设足以配得上这位自由主义派国务家兼绅士的尊严……"(《处女地》第4章)

同样是假充客观的语句。

6."谢苗·彼得洛维奇在官庭里供职,是宫中士官。爱国主义妨碍了他,使他没有走上外交仕途,可他身上的一切看来都适合入外交界:他受的教育、社交的习惯、常得的女人青睐,以及本人的相貌……"(《处女地》第5章)

对放弃外交前途的解释,是貌似客观的解释。整段的说明,用的是卡洛梅采夫本人的语调,是他的视角;说明的结尾,是他的直接话语,从句法特征看是附属在作者语言("身上的一切……离开俄国……"等等)之下的从属副句。

7."卡洛梅采夫来到C城度两个月的假,以便处理家业,也就是'有的该吓一吓,有的该压一压'。要知道不这样是不成的!"(《处女地》第6章)

这段的收尾,是假客观的论断一个典型例子。正是为了表面上像作者客观的议论,才没有把这个论断打上引号(不像这句前面嵌进作者语言中的卡洛梅采夫本人的原话),并且有意地紧接在卡洛梅采夫原话之后。

　　8."卡洛梅采夫却不慌不忙把圆镜片夹到眉毛和鼻头之间,死盯住那个胆敢不理会他的'担心'的小小大学生。"(《处女地》第 7 章)

　　这是典型的混合语式。不仅从属句,还有作者主句的直接补语("小小大学生"),都带着卡洛梅采夫的语调。选词("小小大学生"、"胆敢不理会")受到卡洛梅采夫愤怒语气的左右。但与此同时这些词语在作者的语境中,又渗透着作者的讽刺意味。所以这是双重语调的语式(是讽刺性的转述,又是对主人公气恼的调笑)。
　　最后我们再举些例子说明,作者语言的句法体系中如何掺进去他人语言的情态因素(省略号、诘问、感叹)。

　　9."他的心情很奇怪。这两天是那么多的感受,见了那么多新人……他头一回同一个姑娘有了深交,看来他准定是爱上她了。他目睹了自己事业的开端,看来他已经为这个事业付出了一切力量……结果怎样呢? 他感到高兴吗? 没有! 他是不是动摇了? 胆怯了? 不知如何是好了? 当然不是。那么他是否至少会因临近战斗而感到全神贯注,产生冲上前去作先锋战士的愿望呢? 这也没有。说到底,他是否相信这个事业? 是否相信自己的爱情? 唉! 可恶的美学家! 怀疑主义者! ——他的嘴巴悄声自语。——为什么他只要一不叫喊,一不发疯,就感到疲倦,连说话的愿望都没有? 他想用这喊声压下心底怎样的声音呢?"(《处女地》第 18 章)

　　这里我们所见的,实际上是主人公的非直接引语。从句法标志看,这是作者语言;但从情态结构看,这是涅日丹诺夫的语言。这是他的内部语言,然而出自经过调整的作者的转达,其中夹杂着作者的诱发性的问话,以及作者的讽刺揭露性的解释("看来准定"),不过仍然保留了涅日丹诺夫的情态色彩。

这就是屠格涅夫作品中表达内心语言的常用形式(也是一切长篇小说中表达内心语言的最常见的形式之一)。这种表达形式能够给杂乱间断的人物内心语言以秩序和修辞的严整(如使用直接引语形式则需把这杂乱间断都反映出来);此外,句法标志(第三人称)和基本修辞标志(词汇及其他)又使这一形式能有机地整齐地把他人内心语言同作者语境结合到一起。同时又正是这一形式可以保留人物内心语言的情态结构,保留内心语言所特有的某种含蓄和模糊;而这是干巴巴的逻辑性的间接引语所绝对没有的。上述特点决定了这种形式最适于表达人物的内心语言。这种形式自然是混合型的,而且作者声音的积极程度会很不相同,并会赋予所表达的语言以自己的第二种语调(讽刺的、气愤的语调等等)。

这种混合的情形,不同语调的交错,作者语言与他人语言界限的泯灭,还可以通过别的传达人物语言的形式达到。虽然句法上的表达模式只有三种(直接引语、间接引语、非直接引语),但通过这三种模式的不同组合,特别是依靠作者语言作框架、分层次,就能做到丰富多彩地驾驭多种语言,使它们互相渗透,互相感染。

我们从屠格涅夫作品中摘引的例子,足以说明主人公这个因素对于分解小说语言、引入杂语的作用。如前所述,小说主人公总有自己的领区,有自己的作用于周围作者语境的势力范围;这一范围超出了(常常超出极多)主人公直接话语的界限。重要主人公声音所及的势力范围,无论如何应该大于他直接说出的原话。小说中一些重要主人公周围的领区,在修辞上都有着深刻的特色:在领区内居主导地位的,是各种各样的混合语式;而且这个区域总在不同程度上实现了对话化。这里出现了作者同他的人物之间的对话,但这不是分解为你来我往的语句的戏剧性对话,这是小说中特有的一种对话,外表是独白式的结构。出现这种对话的可能性,是小说作品十分重要的得天独厚之处;这是戏剧体裁和纯诗歌体裁所不可企及的。

主人公领区,是修辞分析和语言学分析的饶有兴味的对象;这里发现的一些语式结构,可以帮助我们对句法问题和修辞问题产生完全新鲜的看法。

最后还要谈一谈小说引进和组织杂语的一个最基本最重要的形式——镶嵌体裁。

长篇小说允许插进来各种不同的体裁,无论是文学体裁(插入的故事、抒情剧、长诗、短戏等),还是非文学体裁(日常生活体裁、演说、科学体裁、宗教体裁等等)。从原则上说,任何一个体裁都能够镶嵌到小说的结构中去;从实际看,很难找到一种体裁是没被任何人在任何时候插到小说中去。镶嵌在小说中的体裁,一般仍保持自己结构的稳定和自己的独立性,保持自己语言和修辞的特色。

不仅如此,还有一些特殊的体裁,它们在长篇小说中起着极其重要的架构作用,有时直接左右着整个小说的结构,从而形成一些特殊的小说类型。这便是自白、日志、游记、传记、书信及其他一些体裁。所有这些体裁不仅能够嵌进小说而成为小说的重要的结构成分,并且本身便能决定整部小说的形式(如自白小说、日记体小说、书信体小说等等)。其中每一种体裁都有自己把握现实各个方面、造语传意的形式。长篇小说之利用这些体裁,正是把它们当做以语言把握现实的久经锤炼的形式。

镶嵌在小说中的这些体裁,其作用之大,会令人觉得小说自己并没有如何用语言把握现实的一个基本角度,所以要靠其他体裁先期把握现实,而它只是兼容这些先期体裁的第二性的混合体。

所有这些嵌进小说的体裁,都给小说带来了自己的语言,因之就分解了小说的语言统一,重新深化了小说的杂语性。嵌入小说的非文学性体裁,其语言可能获得极为重要的意义:某种体裁(如书信体)的插入,不仅在小说发展史上,而且在标准语发展史上,标志着一个新时期的开始。

小说中的镶嵌体裁,既可以是直接表现意向的,又可以是完全客观的,亦即根本不带有作者意向(这种语言不是直说的思想,而是表现的对象);但多数情况是在不同程度上折射反映作者意向,其中个别的部分可能与作品的最终文意保持着大小不等的距离。

例如插入小说的诗体(如抒情诗),可能是以诗的形式直接表现意向的,传达着完整的意思。比如歌德插入《威廉·迈斯特》的短诗。浪漫主义作家就是这样把自己的诗作镶嵌到小说作品中的。众所周知,他们认为小说夹诗(诗作为作者意向的直接表现)乃是小说体裁的一个基本特征。另一种情况是,镶嵌的诗歌折射反映作者意向,比如《叶甫盖尼·奥涅金》中连斯基的诗句:"你在哪里啊,去了何方……"如果说《威廉·麦斯特》里的诗作可以直接归于歌德的抒情诗(实际上人们也是这么看的),那么连斯基的上面那首诗,便无论如何不能算是普希金的抒情诗。或者最多把它归到一类特殊的诗体——"讽刺性模拟诗"(可以划入这一类的还有《上尉的女儿》中戈里尼奥夫写的诗)。最后一种情形,插进小说的诗歌也可能几乎完全是客体性的,例如陀思妥耶夫斯基《群魔》中上尉列比亚特金的诗作。

小说嵌入各种可能的格言警句,情形也是如此:它们同样介乎于纯客体现象(即作为表现对象的语言)和直接的意向语言之间。这直接的意向语言便是作者本人的含有实在意义的一种哲理语言(直接讲出的意思,没有任何折扣,没有任何保留)。例如在让·保罗的充满名言的小说中,我们可以发现这些名言构成了许多个递进的层次,从纯客体性的名言开始,直到直接表达意向的名言;而后者折射反映作者意向的程度又有千差万别的不同。

《叶甫盖尼·奥涅金》里的格言警句,或者以讽刺性模拟形式出现,或者带有挖苦的语气,也就是说这些名言中或多或少都折射地反映着作者的意向。比方像这样一段箴言:

> 谁经验过生活,长于思索,
> 心底对人无法不起鄙视;
> 谁有过感情,怎能不为
> 无返的去日充满忧思。
> 他从此失去了迷恋,
> 是蛇一般的回忆,
> 是悔恨在他心头啃食。

这里有轻微的讽刺模拟的味道,尽管总是感觉与作者意向极为接近,几乎是融为一体的。但紧接着的两行诗:

> 这类话时常出现,
> 使言谈不胜美妙新奇。

(指假托作者和奥涅金之间的谈话)就增强了模仿挖苦的语调,给这句格言罩上了客体的气氛。我们看到,这句格言出现在奥涅金声音的势力范围之内,在奥涅金的视野中,带有奥涅金的语调。

不过,作者意向的折射反映,在这里(奥涅金声音回响的范围,奥涅金的领区)同在连基斯的领区(此处讽刺模仿连斯基的诗,几乎属于客体性语言)是不一样的。

这个例子还可以作为证明,表现出了上文说过的人物语言对作者语言的影响,因为所引的格言渗透着奥涅金的意向(时兴的拜伦式的意向),故而作者不同这句格言完全一致,保留着一定的距离。

当嵌进了对长篇小说至为重要的一些体裁(自白、日志等)时,情况便要复杂得多了。这些体裁同样给小说带来了各自的语言。不过这些语言之所以重要,首先因为它们是看待事物的积极视角,不带有文学的那种假定性而能够扩大文学和语言的视野,有助于文学去开拓那些在其他语言运用场合(指超出了标准语的范围)已有所探索并部分地已被开拓了的用语言把握的种种崭新的世界。

幽默地驾驭各种语言,由"非作者"(叙述人、假托作者、作品的人物)讲述故事,主人公各有自己的语言和领区,最后还有取一些体裁嵌入小说或作小说首尾的框架——这些便是小说引进和组织杂语的基本形式。所有这些形式,都能保证非直接地、有所保留地、保持一定距离地运用各种语言。所有这些形式,都意味着语言意识的相对化,表现了人们语言意识所特有的一种感觉,就是对语言客体性、对语言界限的敏感,包括语言历史的界限、社会的界限,甚至根本的界限(即语言自身的范围)。语言意识的这种相对化,绝不要求思想意向本身也出现相对化,因为即使以小说的语言意识为基础,意向也可能是无条件真实的。不过,正因为小说创作同只能有唯一一种语言(无可争议的无所保留的语言)的想法格格不入,所以小说家的意识必须把自己的思想意向(尽管是无条件真实的意向)改编成合奏曲。小说家的意识要只囿于众多杂语中的某一种语言里,是回旋不开的;仅有一种语言的音色,对他来说是不够的。

我们只提到了欧洲小说一些最重要类型所采用的典型的基本形式,当然这还不能概括小说引进和组织杂语的所有可能的方法。此外,在个别的具体的小说中,所有这些形式还可能结合使用;因此,在这些小说所创造的小说体的类型中,也可能结合使用。这种小说体的一个经典而又纯粹的杰作,便是塞万提斯的《堂·吉诃德》,它极其深刻而又广泛地发掘了小说杂语和内在对话性的一切艺术潜力。

引进小说(不论用什么形式引进)的杂语,是用他人语言讲出的他人话语,服务于折射地表现作者意向。这种讲话的语言,是一种特别的双声语。它立刻为两个说话人服务,同时表现两种不同的意向,一是说话的主人公的直接意向,二是折射出来的作者意向。在这类话语中有两个声音、两个意思、两个情态。而且这两个声音形成对话式的呼应关系,仿佛彼此是了解的(就像对话中的两方对语相互了解,相约而来),仿佛正在相互谈话。双声语总是实现了内在对话化的语言。幽默的语言、讥讽的语言、讽刺性模拟的语言就是如此;叙述人的折射语言。人物话语中的折射语言,也是如此;最后,镶嵌体裁的语言还是如此。这一切全是内在对话化了的双声语。它们内部包含着潜在的对话,是两个声音、两种世界观、两种语言间凝聚而非扩展的对话。

……

因此,文艺小说双声语的内在对话性,任何时候也不会由于题材内容的缘故而终结(正像语言创造隐喻的能力不会由于题材内容的因素而枯竭一样),也不可能完完全全地铺展为直接的情节对话和议论对话;这后者不会毫无遗漏地把蕴藏在杂语中的内在对话潜力全部调动起来。真正的小说语言中,从分化的杂语有机地孳生起来的内在对话性,不可能在很高的程度上实现戏剧化,不可能以戏剧的形式达到最终完成(真正的结束);这一内在对话性是直接对话的框架、几人谈话的框架所无法完全容纳的,是不可能完全分解为界线泾渭分明的几方对语的[1]。小说的这种双声性,先前就已然存在于语言本身(同真正的隐喻、神话因素一样),存在于作为社会现象的语言之中;这一社会现象是历史地形成的,并在这一形成过程中承受着社会的分化而肢解。

语言意识的松对化,语言意识在颇大程度上对形成中语言的社会性多语杂语的介入,这一语言意识的情思意向和意图在不同语言间的辗转游移(这

---

[1] 一般说来,语言越是完整统一,这种界线泾渭分明的对语便越尖锐、越富戏剧性、越完满。——作者注

些不同语言都是为人理解的,也都是客观的),这一语言意识不可避免地要使用非直接的、有所保留的、折射性的话语——所有这些都是文艺小说语言真正双声性的不可或缺的前提条件。这个双声性,是小说家在环绕其周围并哺育着他的杂语和多语现实中先就发现了的,并不是在他个人演说式的与人表面争辩中创造出来的。

如果一位小说家丧失了小说体的语言土壤,不善于达到相对化的伽利略式语言意识的高度,对现实中正在形成的语言所具有的天然的双声性和内在的对话性充耳不闻,那么他永远也不会理解、也不能实现小说体裁的潜力和任务。当然,他可以写出布局结构和思想主题都极像长篇小说的作品,能"作"得同小说一模一样,然而却永远也创造不出长篇小说来。他准得在文体上跌跤。我们便会看到一种自信却幼稚的,或者自信却呆板的统一的光滑纯粹的单声语(或者带着一点极起码的、人为的、杜撰的双声性质)。我们又会看到,这样的作者没费吹灰之力就避开了杂语性,因为他干脆听不见现实语言中至为重要的杂语事实;决定着词语音质的社会色调,被他当做应当排除的震耳噪音。由于脱离了语言真正的杂语性,长篇小说在多数情况下就蜕化成了夹有详尽而又"艺术"的旁白的只供阅读的剧本(当然是不高明的剧本)。在这种脱离了语言杂语性的小说中,作者语言不可避免要落到戏剧旁白语那样难堪而且荒唐的境地[1]。

……

如果说在诗歌土壤上产生出一种关于诗体的乌托邦哲理,即这样一种思想:诗语是纯粹属于诗的、同日常生活隔绝的、超历史的语言——上帝的语言;那么文艺小说更感亲切的,是另一种思想,即需要历史上具体存在着的活生生的多种语言。小说要求能特别感觉得到话语身上那种历史的和社会的具体性和相对性,也就是语言同历史进程和社会斗争的紧密关系。因之,小说采用的语言,是还处于这种斗争和敌对之中而未冷却的语言,是尚无结果而充满敌对语调的语言;小说正是驾驭这样的语言,使其服从自己那不断发展的统一的风格。

---

〔1〕 施皮利哈根在关于小说理论和技巧的一些著名论述中,恰恰讲的是这种并非小说的小说,正好忽略了小说体的特有的潜力。施皮利哈根作为一位理论家,视而不见语言的杂语性以及由此而来的特殊产物——双声语。——作者注

（节选自巴赫金著:《长篇小说的话语》,白春仁译,
河北教育出版 1998 年版,第 37—118 页。）

扩展阅读文献

1. Bakhtin，M. *Rabelai and His World*. Trans. by H. Iswolsky. Cambridge, MA：MIT Press,1965.

2. Bakhtin，M. M. *The Dialogic Imagination ：Four Essays*. Ed. by M. Holquist, trans. by C. Emerson & M. Holquist. Austin：University of Texas Press,1981.

3. Bakhtin，M. M. *Speech Genres and Other Late Essays*. Trans. by V. W. McGee. Austin，TX：University of Texas Press,1986.

4. 巴赫金著:《巴赫金文论选》,佟景韩译,中国社会科学出版社 1996 年版。

5. 钱中文主编:《巴赫金全集》(共六卷),河北教育出版社 1998 年版。

言有所为和言有所述

约翰·奥斯丁

约翰·奥斯丁(John L. Austin，1911—1960)，英国语言哲学家。出生于兰卡斯特，后在牛津大学贝列尔学院读书，后成为牛津大学教授。1955 年在哈佛讲授言语行为，阐释话语就是一种社会行动的思想，去世后讲稿被编辑为《如何用文字做事》(*How to Do Things with Words*)出版。如同维特根斯坦，他强调通过语言的用法来说明语言的意义。

我这里要谈的内容既不难，也没什么争议；我想指出这些内容唯一的好处在于其真实性，至少部分是。下面将要讨论的现象非常广泛，也随处可见，不可能没有人注意到过，哪怕是零零星星的这一类现象。然而我却发现没有人给予它们特别的关注。

长久以来，哲学家们认为陈述句只能用来描述事情的状态，或者陈述某一事实并且必须具有真假值。事实上，语法学家们已经正式指出并非所有的句子都是(用来作)陈述的[1]；传统中，除了(语法学家提出的)陈述句，还有疑问句和感叹句，以及表示命令、愿望或让步的句子。哲学家们并没想要否认这些，这一点毫无疑问，尽管有些"句子"被用作"陈述"时比较松散。同样毫无疑问的是，语法家和哲学家都清楚很难通过例如词序、情态等少数枯燥

---

[1] 当然，说句子"就是陈述"并不十分准确，应该是句子"被用来作出陈述"，而且陈述本身是建立在陈述各要素基础之上的一种"逻辑建构"。

的现有语法标记将陈述和疑问、命令等区分开,可是对于这一事实明显引发的问题很少有人去思考,例如:我们如何区分它们? 每一句式的局限和定义是什么?

但是近年来,人们开始以一种全新的认真态度重新考察很多哲学家和语法学家都曾确认无疑的"陈述",这一考察是间接引发的——至少在哲学界如此。先是这样一种观点,当然这种观点的形成多少带有一些令人遗憾的武断,即一个(事实的)陈述应该是"可验证的",这就导致另一种观点,即许多"陈述"只不过是一些所谓的伪陈述而已。最显而易见的是,正如康德曾经系统论述过的那样(他也许是第一个持这种观点的人),许多陈述虽然都具有无可挑剔的语法形式,但严格来说都是无意义的。不断发现新一类无意义的句子总的来说是有好处的,尽管它们的分类不系统,这种解释也很难理解。然而我们自己,或者说甚至是哲学家们,对我们准备允许自己谈论的无意义句子的数量却设置了一些限制,所以下一步自然会继续提出这样的疑问,即许多明显的伪陈述到底是不是真的可以确定为"陈述"? 大家普遍认为许多看起来像陈述的话语根本不意欲、或者部分意欲记录或传递有关事实的直接信息:例如,"伦理命题"也许完全或部分意欲表明情感或规定行为或以特殊方式影响行为。康德在这一方面也是先驱者之一。我们也经常以超出至少是传统语法范畴的方式来使用话语。许多嵌入明显是描述性陈述的特别令人迷惑的词语并没有在所报道的现实中显示某些特别奇怪的附加特征,而是显示(不是报道)作出陈述时的情况,或者陈述作为话题的环境及陈述被接受的方式,等等。像过去普遍存在的情况那样忽视这些可能性被称为"描述性"谬误,但也许这一命名并不恰当,因为"描述性"本身就是特殊的。不是所有或真或假的陈述都是描述句,因此我更喜欢用"以言叙事"这个词。到目前为止,已经零星指出,或至少看起来是这样,许多传统的哲学上的困惑都是由一个错误引起的——这一错误观点认为一些(在有趣的非语法形式方面)没有意义或表述他义的事实话语的直接陈述是完全不同的另一种语言现象。

不管我们如何看待这些观点和建议,也不管我们对曾经导致哲学学说和方法深陷其范围的早期混乱感到多么遗憾,有一点是毋庸置疑的,那就是这些观点和建议正在哲学界掀起一场革命。如果有人愿意称之为历史上最伟大、最有益的革命,你仔细想想就不会认为这是夸大其词。开头总是零零星星不成系统,并带有先入之见和无关目的,这并不奇怪,革命通常就是这样。

以言行事的最初构想[1]

我们这里要考虑的话语类型总体上当然不是无意义的那一类,尽管我们将看到其误用会导致相当特殊的"无意义"变体。或者更确切地说,这是我们第二类中的一种——伪装句。但它完全不必要伪装成一种描述性或叙事性的事实陈述。然而这种情况却相当常见,尤其是当它以最显性的形式表现出来时更是令人奇怪了。我相信语法家们还没有看穿这种"伪装",而对哲学家们来说最多也只能算是一个偶然的发现。[2] 因此,如果想通过与伪装句模仿的事实陈述相对比归纳出其特征,先研究它这种迷惑人的形式会更方便一些。

我们首先来举一些话语为例,这些话语除了可以算做陈述以外,到目前为止,属于什么语法范畴尚不能确定,它们也有意义,不包含哲学家们现在已发现或自认为已发现的言语危险信号(比如说"好"或"全部"之类含义模糊的词,"应该"或"能"之类不确定的助动词,以及假设之类模棱两可的结构);所有话语在第一人称单数现在时直陈语气的形式中都碰巧含有同一类动词。[3]可以找到满足这些条件的话语,但是:

> A. 它们不"描述"或"报道"或叙述任何事情,也没有"真假"之分;而且
> B. 句子的生成就是(或部分是)在实施一个行为,而这种行为不会按常规那样被描述成(或"只是")在说什么。

这远不如听起来或者我试图使其听起来那么荒谬。事实上,下面给出的例子会令人失望。

---

[1] 这几节所谈的还不是定论,后面章节中将会对其作进一步的修改。
[2] 在所有人中,法学家应该最了解事情的真相。也许有些人现在的确了解,但他们还是会屈从于自己不无担心的构想,即"法律"陈述就是事实陈述。
[3] 这样做是设计好了的:它们都是显性施为句,属于后来称作"施权行为类"的主流类型。

例如：

（例 a）"我愿意（娶这个女人为我的合法妻子）"——用于婚礼仪式过程中；[1]

（例 b）"我命名这艘船为伊丽莎白女王号"——当说话人把香槟酒瓶扔向船尾时；

（例 c）"我将手表赠予我的兄弟"——用于遗嘱中；

（例 d）"我跟你赌六个便士，明天会下雨"。

这些例子似乎清楚地表明发出句子（当然是在合适的场合）并不是描述我正在做我通过发出话语被认为正在做的事情[2]或者叙述我正在进行该行为：说话就是在做事。上述话语没有一个可以说是真或是假：我断言这是显而易见的，而且无需论证。正如"该死"没有真假无需论证一样，话语也许是"用来告知你"——但那是完全不同的。给船命名是（在合适条件下）说出"我命名……"这样的词语。当我在登记官或圣坛前等类似的地方说"我愿意"时，我不是在报道一桩婚姻，而是参与其中。

这类句子或话语应该称做什么呢？[3]我建议称其为以言行事句或施为话语，或者就简称为"施为句"。"施为"一词将会用在类似的方式和结构中，就像"命令"一词。[4]当然该词起源于"实施"这一常见动词与"行为"这一名词相结合，这表示话语的发出是行为的实施——不会按常规那样被认为仅仅是在说出些什么。

还有一些其他的术语从其自身就能看出每一个都适当地涵盖了或宽泛或狭窄的施为句类别：例如，许多施为句是带有契约性（"我打赌"）或宣告性（"我宣战"）的话语。但据我所知，目前正在使用的术语没有一个能几乎宽泛

〔1〕［当奥斯丁意识到"I do"并不用于结婚仪式上并且想纠正其错误时已为时太晚。鉴于这个错误从哲学角度上说并不重要，我们仍然把它保留在此文中。J. O. 爱默生］

〔2〕更不是我已经做过或即将要做的事情。

〔3〕"句子"构成一类"话语"，我是从语法角度进行归类的，尽管我怀疑它的定义还不那么令人满意。比如说很关键的一点是，"施为"话语与"叙事"话语进行对比：以言叙事（即话语发出时具有历史指示）是作出陈述；以言行事是，例如，打赌。详见后面有关"言外行为"的论述。

〔4〕先前我使用"performatory"，但是现在更喜欢用"performative"，因为它更简洁、美观、易于驾驭，构词方式也更传统一些。

到足以涵盖所有的这类句子。和我们要求最接近的专业术语也许是"操作的"这个词，就像它被律师严格用做指称促进其主要目的即交易达成的（产权转让或其他）工具的一部分，也就是那些条款，文件其余部分仅仅是'陈述'使交易达成的条件。[1] 但是"操作的"一词还有其他意思，事实上如今多常用做意为"重要的"。我更喜欢用一个新词，尽管它的词源会带来一些有关的联想，我们也许还不能马上给它附加一些固有的意义。

说能使其有效吗？

我们是不是常说这样的话：

"结婚就是说几个词儿"，或者

"打赌就是说点儿什么"？

这样的观点听起来有些奇怪甚至草率，但是有充分的证据表明这一点儿都不奇怪。

最初合理的反对也许就是这样，却也有其重要意义。在很多情况下，有可能实施完全相同的行为并不一定需要发出口头或书面的话语，而是通过其他方式。例如，我可以在某些地方通过同居造成事实婚姻，或者我可以在投币口投一枚硬币与计算机打赌。也许我们应该转换上述命题，将其改为"说某几个词儿就是结婚"或者"结婚，在某些情况下，只不过是说几个词儿而已"，或者"仅仅说某个事儿就是打赌"。

但是这些说法听起来危险的真正原因很可能在于另一个明显的事实，这一点我们后面还要再详细探讨。就是说，事实上词语的发出通常是一个行为实施（打赌行为或其他）的主要引发事件，甚至是唯一的诱因，行为的实施也是话语的目的，但如果行为被认定已经实施，它通常远不是唯一必须要达到的目的，即使曾经有过这种情况。一般说来，话语发出的条件应该在某个方面或某些方面是合适的，这在任何时候都是必要的，另外一个更为常见的必

---

〔1〕 这里我感谢 H. L. A. 哈特教授的指点。

要条件是说话者自己和其他人应该也都实施着某些其他行为，不管是"身体"行为或者是"精神"行为，甚或是发出更多话语的行为。因此，要给一艘船命名，首先我得是被授予了给船命名权利的那个人；要结婚（基督教），首先我不应该已经结婚，妻子健在、她健康正常而且我们并没有离婚，如此等等。对于一个已经打了的赌，通常需要的条件是赌博提出者已经被人接受（这人必须已经实施了相关行为，例如说"成交"），如果我只是说"我把它送给你吧"但却一直不把东西递过去就很难说那是一件礼物。

到目前为止，讨论进行得还算顺利。行为有可能是通过施为话语以外的其他方式来完成的，不管是哪种方式，包括其他行为在内的环境条件必须是合适的。但是我们可能以完全不同的事实对此提出反对意见，不过这一次的确是想错了，尤其当我们想到一些令人敬畏的施为句时，例如"我承诺……"。当然话语必须是"严肃地"说出才能被"严肃地"接受。这样说虽然有些模糊，总体上的确是事实——不管讨论什么话语的意义这都是一个重要的普遍现象。我肯定不是在开玩笑或者作诗。但我们总是感觉话语的严肃性在于它们（仅仅）是作为内在精神行为的外在可视符号而发出的，为了便于理解或作记录或获取信息。仅仅一步之遥，我们就会接着去相信或去假设而意识不到出于各种目的的外在话语只是内在行为发生的描述，无论其真假。这一思想最经典的表述可以在《希伯吕托斯》（*Hippolytus*）中找到，书中希伯吕托斯说"我的舌头发誓，但是我的心（或头脑或其他器官）没有"。[1] 因此"我承诺……"强迫我——将我对精神束缚所做的精神假设记录在案。

令人高兴的是，在这一例子中发现过度深邃或庄重马上会使这种承诺变得不道德。因为当一个人说"承诺不仅仅是发出一些词语！它是一种内在的精神行为！"时，容易让人感觉他像是一个站出来反对一代浅薄的理论家的顽固道德家；我们审视他正如他审视着自己，以一个独特专家的独特眼光探测伦理空间的深邃。但是他为希伯吕托斯提供了一个破绽，即重婚者为"我愿意"找借口，赖皮者为"我打赌"辩驳。准确性和道德性与那条浅显的谚语"承诺即是规约"道理是一样的。

---

〔1〕 但我并不是想排除幕后工作者——灯光人员，舞台监督、甚至提词者，我只是反对某些非正式的候补演员，他们会复制整个剧本。

如果我们把这一类虚构的内在行为排除在外,我们能否假设通常一定是伴随诸如"我承诺……"或"我愿意(娶这个女人)……"这样的话语一起出现的其他任何条件事实上都是由其描述,因此话语由于这些条件的存在而为真,由于这些条件的缺失而为假呢?那么,先以后者为例,我们下面将探讨当话语通常所具有的伴随条件有这样那样的缺失时,我们实际上会对有关话语作怎样的论述。我们无论如何也不会说某句话是假的而会说某句话——或者更确切一点,某一行为,[1]比如说,承诺——无效或诚信太差,或没有履行,等等。在承诺这一特例中,正如其他施为句一样,作出承诺的人应该有一定的意图,也就是说,要遵守诺言,这才合适:也许在所有的伴随条件中,这一点对于"我承诺"所描述或记录的内容是最适用的。如果没有这样的意图,我们实际上不是在说一个"假"承诺吗?这样说并不是意味着"我承诺……"这样的话语在下面这个意义层面上是假的,即尽管他陈述他做,但他实际上没做,或尽管他描述但却是错误描述—错误报道。因为他确实作了承诺:这里的承诺尽管诚信很差,也不能算是无效的。他的话语也许具有误导性,很有可能带有欺骗性,毫无疑问是错误的,但它不是谎言,也不是错误陈述。最多我们只能把它定性成这样一种情况,说它含有虚假的成分或错误陈述(大意是他确实打算做点什么):但这就完全是另一回事了。而且,我们不说假的打赌或假的命名,但是如果我们确实说到了假承诺,我们必须承认一个事实,那就是我们说到了假行动。"假"不是必须只用于陈述。

(Austin, J, L. *How to Do Things with Words*. Oxford: Oxford University Press, 1962. 贲文浃、叶惠君译)

扩展阅读文献

1. Levinson, S. C. *Pragmatics*. Cambridge: Cambridge University Press,

---

[1] 我们有意避免区分这些,恰恰因为这种区分关系不大。

1983.

2. Mey, J. L. *Pragmatics*: *An Introduction*. 2nd ed. Oxford: Blackwell, 2001.

3. Searle, J. *Speech Acts*. Cambridge: Cambridge University Press, 1969.

4. Verschueren, J. *Understanding Pragmatics*. London: Arnold, 1999.

5. Wittgenstein, L. *Philosophical Investigations*. Oxford: Basil Blackwell, 1968.

逻辑与会话

保罗·格莱斯

保罗·格莱斯（Herbert Paul Grice，1913—1988），著名英国哲学家，著作以语言哲学为主。他先后在克里夫顿学院和牛津大学接受教育。格莱斯1967年移居美国，并在加州大学伯克利分校担任教授，直至1988年逝世。格莱斯用"说话人的意思"的概念来定义语言意义，并发明了话语"合作原则"和"会话规则"的概念来解释话语的间接意义。长期以来，格莱斯被认为是西方语用学的奠基人之一。

哲学逻辑通常认为，至少有些形式符号如—，～，∧，∨，∨，⊃，(x)，∃(x)，ɿx(当它们被赋予标准的二值解释时)与自然语言中的对应词如not，and，or，if，all，some（或 at least one），the 在意义上存在差别，或看起来存在差别。一些逻辑学家曾试图声称这种差别实际上并不存在；但是他们的论断——如果确曾有此论断的话——显得有些轻率，而且那些被怀疑是否有此论断的逻辑学家，对此事的处理也很草率。

承认这两套系统存在差别的逻辑学家大致可以分为观点相左的两派，我称之为形式派和非形式派。典型形式派的主要观点是：逻辑学家关注有效推理普遍模式的形式表述，在他们看来，形式符号比其自然语言对应词具有决定性的优越性。各种形式符号可以构成一个普遍规则系统，其中大量的普遍规则可以被认为是包含了一些或所有符号的推理模式，或者至少与之密切相关。这种普遍规则系统由两类规则组成：一类是较为简单的规则，当其中的符号具备了所赋予的意义时,这类规则就是可接受的;另外一类规则的数量是无限的,其中很多并不明显成立,但当原始集合成立时,其中每一个规则是都能成立的。因此,我们需要一种方法来处理一些可接受但仍存在疑问的推断方式,如果我们可以运用一个决定程序,那么我们的处理方法会更好。此外,从哲学的角度来看,如果自然语言对应词意义上的一些要素在对应的形式符号中并无体现,那么这些要素就是自然语言的缺陷;不确定的要素是完全多余的。这些多余要素中的概念无法被精确地或者清楚地界定,而包含这些要素的表述在一些情况下无法被赋予真值;概念的不确定不仅使其本身存在异议,同时有形而上的可能——我们并不能确定所有这些表述都非形而上的。鉴于这些理由,不可认为自然语言中的一些表达方法最终是能被接受的,也并非是完全可理解的。有必要酝酿并开始建构一套包括形式符号的理想语言,这理想语言的句子必定是清楚的,其真值是确定的,并可保证不具有形而上学的含义;因为在这个理想语言之中科学家的陈述可以被清楚地表达(当然不一定真的表达出来),科学的基础现在便在哲学上变得可靠了。(我根本不奢望所有的形式主义者都能接受这个框架,但是他们至少能够部分接受。)

对于这种观点,非形式主义者可能会作出以下回应。建立一套理想语言的哲学前提基于某些不可能被承认的假定之上,这些假设包括:检验这种语言充分性的主要标准是它能否服务于科学;对于一个表达来说,除非能为其意义提供详细的解释或分析,否则就不能保证这种表达是可理解的;对该表达的详细解释和分析都应能够用精确的定义表述出来,这种表述应对应于逻辑学中的表达。除了服务科学研究外,语言还有着很多非常重要的作用,人类不需要详知语言分析过程便可完全了解一种表达所体现的意义(更能理解这个表达);这种分析也许(通常的确)就是尽可能从广义上说明各种能够支撑或推翻被分析表达的条件。此外,毋庸置疑,逻辑学家可以利用形式工具为语言的系统化服务;然而,还有一种情况是,众多以自然语言的形式出现的推断和论证,尽管没有以形式符号的方式表述,我们仍很容易地判断出它们在逻辑上是正确的。因此,一定存在与形式符号相对应的、非简化的、不太系统化的自然语言逻辑。这个逻辑可能得到形式符号的简化逻辑的帮助与指导,但不可能被形式符号的简化逻辑所代替。事实上,这两套逻辑不仅有所区别,而且有时相互冲突(适用于形式符号的规则可能不适用于其自然语言对应词)。

笔者在此文中无意对改造自然语言的哲学地位的一般问题发表什么看法。我仅对有关两派分歧的争论提出看法,却无意代表任何一方参加争辩。我认为,争论双方的共同假设"分歧确实存在",宽泛地说,是一个共同的错误;这个错误源于对管辖会话的诸条件的本质与意义未足够重视。因此,我将抛开争论本身,直接对以某种方式适用于会话的总体条件作一探究。先讨论"会话含义"概念的特征。

会话含义

假设 A 与 B 正在谈论他们共同的朋友 C,C 目前供职于银行。A 问 B,C 现在工作如何,B 回答说:"噢,很好吧。我想,他喜欢他的同事,并且还没有进监狱。"这时,A 也许会继续问 B"C 还没有进监狱"是什么意思,有什么言外之意。B 的答案会有多种可能,如 C 是极易受钱财诱惑的那种人,或者 C 的同事不易相处、不太可靠,等等;也可能 A 并不会问 B 的言外之意是什么,因为在这个语境中,双方事先对答案很清楚。但是很明显,在这个例子中,B 的暗含之义跟他所明说的话——C 还没有进监狱——的意思是全然不同的。在此我要介绍几个术语,动词"暗示"(implicate)及其名词"隐含"(implicature,表示暗含的动作)与"含义"(implicatum,表示暗含的意义),之所以创造"隐含"(implicature)与"含义"(implicatum)这两个词,主要是为了与"暗示"(implicate)的众多动词义项区分开来。为了说明这两个词的意思,现在我必须在很大程度上假定在语境中人们对于"明说"(say)有着最直觉的理解,并且知道与动词"暗示"(implicate)意义相关的一组特定动词。即便如此,为了澄清与动词"明说"(say)的意义相关联的这些假设,我还要再稍作解释。

这里所说的"明说"(say)的意义指的是跟说话人说出的词或句子的常规意义很接近的意义。假设某人用标准的英语说出这样一句话"he is in the grip of a vice",且他表示的仅是这句话的表面意思,如果我们只具备英语知识而不了解说话的语境,那么在这句话中,我们只知道说话人说某个男性(或某动物)在说话人说话的时间里(无论是什么时间):(1)不能摆脱一种坏习惯,或者,(2)他身体的某个部分被一种工具或器械夹住了[1](当然,这是大致的说法)。若想完全理解说话人的意思,听话人必须知道(a)该男性(或某动物)的身份,(b)说话的时间,以及(c)说话时,"in the grip of a vice"这句话的含义(在(1)和(2)中选择一个)。但是上文对于"明说"(say)的简短解释似乎还不能回答这样一个问题:如果一个人(今天)说"哈罗德·威尔逊是个了不起的人",另外一个人(也在今天)说"英国的首相是个了不起的人",而且大家都知道这两句话具有相同指称,那么这两句话意义是否相同呢? 但不管对这个问题的理解是怎样的,这里我要提出的一套规则是可以解释任何一种推论的——这种推论也许是以原话中某一系列词条为基础也或许是以其他不同词条为基础来理解的。这些推论含义仅与不同的准则相关。

有时词语的常规意义不仅决定一个人所明说的意思,而且决定它所暗含的意思。如果我(自鸣得意地)说"He is an Englishman; he is, therefore, brave"(他是一个英国人;因此,他勇敢),我就是在通过这句话的字面意思来表达这样一个含义"他勇敢,是因为他是英国人"。可以看到当我说这句话的时候,尽管我的本意是想说他之所以勇敢是因为他是一个英国人,但是我并没有明说,而仅仅是暗含着这样的意思。无论这种因果关系正确与否,从严格意义上说,它跟这句话的真值无关。因此有一些会话含义就是句子的常规含义,这与我刚开始介绍含义时举的例子有所不同。

下面我所表述的是会话非常规含义的一个子类,我称之为会话含义(conversational implicature),它与话语的一般特征密切相关。因此,我将尝试归纳话语的这些一般特征。我们将初次接近会话的一般原则。我们的谈话通常不是由一串毫无关联的话语组成的,否则就会不合情理。通常至少在某种程度上,会话都是合作性的努力;会话参与者都在某种程度上承认其中有一个或者一组共同目标——至少有一个彼此都能接受的谈话方向。这个目标或者方向可能是在会话开始时就规定好的(例如在开始时提出一个要讨论的问题),也可能在会话过程中逐渐变化;它可能是较为确定的,也可能不太确定,参与者有较大的自由(就像随意谈话那样)。但是在每一个阶段,有某些可能的会话举动会被视为不合适而遭到排斥。因此,我们可以初步提出

---

〔1〕 "vice"在英语里作为可数名词时有两个义项:(1)坏习惯、毛病;(2)老虎钳、钳子。——中译注

参与者(在其他条件都相同的情况下)大都会遵守的一般性原则。那就是,要使你的话语在其所发生的阶段里符合你参与的谈话所公认的目标或者方向。我们也许可以把这个原则称为合作原则(cooperative principle)。

如果上述这个一般原则是可以接受的,那么我们也许在它下面划分出四个包含更为具体的准则或者次则(sub-maxims)的范畴。遵守这些准则或次则一般会导致符合合作原则的结果。我仿效康德,将这四个范畴分别称作数量(quantity)、质量(quality)、关系(relation)和方式(manner)。数量范畴与话语所提供的信息量有关,它有如下两个次则:

1. 使你的话语的信息如(交谈的当前目的)所要求的那样充分。

2. 不要使你的话语信息比所要求的更充分。

(第二个次则是有争议的;提供更多的信息只是浪费时间,但并不是对合作原则的抵触。但是过量的信息可能会引发其他话题而使人费解;过量信息还有一个间接效果,那就是听话人会误解说话人之所以提供过量信息可能是有特殊含义的。此外,第二次则之所以有疑问还因为它与下面将提到的关系原则有重合之处)

质量范畴的准则是"设法使你的话语真实",其下两个次则分别是:

1. 不要说自知虚假的话;

2. 不要说缺乏充分证据的话。

关系范畴中只有一个准则,那就是"要有关联"。尽管这个准则很简洁,但其中存在很多问题:如有哪些不同类型和重点的关联关系,这些关联关系在会话过程中是怎样变换的,以及如何将谈话主题的合理切换考虑进去,等等。处理好这些问题是一件非常困难的事情,我希望能专门撰文讨论这些问题。

最后是方式范畴,它(并不像前面三个原则那样)与"说什么"没有关系,而指的是"怎么说"的问题。方式范畴的原则是"要清楚",它有如下几个次则:

1. 避免含糊不清;

2. 避免歧义;

3. 要简短(避免冗长);

4. 要有序。

上述四个准则相互联系,互为依存。

很明显,上述这些准则中,遵守某些准则可能没有遵守另一些显得迫切;一般说来,说话冗长所受到的批评要比说自知虚假的话所受到的指责轻得多。事实上,人们可能会感觉至少第一质量准则的第一次则很重要,不应该被包括在我现在架构的这个体系里;只有先假定这条质量准则已经得以满足,其他准则才能发挥作用。也许这样的评论是正确的,但是从产生会话含义的角度来看,这条准则的作用跟其他准则是一样的,因此至少暂时把它跟其他准则放在一起会更为方便。

当然,除了上述四个准则外,人们在交谈时还会遵守其他的一些准则(审美、社交、道德),比如"要礼貌",它们也能产生非常规含义。会话时应遵守的准则以及与其相关的会话含义与会话(还有会话交流)的目的或者特殊目的特别相关(我希望如此)。从我提出的准则看来,会话的目的似乎就是最有效地交流信息(当然,这样的界定过于狭窄,合作原则的体系还必须具有概括性,以便能够包含影响和指引别人行为的一般目的)。

我认为,交谈只是人类有目的的、合理的社会行为中的一个特例,因此,在其他社会行为中,也存在与上面所提到的准则相关的类似准则。下面我就四个范畴下的类似准则各举一例:

1.数量准则。如果你在帮助我修车,我希望你所做的事恰如其分,并且与我所要求的比较起来不多也不少,例如在某一时刻我需要四颗螺丝钉,我希望你递给我四颗,而不是八颗。

2.质量准则。我希望你的帮助是真诚的,而不是虚假的。如果你在帮助我做蛋糕,当我需要糖时,希望你不会把盐递给我。如果我需要一把汤匙,希望你不会把一把橡皮玩具汤匙递给我。

3.关联准则。我希望合作者所做的贡献能满足每一个特定阶段的即时需要。如果我正在把做蛋糕的各种原料搅拌起来,我就不希望他在此刻递给我一本好书,或者甚至是一块烤箱布(也许晚些时候,烤箱布正是我所需要的)。

4.方式准则。我希望合作者能使我清楚他所做的贡献,并希望他动作敏捷。

这些类似准则与我想回答的合作原则及其各准则的根本问题有很大关联，那就是，我们看起来已经做出的会话含义所赖以存在的这个假设——人们一般（其他条件不变且没有相反的例证的）情况下都会按照合作原则规定的那样去说话——它的合理性基础到底是什么？对此问题，一个苍白、但某种程度上又很充分的答案就是，人们在话语实践中的确是这样做的；他们在孩童期间就在学习遵守这些准则，并且保持这些习惯；事实上，改变这些习惯并非易事。例如，讲实话要比撒谎容易得多。

尽管这些事实是不可否认的，但作为一个理性主义者，我还是希望能够找出潜藏在这些事实下的根本原因。标准会话行为不仅是所有人，或者大多数人**事实上**所遵守的，而且是我们**有理由**遵循，**不应该**抛弃的。我曾经认为在会话交谈中对合作原则及其准则的遵守可以被看做是一种准合同（quasi-contractual）现象，在其他领域也同样存在。当我正在为中途抛锚的汽车而头疼时，如果你恰好经过，毫无疑问，我会有所期望，希望你能够提供帮助。但是一旦你跟我一起在车罩下焊接的时候，我的这种期望就更大了，并且会变得更加具体（如果你看起来不是个蹩脚的好事者的话）；这时在我看来，会话典型地显示了合作性交往的一些特征：

1. 参与者有一个共同的现实目标，例如把车修好；当然他们的最终目的可能是相互独立的，甚至是相互矛盾的——每个人都可能想把车修好，以便自己能够开车一走了之，把对方丢在那里。一般的谈话都有一个共同的目的，即使这只是一个次要目的，比如在邻居间的墙头闲聊中。也就是说，每一方都要暂时认同对方的临时会话兴趣。

2. 参与者的言论必须如卯眼对榫头，相互吻合。

3. 会话双方有一种默契（可能很明确，但常常是暗含的）：在其他条件相同的情况下，交往应该以合适的方式继续下去。除非双方都同意中止，否则没有人能随意拔腿就走或者转身去干别的事情。

虽然上述的准合同可以在一些场合适用，但还有一些场合，比如吵架、写信等，不能适用这样的准合同。无论怎样，如果一个人说话没有什么关联，或者含糊不清，受损失的首先是他自己，而不是听者。因此，我希望能够证明遵守合作原则及其准则是合乎情理的行为：任何一个关注有效会话/交流（例如给予或接受信息、影响他人或被他人所影响)的人都必须能够在恰当的情况下对参与会话抱有兴趣,并且只有遵守合作原则及其准则,会话才是有益的。这个结论是否正确我并没有把握,但我十分确信,除非我对关联性的性质,以及什么情况下需要关联性能有一个更为清楚的认识,否则我将不能得出这样的结论。

现在,一方面需要阐述合作原则及其次则之间的关系,另一方面还要分析它们同会话含义之间的联系。

会话参与者可能以各种各样的形式违反某个准则,具体而言主要有如下四种情形:

1. 他可能偷偷地、不明显地违反准则。如果这样的话,在某些情况下,他可能会误导别人。

2. 他可能既退出准则,也退出合作原则;他可能明说或者暗示他不愿意如准则要求的那样进行合作。例如,他可能说:"我不能再说了,我要守口如瓶了。"

3. 他可能面临冲突。例如,他可能无法遵守第一数量准则(如要求的那样信息充分),而同时不违反第二质量准则(对所说的话要有足够的证据)。

4. 他可能无视某准则,也就是他可能公开地不遵守该准则。如果假定说话人有能力遵守该准则,并且这么做不会(因为冲突)违反另一条准则;他没有退出;从他行为的公开性来看,他不是要误导别人;那么听话人面临的只是一个小问题:如何把他实际上所说的话跟他遵守合作原则的假定协调起来?这是一种典型的误导会话含义的现象。当一个会话含义通过这种方式产生时,我可以说该准则**被利用**了。

现在我要描述会话含义概念的特征。当一个人通过(在、当)说(或者似乎说)p暗示q时,他只有在以下三种情况下可能会被对方认为在会话里暗示了q:(1)他被假定遵守了会话准则,或者至少遵守了合作原则;(2)假设他意识到,或者,相信为了让自己看起来好像说了p,q必须和上述的假定保持一致;以及(3)说话者认为(并且希望听话者也能认为说话者这样认为)听话者有能力理解或者从直觉上感受到(2)中提到的假设是必需的。就此再回到我开头提到的那个例子,B说C还没有进监狱。在合适的场合中,A也许会这样推理:"(1)B很明显违反了"关联"原则,他没有遵守清晰明了的准则,但是我没有理由认为他无视合作原则的存在;(2)在这种情况下,当且仅当假定他认为C可能不诚实,我才会认为他的这种不关联仅是表面现象;(3)B知道我能够明白(2)。因此,B暗示C可能不诚实。"

会话含义的存在必须能够被推导;即使事实上可以凭直觉感知,这种含义也不能被视为会话含义,除非这种直觉能够被争论的效果所取代;这种含义只是常规含义。为了推导出某个特定的会话含义,听话者必须依靠如下一些知识:(1)说话者所用词语的常规含义以及其中涉及的指称;(2)合作原则及其各项准则;(3)话语的语境——语言学上的上下文或者其他语境;(4)其他背景知识;以及(5)会话参与者都知道并且认可上述各项相关知识。会话含义的推导过程一般会如下所述:"他说了P;没有理由认为他没有遵守会话准则,或者他至少遵守了合作原则;除非他通过P暗示q,否则他不会这么说;他认为(并且他了解我知道他这么认为)我能够明白他暗示q;他并不试图阻止我认为他是在暗示q;他打算让我认为,或者至少愿意让我认为他在暗示q;因此,他暗示了q。"

一般会话含义

至此所讨论的只是我所称之为的"特殊会话含义"的一些例子——也就是说,在这些例子中,会话含义是在特定的场合下,借助特殊的语境,通过说p表达出来的;而通常情况下,这种会话含义并不总是通过p表述。即便如此,还是可以找到一些具有一般会话含义的例子。有时在话语中使用特定的形式的词语通常会(特殊情况除外)产生这样那样的会话含义,或者某个类型的会话含义。没有争议的例子或许很难找到,因为人们很容易将一般会话含义当做常规含义。我举个例子,希望没有什么争议。

任何一个使用"X今天晚上将去见一个女人"这种句子形式的人,通常是在暗示X今晚要见的人不可能是他的妻子、妈妈、妹妹或者甚至他最亲密的女性朋友。同样,如果我说"X昨天进入了一个房子,发现前门里有一只乌龟",然后过段时间再告诉他这个房子是X自己的,听话人通常会感到惊讶。把"房子"替换成"花园"、"汽车"、"大学"等也能产生同样的语言效果。但是有时可能产生不了会话含义(我整个早晨都坐在一辆车里),或者产生相反的会话含义(我昨天弄伤一根手指)。我认为没有人会理会将"一个 X"表达式划分成三种意义的哲学家:第一个意义里,"一个 X"主要指的是"满足 X 这个表达式定义中各种条件的东西";第二个意义中,"一个 X(第一意义上的)仅和语境中的一些人以某种方式存在微弱的联系";而在第三个意义中,"一个 X(第一意义上的)与语境中的一些人以某种方式存在密切的联系"。我们同样不能接受下面这样的解释(可能在细节上是错误的):当某人使用"一个 X"这个表达式的时候,他在暗示这个 X 并不属于我们认识的那个人,或者与他没有什么密切的联系,会话含义的出现主要是因为他本来应该表达得具体些,却在一定程度上没有做到,因此我们可能认为他不能够这么做。这种会话含义我们比较熟悉,它可以被视为出于各种原因对第一质量次则的违反。唯一难以回答的问题是,抛开话语的特定语境不谈,为什么在某些情况下,明确一个特定的人或物与话语中提到的那个人之间或远或近的联系,竟会如此有趣呢? 答案也许是这样的:一个人与另外一个与之密切相关的人或物之间的交往,较之与另一联系疏远的人或物之间的交往,其伴随的状况与后果是非常不同的。比如说,我在自家屋顶上发现一个洞,与我在别家的屋顶上发现一个洞,这两个事件的伴随状况与后果是大相径庭的。信息就跟金钱一样,它的施予者未必知道接受者对它的处理。如果交往一方深入追究这种疏密联系,那么他就会发现自己正在寻求说话者事先根本没有确定的一些深入问题的答案;如果恰当地明确疏密联系可以使听话者自己回答这些深入的问题,那么说话者就必须在说话中明确这种疏密联系;反之,说话者就不必这么做。

最后,我们可以发现,会话含义本身具有如下一些特征:

1. 既然必须假定人们至少遵守了合作原则,才能推导出会话含义;既然人们有可能退出合作原则,那么一般会话含义就可能在特定情况下被取消。说话人可以再说一句话表明或者暗示他已经退出合作原则,从而明确地取消原来的会话含义;他也可以把通常具有某种会话含义的话用于特殊语境,从而通过语境取消有关含义。

2. 如果某种特定会话含义的存在,除了语境和背景信息之外,只需要知道所说话的内容(或话语的常规含义),而说话方式无关紧要的话,那么就不可能找到同样意思却没有同样会话含义的其他表达,除非对原句的替换部分本身就决定了会话含义（通过方式准则的某个次则）。如果我们把这个特征称做会话含义的不可分离性，人们也许会期待能够找到一个拥有一般会话含义、为我们所熟悉的、极平常的表达方式，以便使会话含义具有更高的不可分离性。

3.大致说来，既然推导一句话的会话含义需要首先知道这句话的常规意义，那么会话含义就应该不是常规意义的一部分。可以说，尽管有时会话含义可能转化成常规意义，但在特殊情况里，做出此假定需要有特别的理由。所以，至少在刚开始的时候，会话含义并不是常规意义的一部分。

4.因为明说话语的真值并不要求会话含义也具备真值（明说是真的，会话含义可能是假的），会话含义就不是明说话语的一部分，而是说话行为的一部分。

5.既然会话含义的推导就是推导需要做出什么假设，才能假定遵守合作原则；既然可能有各种各样具体的假设，且这些假设数目不限，会话含义就只会是其中的一个。而如果假设真的多得不计其数，那么会话含义，就像许多真实含义那样，是不确定的。

(Grice，P. Logic and Conversation. In Asa Kasher eds. ,
Pragmatics：*Critical Concepts*. London：Routledge，1998，
pp. 145－161. 吴鹏、刘东虹译)

扩展阅读文献

1. Brown，P. & Levinson，S. *Politeness*：*Some Universals in Language Usage*. Cambridge：Cambridge University Press，1987.

2. Levinson，S. C. *Pragmatics*. Cambridge：Cambridge University Press，1983.

3. Grice，H. P. *Studies in the Way of Words*. 顾曰国导读. 外语教学与研

究出版社 2002 年版。

4. 何兆熊主编:《新编语用学概要》,上海外语教育出版社 2000 年版。

5. 何自然、陈新仁编著:《当代语用学》,外语教学与研究出版社 2004 年版。

语言·资本·权力

皮埃尔·布尔迪厄

　　皮埃尔·布尔迪厄（Pierre Bourdieu, 1930—2002），法国社会学家，以其在学术和公共领域里的鲜明政治立场而著称。在研究方法上，他吸取了哲学、语言学、文学批评、人类学等多个学科的思想。布尔迪厄在主体与客观结构的关系、社会背景与"自由"选择的关系等一系列社会学问题中的"经济/社会/文化资本（符号资本）"、"习性"、"场域"、"符号暴力"等概念和理论对包括语言学、文化学在内的社会科学有着重要的影响。

一、语言交换的经济

　　社会学的确立是通过客体建构的运作过程而实现的，只有通过揭示自己借以确立的客体建构的运作机制，以及自己的基本概念产生与流通的社会条件，社会学才能把自己从所有形式的支配——今天，语言学及其概念仍然在对社会科学施加着这种支配——中解放出来。从名称上看，语言学的核心意旨即唯理智主义哲学（intellectualist philosophy），它把语言看成一个沉思的对象，而不是行动与权力的工具。由于人们接受了语言学的这一核心意旨，语言学模型便被如此轻易地被移植到社会学和人类学的场域中来。接受索绪尔的模型及其预设也就意味着要把社会世界看成一个符号交换的领域，并

182

且把行动简化为一种交流行为,如同索绪尔的言语(parole)那样,这种交流行为注定要被一种符码(cipher)或代码(code),即语言或文化的方式所破译。

为了与这种社会哲学划清界限,我们必须认识到,尽管把社会关系——甚至支配关系——看成象征性交换,也就是说,把它们看成是隐含着认知与承认的交流关系有其合理性,但是我们绝不能忘记,这种绝妙的交流关系——语言交换——也是一种象征性权力的关系,言说者之间或者其各自的群体之间的权力关系正是通过它才得以实现。简而言之,要发展一种关于符号交换的经济,我们就必须超越经济论与文化论之间那种通常的对立。

每一次言语行动,而且更一般地讲,每一次行动,都是一种事件的结合,即彼此独立的因果系列之间的一种遭遇。一方面,存在着已经被社会建构好了的语言惯习的固有配置,它暗示着一种言说或者讲述确定事物的特定倾向(表达性利益)和一定的言说能力,这种言说能力既包括生产无数语法正确的话语的语言能力,也包括在确定情境中充分运用这一能力的社会能力。另一方面,还存在着语言市场的诸种结构,它们把自己作为特定律令和审查制度的体系而施加影响。

作为语言惯习与它们为之提供产品的市场之间的关系这一语言生产与流通的简单模型来说,它既不寻求对关于这种代码的严格的语言学分析提出挑战,也不寻求取代它。但它确实使我们能够理解,当语言学只依赖于所涉及因素中的某一种时,它所遭受的那些错误与失败。它依赖的这种因素,就是一种严格意义上的语言能力,它被抽象地予以界定,而忽略了它所产生于其中的社会条件的所有因素。它竭力在其所有的并置的单一性(conjunctural singularity)中对话语作全面的说明。事实上,只要语言学家们还没有认识到构成其科学的这种局限性,他们就只能无望地在语言中寻找某种实际上是印刻在社会关系中的东西——而语言正是在这些社会关系内部发挥功能的,或者说他们是在从事一种社会学的工作但却对此一无所知;也就是说,他们冒着一种风险,即在语法本身中去发现其自发社会学无意中引入语法的某种东西,而除此之外,他们别无选择。

语法仅仅给予了意义很不完全的界定:只有在与市场的关系中,话语意义的完全确定才得以发生。构成关于意义的实践性定义的一部分(而不是最少的)决定因素是自动地并且是从外部来到话语中的。在语言流通中引发的客观意义首先是以区分性价值(distinctive value)为基础的,这种区分性价值来自言说者们在语言产品与其他产品之间有意无意建立起来的关联;其中,语言产品是由一位具有社会特征的言说者所提供的,而其他产品则是在一个确定的社会空间里被同时提供的。这种客观意义还基于下面这一事实以及与其相关的一个事实。这个事实就是,语言产品只有当其被作为一种信息来对待时,也就是说,只有当其被解码时,它才会作为信息而被完全认识到。与之相关的事实是,那些以其对所提供产品的创造性占有而接受信息的人,他们所使用的解释图式可能会在或多或少的程度上不同于那些对这种信息的生产起指导作用的解释图式。通过这些不可避免的影响,市场不仅在塑造象征性价值方面发挥着作用,而且还在塑造话语的意义方面起着作用。

　　从这一观点出发,我们可以对有关风格的问题进行再检验:这种"对语言常规模式的个体偏离",这种其去向是为话语赋予其独特属性的专门化的精工细作,是一种此时此刻感知着的(beingperceived)东西,它只是在与正在感知着的主体的关系中存在,它被赋予了各种区分性倾向,这就使其能够在不同的谈吐方式,即独特的言说风度之间做出区分(distinction)。因此,不管它是一个关于诗的问题(与散文相对),还是一个关于特定(社会的、性别的、代际的)阶层的词语选择问题(与另一阶层的措辞相对),风格都只是在与能动者的关系中才存在,这些能动者被赋予了感知与欣赏的图式,从而使其能够把风格构造成一套汇合起来理解的系统性差异。在语言市场上流通的并非是"语言"本身,而是以风格来标定的话语,这既指其生产的方面,即每一言说者都从普通语言中形成了一种个人语型(idiolect),也是指其接收方面,即每一接收者都通过把构成其单独的以及集体经验的所有东西附加于信息之上,从而有助于生产他所感知和欣赏的信息。

　　我们可以把我们所谈到的关于诗的话语的见解延伸到所有话语中去,因为当其成功时,它最高程度地表现了下述效果,即把那些个体之间各不相同的经验唤醒。如果说,外延代表着"对所有言说者来说都共同的稳定部分",而内涵与之相反,指的是个体经验的单独性,那么这是因为,内涵是在一种具有社会性特征的关系上形成的,而信息的接收者们则把其象征性占有手段的多样性引入到这种关系中来。交流的悖论是:它预设了一个共通性的媒介。但是,正如我们在某种限定性案例——其中,就像在诗中常见的那样,其目标在于传递情感——中所清楚地见到的情形,这一媒介只有通过引出与复兴那些独特的、并且因为独特而被社会所标示了的经验时才能发挥作用。在辞典中那些通用词语——作为各种实践关系中性化的产物,它们在这些实践关系中发挥着作用——是不具有社会性的存在的:在实践中,它总是与各种情境掺杂在一起,以致它在形形色色的市场中所保持的相对不变的核心意义有可能会不为人们所注意。正如旺德里埃斯[1]所指出的,如果词语总是立即呈现出其全部意义的话,那么话语就将成为无休无止的双关语了。但是,就像法文动词"*louer*"(租借,源自"*loccre*")和"*louer*"(赞扬,源自"*laudare*")的情况那样,如果它所带有的所有意义都是完全独立的,那么所有的双关语(尤其是意识形态类的双关语)都将不可能存在。一个词语的不同意义是在其不变的内核与不同市场的特定逻辑之间的关系当中被界定的,它们本身客观地处在与市场的关系中,在这个市场中,最普遍的意义得到了界定。它们只是对于学术思维而言才是同时存在的,而这种学术思维是通过截断语言能力与市场之间的有机联系来阐明词语的意义的。

合法语言在社会中是普遍存在的,在这种社会普遍存在性中,有一种固有的一词多义的情形;这种一词多义含有各种可能性,通过对这些可能性加以利用,宗教与政治便获得了其最为成功的意识形态的效果。在一种区分性的社会里,被称为"普通"名词的东西,例如工作、家庭、母亲、爱,等等,在现实中带有不同的甚至是相互对立的意义,因为同一个"语言共同体"的成员所使用的是或多或少相同的一种语言,而不是数种不同的语言。语言市场的一体化意味着,对于每一个符号来说,都无疑存在着越来越多的意义。米哈伊尔·巴赫金(Mikhail Bakhtin)提醒我们,在革命性的情境中,普通的词语带上了相反的意义。事实上,不存在任何中性的词语:例如,研究表明,那些最常用的表达品味的词在不同的社会阶层中常常具有不同的、有时是相反的意义。例如,"*soigné*"(整洁的、干净的、谨慎的)一词被小资产阶级称许性地加以运用,但却被知识分子所拒绝,因为对他们来说,准确地讲,这一词语唤起了关于小资产阶级的所有东西,他们精神的卑下和猥琐。宗教语言的多义

---

[1] 旺德里埃斯(Joseph Vendryès,1875—1960),法国语言学家、古典语言和居尔特语专家,主要从事普通语言学和印欧语言学以及社会语言学的研究。语言学中社会学学派的代表人物之一,主要著作有《语言论》、《古爱尔兰语语法》等。——中译注

性,还有它所产生的对诸对立面的统一或对分化的否定这种意识形态方面的
效果,来自下面这一事实:那些在社会空间里占据不同位置的言说者,对于普
通语言进行着生产与接受的活动;在这种活动中,隐含着一种"再解释"的过
程,这种再解释也因而被赋予了不同的意图和旨趣;宗教语言则以牺牲这种
再解释为代价,力图向所有的群体进行言说,并且所有的群体也都在说这种
语言。这一点不同于诸如数学那样的语言,后者只有通过对数学家群体的同
质性严加控制,才能确保"群体"这一词语的单义性。在与科学相同的意义和
条件上看来,被称为"普适性的"宗教实际上并非是普适性的。

无论什么时候,只要我们想在有着部分或完全不同旨趣的能动者或能动
者群体之间确立一种实践上的共识,就必须求助于中性化的语言。当然,首
先是在合法的政治斗争中是如此,但在日常生活的各种事务与相互交往中,
情形也依然如此。不管所使用的可能会是什么样的语言,各个阶层之间(或
者,在殖民或半殖民社会中的各个族群之间)的交流,总是代表着一种对这种
语言来说是关键性的情境。它倾向于促使人们复归到那种最明显地充满着
社会性内涵的意义上来:"当你在一个刚离开乡村的人在场的情况下使用
paysan(农民)这个词语时,你永远不会知道他将如何看待这一词语。"因此,
再也不存在什么单纯的词语了。这种揭露的客观效果,便是破坏了日常语言
表面上的统一性。每一个词语、每一种表达方式,都面临着一种危险,即都带
有两种相互对抗的意义,这反映了它们被其发出者和接收者所理解的方式。
这种言语自动作用的逻辑,不知不觉地把人们引回到了词语的日常用法中
去,带上了所有与之相联系的价值观和偏见。这种逻辑隐藏着恒久性的"欺
骗"危险,而这种欺骗则能够立即摧毁那种通过相互调适的策略而谨慎维持
下来的一致性。

但是,如果一个人把政治与宗教语言的象征性效验简化为一种误解的效
果,而这种误解导致在各方面都对立的个体在同一信息中认识自己的话,那
么他就不可能完全理解这种象征性效验。专门化的话语能够从社会空间的
结构与社会阶层场域的结构之间所暗藏着的对应中获得其效验。社会空间
包括政治场域、宗教场域、艺术场域、哲学场域等等,在其内部,这些专门化的
话语被生产出来;而这些专门化的话语的接收者们则处于社会阶层的场域之
中,并且根据这种场域来解释所接收到的信息。构成各专门化场域及社会阶

层场域的各种对立之间的这种同源性,是一种固有的模棱两可的根源,当各种圈内话语在所限定的场域之外传播,且经历一种自动概化的过程,使其不再仅仅是支配或被支配的能动者在特定场域内部的言辞,而是变成对所有支配或被支配的个体都有效的陈述时,这种固有的模棱两可尤其明显。

事实仍然是这样的,即社会科学必须要考虑到语言的自主性、其特殊的逻辑及其特有的运作规则。尤其是,如果不考虑下面这一经常被证明的事实,即语言乃是范例性的形式机制,其生成潜能是无穷的,那么我们就不能理解语言的象征性效果。没有什么不能被说的东西,却有可能什么也没说。通过语言,也就是说,在语法的限度内,一个人可以说出一切东西。从弗雷格[1]以来我们就已经知道,词语可以无需指代任何东西而仍然具有其意义。换句话说,形式上的严密性可以掩盖语义上的任意性。所有的宗教神学以及所有的政治神正论都利用了下面这一事实,即语言的生成潜力可以超越直觉或经验证实的限度,生产出形式上完美无瑕而语义上空洞无物的陈述。仪式是关于强置(imposition)情境的限定性案例,其中,通过一种可能很不完美的技术能力的演练,一种社会能力——被赋予了言说权而且是具有权威的言说权的合法言说者的社会能力——得以操演。邦弗尼斯特[2]指出,在印欧语言中,用来表达法律的词语与动词"说"有关。因此,那种正确的言论,也就是那种形式上正确的言论,它宣称自己言说了正确的东西,也就是言说了事物所应该具有的情形,而且这种宣称有相当大的成功机会。那些像马克斯·韦伯那样把巫术的或者卡里斯玛(charisma)式的集体盟誓或神判的法律,置于与以可计算性和可预测性为基础的理性法相对立位置上的人们,忘记了下面这一点,即那种最严格意义上的理性化的法律,从来都只不过是一种可以奏效的社会巫术行为。

合法的话语是一种创造性的言语,它使其所要说的东西得以成立。这是所有那些施事话语(performative utterance),例如祈福、诅咒、命令、祝愿或者羞辱,所要达到的终极目标。换句话说,与所有那些只记录了一种预先存在

---

〔1〕 弗雷格(Friedrich Ludwig Gottlob Frege,1848—1925),德国数学家、逻辑学家。著有《概念演算》、《算术基础》和《算术基本法则》。——中译注

〔2〕 邦弗尼斯特(E. Benveniste,1902—1977),法国语言学家,法兰西学派的语言学派的第三代。其观点接近于布拉格学派,对功能语言学的发展有一定的贡献。——中译注

条件的派生性、观察性的陈述不同，正是这种神圣的言辞，这种具有神圣权力的言辞，如同康德归之于上帝的本原直观（*intuitus originarius*）那样，创造了它所陈述的东西。我们永远不应忘记的是，通过生产那种为集体所承认并且因而能够被实现的关于存在的表征，语言生产着存在，从这种力量中，语言获得了无限的生成性的同时也是创造性的——康德派意义上的——潜能；由于它具有这种潜能，对关于绝对权力的梦想来说，语言无疑是首要的支持力量。

合法语言的生产与再生产

> 如您所说的那样，我的有教养的爵士，应该有法律来保护所获得的知识体系。
>
> 以我们的一个好学生为例来说吧：他勤奋而谦虚，从最早的语法课开始他就已经有了一个记满短语的小笔记本。
>
> 在他专心跟老师学了 20 年之后，他已成功地建立起一个开业运营的智力储备库，难道这种智力储备库不正像房子或金钱那样是属于他的吗？
>
> ——P. 克洛代尔[1]，《缎子鞋》（*Le Soulier de Satin*）

"语言构成了一种财产，所有人都可以同时使用，而不会使其储备有任何减少，因此，这种财产容许为一个完整的共同体所共享；对所有人来说，自由地参与到对这种共有财富的利用中来，这在无意中促进了它的保存。奥古斯特·孔德[2]把象征性的占有描述为一种神秘的参与，可以被普遍、一贯地获取，从而排除了任何形式的剥夺的可能性。通过这种方式，孔德提出了一种关于语言共产主义错觉的示范性表述，这种错觉困扰着所有的语言理论。这样一来，索绪尔无需提出关于语言占有的社会与经济条件的问题，便对此做出了解决。与孔德相同，索绪尔是借助于有关财富的隐喻来做到这一点的，他把这一隐喻不加区分地运用到"共同体"和"个体"上：他谈到了"内心财

---

[1] 克洛代尔（Paul Louis Charles Maeiw Claudel，1868—1955），法国诗人、剧作家。曾任驻中国领事和驻日本、美国、比利时等国大使。《缎子鞋》是他的代表作。——中译注

[2] 奥古斯特·孔德（Auguste Comte，1798—1857），法国哲学家、社会学家、实证主义的创始人。——中译注

富"、"被语言实践积存于那些属于同一个共同体的主体中的财富"、"个体语言财富的总和"以及"积存于每个大脑中的印记的总和"。

乔姆斯基的功绩就在于,他明确地认为,在其普遍性的意义上,正在言说的主体具有索绪尔传统所心照不宣地赋予他的完美能力:"语言理论所首要关注的是一个完全同质的言语共同体中的理想的说者—听者,他们对其语言有着完美的了解,而且,在其把这种语言知识运用于实际的操作时,他们并不受诸如记忆限度、分心、注意力或兴趣转移以及误差(偶然的或特征性的)这类语法上不相关的条件的影响。在我看来,这就是现代普通语言学的创立者们所持的观点,而且,还没有人提出令人信服的理由来对之加以校正。"简而言之,从这一观点来看,乔姆斯基学派所谓的"能力",只不过是索绪尔所谓的语言(langue)的另外一种名称。语言是一种"普遍性的财富",是整个群体的集体财产。与此相对应,存在着语言能力,它或者是语言这种"财富"在每一个个体身上的"积存",或者表现为"语言共同体"的每一个成员对这种公共利益的分享。这种词汇上的转换掩盖了一种虚设权(fictio juris),通过这种权力,乔姆斯基把合法话语的内在规律转化成了恰当语言实践的普遍规范,避开了关于合法能力之获得及市场之建立的经济与社会条件的问题,而关于合法与非法的界定,正是在这种市场中得以确立并且得以强加的。

官方语言与政治一体性

语言学家只不过是将一种预先建构好了的客体并入到他们的理论中来,从而忽略了关于这种建构的社会规律,掩盖其社会起源。作为对这一点的例证,没有比索绪尔《普通语言学教程》中的这一节更好的例子了。在此节中,他讨论了语言与空间的关系。索绪尔力求证明,并不是空间界定了语言,而是语言界定了其空间。他注意到,无论方言还是语言,都没有自然的限度,通过那批愿意使自己成为其承载者的言说主体,语音创新(比如,用"s"代替拉丁文的"c")靠其自主逻辑的固有力量决定着其自身的传布范围。这种历史哲学使得语言的某种内在动力成为其传布限度的唯一原理,掩盖了特定的一体化的政治过程,通过这种政治过程,一批特定的"言说主体"实际上是受到诱导去接受官方语言的。

索绪尔的语言是一种既合法又可交流的代码,它能够独立于其使用者("言说主体")及其使用(言语)而存在与维持。这种语言实际上具有所有那些一般被归之于官方语言的特性。同方言相反，它得益于制度性的条件，这些条件对其普遍化的整理与强制推行来说乃是必需的。因此，它在一定政治权威的整个管辖范围内为人们所（或多或少地完全）了解与承认，反过来，它也有助于强化这种作为其支配性的源泉的权威。它是通过在"语言共同体"的所有成员中保证最小的交流来实现这一点的。从布龙菲尔德[1]以来，这种语言共同体被传统地定义为一个"使用同一语言符号系统的人群"，这种最小的交流则是经济生产，乃至象征性支配的前提条件。

不经过进一步的具体化而谈论语言，就像语言学家们所做的那样，就意味着心照不宣地接受一个政治单位的官方语言的官方定义。在那个单位的区域限度内，这种语言把自己作为唯一合法的语言强加给整个人群，那些在法文里被描写为更官方的[officielle，此词是对于讲英语的语言学家们所使用的"formal"（官方的、正式的）一词的非常精确的翻译]情境中尤为如此。它由那些拥有写作权威的著作者生产出来，由那些对这种语言的掌握同样负有反复灌输责任的语法学家和教师予以整理和固定下来。作为一种符码（cipher），这种语言使声音与意义之间建立起各种等价关系；作为一套规范系统，它调节着各种语言实践。从这两种意义上来说，它就是一种代码（code）。

官方语言既在其发生方面，又在其社会使用方面，与国家有着密切的关系。正是在国家形成的过程中，受官方语言支配的一体化语言市场得以建立的那些条件才被创造出来。在官方场合与官方场所（学校、公共行政机关、政治机构等）中，这种国家语言是必须使用的语言，因此，它就成为一种理论规范，一切语言实践都要接受其客观的衡量。不懂这些规则并不能成为借口；这种语言法则有其法官群体（语法学家）以及进行管理与推行的代理人（教师），他们被普遍赋予了权力，对言说主体的言语行为进行检验，并使之受到有关学术资质的法律认可。

为了使一种表达方式在其他表达方式中（在双语情形中的一种特定的语言，在分化为各阶层的社会中的一种特定的语言运用）把自己作为唯一的合法者予以强制推行，语言市场必须统一，（阶层、区域或族群方面的）不同方言

---

〔1〕 布龙菲尔德（Leonard Bloomfield，1887—1949），美国语言学家，美国描写语言学派的结构主义语言学派的创始人，著有《语言论》等。——中译注

必须受合法语言或用法的实际衡量。单一的"语言共同体"乃是政治支配的产物，这种政治支配由各种制度无休止地再生产出来，而这些制度则能够强加一种对于支配性语言的普遍认同。对于各种语言支配关系来说，向着单一的"语言共同体"的一体化乃是其得以建立的条件。

"标准的"语言：一种"被规范化了的"产物

在大规模的工业出现以前，不同的行业构成了马克思所谓的如此众多的分立的"圈地"，与此相似，直到 18 世纪以前，奥依语（langue d'oil）[1]的诸地方性变体在一个教区与另一个教区之间也各不相同。对于区域性的方言而言，今天的情形仍然如此，而且，就像方言学者的地图所显示的那样，音位学、词法学以及词汇学的特性是以各种模式分布的，这些模式从来就不是完全附加性的，它们只是通过很罕见的巧才与宗教的或行政管理的边界相一致。事实上，由于缺乏写作上的客观化，尤其是缺乏那种与官方语言的建立不可分割地联系着的准合法的编纂，"语言"仅以实践性的状态而存在，也就是说，仅以如此众多的语言惯习以及这些惯习的口头产物的形式而存在，这些惯习至少部分地被和谐地结合了起来。只要一种语言仅仅被期望用来保证在那些来自相邻村落或不同地区的人们之间的（非常罕见的）接触中达成一种最小程度的相互理解，那么人们便会毫无任何疑问地使一种用法成为另外一种用法的规范（尽管存在下述事实，即人们所感知到的差异还可能作为一种借口，用来宣称一种用法比另外一种用法更优越）。

直到法国大革命以前，语言统一的过程一直是与君主国家的建构过程携手并进的。"方言"（它们常常具有某些被归于"语言"的特性，因为它们当中大部分语言以书面的形式被人们用来记录协议，即地方性的联合备忘录，等等。）和"文学语言"[比如奥克地区（pays d'oc）[2]的诗话语言]，就像那些迥异于在其流行的整个区域内所使用的每一种方言的人工语言一样，自 14 世纪以来，至少在奥依地区的中央各省内，逐渐让位

---

〔1〕 奥依（oil）是中世纪法国卢瓦尔河以北地区的用语，表示"是"（即法文中的"oui"）的意思。奥依语即上述地区的方言。——中译注

〔2〕 奥克（oc）是中世纪法国卢瓦尔河以南地区的用语，即"是"（同"oui"）的意思。奥克语指的是上述地区的方言，奥克地区即指上述地区。——中译注

于那种在巴黎有教养的圈子里发展起来的通用语言,这种通用语言在其被擢升至官方语言的地位之后,以一种由学者们所赋予它的形式,亦即书面应用的形式,为人们所使用。与此相关的是,地区性"方言"所遭受到的社会贬值使其产生了分化(与其对书面形式的拒弃相关联)和内部瓦解(通过词汇与句法的借用),结果,所有的地区性的方言都被取代了,它们的通俗的与纯口头的运用退化成了土语(*patois*)。在被抛弃给农民之后,它们被加上了负面的和贬义的界定,与高贵的或文学的运用相对立。在其他许多例证中,关于这一点的一个标志就是指定给土语这一词语的意义的变化。它不再表示"难于理解的言说",而开始指代"诸如普通人那样的污浊、粗俗的言说"〔菲勒蒂埃词典,1690(Furetière's Dictionary,1690)〕。

在奥克语(*langue d'oc*)的诸地区,语言情境就非常不同了。直到16世纪,随着一种与皇室权力相联系的行政管理组织的逐渐建立(包括大批下级行政管理机构、代理官员、监督官员、地方行政长官等的出现),巴黎方言才开始在法律文件中取代各种奥克语方言。无论是在行政、政治甚或是文学的文本中〔在旧制度(*ancien régime*)〔1〕期间,方言文学仍然继续存在〕,将法语强加作为官方语言并没有导致诸方言书面运用的完全废止,并且其口头运用也仍然居于优势地位。一种双语情境趋于产生。较低阶层,尤其是农民,被限制在地方性方言的范围内;而贵族、工商资产阶级,尤其是文人小资产阶级〔确切地说,是指那些对阿贝·格雷瓜尔调查(Abbé Grégoire's survey)作出回应,并在不同程度上念过耶稣会大学(这些耶稣会大学是施行语言统一化的机构)的人〕却远比前者更为经常性地拥有运用书面或口头的官方语言的机会,与此同时,他们还掌握着方言(这种方言在大多数私人性的甚至是公共性的情境中仍然使用),在这样的情境中,他们理所当然地履行着中介者的职能。

对于教士、学者或教师这些地方性资产阶级的成员来说,他们的地位来自他们对表达工具的掌握,他们可以从法国大革命的语言统一政策中获得一切。官方语言向国家语言地位的擢升赋予了他们那种事实上

---

〔1〕 旧制度,指法国 1789 年前的王朝。——中译注

的对于政治,以及更一般意义上的对于同中央政府及其代表的交流的垄断,这种垄断界定出了在法兰西共和国之下的地方显贵人物。

同方言和土语相对,合法语言的强加乃是那种旨在通过对"新人"的生产与再生产,而使大革命的成果恒久化的政治策略的组成部分。孔狄亚克(Condillac)的理论把语言看成一种方法,从而使人们有可能把革命语言与革命思想等同起来。要改革语言,使之去掉那些与旧社会联系着的用法,以净化了的形式将之强加于它,即意味着要强加一种其本身即要被剔除和净化的思想。如果把语言统一政策仅仅归为这块领土内不同部分之间进行交流的技术性需要,尤其是巴黎与外省间进行交流的技术性需要,或者把它看成意在摧毁"地方特征"的国家集权化的直接产物,这将是天真幼稚的。革命的知识精英的法语同土语之间的冲突乃是一种对象征性权力的争夺,其中,争夺的焦点在于对心智结构的形塑与重塑。简而言之,这不仅仅是一个交流的问题,而且是一个为一种新的权威语言争取认可的问题。这种对新权威语言的认可,包括对其新的政治词汇、进行讲说与谈论的术语、隐喻、委婉语及其所表达的社会世界的表征的认可。由于这种新权威语言所表达的社会世界与新群体的新旨趣相联系,因此,它是无法用那些同农民群体的特定兴趣相联系的用法所塑造出来的地方习语来表达的。

因此,只有当人们对"民族"这一以法律为基础的完全抽象的群体的制造创造出新的用法和功能时,锤炼出一种标准的语言才成为绝对必要的行为。就像其要为之服务的官方用途那样,这种标准语言不受个人感情的影响,也不具有个性特征。而且,由于同样的原因,它还肩负着使语言惯习产品规范化的使命。辞典就是关于这种编纂与规范化的劳动的典型结果。通过学术式的记录,这种辞典集合了在一定时间进程中所积累起来的全部语言学资源,特别是关于同一词语的所有可能的用法(或者关于同一意义的所有可能的表达法),把那些社会上不一致,甚至互相排斥的用法并置起来[其程度可以达到将那些超出可接受范围之外的用法标上一种表示排除的记号,诸如 *Obs.*(已废弃不用)、*Coll.*(俗语)或 *Sl.*(俚语)]。由此,它给出了如索绪尔所理解的那种相当确切的语言形象,即"个体语言宝库的总和",这种形象被加以预置,以起到一种"普适性"代码的功能。被规范化了的语言能够不受压制地发挥其功能,且无需情境的帮助,而且,它适合于被任一发出者和接收者所传达与解码,而他们可能对彼此一无所知。因此,这种语言符合科层制政治的可预测性和可计算性的要求,这种可预测性和可计算性预设了普适性的办公人员与当事人的存在,他们只具有那些由对其地位的行政界定所指派给他们的身份,而没有任何其他的性质。

在使一种官方语言得以建构、合法化和强加的过程中,教育制度起到了一种决定性的作用:"塑成了各种相似性,从这些相似性中,那种作为民族黏合剂的意识共同体得以产生。"乔治斯·戴维(Georges Davy)进一步阐述了学校教师的作用,他们是教授言语的教师,因而也是教授思考的教师:"按照其职能,他(小学教师)日复一日地同每一种思想和每一种情感的表达能力,即语言打交道。在其把同样清晰、确定的语言教给那些仅对之有模糊了解甚或讲说各种不同方言或方言土语的孩子们时,他已经在使他们非常自然地以同样的方式来看待事物和感受事物了;因而,他所从事的乃是建造民族共同意识的活动。"在涂尔干的意义上,作为一种"智力与道德整合"的工具,沃尔夫的语言理论[1]——或者,如果你愿意的话,可将其称之为洪堡特语言理论——乃是这种教育观的基础,它与涂尔干学派的共识理论有着一种同源关系,这种同源关系还在"代码"(code)这一词语从法律向语言学的转换中[2]显示了出来。与那种隐含着某种低等性的会话语言相对,书面语言被认同为正确的语言,而符码(cipher)则统治着书面语言。正是在"符码"的意义上,代码在教育制度中,且通过教育制度获得了法律的力量。

在整个 19 世纪,教育制度的运作规模在范围和强度上都有所增加,毫无疑问,这直接有助于降低大众通俗性表达方式的价值,将其作为"俚语"和

---

〔1〕 沃尔夫的语言理论(the Whorfian theory of language)也叫萨丕尔-沃尔夫假说,由萨丕尔(Sapir,美国语言学家、人类学家,描写语言学派中观念主义语言学派的创始人)和沃尔夫(Benjamin Lee Whorf,美国人类学家,担任过保险公司化学工程师,业余研究语言学,并且与萨丕尔一起创立了观念语言学派,提出语言相性原理)提出。在他们之前,德国语言学家洪堡特提出了类似的观点。他们认为,说话者的语言通过语言系统中可能存在的语法范畴和语义分类,决定着说话者的世界观。这种语言系统是说话者同其本族文化一起继承下来的。他们还宣称,如果不同语言之间的文化只有部分一致的话,那么这些语言间的翻译就会受到严重的妨碍。这些观点与普适性语法(universal grammar)的原则是相互对立的,后者强调,语法特征对所有语言来说都是共同的。——中译注
〔2〕 英文单词"code"的法律学含义指"法典"、"法规",其语言学含义则为"代码"、"密码"等,这里的转换即指"code"一词在这两种含义之间的转换。——中译注

"无法了解的话"而予以摒弃(这一点可以从教师们对学生的作文所作的边注中看出来),并强加一种对于合法语言的认同。但是,毫无疑问,恰恰是学校制度与劳动力市场之间——或者更确切地说,教育(与语言)市场的统一与劳动力市场的统一之间——的辩证关系在使方言贬值以及建立新的语言实践等级的过程中起着最有决定性的作用。其中,教育(与语言)市场的统一与在全国范围内对有效的教育资格证明的引进相联系,这种教育资格证明同其持有者的社会的或地区的特征无关(至少在官方是如此);而劳动力市场的统一则包括国家行政机关和文职公务机关的发展。为了诱使那些拥有被支配语言之能力的人们参与到对其表达工具的瓦解中来,比如说,出于或多或少要增加自己的孩子们在教育市场中的价值的明确意图,他们力图向他们的孩子们讲"法语",或要求他们在家里讲"法语",因此,就有必要把学校制度理解为跻身仕途地位的首选(实际上也是唯一的)途径,这种仕途地位在那些工业化发展程度最低的地区是更加具有吸引力的。这种各方面的情况复合在一起的情形,更常见于"方言"地区(法国东部除外),而不是法国北方的土语地区。

市场的统一与象征性支配

事实上,我们固然不能忘记,那种被语言学家们作为一种自然的事实而予以接受的政治上的统一意志(这种统一意志在其他场域,比如法律界,也很明显)对语言的建构所起的作用,但是我们也不应该把它看成造成支配性语言的使用得以普及化的唯一因素。这种普及化乃是象征性商品市场的统一过程的一个维度,它伴随着经济的统一,还伴随着文化生产与流通的统一。这一点可以在婚姻交换市场的案例中清楚地看到。在婚姻交换的市场中,"产品"以前只在地方性市场的被保护起来的封闭性圈地内进行流通,有其自身的价格形成规律;现在,由于支配性评价标准的普及以及"农民价值观"的信誉的丧失,导致农民的价值暴跌,而农民则常常被注定了要过独身禁欲的生活。在一切实践场域(体育运动、歌曲演唱、衣帽服饰、住房建筑等等)之中,都可以见到经济和文化商品的生产与流通的统一过程,这一过程使得惯习生产的早期模式以及惯习的产品逐渐退化。关于下面这一点是很清楚的,即为什么如社会语言学家们所经常观察到的那样,妇女更倾向于采纳合法语言(或合法发音):因为她们既受制于劳动的性别分工,又被婚姻的逻辑所驱动,从而倾向于顺从语言的主导性用法。劳动的性别分工使得她们在消费场域更为专长,而婚姻的逻辑即使不是她们实现社会攀升的唯一途径,也是其主要途径。从其入学伊始,妇女们便已预先倾向于接受象征性商品市场中的新需求。

因此,与市场的统一相伴随的支配性总是通过一整套特定的制度与机制来施加其影响的。国家的特定语言政策,甚至压力群体[1]的公开干预,仅构成了这套制度与机制的最为表层的方面。这些机制预设了政治或经济之统一的存在,并且反过来促进了对这种统一的强化,这一事实绝不意味着要把官方语言的进展归因于合法或准合法的强制措施的直接效果。(这些措施所予以强加的最多只是合法语言的获得,而不是对合法语言的普遍运用以及由此而来的对这种语言的自发性再生产。)就那些服从于象征性支配的人们而言,所有的象征性支配都预设了某种形式的同谋关系的存在,这种同谋关系既不是对外界强制措施的被动服从,也不是对价值观的自由信奉。对于官方语言合法性的认定,与一种公开宣称的、深思熟虑的并可放弃的信仰,或与对一种"规范"的有意识的接受行为之间没有任何共同之处。这种认定以一种实践的状态印刻在各种性情倾向之中。这些性情倾向经过一个长期而缓慢的获得过程,被语言市场所调整,因而,它们无需任何愤世嫉俗的算计或者可以被人们的意识所体验到的强制就被加以调整了,使之适应于物质与象征性利润的机会,这种机会是由作为一个特定市场的特征的价格形成法则客观地提供给特定语言资本的拥有者的。

确切地说,象征性支配的独特之处恰恰在于下面这一事实,即它在那些服从于这种象征性支配的人们当中塑造出一种态度,这种态度对通常的自由与强制的二分法提出了挑战。惯习的选择(比如,在合法言说者在场的情况下使用"标准的"小舌音"r",而不使用卷舌音"r")是通过性情倾向,在没有意识或强制的情况下实现的。尽管这些性情倾向无疑是社会决定论的产物,但它们也是在意识与强制的影响范围之外得以形成的。我们有一种固有的倾向,就是把对原因的探求简化为对责任的求索,这种倾向使我们无法看到下面这一事实,即胁迫,这种并没有认识到它是什么(一定程度上,其并未隐含

---

〔1〕 压力群体(pressure group)指的是资本主义国家中为了影响政策或舆论而组织起来的群体。——中译注

任何胁迫行为)的象征性暴力,只能被施加在一个(在其惯习中)先已安排好要感觉到它的人的身上,而其他人则会对之视而不见。下列说法在一定意义上是正确的,即造成这种胆怯的原因在于胁迫情境或胁迫者(他可能会否认自己具有任何胁迫意图)与被胁迫者之间的关系,或者更确切地说,与生产它们的各种社会条件之间的关系。因此,我们必须一点一点地将整个社会结构考虑进来。

完全有理由认为,在惯习的形成中,那些最有影响力的因素并不是通过语言和意识,而是通过各种暗示被加以传递的。这些暗示被印刻在日常生活的各种事物、情境以及实践的显然最不重要的方面之中。因而,实践的各种形式,如看、坐、立、静默甚或言说的方式("责备的目光"或"口吻"、"不满的眼神"等等)都充满了各种禁令,这些禁令力量强大而不容置疑,无法确然地加以抗拒,因为它们是无声而隐秘、坚决而潜藏的。(正是这种秘密代码,在家庭单位所特有的危机中,例如在婚姻危机或者青少年危机中,受到了人们的公开谴责:在反叛暴力与引发这种暴力的原因之间存在着明显的失衡状况,这种失衡状况来源于下面这一事实,即那些最平淡的行动或言辞现在被从其所是的事物的角度来看待——被看成禁令、胁迫、警告、恐吓——并由此而遭受到谴责,而且,因为它们继续隐含在意识的水平之下,并且在其所引起的反抗行为之下起作用,所以这种谴责也就益发强烈。)暗示的权力是通过事物和人来施加影响的;而且,它并不告诉孩子必须做什么,而是通过告诉他他是什么,从而引导他最终成为他所必须要做的那种人。暗示的权力乃是一切象征性权力发挥效力的条件,在获得这种暗示的权力之后,各种象征性权力便能通过一种被预先安排好要对其作出反应的惯习来起作用。两个人之间的关系可能会是这样的:其中一个人只是在要对另外一个人强加影响时才出现,他甚至不必出现,更不用说明确发出任何指令了。这种指令乃是对于情境及其自身的一种界定(比如,受到胁迫)。由于不必陈明,这种指令就益发绝对和无可置疑。

被这种无声的、看不见的暴力所压榨出来的认同表现在明晰的陈述中,比如那些使得拉波夫(Labov)能够对如下这点加以确认的陈述,即人们可以在那些来自不同阶层,因而在其对"r"这一音素的实际生产方面也不相同的言说者中,发现对音素"r"的相同的评价。但是,这种认可从来没有像其在处于被支配地位的言说者们对自己的言语行为所做的一切校正（不管这种校正是特殊的还是永久性的），或在由此产生的混乱中表现得那样明显。在其绝望地力求对自己的言语行为加以校正时，那些处于被支配地位的言说者们自觉或不自觉地对其发音中被刻上烙印的方面，即其措辞（包括各种形式的委婉语）和句法进行了各种校正；而由此所产生的混乱则使其说不出话、结结巴巴、不知道说些什么，仿佛他们突然被剥夺了其原本的语言。

……

文学场域与为了获得语言学权威的斗争

这样，通过语言学场域的结构——这种结构，在设想当中，是基于语言资本（或者换一种说法，吸收客体化的语言资源的机会）的不平均分布之上的，是关于特定的语言权力关系的系统——这一媒介，表达风格的空间结构按照其自己的方式再生产了差异的结构，而正是这种差异的结构客观地分割了存在的状况。为了充分理解这一场域的结构，尤其是在语言生产的场域之中那些其生产被限制了的亚场域的存在（这种亚场域的根本属性源自这一事实，即其中的生产者，首先并且最重要的是为了其他生产者而进行生产的），有必要在以下两点之间作出区分：一方面是或多或少合法的普通言语的简单再生产所必需的资本；另一方面是生产值得出版发行，即值得出版正式化的书面话语所需要的表达工具（以对图书馆中的以客体化形式积存的资源，例如书籍，尤其是"经典著作"、语法书和词典的挪用为先决条件）的资本。这种生产工具的生产，例如修辞手段、流派、合法的风格方式，以及更为通常地，所有注定为"权威性的"并且被作为"妙用"的范例而被引用的格式，把一种凌驾于语言之上，并且由此而凌驾于语言的一般使用者及其资本之上的权力，授予那些致力于此的人们。

合法语言自身并不包括那种能够确保其在时间中之永恒性的权力，就如它不具有那种界定它在空间中的扩展的权力一样。只有发生在不同权威之间的永无休止的斗争之中的连续不断的创造过程（这些权威，在专门的生产场域内，为了获得对强加合法表达方式的垄断权而彼此竞争），才能确保合法语言及其价值（也就是赋予它的认可）的永久性。这是场域的一般属性之一，即为了特定的赌注而进行的斗争掩盖了对游戏潜在规则的客观共谋。更为准确地说，斗争趋向于通过再生产——首要的是在那些直接卷入其中的人们当中,但又并非仅仅是在他们当中——对游戏及其赌注的价值的实践性信奉,不断地生产和再生产游戏及其赌注,因为正是这种实践性的信奉界定了对合法性的认可。如果我们开始争论的不再是这位或者那位作者的风格的价值,而是这种关于风格的争论的价值时,文学世界会是什么样的景象?当人们开始怀疑蛋糕是否值得为其配上蜡烛时,游戏就结束了。作家们之间关于写作的合法艺术的斗争,正是通过这种斗争的存在本身,既促进了合法语言——按照其与"通用的"语言之间的距离来界定的——的生产,又促进了对其合法性的信仰的生产。

　　作家、语言学家和教师们,以其个人能力,有可能施加于语言之上的权力,并非是象征性权力的问题;而且毫无疑问,这种权力将比他们能够施加于文化之上的权力(例如,通过强加一种可能改变"市场状况"的合法文学的新定义)有限得多。其实,这是他们独立于任何对区分的有意追求,而对一种独特的语言的生产、神圣化和强加所做贡献的问题。在集体劳动之中,也就是在那种通过斗争——为了贺拉斯〔1〕所谓的仲裁、公正与规范的语言而进行的斗争——而追寻的集体劳动之中,作家,也就是具有或多或少权威的作者,不得不认真考虑语法学家的意见,因为后者拥有对合法的作家与合法的作品予以神圣化和法则化的垄断权。语法学家们,通过从所提供的产品中选择那些在他们看来是值得神圣化,值得通过教育灌输汇总入合法能力之中的东西,并且为了这一目的,使它们承受正规化和规则化的过程——这种过程的目的是有意识地使它们成为可吸收的,并且因此是易于再生产的——而在建构合法语言的工作中发挥了自己的作用。至于语法学家自己,他们有可能在已有建树的作家和学术界当中找到联盟,而且他们还具有建立规范和强行施加规范的权力,倾向于通过将语言的某种特定用法合理化,并且"给予其合理的理由",从而使这种用法得以神圣化和典范化。在这样做的过程中,通过为可以接受的发音、词汇或者表达的场域划定界限,以及确定一种已

---

〔1〕 贺拉斯(Horace Mann,1769—1859)美国教育活动家。1843 年赴欧洲考察教育,把裴斯泰洛齐的教学法介绍到美国。推广公共学校制度,有"美国公共教育之父"之称。——中译注

经审查和清理了所有通俗用法的语言,尤其是最新近的那些,语言学家们帮助确定了不同语言使用者的语言产品在不同市场上将会得到的价值。

与权威之间不同权力关系的构造相对应的各种变化——这些权威由于赞赏大相迥异的合法准则,而在文学生产场域中不断地彼此冲突——不能够掩盖结构的恒定性,这种恒定性在最为多样的历史情况中,迫使倡议者(这些倡议者的目的是宣称并且使自己具有对语言的立法权并且使这种权力合法化,同时还要驳斥对手的要求)退至同样的策略和同样的争论。这样,在反对高等社会的"优雅风格"和作家自称拥有良好天赋的艺术声明时,语法学家总是援引"合理的用法",即来自对构成语法的"理性"和"品位"的原则知识的"对语言的感觉"。相反,作家——其主张在浪漫主义时期最为自信地表达了出来——则乞灵于天赋而非规则,并且嘲笑那些被雨果蔑视地称为"语法主义者"的清规戒律。

任何一个致力于文学斗争的行动者可能永远都不会去考虑被支配阶级的客观剥夺(当然,总会有一些作家,例如雨果,宣称要"改革词典",或者寻求模仿通俗言语)。但是这一事实仍然存在,即,这种剥夺是与职业人员群体的存在不可分割的。这些职业人员客观上具有对合法语言的合法使用的垄断权,他们为自己的使用创造了一种特殊的语言,这种特殊的语言在阶级之间的关系中,以及在他们对语言王国所发动的斗争中,预先倾向于完成——作为副产品——一种区分的社会功能。更进一步,它并非是与教育系统的存在毫无关联的;而教育系统则肩负着以语法的名义审核异端产品和灌输阻碍进化法则之影响的特定标准的责任,仅仅通过灌输,它便使支配性用法作为唯一合法的用法而得以神圣化,从而在把语言的被支配用法建构为如此的方面发挥着举足轻重的作用。但是如果我们把艺术家或者教师的行为直接与它客观上形成的影响——即由文人语言的存在所导致的普通语言的贬值——联系起来,很显然就会漏掉最根本的一点:那些在文学场域里发挥作用的人们,之所以有助于象征性支配,仅仅是因为这一事实,即他们在场域里的位置以及与这种位置相关的利益,驱使他们去追逐一些外在的效应,这些效应不应他们自己和其他人所识,它们是这一误识的副产品。

标志着语言之优秀特征的属性,可以归纳为两个词语:区分与正确。文学场域所做的工作,通过诉诸一系列的派生做法——其基本准则从最常用的即"共通的"、"普通的"、"粗俗的"用法中进行派生——创造出一种初始语言的表面现象。价值总是来自派生,无论是否是有意的,是相对于那些最广泛的用法——"普通之处"、"平常感觉"、"琐屑的"短语、"粗俗的"表达、"流畅的"文体——的派生。在语言的使用中,就如在生活方式中一样,所有定义都是相对的。"讲究的"、"精选的"、"雕琢的"、"缥缈的"、"华丽的"或者是"卓然不同的"语言,包含着对另外一些如"平常"、"日常"、"普通"、"口头"、"会话"、"随便的语言"以及此外如"通俗的"、"原始的"、"粗野的"、"粗俗的"、"无条理的"、"松散的"、"微不足道的"、"笨拙的"语言(更不用说那些无法言喻的"唧唧咕咕"、"混杂语"或者"俚语"了)的否定性指涉(用来称呼它的词语本身就证明了这一点)。产生了上述一系列词组的那些对立,由于来自合法语言,因而是按照处于支配地位的使用者的观点来组织的,它们可以简化为两组对立:"独特的"与"庸俗的"(或"稀有的"与"平常的")之间的对立,以及"紧张的"(或"持续的")与"放松的"(或"松弛的")之间的对立;它们无疑代表了那种最初的、非常普遍的对立的特定的语言学版本。看来,隐藏于阶级语言等级之后的准则,无非就是它们所展示的控制的程度,以及它们所假设的正确性的强度。

依此类推,合法语言是一种半人工化的语言,它必须由持久的校正努力来维持,而这一任务就同时落在言说者个人,以及专门为此而设计的制度身上了。通过语法学家不断地确定和规范合法的用法,通过教师以无数的校正行为推行和灌输它,教育系统趋向于——在这一场域中如在其他地方一样——生产出对它自己的服务和产品的需求,也就是对校正劳动和校正工具的需求。合法语言在时间上(或空间上)的(相对)连贯性来自这一事实,即它不断地得到延长的灌输劳动的保护,这种保护是针对着对努力和紧张的节省倾向的,而这种节省则导致了,比如说,类推的简单化(analogical simplication)(例如法语中的不规则动词——用"*vous faisez*"和"*vous ditez*"代替"*vous faites*"和"*vous dites*")。更有甚者,正确的也即校正过的表达,其社会属性的根本部分来自这一事实,即它只能由对学术规则拥有实践性的掌握能力的言说者所生产;而这种学术规则是通过一系列的规范化程序精确地建构起来的,并且是通过教师的工作而被生动地灌输的。事实上,所有制度化的教学法的两难处境就在于,其目标是把那些原则,即由语法学家们通过回顾性的系统化和规范化劳动从专业人员书面表达(过去的)的实践中抽象出来的那些原则,牢固地树立为在实践状态中发挥作用的图式。"正确的用法"乃是一种能力的产物,这种能力是一种合成的语法——这里的"语法"一词是精确地(但并非如语言学家对这一词语的使用一样严谨)以其学术规则系统的真实含义而使用的——从已表述过的话语中追溯既往,并且为即将表达的话语确立了必须遵守的规范。因此,除非我们不仅考虑到文人语言及其语法生产的社会条件,而且还把这种学术规范作为言语生产和评估的准则得以强加和灌输的社会条件纳入考虑,否则我们就不能充分解释合法语言的属性和社会影响。

语言学场域的动力学

语言学资本的传递法则是文化资本在代别之间合法传递法则的一个特例,由此就可以断定,由学院标准衡量的语言能力,像文化资本的其他方面一样,依赖于(按照所取得的资格来衡量)教育水平和社会轨道。这是因为,对合法语言的掌握可以通过熟悉化来获得,即通过或多或少延长受合法语言熏陶的时间,或者通过对明确的规则——与获得方式的类别相对应的表达方式的主要类别,换句话说,是与生产合法能力的两种主要因素(即家庭与教育系统)之间结合的不同形式相应的表达方式的主要类别——的有意灌输来获得。

从这一意义上来说,语言社会学,就像文化社会学一样,从逻辑上来说是与教育社会学不可分割的。作为一个严格地受合法文化的护卫者裁决的语言市场,教育市场严格地受支配性阶级的语言产品的支配,并且趋向于支持在资本方面先已存在的区别。低弱的文化资本和与之相伴随的并不试图通过教育投资来提高它的倾向,其联合影响注定了不具备优势的阶级要受到学院市场的否定性裁决,即由缺乏成功而导致的排斥或者早期的自我排斥。因此,由于灌输的时间长度趋向于按照其效率而有所不同,所以最初的悬殊趋向于被再生产出来;那些最难于并且最不能接受和采纳学校语言的人，也就是那些受这种语言以及受教育的告诫、校正和认可时间最短的人。

假定教育系统拥有获得了授权的权威，这种权威是致力于在语言方面持久灌输的一般过程所必需的，并且假定它的这种灌输的强度和持久性倾向与言说者所继承的文化资本成正比例变化，由此就可以推断出，文化传播的社会机制趋向于再生产那种结构失衡，即在非常不平均分布的关于合法语言的知识，与对这一语言更加统一的认识之间的结构性失衡。这种失衡在语言场域的动力学中是决定性的因素之一，并且由此在语言变化中也是如此。作为这些变化的最终源泉的语言斗争，以言说者实际上对权威的用法有同样的认可但是对这一用法的知识却非常不一样为先决条件。因此，如果小资产阶级的语言策略，尤其是其刻意校正的趋势——即"文化善意"的典型表示，在所有实践场域中都有很明显表现——有时被看做语言变化中的主要因素，这是因为，在知识与认可，在渴望与满足这些渴望的手段之间的失衡，一种引发了紧张与矫饰的失衡，在社会空间的中间区域中最为显著。这种矫饰，一种正是在通过占用它来否定它的努力中所揭示出来的对区分的认识，把一种永久的压力引进到了竞争的场域之中，而这不可避免地，为那些拥有被社会认同为有杰出的独特性标志的人引入了新的区分策略。

小资产阶级的刻意校正从最被神圣化的合法用法的仲裁者——院士、语法学家、教师——中寻求典范和校正工具，这种校正按照与通俗的"粗俗性"和资产阶级的"独特性"之间的主观与客观的关系而得到界定。因此，这种（对资产阶级的）同化努力以及同时的（对于较低阶级的）异化努力对语言的变化所作的贡献，要比它从较少能力的语言拥有者那里所引发出的异化策略明显得多。对小资产阶级言说者的努力与语言紧张的最明显标志的有意无意的回避（例如，在法国与旧式校长相联系的过去历史性的口语用法），可以导致资产阶级和知识分子走向有控制的刻意校正，这种校正把自信的放松与对学究式准则的傲慢在最危险境地所展示出的从容联结在一起。在一般的言说者趋于放松的时候表现出紧张，在他们流露出费力的地方表现出轻巧，紧张中的放松是与小资产阶级或通俗的紧张与放松绝对不同的：这些就是所有通过不断的价值颠倒而引起的无休止的讲究的区分策略（绝大多数时候都是无意识的),而这种价值颠倒则倾向于阻止对语言风格的非相关属性的追求。

  这样,为了解释可以在美国和法国同时观察到的知识分子所采用的新的讲话风格———一种有些迟疑,甚至犹豫畏缩的、疑问的方式("不是吗?"、"是吗?"、"好吗?",等等)———我们必须考虑到整体的用法结构(structure of usages),因为这种讲话的风格是相对于这种用法结构而有所区别地界定的。一方面存在着一种与被贬值了的职业角色形象相伴随的旧的学院派方式(伴随法国较长时期存在的不完善的虚拟语气表达法等);另一方面是由更广泛的学术用法的扩展所导致的,其范围从"自由的"用法———一种趋向于成为小资产阶级新特征的紧张与放松的混合体———到一种过分提炼的言语的刻意校正(这种言语形式立即被那种太显而易见的、作为小资产阶级向上流动的标志的野心所贬值了)的小资产阶级的新用法。

这些区分的实践仅在其与可能的实践场域相联时才能得到理解,这一事实并不意味着这些实践必须被追踪到一种有意识地使自己与之不同的想法。所有的理由都可以使我们相信,它们根植于独特性标志(语言的或其他的)的稀缺以及这种标志随着时间而进化的实践意义之中。通俗化的词语丧失了歧视的权力(discriminatory power)[1],并且因此趋向于被看做在本质上是平庸、普通和容易得到的———或者(鉴于扩展是与时间相关的)被看做陈词滥调的。无疑,正是由于反复接触的厌倦与稀缺感的结合,共同导致了向着更为"突出的"风格特征或者朝向共通特征之稀有用法的无意识的转移。

  因此,区分性的偏离就是那种虽然意图废除这些偏离,但是实际上却倾向于再生产它们(这是一种两难困境,但是当我们一旦认识到恒定状态有可能预设了变化时,就丝毫不会感觉奇怪了)的无休止运动的驱动力。支撑着语言之不同用法的变化的同化和异化策略,不但不会影响语言的不同用法的

---

  [1] "歧视"在经济学中是一个常用的术语,用来表示差别对待的意思,例如价格歧视等等。在此处"歧视权力"一词是指具有独特性的词语能够获得差别利润,而已经通俗化的词语则丧失了这种权力。———中译注

分布结构,而且依此类推,也不会影响关于独特偏离的(表达风格)系统的系统(正是在这一系统中,那些用法在其中得以表现出来),而且它们还趋向于再生产它(尽管是以一种表面上不同的形式)。鉴于变化的原动力恰恰是整个语言场域,或者更为精确地说,是在建构这一场域的竞争性关系的系统中不断地被引发出来的整个系列的行为与反应,所以这种恒久运动的中心在所有地方,同时又不在任何地方。那些仍旧停留于文化扩散的哲学——这种哲学是基于"两步流动(twostep flow)"或"向下流(trickle-down)"的水力学设想的基础之上的——之中,并且仍旧坚持要在语言学场域中给变化原则确定一个明确的位置的人们,将总是会大失所望。被描述为扩散现象的东西,无非就是由竞争性斗争所导致的一个过程,这种斗争通过无数的同化和异化策略(分别与那些在社会空间和时间中在他之前或在他之后的人相对),使每个能动者不断地改变其真实属性(这里指发音、措辞、句法手段,等等),而同时,恰恰是通过参加这一赛跑才保持了支撑这一赛跑的差别性。当人们知道了这一点,即寻求改变它的策略的逻辑与目的为结构自身所控制——这种控制是通过完成策略的能动者在结构中所占据的位置来实现的——时,合法语言之运用的社会价值所具有的这种结构的持续性就是可以理解的了。"互动论者"的探讨,由于没能超越在直接可见的直接性中来理解行为与反应,当然不能够发现,不同能动者的语言学策略是严格地依赖于他们在语言学资本分布结构中的位置的;而这种位置,又反过来通过获准进入教育系统的机会结构,依赖于阶级关系的结构。因此,互动论根本不了解这种深层次的机制,而正是这种机制,通过表面的改变,趋向于再生产出关于各种区分性偏离的结构,并且趋向于使那些拥有稀缺的并且因此也是拥有独特能力的人,维持其利润的自然增长。

二、言语与象征性权力

社会科学处理那些已命名的、已分类的现实,它们带有各种专门名词和普通名词以及称号、符号和缩略词。冒着为它们并不了解其逻辑和必然性的建构行为不明智地承担责任的风险,社会科学必须将有关命名(naming)的社会操作以及使命名得以完成的制度仪式作为其研究对象。但是在更高层次上,它们必须研究词语在社会现实的构成中所扮演的角色,以及作为所有阶级斗争的一个方面,关于分类的斗争在阶级构成方面的作用——这些阶级既有按照年龄、性别或者社会地位界定的,也有按照氏族、部落、种族群体或者民族界定的。

就社会世界而言,新康德主义理论给予了语言,以及更为普遍地,给予了表达,以一种在现实构成方面的具体的象征有效性,这是相当正确的。通过构造社会代理人对社会世界的观念,命名行为帮助确定了这个世界的结构,并且这种命名行为越是被广泛认可,即被授权,它所发挥的作用就越发重要。只要环境允许,没有一个社会代理人不渴望具有命名并且通过命名创造世界的权力:流言、毁谤、谎言、辱骂、称赞、批评、争论以及夸奖都是正式的和集体的命名行为的日常的、琐细的表现,无论它们是赞美还是谴责,都是由被广泛认可的权威所施行的。与具有普遍意义的普通名词——它们带有整个群体的一致意见或者共同看法,简而言之,它包括通过一个被认可的代表授予一个官方头衔(类似于学术上的资格证明)的命名或者任命的官方行为——相反,带有辱骂特征的"修饰性的名词"(如"白痴"、"混蛋"),具有非常有限的象征有效性,就像个人习语(*idios logos*)一样,只涉及提供它们的人。但是二者的共同之处都具有一种可以被称为施事性的或者巫术性的意图。像命名一样,辱骂属于一类具有或多或少社会基础的制度行为或者匮乏行为(acts of institution and destitution),通过它,个人以自己的名义或以集体的名义——按照该集体的规模和社会重要性,这种行为也具有与之相应的或多或少的重要性——行动,并且对某人暗示他拥有这样或那样的独特属性,同时还对他暗示他必须按照由此分派给他的社会实质去处事。

简而言之,社会科学必须在其关于社会世界的理论之中加入一种关于理论影响的理论,因为理论通过强行施加具有或多或少权威性的观察社会的方法,帮助构成了这一世界的现实。词语,或者更不用说,格言、谚语和所有已经成为俗套的或者被仪式化了的表达形式,都是感觉的程序,也是日常生活中象征性斗争的不同的、或多或少被仪式化了的策略,正如那些重大的集体命名或者任命的仪式——或者,更加明显地,关于具体政治斗争的看法和预见的冲突——一样,它们暗示了一种要求,即要求象征性权威作为被社会认可了的力量,强行施加某种对社会世界的看法,也就是强行施加对社会世界的某种分类。在施加合法观念的斗争中（在这里，科学自身不可避免地也被卷入到斗争之中了），代理人具有与其象征性资本成比例的权力，即与其从群体所获得的认可成比例的权力。隐藏于言辞的表达有效性之下的权威是一种被觉察的状况，是一种被知晓，这种知晓允许一种被觉察的东西被实施，或者更准确地，允许作为常识基础的关于社会世界意义的一致意见被正式实施，即在每个人面前并且以每个人的名义。

施事性巫术的秘密由此就在职位的秘密（"mystery of ministry"，使用接近中世纪宗教法规学者之心的双关语）〔1〕中解开了，即在表征（在这一措辞的不同意义当中）的炼金术中，通过它，代表们创造了创造他们的群体：被赋予了代表群体讲话和行动的全部权力的发言人，最初是通过口号和标语的巫术作用于群体的，他是群体的替代者，而此群体只有通过这种代理才存在。群体造就了人，而这个人则使虚构的人物具体化，他从分立个人的简单聚合状态一跃而出，使他们通过他来行动和说话，"就像一个人一样"。相对地，他接受了以群体的名义说话和行动的权力，"把他自己当做"他所具体化了的群体，等同于"他所为之奉献了身体和灵魂"的功能，由此将一个生理实体赋予了一个构成性实体。地位就是法官（*Status est magistratus*）；"朕即国家（*l'Etat，c'est moi*）"。或者，换一种说法，世界就是我的表征。

权威化的语言：使仪式性话语有效的社会条件

> 假设，例如我看到造船台上有一艘船，就走过去打碎挂在艏柱上的瓶子，宣称"我命名这艘船为斯大林号"，并且为了加重分量而踢走垫木：问题是，我并不是被选来为它命名的那个人……
>
> ——J. L. 奥斯汀（J. L. Austin），《如何以言行事》
> （*How to Do Things with Words*）

对于词语之权力的幼稚疑问，合乎逻辑地暗含在对语言之运用的质疑的压抑中，因而也对词语得以运用的社会条件的质疑的最初压抑中。一旦我们把

---

〔1〕 "ministry"的意思是"教士或者公使的职位"。这句话的意思是说代表的代表性地位是造成他所具有的表达性魅力的缘由。因为该词所具有的"教士职位"与"公使职位"的双重含义，所以"ministry"一词在这里发挥了一种双关语的作用，因此说是"接近宗教法规学者之心的双关语"。——中译注

语言当做一种自主的客体来对待,接受由索绪尔所做出的对内部语言学和外部语言学的根本区分,对语言之科学和语言的社会运用之科学的根本区分也就注定了要在词语内部寻找词语的权力,即在它并不存在的地方寻找它。事实上,表达的话语施事力量并不能在该词语,例如"施事性"这一词的内部找到,尽管在这一词语的两种含义中指示出了,或者更确切地说,表征了那种力量。只有在特殊的例子中(在实验所创造的抽象的和人为的场合中),象征性交换才被降格为单纯的交流关系,信息的资料性内容才会占尽交流的内容。词语的权力只不过是发言人获得了授权的权力而已,他的发言——即其话语的内容以及与其不可分割的讲话方式——只不过是一种声明,除其他内容外,它声明的是关于赋予他的授权保证。

当奥斯汀(还有他后来的哈贝马斯)以为自己在话语自身之中——就好像是在言语的具体语言物质之中——找到了话语有效性的关键时,他以一种最为成功的方式表现出了其所犯错误的本质。通过试图从语言学的角度理解语言表达的力量,通过在语言之中寻找隐藏于语言惯习的逻辑和有效性之中的规律,人们往往会忘记,权威是来自语言之外的;这是一个被荷马史诗中传给将要开口的讲话者的权杖所具体证明了的事实。语言至多也只是代表了这种权威,表现了它,并且把它象征化了。这里有一种作为所有制度话语之特征的修辞法,也就是说,一个被授权的发言人在一个严肃的场合表达他自己的正式话语,具有一种其限制与其机构的授权程度相一致的权威。刻画了神父、教师以及更普遍地,所有制度,例如那些被日常化、格式化和中性化的制度的语言的风格特征,都来源于这些被赋予了一定代理权威的人们在竞争性的场域中所占据的位置。

这还不足以说,像人们有时为了避免单纯从内部接近语言时所固有的困难而做的那样,决定性的言说者在一个决定性的环境中,以其风格、修辞和社会标志的身份所做的对于语言的运用,为词语提供了一种与特定上下文紧密相关的"内涵",把给予话语"话语施事力量"的剩余含义引入到了话语之中。实际上,对于语言的运用,其方式与其话语的内容一样,取决于言说者的社会地位,因为社会地位决定了言说者使用制度语言也即官方的、正统合法的话语的机会。正是这种使用合法表达工具的机会,以及因此而产生的对于制度之权威的参与,制造出了所有的、不能就此简化为话语差别的差别,即在那种直截了当地伪装顶替,把施事话语伪装成是描述性的或者论断性的陈述,与在授权和制度权威之下所做的同样被授权的伪装之间的差别。而发言人正是一个被赋予了权杖的顶替者。

如果,按照奥斯汀所观察到的,那种其角色不仅是"描述事物的状态或者陈述某种事实",而且是要"施行一种动作"的言说是存在的,那么这是因为,词语的权力在于这一事实:即它们并非仅仅是代表作为这些词语的"传达者"的个人而宣布出来的,授权的发言人只能使用这些词语以作用于其他能动者,并且通过其他能动者的行动,作用于事物本身,这是因为,在他的言说中集中包括了群体累积的象征性资本,即选举他并且由他作为其权威化的代表的群体所累积的象征性资本。社会物理学的规律只是从表面上看来与物理学规律无关,某些特定口号所具有的、自己不需费力就能促成其他人努力的力量——这正是巫术行动的目标——根源于群体通过努力累积起来的资本,其有效使用从属于一整个系列的社会条件,正是这些社会条件界定了社会巫术仪式。为了使施事话语成功所必须满足的大部分条件,落到了言说者之适合性的问题——或者,更确切地说,他的社会功能——和他所说话语之功能的问题上。每一次,当施事话语由不具有宣布它的"权力"的人所宣布时,都注定会失败;或者,更为通常的情况是,每一次当"给定状况中特定的人和条件"不符合行使特定程序的要求时,它注定会失败;简而言之,每一次当言说者不具备吐出他所说字句的权威时,此施事话语必定失败。但是或许我们需要记住的最重要的事情就是,这种社会巫术运作的成功——由权威的行动,或者由与其相当的、由经过授权的行为所构成的——取决于构成社会仪式的一系列互相影响的条件的结合。

显然,只要人们没有在话语特征、宣布它们的人的特征和授权给他宣布它们的制度的特征之间建立关联,那么所有要在不同形式的争论、修辞和风格的具体语言逻辑中寻找它们的象征效力源泉的努力都注定会失败。奥斯汀界定施事话语之努力的局限(也是其旨趣)就在于他并未确实地在做他所认为自己正在做的事,这也就使他不能够将其贯彻到底。他自认为在语言哲学方面有所贡献,但他实际上是在创造一套关于特定阶级的象征性表达的理论,依此理论,权威的话语只是一种范例的形式,并且其特定的效力来源于以下事实,即他们看上去在其自身之中就拥有一种权力的源泉,而实际上这种源泉是存在于其得以生产和接受的制度条件之中的。

　　权威话语(例如报告、布道等)的特殊性在于,它不仅需要被理解(在某些时候它虽然没有被理解但是仍然具有力量),而且它仅在被认可为权威话语的时候才能发挥其特殊的效果。这种认可——无论是否伴同着理解——只是在特定条件下以一种被认为理所当然的方式给予的,也就是说,这些条件界定了合法的用法:它必须由法律许可这样做的人说出,即拥有权杖的人,被认知为能够生产和被许可能够生产这种特殊类别的话语的人:牧师、教师、诗人等:它必须在合法的环境中说出,也就是说它必须在合法的接收者面前(谁也不可能在内阁会议上宣读一篇达达主义的诗歌)说出;最后,它必须按照合法的形式(句法、语音,等等)说出。我们称之为礼拜仪式的条件的东西,即控制着权威的公开表现形式的一整套规定,例如正式的礼仪、姿势的规则和正式规定的礼节,很显然只不过是一个因素,尽管是最明显的因素;而在条件的系统之中最重要的和最必不可少的东西,是那些在误识和相信的意义上,生产出认可的性情倾向的因素,也就是将其权威授予获得了授权的话语的权威委任。而专门集中于正式条件之上以寻求仪式的效力的人忽视了这一事实,即只要对这种仪式产生认可的条件未被满足,那么为了仪式话语有效运作,为了使圣礼既正确又有效而必须满足的仪式条件就是永不充足的:如果没有其所控制的诸因素的合作,如果没有能够产生这种同谋关系的基于误识——作为所有权威的基础——之上的社会机制的帮助,权威的语言就无法进行控制。为了测知奥斯汀与所有其他严格的形式主义者对象征性系统之分析所犯错误的重要性,只要证明权威语言仅仅是合法语言的一个限制性的例子就足够了。其权威并非如社会阶级的种族主义者所认为的那样,存在于一系列韵律与发音的区别上(正是这些特点,界定了优越的发音),或者句法的复杂性和词汇的丰富性之中,换句话说,即话语本身所固有的特点之中;而是存在于社会条件当中,这种社会条件是为了使各阶级对合法语言的了解与认可的分布得以生产与再生产所必须满足的。

　　这些分析在制度化了的信仰危机与仪式话语的危机——这两种危机是彼此支持的——的相伴发生中,找到了准实验性的例证。奥斯汀对施事话语的效力条件的分析,在其纯形式的创造性中看起来非常苍白和单薄,尤其是当我们把它同真实的分析与批评相比较时更是如此,这里所说的真实的分析与批评,是由教会里的危机引起的,它分出了宗教仪式的成分——成员、工具、时间、地点等——这些成分迄今为止一直都是不可分割地结合在一个系统里的,这个系统则与对其生产与再生产负责的制度一样,是内在一致的和统一的。从对所有对违反了传统礼拜仪式的事物的义愤列举中所展示出来的是一幅画面——一种逼真而生动的否定——一幅关于为了使仪式话语被认可,即被作为仪式话语接受所必须满足的一系列制度条件的图画。仪式若要正常运作并且发挥功能,它首先必须使自身呈现出合法性并被认为是合法的,它必须具有格式化的象征,这种象征可以准确地起到显示其代理人并非是在自己的名义下以自己的权威在行动,而是以其作为一名代表的资格在行动的作用。"两年前我邻居一位老妇人快要去世了,要我去请神父来。他来了,但是却没能给圣餐,举行完了最后的仪式,他吻了她。如果是我在人世的最后一刻请来神父,那可不是要他来吻我,而是希望他能给我带来通往天国的旅程所需要的。这个吻只是一种父亲式的表现,而不是神圣的教士的。"仪式象征以其自身的名义是无效的,只有在其代表着——在这一词的戏剧性意义上——授权时,才是有效的。对于控制着神圣姿势和言语的统一的礼拜仪式规则的严格遵奉,既构成了授权契约的展示,也构成其对应物,而这种契约关系则使得神父成为神之力量的化身和"操纵着救世本领的垄断权"的拥有者。相对地,抛弃权威的象征性属性,例如教士穿的黑长袍、拉丁语、献祭物与地点,就凸显为对古老代理契约——把神父和信徒通过教会这一中间媒介而联系起来的代理契约——的违背。信徒的义愤强调了这一事实:使仪式有效的条件,只能通过被赋予了掌握着其操纵权力的制度才能得以满足。在礼拜仪式危机中,至关重要的是整个条件系统,这些条件是为了使制度正常运作所必须满足的,即授权并且规范礼拜仪式之使用的制度,也是通过确保被选出来执行它的人的遵奉以保证其历经时间和空间而保持一致性的制度。这样,语言上的危机就暗示着确保合法的发出者与接收者的生产机制的危机。当愤怒的信徒们把仪式的混乱多样与信仰制度的危机联系起来时,他们并没有错:"每个教区的神父都成了一个小教皇或小主教,信徒们无所适从。一些信仰者面对这种变化的洪流,不再相信教会的稳固性和它拥有真理。"礼拜仪式的多样性,作为把神父与教会联系起来,并且由此而把神父与信徒联系起来的那种授权契约的再界定的最为清晰的表现,正以如此强烈的方式为一大群信徒与神父所体验着,因为它们揭示了教会内部权力关系的转变(尤其是在高级牧师和普通牧师之间的),而这种转变是与神父再生产的社会条件的变化(神父"职业感召"的危机)和世俗人员的变化("非基督教化")相关联的。

(节选自皮埃尔·布尔迪厄著:《言语意味着什么:语言交换的经济》,褚思真、刘晖译,商务印书馆 2006 年版,第 6—48,82—91 页。)

扩展阅读文献

1. Bourdieu,P. *In Other Words - Essay Towards a Reflexive Sociology*. Cambridge:Polity Press,1990.

2. Bourdieu,P. *Acts of Resistance - Against the New Myths of Our Time*. Cambridge:Polity Press,1998.

3. Bourdieu,P.. *Language and Symbolic Power*. Cambridge:Polity Press,1991.

4. Van Dijk,T. A. *Elite Discourse and Racism*. London:Sage Publications,1993.

5. 皮埃尔·布迪厄、华康德:《实践与反思》,李猛、李康译,中央编译出版社 1998 年版。

词·语言·历史

米歇尔·福柯

米歇尔·福柯(Michel Foucault,1926—1984),法国哲学家和思想史学家。毕业于法国高等师范学校,一生离经叛道。福柯继承结构主义和现代主义的传统,著有《词与物》、《知识考古学》、《临床医学的诞生》、《疯癫与文明》、《性史》等,主要关注的问题是权利、话语与事/史、权力以及知识的关系,强调话语的作用。他的工作对文学评论、哲学、历史学、科学史、话语研究有很大的影响。

葆 朴[1]

"然而,能够说明一切的关键部分,是各种语言的内在结构或者说是比较语法;它同为自然史带来了一片光明的比较解剖学一样,为我们研究语言谱系提供了一些全新的解决办法。"[2]

施莱格尔[3]十分明白,语法领域中的历史性的建构与关于生命物的科

---

〔1〕 葆朴(Bopp,1791—1867),法国语言学家,首次在动词与名词的形态中发现了名副其实的功能形式系统,由此成为无可争议的现代语言学之父。——中译注
〔2〕 F.施莱格尔:《论印度人的语言和哲学》,法译本,巴黎1837年版,第35页。
〔3〕 施莱格尔(Schlegel,1772—1829),德国作家、语史学家、文学批评家。——中译注

学中的历史性的建立依照的是同一种模式。说句实在话,这里面没有任何令人惊奇的东西;因为在整个古典时期,被认为是构成了各种语言的词语与被试图用来建构自然序列的特征都一致地具有同一种身份:它们的存在仅仅是凭借着它们所拥有的表现价值,凭借着它们的那种被承认的、相对于被表现事物而言的分析、重叠、复合和排列成序的力量。首先是伴随着儒绪厄[1]和拉马克,然后又伴随着居维叶,特征丧失了自己的表现功能,或者更准确地讲,如果特征仍然可以"表现"、仍然可以使毗邻关系或亲缘关系的建立成为可能的话,那并不是单单凭借着它拥有的可见结构以及构成了它本身的那些可描写成分;它之所以能够这样,是因为在这之前它已经首先地与一个整体性有机结构、与一种机能——它以直接的或间接的、主要的或属附的、"首要的"或"次要的"方式保障着这种机能——发生了联系。在语言领域中,词也几乎在同一时期经历了类似的转变:诚然,词仍然拥有某种意义,仍然能够在使用它或听到它的人的精神中"表现"某种东西;但是这种功用已经不再构成词的存在本身和词的基本构架,不再构成那种使词能够在句子内部找到自己的位置并使其能够在句子中与其他多少有些不同的词联系起来的东西了。如果说词今后还能够在一篇它想在其中讲出某件事情的话语中出现的话,那将不再是靠着它自身理所当然、生来具有的某种直接的推论性了。词所以能够这样,是因为恰恰在自己的形式当中,在构成了自己本身的那些声响中,在自己因行使的语法功能不同而经历的种种不同的变化中,最后在自己随着时间的流逝而顺从的那些改变中,它都服从着一定数目的严格规律,这些规律以相似的方式支配着同一语言的其余所有成分;结果,从今以后,词只有在首先已经是语言用来确定和保障自身的一致性的语法结构体之一部分时,才会依附在表现之上。为了使词能够讲出它讲的东西,就必须让它从属于一个语法整体,这个整体相对于它来说是第一性的、基础性的和决定性的。

词的这种位移,这种向后的、脱离开表现功能的跳跃绝对是18世纪以来西方文化中的重要事件之一。它同样也是发生得最隐蔽的事件之一。通常,大家总是愿意把注意力集中在政治经济学的最初时期,集中在李嘉图对地租及生产成本的分析上:在这里他们承认,这一事件产生过十分重要的意义,因

---

〔1〕 儒绪厄(Jussieu,1686—1758),法国医生、教授。——中译注

为渐渐地，它不仅使某种科学得到了发展，而且还导致了某些经济上的、政治上的跃变。同样，人们也没有太忽视自然科学所取得的那些新的形式；即使他们事实上是基于以今度古的幻觉而在牺牲居维叶的基础上过高估计了拉马克，即使他们事实上不大清楚"生命"已经随着《比较解剖学教程》第一次抵达了其实在性的门槛，他们至少也还是朦朦胧胧地意识到：西方文化自那一刻起就已经开始以新的目光来观看生命物的世界了。相反，印欧诸语言的分离、比较语法的建构、词形变化的研究以及元音交替和辅音变化之规律的表述——简言之，格林、施莱格尔、拉斯克[1]以及葆朴的全部语史学成就却依然停留在我们的历史意识的边缘，就好像它们仅仅为某种略显艰深，颇似左道旁门的学说提供了基础——就好像实际上通过它们发生了改变的，并不是语言的（而且是我们的语言的）整个存在样式。也许，我们在想方设法为这种遗忘寻找理由时不该置变化的重要性于不顾，相反我们却应该以这种重要性为基础，以这一事件一直不让我们的双眼——它们依然被自己所熟悉的光线笼罩着——看到的那种接近为基础。这是因为这一事件早在自己产生的那个时代就已经如果不是完全秘密地、至少也是相当审慎地被包裹起来了。语言存在样式中的那些变化或许类似于那些影响到发音、语法或语义的变化：它们发生得如此之快，以至于讲话者们永远也不可能清楚地领会它们，但他们的语言却已经运载着所有这些跃变；它们只能间接地、偶尔地被意识到；进而，人们的判定最终只能以一种否定的方式——通过对以前使用的语言的彻底的、直接可见的废弃——被指示出来。也许，一种文明不可能以主题的和实证的方式意识到，它的语言对于它的表现来说已经由于变得致密和获得了自身的分量而不再透明了。当人继续他的话语行为的时候，他怎么能够知道——如果不是通过若干得到了勉强的并且很坏的译解的迹象的话——语言（他所使用的那种语言）正在获得一个不可简约成纯粹推论性的维度呢？也许正是由于所有这些原因，语史学的诞生在西方的意识中一直要比生物学和政治经济学的诞生隐蔽得多——尽管它是同一场考古学剧变的一部分，尽管它带来的种种后果在我们的文化中，或者至少在贯穿着，支撑着这一文化

---

〔1〕 拉斯克(Rask,1787—1832)，丹麦语言学家，历史比较语法以及现代普通语言学的奠基人之一。——中译注

的那些潜层中伸展的还要远得多。

这种语史学实在性到底是怎么构成的？四个理论片段向我们展示了它在19世纪初叶，也就是在施莱格尔发表其《论印度人的语言和哲学》（La Laugue et la philosophie des Indiens，1808），格林发表其《德语语法》（Deutsche Grammatik，1818），葆朴出版其《论梵文的动词变位系统》（Systéme de conjugaison du sauskrit，1816）的时代的建构情况。

1. 这种理论片段涉及一种具体语言得以从内部显示自己的特征并使自己区别于其他语言的方式。在古典时期，人们可以依据多种标准来确定一种语言的个体性，这些标准包括：被用来构成单词的不同声音之间的比例（有一些语言以元音为主，另一些语言则以辅音为主），给予某一些类别的词的优越地位（具体名词语言、抽象名词语言，等等），表现种种关系的方式（通过介词或通过名词变格），为把单词排列成序而选定的配置形式（或者像法国人那样把逻辑主语放在首位，或者像在拉丁语中那样，给予最重要的词以优先位置）；就这样，人们区分了北方的语言与南方的语言，区分开了情感的语言与需求的语言，区分开了自由的语言和奴隶式的语言，区分开了野蛮社会的语言和文明社会的语言，还区分开了逻辑推理的语言和修辞推论的语言：各种语言之间的所有这些区别所涉及的，从来都仅仅是使它们得以分析表现进而把表现的各种成分组合起来的方式。然而从施莱格尔起，各种语言，至少是从它们的最一般的类型上来说，已经由它们把那些构成它们自身的那些纯词语成分彼此联系在一起的方式所决定了；毫无疑问这些成分中的某一些是表现性的，它们总而言之拥有一种可见的表现价值；但其他成分却不包含任何意义，它们的唯一用途是通过某种组合关系来确定话语统一体中的另一个成分的意义。被种种语言结合在一起以便构成命题句[1]和句子的，正是这种材料——这种由名词、动词，由一般意义上的词，同样也由音节、声音构成的材料。然而，这种由声音、音节和单词排列构成的物质统一体并不单单地被表现成分的组合规律支配。它拥有自己的原则，而这些原则又因语言的不同而各不相同：语法组合具有自己的规则性，这些规则性对于语言的意义并

---

〔1〕 在这里，"命题句"（proposition）一词既有逻辑上的"命题"的意义，又有语法中的"短句"的意义。——中译注

不透明，再者，由于意义几乎可以完整地从一种语言进入另一种语言当中，所以使一种语言的个性得以被确定的，正是这些规则性。每一种语言都具有一个自立的语法空间；我们可以侧向地，也就是说从一种语言到另一种语言地对这些空间进行比较，却不必经过一个公共的"中心场所"——那片由表现及其所有可能的更细微的分切构成的疆域。

语法成分之间的两种重要组合方式立刻就可以被轻易地区分出来。第一种方式是把这些成分并置起来进而使它们彼此限定；在这种情形中，语言是由许多通常都十分细小的尘埃一样的成分构成的，这些成分可以以各种不同的方式组合，但这些单位中的每一个都保持着自己的自立，因而也就保持着截断它刚刚在一个句子或一个命题句内部与另外一个单位之间建立的那种暂时的联系的可能。于是，语言就被它的单位的数目、被这些单位可以在话语中构成的所有可能的组合所规定；因而这里涉及的，是一种"原子的汇集"，是一种"由外部靠近而造成的机械性的聚合"[1]。在一种语言的各个成分之间还存在着另外一种联系方式，即词形变化系统；这种系统从内部改变那些最重要的音节或词——那些主干形式。这些形式中的每一个都自身携带着一定数目的、事先就被规定好了的可能变异；相应于句子中的其他词，相应于这些词之间的各种依赖关系或关联关系，相应于不同的毗邻关系和组合关系，这样一种或那样一种变异形式将被选用。从表面上看这种联系方式不如头一种方式丰富，因为它拥有的组合可能性从数目上来说要小得多；但在实际上，词形变化系统从来都没有以纯粹的、最干瘪的形式存在过；词干的内在变化使它能够附加地获得一些本身可以从内部发生改变的成分，因而"每一个都实实在在地是一个有生命的胚芽；因为，当各种关系被一种内部的变化所指示、词的发展又获得了一片自由天地的时候，这个词就可以以一种无限的方式伸展开来"[2]。

与这两种大的语言结构类型相对应的，一方面是汉语：在这种语言中"所有指称着时间或人称的变化的质词（particules）都是一些自身很完整的单音

---

〔1〕 F.施莱格尔：《论印度人的语言和哲学》，第57页。
〔2〕 F.施莱格尔：《论印度人的语言和哲学》，第56页。

节词,它们独立于词根而存在着"〔1〕;另一方面是梵语,"它的结构完全是有机的,也就是说这一结构可以借助词形变化、借助词根的内部变化和多种多样的交织方式而派生出许多分枝。"〔2〕其他所有语言,不管是何种类型的,都可以被排置在这两种主要的、极端的模式之间;每一种语言都必将拥有一个结构整体,这个结构体或者使它靠近两种极端模式中的一种,或者使它与两种极端模式保持等距而处于被如此规定的疆域的中央。离汉语最近的,是巴斯克语(basque)、科普特语(copte)以及美洲的各种土著语言。它们把分离的成分彼此联结起来,然而,后者已经不再像相同数量的不可减约的词语原子那样总是处于自由状态之中,它们"已经开始融合在词当中了"。阿拉伯语的特点表现为它是词缀系统和词形变化系统的一种混合;克尔特语(celtique)几乎纯粹是一种词形变化语言,但在它那里却依然可以找到"词缀语的残余"。人们也许会说,这种对立早在18世纪就已经是尽人皆知,大家自很久以来就能够把汉语词的组合与拉丁语和希腊语这样一些语言的变格和变位区分开。人们还会反驳说,施莱格尔建立的这种绝对的对立很早就遭到了葆朴的抨击:在施莱格尔看到两种根本不可能相互同化的语言类型的地方,葆朴却寻找着一个共同的起源;后者试图证实〔3〕种种词形变化不是原始成分的某种内在的、自发的发展,而是一些堆积到主干音节(syllabe radicale)上的质词:梵语中第一人称的 m(bhavâmi)或第三人称的 t(bhavâti)是将代词 mân(我)或 tâm(他)添加到动词词干上造成的结果。然而对于语史学的构建来说,重要的并不是去了解那些变位成分是否在或远或近的过去曾得益于某种具有自立价值的孤立存在;根本的东西,那种把施莱格尔及葆朴的分析与18世纪的、从表面上看来是先于它们的那些分析区分开的东西〔4〕是这样一种观念:原始音节在生长(通过内部的添加式增殖)的时候,不可能不伴随着词干中一定数量的有规则变化。在汉语这样一种语言中只存在着并置的规律;

---

〔1〕 这段引文据施氏著作的英文本译出。法文本为"Les particules qui elésignent les idées successives sont eles monosyllabes ayant leur existence à part. "(那些指称着各种承续的观念的质词都是一些独立存在着的单音节词)。"承续的观念"令人费解,因找不到德语原文,而英译文所讲与汉语实际情况相符,故据英译本译出。——中译注

〔2〕 F. 施莱格尔:《论印度人的语言和哲学》,第47页。

〔3〕 葆朴:《论梵文的动词变位系统》,第147页。

〔4〕 J. H. 托克:《飞翔的语言》,伦敦1798年。

但在那些词干处于生长状态中的语言里(不管这些词干是单音节的——像在梵语中那样,还是多音节的——像在希伯来语中那样),我们总会发现一些规则的内部变化形式。我们了解到,新的语史学现在拥有了这些用来为不同语言确定特性的内在结构标准,从而抛弃了 18 世纪实行的那些等级分类:那个时候被接受的观点是,某些语言比其余的语言更为优越,因为对表现的分析在这些语言中要么是更加准确,要么是更加细致。但是从现在起,所有语言都拥有同样的价值:它们所具有的,仅仅是一些相互差异的内在结构。正是由于这样,才出现了对稀有的、讲者寥寥无几的、"文明程度"很低的语言的好奇;拉斯克所进行的、遍及斯堪的纳维亚半岛、俄国、高加索、波斯以及印度的广泛调查正是这种好奇的明证。

2. 对于这些内在变异的研究构成了第二个重要的理论片段。语法在其对词源的探寻中当然也研究词与音节随着时间的推移而发生的转变。但那个时候的研究是受到局限的,原因有三。首先,它主要针对的是字母表上的字母的变形,而不是那些被实实在在地发出来的声音得以变化的方式。再者,这些转变在当时被看成是由字母之间的某种亲缘关系造成的,任何时候、任何条件下都永远可能的后果。当时被接受的是这样一种观点:p 和 b 或 m 和 n 是如此邻近,以致可以相互替代;而引起或决定着这些变化的,仅仅是这种可疑的接近以及这种兴许在发音或听觉中产生的混淆。最后,元音在古典时期被看成是语言中最变幻无常、最不稳定的成分,而辅音则被认为构成了语言的坚固框架(比方说,在希伯来语中,不就是可以免写元音吗?)

伴随着拉斯克、格林和葆朴,语言第一次(尽管人们已经不再想方设法把它简化成它起源时的种种叫喊)被当做一个由语音成分构成的整体来对待。在普遍语法看来,当口或唇发生的声响变成字母之际,语言便诞生了;但现在人们所接受的观点是:当这些声响衔接或分解成一系列彼此有别的语音的时候,就产生了语言。现在,语言的全部存在是鸣响。以上这些东西解释了以格林兄弟和雷努阿尔[1]为代表的那种对于口头文学,民间传说和口语方言的新的兴趣。(语言是在其最本原的状态中——即在言语中,在那个被书面语弄得十分干瘪并被它随时随地地凝固下来的言语中——被探寻着。)一整

---

〔1〕 雷努阿尔(Raynouard,1761—1836),法国悲剧诗人、作家。——中译注

套神话正在诞生：即关于语词的神话,关于诗的纯粹光芒——这光芒过往无踪,只在身后留下一阵片刻便停顿下来的颤音——的神话。在自身转瞬即逝却又深刻无比的声响中,言语变得至高无上。它的那些隐秘的、再度从预言家们的气息中复活的力量与书面语的玄妙有着根本的对立(哪怕是它们能够容忍若干交错);后者设想有某种秘密永远蜷缩在可见的迷宫的中央。过去,语言是一种或远或近,要么相似、要么任意的记号,波尔－罗亚尔逻辑(La Logique du Port-Royal)认为语言的直接和明显的榜样,是人的肖像或地图;现在它已经不再是这样一种记号了。它获得了一种颤动的属性,这种属性使它脱离可见的记号,从而接近音乐符号。正是由于这个原因,索绪尔才必须绕过这个对于19世纪的整个语史学至关重要的言语时期,以便越过那些历史形式,去重建一般意义上的语言的维度,并且越过这种遗忘而重新展开那个关于记号的古老问题——从波尔－罗亚尔时代起直到最后的那些理想主义的学者,这个问题都一直不停地活跃着整个思想界。

于是在19世纪开始了这样一种分析,它把语言当做一个由语音——从那些转写它们的字母中解放出来的语音[1]——构成的整体来对待。这种分析是在三个方向上进行的。首先是关于那些使用于一种语言中的不同声音的类型学:例如,对于元音来说,存在着单元音和双元音(比如 â、ô 这样一些延长音;或 æ,ai 这样一些二合化元音);在单元音中,存在着纯单元音(a,i,o,u)和屈单元音(e,o,ü)的对立;而在纯单元音中,有一些可以具有多种发音(比如 o)另一些则只具有一种发音(比如 a,i,u);最后,在那些只具有一种发音的纯单元音中,有一些容易发生变化并可以获得变音(a 和 u),而 i 则总是保持不变[2]。第二种分析形式所针对的,是可以决定一个语音所发生的变化的那些条件。一个语音在词中所处的位置本身就是一个重要的因素:一个音节如果处于词尾的话,那么与它构成词根时的情况相比,它更不容易使自己保持不变。格林说,词干中的字母的生命很长;而在词尾中的生命就要短得多了。不过,在此之外,还是存在着一些实实在在的规定因素,因为任何一

---

〔1〕 格林由于把声音和字母混为一谈而常常受到指责,(他把 Schrift[文字、字体]一词解析成了八个成分,因为他把 f 分解成了 p 和 h)。可见,把语言当纯粹的声音成分来看待在当时是多么困难。

〔2〕 J.格林:《德语语法》,1882年第二版,卷1,第5页。在1818年印行的第一版中,这些分析并不存在。

个音的"维持或变化……从来都不是任意的"。[1]"没有任意性",对于格林,意味着某种意义的规定(在许多德语动词的词干中,a与i的对立代表着过去时与现在时的对立)。对于葆朴来说,它是一定数量的规律所造成的结果。这些规律当中的一些规定着两个辅音发生接触时的变化规则:"因而当看到梵语只讲at—ti(他吃)却从不讲ad—ti(来自词根ad,吃)的时候,我们应该明白,造成这种从d到t的转换的是一条物理规律。"另外一些则规定着词尾对词干中声响的作用方式:"我所说的机械规律,主要指的是那些压力规律,特别是指人称词尾的重量对于前面的那个音节所施加的影响。"[2]最后是第三种分析形式,他针对的是发生在整个过程中的那些转变中的恒定现象。格林就此还为唇音、齿音和喉音制作了一张它们在希腊语、"哥特语"和高地德语之间的对应关系表:希腊人的p、b和f各自相应地变成了哥特语中的f、p、b以及高地德语中的b(或v)、f和p;希腊语中的t、d、th在哥特语中变成了th、t、d,在高地德语中则变成了d、z和t。通过所有这些关系,历史的发展途径得到了规定;各种语言不再服从外部尺度,不再服从人类历史中的那些事物,在古典思想看来应该从这些事物来解释这些语言所经历的变化;相反,各种语言自身拥有一种演化原则。无论在这里还是在别处,都是"自立性"[3]在规定着命运。

3. 辅音或元音变化的某种规律的这一定义使一种新的词根理论得以建立。在古典时期,词根是通过一个双重的恒量(constantes)系统来确定自己的位置的:这个双重的恒量系统包含着字母恒量和意义恒量,前者针对的是一群数目任意的字母(在必要的情况下哪怕只有一个字母),后者则把数量可以无限扩展的毗邻意义拢集在一个总的主题之下;在这两种恒量的交汇处,也就是在同一种意义通过同一个字母或同一个音节体现出来的地方,可以找到一个独立的词根。所谓词根,就是一个以某种最初的声响为基础,可以无限转变的表达性核心。然而,如果元音和辅音只能依照某些规律并只能在某些条件下发生转变的话,那么词根就必须是一种稳定的语言个体性(在某种限度之中的)这种个体性可以连同自己的那些或然的变异被分离出来,并以

---

〔1〕 J.格林:《德语语法》,1882年第二版,卷1,第5页。

〔2〕 葆朴:《比较语法》,巴黎1866年,第1页注解。

〔3〕 J.格林:《语言的起源》,法译本,巴黎1859年版,第7页。

自己的那些可能的不同形式构成了一个语言成分。为了确定一种语言的那些最初的并且是绝对简单的成分，普遍语法不得不一直追溯到想象中的接触点，在那里，还不具备词语性质的声音从某种意义上说触及着表现的生动性本身。但现在，一种语言的各种成分相对于它来说却是内在的（哪怕这些成分亦属于其他语言）：有一些纯粹的语言学方法被用来建立它们的恒常的组合方式以及它们的可能变化的表图。因而，词源学将不再是一种无限地退向某个充斥着自然界的最初叫喊的原始语言的进程；它变成了一种实实在在而又受到限定的分析方法，用来在词中重新找到作为这个词的构成基础的词干："只有在对各种词形变化和各种派生现象成功地进行分析之后，词的根才可以被揭示出来"[1]。

由此可以确立起这样一种看法：在某些语言，比如闪语系诸语言中，词根是双音节的（通常由三个字母构成）；在其他语言（印地—日耳曼语）中，它们规则地呈现为单音节。在后者中，有些词根由唯一的一个元音构成（i 是那些意味着走的动词的词干，u 则是那些意味着回响的动词的词干）；但在大多数情况下，这些语言中的词根携带着一个辅音和一个元音——这个辅音既可以是结尾的，也可以是起首的；在第一种情况中，也就是在辅音处于末尾的情况下，元音必须是打头的；在另一种情况中，元音后面可以跟随着另一个辅音作为它的依托（比如说，由词根 ma、mad 产生了拉丁语中的 metiri 以及德语中的 messen）[2]。同样这些单音节词根也可以发生重叠，比如说词根 do 在梵语中重叠成了 dadami，在希腊语中重叠成了 didômi，词根 sta 则重叠成了 tishtami 和 istémi[3]。最后的、也是最重要的一点是，词根的本性以及它在语言中的构成作用是以一种全新的方式被设想的：在 18 世纪，词根是一种基始性的名称，它们一开始就指称着某个具体事物，某个直接的表现，某个呈示给视线或随便哪一种意义的对象。在那个时候，语言是在用命名来规定特征的游戏的基础上建立起来的；派生扩展着它的能力范围；抽象使形容词产生出来；这时，只要把另一个不可简约的成分动词是的那至关重要的单调功能添加到各式形容词之中，就足以构成"可变位词"这个类别了，——它们就好

---

〔1〕 J. 格林：《语言的起源》，第 37 页，还可参见《德语语法》卷 1，第 588 页。
〔2〕 J. 格林：《语言的起源》，第 41 页。
〔3〕 葆朴：《论梵文的动词变位系统》。

像是由动词是和品质词（épithète）压缩而成的词语形式。现在葆朴当然也承认各种动词都是由动词与词根凝结成的混合物，然而他的分析在许多根本点上不同于古典模式：他的分析不涉及对赋予动词是以系词功能和命题意义的那种潜在、隐匿和不可见的添加；他的分析首先涉及的，是一个词干与动词是的多种形式之间的物质性接合：梵语的 as 再现于希腊语不定过去时的 sigma 以及拉丁语逾过去时或先将来时的 er 当中，梵语的 bhu 则再现于拉丁语将来时和不完全过去时的 b 当中。其次，把动词是附加到一个词干上的根本用途，是赋予这个词干以确定的时间和人称（由动词是的词干构成的词尾另外还携带着人称代词的词尾，如 script－s－i）。再者，一个品质词转变为动词的原因并不是由于添加了动词是；词干本身就拥有某种动词的意义，而那些从是的变法派生出来的词尾添加给它的，仅仅是人称和时间的变化。所以最初，动词词根所指称的并不是"东西"，而是动作、过程、欲望和意愿；正是它们——这些动词词根——在获得某些源自动词是和人称代词的词尾之后变成了可以发生变位的动词；而它们一旦获得其他本身也可以发生变化的后缀，则又将变成可以发生变格的名词。所以，现在必须以一种更加复杂的配置来取代那种标志着古典分析之特征的"名词—动词是"的双极性：一些具有动词意义的词根，它们可以获得不同类型的词尾并可以由此而使若干可变位动词或若干名词产生出来。这样一来，动词（以及人称代词）变成了语言中最首要的成分——只有在此基础上，语言才可以发展。"动词和人称代词看来是语言的名副其实的杠杆。"[1]

葆朴的分析不仅仅对于语言的内部分解具有极其重要的意义，对于确定语言在本质上究竟是什么也同样具有极其重要的意义。语言不再是一个能够对其他表现进行分切和再度组合的表现系统了，它在自己的那些最恒定的词根上就指称着各种动作、状态和意愿；它最初要表达的不是人们见到的东西，而是人们做的或遭受的东西；如果说它最终还是把各种事物都清晰明了地展示出来的话，那仅仅是由于那些事物恰恰是这一动作的结果、对象或工具；词的作用并不完全在于分切某个表现的复杂表图，它们的作用更主要是在于去分切、停止并凝固某一动作的过程。语言现在并不"植根"于被感觉到

---

〔1〕 J.格林：《语言的起源》，第 39 页。

的事物的一侧,而是"植根"于行动中的主体的一侧。所以它更可能来源于意愿和力量,而不是来源于那个对表现加以重叠的记忆。人们讲话是因为他们在行动,丝毫不是因为他们用"认出来"的方式认知。作为行动,语言表达着一种深层的意愿。这就带来了两个后果。第一个后果乍一看显得自相矛盾,这就是说,当语史学由于纯粹语法维度的发现而建构起来的时候,人们却再度开始赋予语言深刻的表达力量(洪堡,他不仅仅是葆朴的同代人,还了解后者的著作,而且了解得很细致):在古典时期,语言仅仅在起源点上才需要具有表达功能,而这一功能仅仅是为了解释一个声音为什么能够表现一件事物;但到了19世纪,语音则将在自己的整个历程里和最复杂的形式中具有一种不可简约的表达价值;任何任意性、任何语法约定都不能把这种价值磨灭,因为人们在说语言可以表达的时候,并不是指它可以模仿和重叠表现,而是指它表露并说明了讲话者心中的根本意愿。第二个后果:语言与文明之间的联系不再通过这些文明所达到的知识水平(表现网络的精细程度,可以在表现成分之间建立起来的那些联系的多样化程度)来建立,而是通过使这些文明得以诞生,使它们充满活力并可以在它们那里被辨认出来的民族精神来建立。正如生命机体通过自身的一致性而表露出了维持其生命的各种机能那样,语言以自己语法的全部框架,揭示了一种基础性的意志,这种意志维持着一个民族的生命并给予它力量去言讲那种仅属于它的语言。这样一来,语言历史性的条件被改变了,语言的种种变化不再来自"上边"(知识精英、小股的商人和旅游者、获胜的军队及入侵的贵族),这种种变化隐隐地来自"下边",因为语言现在已经不是某类工具或某种产物——即洪堡所说的ergon(希腊语:功),而是一种无休止的活动———一种énergeia(希腊语:能)。在一种语言中讲话的,并且在一种虽然听不见但却是一切色彩纷呈之源的低语中讲话的,是这个民族。格林相信自己是在聆听古代德国民歌大师艺术的时候,雷努阿尔则认为自己是在转写行吟诗人诗歌原本的时候偶尔发现了这种低语的。和语言联系在一起的不再是事物的知识,而是人们的自由:"语言是有人性的:它的起源和它的进步皆归因于我们的完满自由;它是我们的历史,我们的遗产。"[1]人们确定语法的内在规律的时候,便在语言与人类的自由命运

────────

〔1〕 J.格林:《语言的起源》,第50页。

224

之间建立起了一种深刻的亲缘关系。在整个 19 世纪,语史学自始至终得到深刻的政治反响。

4. 词根分析使一种关于语言之间各种亲缘关系系统的新的定义成为可能。这就是表明了语史学之出现的特征的第四个重要的理论片段。这一定义首先设定,世界上的不同语言集结成了一些彼此互相间断的整体。过去,普遍语法排除了比较,因为它确信所有语言——不论它们是什么样的——中都存在两种类型的连续:一种是纵向的,它使所有语言都能够安排运用那批最原始的词根,它凭借着若干转变把每一种语言都与其最初源头相联结;另外一种是横向的,它使得各种语言在表现的普遍性当中相交会:所有语言都必须对表现进行分析、分解和重新组合,而这些表现在相当宽泛的限度内对于人类整体来说是一样的。所以对于古典时期来说,除非采取某种间接的方式——诸如经过某种三角形路线,——否则便不可能对各种语言实施比较;人们可以分析这样或那样的语言用什么方式对待并改变了原始词根的公共配备;人们同样也还可以比较两种语言在分切并重新联结同一些表现所采用的方式。然而自格林和葆朴起成为可能的,是两种或多种语言之间直接的、侧向的比较。这种比较之所以是直接的,是因为它已经无须中途通过纯粹的表现或绝对原始的词根来进行:只要研究词根的变化、词形变化的系统以及词尾系列,就足够了。但这种比较又是侧向的,它无须追溯到那些所有语言所共有的成分,也无须返回到这些语言从中汲取资料的表现基底:所以,现在已经不可能把一种语言与使其他所有语言成为可能的形式或原因联系起来了,现在必须根据这些语言形式上的接近来对它们分门别类:"相似不仅仅存在于数量众多的公共词根当中,它甚至还延伸到各种语言的内部结构并一直延伸到语法当中。"[1]

不过,这些能够相互比较的语法结构呈现出两种特殊的特征。前一个特征是它们仅仅系统地存在着:当语言的词干是单音节的时候,一定数目的词形变化就成为可能;词尾的压力可以造成一些数目和性质都已被确定的结果;词缀的样式符合于若干完全固定了的模式;而在各种具有多音节词干的语言中,所有的变化和组合都将服从于其他某些规律。上面提到的那两种系

---

[1] 施莱格尔:《论印度人的语言和哲学》,第 11 页。

统(第一种系统是印欧语特征,后一种则是闪含语的特点)之间,既找不到中介类型,也找不到过渡形式。一个语族到另一个语族间存在着间断。然而,从另一个方面来说,各种语法系统由于规定着一定数量的演化和跃变规律,因而能够使某一语言的老化迹象在一定的程度上得到固定;为了使某种形式能够在某一词干的基础之上出现,就必须发生过这样或那样的转变。在古典时期,当两种语言彼此相像的时候,人们要么得把它们两者都归根于某一绝对原始的语言,要么得承认其中的一种语言来自另外一种(然而标准却是外部的:派生程度最高的语言正是历史上最新近出现的语言),要么还得承认交流的存在(它们起因于某些语言以外的事件:入侵、贸易、移民等)。到了现在,两种语言之间一旦表现出类似的系统,人们就应该有能力确定这两种语言到底是一种派生自另外一种呢,还是两者都来自第三种语言——它们在这第三种语言的基础上各自发展了一些既有差异,又有类似的系统。正是这样,人们在对梵语与希腊语的研究中逐步抛弃了戈尔杜(Coeurdoux)——他相信原始语言一定会留下痕迹——及安克蒂尔[1]——他设想在巴克特里亚那王国时代[2]曾发生过一次语言混合——的假设;葆朴同样也反驳了施莱格尔的观点,后者认为"印地语是最古老的语言,其他语言(拉丁语、希腊语、日耳曼和波斯语族中的诸语言)是比较现代的,是从第一种语言中派生出来的"[3]。葆朴证明,在梵语、拉丁语、希腊语以及日耳曼诸语言之间存在着一种"姐妹"关系,梵语并非其他语言的母语,它更像是其他语言的姐姐,最接近那个作为它们整个语言家族之来源的语言。

可以看到,历史性就像进入生命领域那样进入了语言领域。要使一种演化——它不仅仅是本体的连续性之进程——能够被思想,就一定要以下列事件的出现为先决条件:自然史的绵延不断的光滑平面必须被打碎;各个生物门类之间的间断性必须使那些有机结构平面各自孤零零地呈现在其多样性中;机体必须排列成它们应予保障的功能性配置,进而把生命与使其得以存在的东西关联起来。与此相同,为了使各种具体语言的历史能够被思想,也

---

〔1〕 安克蒂尔(Anquetil-Duperron,1731—1805),法国东方学家,曾潜心研究过古代波斯的语言和宗教。——中译注
〔2〕 巴克特里亚那(Bactriane)是古代中亚地区,也就是今天的阿富汗地区的王国。公元前 6—4 世纪曾隶属于波斯王国,之后又被其马顿国王亚历山大征服。——中译注
〔3〕 施莱格尔:《论印度人的语言和哲学》,第 12 页。

一定要以下列事件的出现为先决条件:语言必须脱离那个把它们绵延不断地一直联结到起源点的巨大的历时性连续,同样,它们还必须从自己过去围于其中的、由表现组成的共有平面中解放出来;得惠于这双重的脱离,不同语法系统的异质性携同各自特有样式出现了,与之一同出现的还有每个语法系统中的那些对变化起规定作用的规律,以及那些决定着演进之可能性的途径。当做为所有可能形式之历时序列的物种历史中止之后,而且仅仅是在此之后,生命物才获得了一种历史性;与此相同,在语言领域中,若是普遍语法所一直假想的对各种无穷无尽的派生和对各式没有限度的混合的分析没有被中止的话,语言将永远不会具有内在的历史性。应该把梵语、希腊语、拉丁语和德语放到一种系统同时性中来对待;必须摆脱一切编年顺序(chronologie),从而把它们放置在一种兄弟性的时间当中,以便使它们的结构变得透明,使语言的历史在其中呈现出来,让人们辨读。无论在这里还是在别处,所有编年性的排列都得被消除,它们的构成成分将重新分配,并由此而构建成一种新的历史,这种历史不仅仅陈述着存在物的存在方式以及它们在时间中的串接,它还陈述着它们的构成方式。从此之后,经验体(empiricités)——这里既涉及自然界中的个体,又涉及那些用来为它们命名的词——之存在的整个厚度便为历史所穿越。时间序列开始了。

然而在语言与生命物之间存在着一种主要的差异。生命物只有通过其功能与其生存条件之间的某种关系才能具有名副其实的历史。千真万确,使它们的历史性成为可能的,正是它们的有机个体的内在构成,但这一历史性却只有通过这些生命物生活于其中的那个外部世界才能够变成真正的历史。所以,为了使这个历史呈现在光天化日之下并使之被描写在某种话语当中,就必须把对于环境和对于对生命物发生着作用的那些条件的分析再添加到居维叶的比较语法之上。相反,语言的"解剖学"——我们再度借用格林的说法——则在历史的环境中发挥着功能:因为这是一种对可能的变化的解剖,它陈述的不是器官真实的共存或它们之间的相互排斥,而是语言的变化能够在哪个方向上产生、不能够在哪个方向上产生。新语法直接地成为历时性的。的确,既然它的实在性只有通过语言与表现之间的决裂才能够建立起来,它又怎么可能是别的样子呢?在此之后,各种语言的内在有机结构、这些语言为了能够发挥功能而接纳的东西和排斥的东西只有在词的形式中才能够被重新把握;然而就其本身来说,这种形式只有在与它的那些先前状况、与它可能发生的那些变化、并与那些永远不可能产生的变化联系起来的时候才能够陈述其自身的规律。通过把语言与它所表现的东西分割出来,人们确确实实是第一次使语言呈现在自身的合法性当中,但也正是由此,它注定只可能在自己的历史性中被重新把握。众所周知,索绪尔仅仅是通过重建语言与表现之间的关系才得以摆脱了语史学的这种历时使命,尽管他为此不惜重新创建一种"符号学",这种学说像普遍语法那样用两个观念之间的联系来定义记号。因而同一个考古学事件以局部不同的方式在自然史中也在语言中显现了出来。通过把生命物之特征或语法之规则与自我进行分析的表现之规律分离开来,人们使生命和语言的历史性成为可能。然而在生物学那里,这个历史性需要一个附加的历史,后者的职责是陈述个体与环境之间的种种关系;从某种意义上来说,生命物的历史是外在于生命物的历史性的;正是由于这个原因,进化论构成了一种生物学理论,但其可能性条件却曾经是一种没有进化的生物学——居维叶的生物学。相反,语言的历史性却立即而且是不凭中介地发现了自己的历史;它们两者在内部相互交汇。当 19 世纪的生物学越来越走向生命物的外部、走向它的另外一侧,并不断使得躯体的这片表面——从前的自然学家们的目光曾经停留在那里——变得愈加可以被渗透的时候,语史学却将解开语法学家从前在语言和外部历史之间建立的种种联系,以确定一种内在的历史。而这一历史一旦在自己的客观性中得到确定,便会作为主导线索帮助我们为着严格意义上的历史的利益去重建某些业已从所有记忆中失落掉的事件。

变成对象的语言

可以看到,刚才分析过的四个理论片段——因为它们大概构成了语史学的考古学地基吧——恰好一项一项地对应并对立于那些使普遍语法得以被确定的理论片段。把这四个理论片段从尾至首再回顾一下就可以看到,语言间亲缘关系(大的语言家族之间的间断,以及变化体制中的内在类似)理论正好面对着派生理论,后一种理论设想总会不断出现一些衰退因素和混合因素,它们在一种外部原因的基础上以一成不变的方式作用于所有语言(管它们是什么类型的语言),并产生无穷无尽的效果。词干理论对立于指称理论:因为词干是一种可以分离出来的语言个体,内在于某一个语言群体,其最主要的职能是作为各种词语形式的核心;而词根则不同,它使一般意义上的语言跨越于自然界与叫喊之间,并且在此同时把自身消耗得最后仅仅是一种可以不定地发生转化的声响,这种声响的职能是对事物进行第一次命名性分切。对于具体语言的内在变异的研究同样对立于表现的衔接理论:后者把词与可以被它们意指的内容联系起来,用这种方法界定它们并使它们具备相互区别的个性;过去,语言的衔接是对表现的可见分析;现在,标志着词的不同特征的,首先是它们的形态以及它们每一个声响所可能遭致的全体变化。最后的,同样也是最重要的一点:对具体语言的内部分析正好面对着古典思想过去赋予动词是的至高无上的位置:动词是之所以盘踞在语言的边界上,既是由于它是词之间的最初联系,同时也是由于它执有着根本性的肯定力量;它标志着语言的门槛,指示着语言的特殊性,并且以一种不可磨灭的方式将语言与各种思想形式连接起来。与此相反,19 世纪以来所实践着的那种对各种语法结构的独立分析却把语言分离了出来,它把语言当做一种自立的有机结构来对待,斩断了语言与判断、赋予和肯定之间的联系。过去由动词是所保障的言说(parler)与思想之间本体上的过渡如今被截断了;语言由此而获得了自身的实在。而且,正是这一实在拥有着支配它自身的那些规律。

古典的语言序列现在自我封闭起来了。它失去了透明性,失去了在知识领域中的主导功用。在 17 和 18 世纪,它是表现的直接而自发的铺展;首先是在它那里,各种表现获得它们最初的记号,分切并重新组合它们的公共特征,建立起某些同一或赋予关系;那时,语言是一种知识,而知识则理所当然地是一种话语。因而相对于全部知识来说,它当时处在一种基础的位置上:世界上的各种事物只有通过它才能够被认知。语言在这里之所以如此重要,不是因为它在某种本体上的缠结中构成了世界的一部分(就像在文艺复兴时期那样),而是因为它是对世界的表现中的某种秩序的最初草样,因为它是表现各种表现的最初的、不可避免的方式。全部普遍性正是在它那里形成。古典知识完全是命名性的。从 19 世纪起,语言向自身折叠了起来,它获得了自己的厚度,将仅属于它自己的某种历史、某些规律和某种客观性铺展开来。它变成了一种知识对象,与其他众多的知识对象为伍;与它相并列的,有生命物,有财富和价值,还有事件和人的历史。它自己也许拥有一些专门的概念,但那些针对它的分析与其他所有涉及经验知识的分析一样,都植根在同一个层面上。这种加高,这种使普遍语法能够成为逻辑并同时能够与这一逻辑交织在一起的加高从今以后被削平了。去认知语言现已不再是去最大限度地靠近知识本身了,这仅仅是将一般意义上的知识方法运用到某一个特殊的客观性领域。

语言的这种平庸化尽管使它(语言)回复到了纯粹的对象状态,但又以三种方式得到了补偿:

首先是这样一个事实:对于一切欲像话语那样显现出来的科学知识来说,语言是必不可少的中介。它徒然在某种科学的目光下被排布、铺展和分析,却总是突然重现在认识主体的一侧,——只要事情涉及为他陈述他之所知时,立刻就会这样。由此19世纪的人们自始至终惦记着两件事。第一件:他们希望像实施抛光一样对科学语言实施中性化处理,直至使其达到这样一种状态:在自身的所有特殊点都被剥除,自身的那些从属性事实和那些不确切也都被清理掉(就好像它们根本就不属于这种语言的本质似的)之后,科学语言得以变成一种知识——这一知识本身是非词语性质的——之精确的映象、精密的副本以及没有雾气覆盖的镜子。实证主义所梦想的正是这样一种与人们之所知保持平齐的语言:一种表图式语言(langage-tableau),就像居维叶在提出科学的使命就是成为自然界的"副本"的时候可能梦想着的那一种;面对着事物,科学话语将成为它们的"表图"(tableau);然而"表图"一词在此具有的意义与它在18世纪具有的意义是根本不同的;在18世纪,它的意思是通过一个由同一和差异构成的表图来对自然界进行划分,而语言则为这个表图提供一种最初的,近似的并且是可以修正的栅栏(grille),现在尽管也说语言是一种表图,但意义已经迥然不同了:语言已经从这种使它起直接分类作用的盘根错节中抽出身来,与自然界保持着一定的距离,以便通过自身的驯服而对自然界施加魔法,并最终获得自然界的忠实画像[1]。人们念念不忘的另一件事,——尽管它与第一件相关,但却与前者全然不同,——是要寻找一种独立于语法、词汇、句法形式和词之外的逻辑:一种能够用某种办法来

―――――――――――――――

〔1〕 G. 居维叶:《关于自然科学进步的历史关系》,第4页。

揭示并运用思想的普遍蕴涵的逻辑,而这"某种办法"就是让这些蕴涵一直避开某种已构成的语言——它们有可能被掩盖在这种语言当中——所具有的那些独特性。所以,正当各种语言变成语史学的对象之际,一种符号逻辑随着布尔[1]也在同一时代问世实属必然:因为尽管存在着某些表面上的相似和若干技术上的类同,但这里的问题却不是要像在古典时期那样去构建一种普遍语言,这里的问题是要在一切语言之外表现思想的种种形式和种种串接;既然语言变成了科学的对象,那么就必须发明一种新的语言,它与其说是语言倒不如说是符号体系,并且由此而在使思想得以认知的运动当中透明于思想。从某种意义上可以说,逻辑代数(algèbre logique)与种种印欧语言是普遍语法解体所造成的两种产物:印欧语言表明语言向认识对象一侧的滑移,而逻辑代数则表明一种运动,这种运动使语言摇摆向了认知行为,并且进而把语言的所有已构成形式都剥除殆尽。然而,仅仅以纯否定的形式来陈述这个事实是不够的:在考古学表层上,非词语性逻辑的可能性条件与历史语法的可能性条件是相同的。它们的实在性地基是同一的。

　　语言平庶化之后得到的第二个补偿,是人们赋予语言研究的批判价值。在变成了稠密厚实的历史实在之后,语言便形成了一个汇集传统、思想的无声习惯以及民族的幽晦精神的场所;它积累着一种不可避免的记忆,而这记忆却甚至没有意识到自己是记忆。人们在一些他们无法左右的词中表达自己的思想,把这些思想放置在一些其历史维向不在他们把握范围之内的词语形式中,自以为他们讲出的言语听命于他们,却不知他们正在屈从于这一言语的种种要求。一种语言所具备的语法格局是那些得以在这一语言中陈述出来的东西的先验知识。话语的真理困在了语史学的陷阱当中。由此而来的是这样一种必:人们必须从观点,从哲学,甚至可能要从科学出发,一直追溯到那些使它们成为可能的词,不仅如此,还要越过这些词,一直追溯到某种其活力尚未被围于语法网络之中的思想。就这样,我们了解到了所有诠释技术在19世纪的那种非常显昭的再生。这一重现是由于语言又重新获得了它在文艺复兴时期所拥有的谜一般的稠密。不过,现在要做的事已经不是去重新发现某种被深深埋藏起来的最初的言语,而是要去搅扰我们言讲的那些

---

〔1〕　布尔(Boole,1815—1864),英国逻辑学家、数学家、现代符号逻辑的创始人。——中译注

词,揭示我们观念中的语法褶皱,驱散那些赋予我们词语以活力的神话并使所有话语在自我陈述时所携带着的那个沉默的部分再度变得嘈杂可闻。《资本论》的第一卷无非是对"价值"的某种诠释,尼采的全部著作不过是对若干希腊单词的诠释;弗洛伊德的书则是对所有沉默的词句的诠释;这些词句既在支撑,同时也在掏空我们表现的话语,我们的奇想,我们的梦幻以及我们的躯体。曾作为对在话语深处讲出的东西之分析的语史学变成了批判的现代形式。在所有那些以前——也就是 18 世纪末——涉及确定知识限度的地方,人们将在同一个地方想方设法地拆散句法、打碎种种强制性的讲话方式,把词翻转过来并使它们朝向所有通过它们讲出,但却全然不依照它们的意志讲出的东西。也许,与其说上帝是一个超越于知识之外的东西倒不如说它是某种处于我们的词句之内的东西;而西方人之所以离不开上帝,并不是由于他们具有一种无法克制的越过经验的边界的癖好,而是由于他的语言不断地在自己的规律的阴影中挑唆着他:"我非常担心我们永远也不能摆脱上帝,——既然我们依然相信语法。"[1]16 世纪的阐释是从世界(它既包括事物又包括各种本文)到这个世界中被破译的圣言;而我们时代的阐释,即那种无论如何也是在 19 世纪形成的阐释,则是从人,从上帝,从知识或幻觉到那些使它们成为可能的词;它所发现的并非某一至高无上的最初话语,而是这样一个事实:早在我们讲出任何言语之前,我们就已经被语言所控制、被它定住了身子。现代批判所致力于从事的真是一种奇怪的诠释:因为它不是从对语言存在的察觉出发来到对于这一语言所要讲的东西的发掘,而是从显现的话语的铺展出发,来到对处于初始存在状态中的语言的揭示。

因此在现代思想中,各种阐释方法恰与那些形式化技术相对:前者企图使语言在它自身之下,在最靠近通过它讲出,却又不依靠它而讲出的东西的地方讲话;后者则企图控制一切可能的语言,并企图通过可能讲出的东西之规律而悬置于语言之上。阐释和形式化成为了我们时代的两种重要的分析形式:说句老实话,我们还真不知道有什么别的形式。然而,我们是不是知晓诠释与形式化之间的关系?是不是有能力控制和把握它们?因为,如果诠释不是把我们引向某一最初的话语,而是把我们引向某种类似语言的东西之赤

---

[1] 尼采:《偶像的黄昏》,法译本,1911 年版,第 130 页。

裸裸的存在的话,那它是不是将被迫仅仅讲述语言甚至在自己获得某种意义之前就具备的那些纯粹形式?然而为了把一种被设定为语言的东西形式化,难道就不需要事先进行一点诠释工作,并至少已把这些沉默的形体解释为它们正欲讲出某种东西呢?确确实实,阐释与形式化之间的分野目前正压迫着我们,支配着我们。不过这一分野并不是十分严格,它所勾画出的分叉并没有十分深远地伸入到我们的文化当中,它的两个分支的同时代性实在太强,以至于我们不能够仅仅说它为我们规定了一个简单的选择,或是说它要求我们在过去与现在——相信意义的过去与发现了能指(significant)的现在(及将来)——之间做出一个抉择。实际上,这里涉及的是两种相互关联的技术,它们共同的可能性基底是由语言的实在——这里指的是那个在现代时期开始时构建成的语样实在——构成的。语言批判性的增高——这种增高补偿了它在对象中的平庸化——隐含着这样的内容:它既靠近了一种不含任何言语的认知活动,同时又靠近了那种不可在我们的任何话语中被认识的东西。要么得让语言透明于各种知识形式,要么得把它塞入潜意识的内容当中。这就很好地解释了为什么19世纪会出现向思想的形式主义和向对潜意识的发现——也就是向罗素、向弗洛伊德——的双重进军。这同样也解释了为什么会存在着那些旨在使其中的一个进程转向另外一个并使两个方向交织起来的尝试:它们要么是试图揭示什么,比如揭示那些早在一切内容之前就强派给我们的潜意识的纯粹形式;要么是努力使经验的基底、存在的意义以及我们所有知识的实践的地平线(horizon vécu)一直抵达我们的话语。结构主义和现象学正是在这里,连同着它们所特有的格局,发现了规定着它们的共同场所的一般性空间。

语言变得平庸之后得到的最后一项,同样也是最重要,最出乎意料的补偿是文学的出现。强调一下,这里所说的文学是严格意义上的,因为自但丁以来,甚至自荷马以来西方世界就毫无疑问地存在着一种被我们这些旁人在今天称作"文学"的语言形式。然而在事实上,"文学"一词问世的时间并不太久,它与一种特殊语言——这种特殊语言所特有的存在样式是"文学性的"——在我们的文化中的脱颖而出一样,都是新近发生的事情。正是在19世纪初,在语言深入到自己的客体厚度当中并任凭某种知识把自己通体穿越的那个时代里,它(语言)却在别的地方,以一种独立的、一种难以企及的、隐在自身诞生之谜中的,并整个地与纯粹写作行为相关联的形式重新构建了起来。文学是什么？是对语史学的异议(而它又是语史学的孪生体)：它把语言从语法带向言说的赤裸裸的力量,并在那里遇到了词之野蛮而专横的实在。从以浪漫主义方式反抗一种僵化在自己仪式之中的话语到马拉美[1]发现词的疲软无力,我们可以清楚地看到19世纪时的文学相对于语言的现代存在样式来说到底发挥着什么样的功能。在这个根本性游戏的基础之上,其余的都仅仅是效果：文学越来越有别于观念话语,并把自己封闭在一种根本的非及物性(intransitivité)之中；它摆脱了所有那些在古典时期可以使它传播的价值(趣味、快乐、自然、真实),并使所有那些可以确保对这些价值进行滑稽地否定的东西(丑行、丑陋和不可能的事情)在它自己专有的空间中产生出来；它与一切对"体裁"(genres)——它们适合于某一表现序列的形式——的定义脱开了干系,并变成了对一种语言的单纯的显示,这种语言全部规律就是去断言——在所有其他话语的对立面——它的陡峭的存在；所以它所要做的全部事情将仅仅是在一种永恒的回归中一次又一次地折向自身,就好像它的话语可能具有的全部内容仅仅是去讲述它自身的形式：它或者作为书写主观性(subjectivité écrivante)而面向自身,或者想方设法地在使它产生的运动中重新把握全部文学的本质；就这样,它的所有线索都汇向了那个最精细的端点——尽管这个端点是特殊的、瞬时的,但它又绝对是普遍的——汇向了单纯的书写行为。当语言作为扩散开了的言语变成了知识对象的时候,却以一种截然对立的形态重新出现：词静静地、小心翼翼地淀积在空白的纸面上,在那里,它既无声响又无对话者,在那里,它要讲的全部东西仅仅是它自身,它要做的全部事情仅仅是在自己存在的光芒中闪烁不定。

(节选自米歇尔·福柯著：《福柯集》,杜小真选编,
上海人民出版社2002年版,第88—113页。本文为张宜生译)

---

〔1〕 马拉美(Mallarmé,1842—1898),法国诗人,法国现代派文学的鼻祖之一。——中译注

扩展阅读文献

1. Foucault，Michel. *The Order of Things*：*An Archaeology of the Human Sciences*. New York：Vintage Books，1973.

2. Foucault，Michel. *Ethnics*：*Subjectivity and Truth*. P. Rabinow ed. New York：The New Press，1997.

3. Said，E. *Orientalism*. London：Routledge & Kegan Paul，1978.

4. Spivak，G. C. *In Other Words*：*Essays in Cultural Politics*. New York：Routledge，1988.

5. Williams，P. & L. Chrisman. *Colonial Discourse and Post-colonial Theory*：*A Reader*. New York：Harvester Wheatsheaf，1993.

符号学与文字学：与朱莉·克里斯特娃的会谈[1]

雅克·德里达

雅克·德里达（Jacques Derrida，1930—2004），法国著名的哲学家，解构主义的代表人物。1967年，他连续发表了《论文字学》、《书写与差异》等著作，从而奠定了他的解构主义思想的基础。德里达的思想影响非常广泛，被用作女权主义运动、同性恋抗争、黑人运动等的理论武器。

克里斯特娃：目前，符号学是以符号和它的相关物——交流和结构——为模式构成的。那么，什么是这些模式的逻各斯中心和人种中心的界限呢？它们怎样才不会充当一种试图逃避形而上学记号的基础呢？

德里达：所有的意义表示都必然是模棱两可的。如果有一天能够简单地避开形而上学，那么在此意义上，符号概念就既是一种限制，又是一种进步。当然，我不相信这种假定。因为如果符号按照它的根据和内涵在一切方面都是形而上学的，而且在体系上是与斯多葛主义的和中世纪的神学相一致的，那么它所从属的运作和置换——奇怪的是，它也是这种运作和置换的工具——有着划定范围的效果：这一运作和置换允许对符号概念的形而上学属性进行批评，同时既要划定产生这一概念并使之有服务于自己的系统的界

---

〔1〕 这次会谈的记录稿最早发表在1968年6月3日的《社会科学通讯》第7期。

限，又要放松这一界限，并由此在某种程度上让符号从它的土壤中脱离出来。这一运作必须尽可能地进行下去，但是人们在某个时候必然会遇到这一模式的"逻各斯中心和人种中心的界限"。在这个时候，这一概念也许要被抛弃。但是，要确定这个时候是非常困难的，而且它绝不是纯粹的。符号概念所有启发性的和批判的资源必须在所有领域和语境中同样得到详尽阐述。然而，这也是不可避免的，即不仅因为发展的不平衡（这总是要发生的），而且因为某些语境的需要，在策略上不得不采用所知的一个在别处、在最新颖的研究要点上起妨碍作用的模式。

仅举一例，便能说明索绪尔的符号学有着双重作用。一方面，它起着一种绝对决定性的批判作用：

1. 它指出所指和能指是不可分割的，所指和能指是同一产物的两面，这是反传统的。就像人们经常做的那样，索绪尔甚至明确地不让这一对立或这一"双面统一体"符合身心之间的关系。"人们经常把这一双面统一体与由身心组成的人进行比较。这种比较是不能使人满意的。"（《普通语言学教程》，以下所引均出自本书）

2. 索绪尔强调符号学作用的差异的和形式的特性，表明"声音本身作为物质要素是不可能属于语言的"，而且"它（语言能指）根本不是语音的"，并且让所指内容和"表达实体"（因此，它也不再是具有特权的或排他的语音）非实体化，还将语言作为一般符号学的一个部分，由此，他极力用从形而上学传统中借来的符号概念来反对形而上学传统。

然而，在继续使用符号概念的范围内，索绪尔不能不确认这一传统。这一概念和任何别的概念一样，使用它的方式不能既绝对新奇，又绝对常规。人们有必要以一种非批判的方式至少假定其系统中的某部分内涵。至少，索绪尔到一定时候必然会放弃从他所从事的批判工作中得出所有结论的主张，这不是偶然的，只是因为没有更好的东西，他不得不使用"符号"一词。在证实引入"所指"词和"能指"词为正当之后，索绪尔写道："至于符号，如果我们要保留它，那么这是指我们不知道用什么来取代它，日常语言中又没有不同于它的东西。"其实，当开始提出所指和能指的对立时，人们就很难再排除符号了。

不过，"日常语言"不是单纯的或中立的。它是西方形而上学的语言，它

自身不仅带有大量各种类型的前提,还有各种相互结成体系的不可分割的前提,尽管没有人注意到。另一方面,这就是为什么:

1. 保持能指(signans)和所指(signatum)之间的严格区分(这是一种本质的和合法的区分),所指和概念的相等[1],直接揭示了思考一个所指概念本身的可能性,这一概念对思想来说是简单在场的,它独立于语言,也即独立于一个能指系统的关系。通过揭示这一可能性(它甚至就在能指与所指对立的根源之中,也即在符号的根源之中),索绪尔否认了我们刚才所说的批判收获。他同意被我称为"先验所指"的古典要求,这一先验所指在其本质上不指涉任何能指,并且超出符号链之外,它自身在一定时候不再作为能指起作用。相反,一旦有人对这样一个先验所指的可能性提出疑问,而且认识到任何所指都是处在能指的位置上,那么所指和能指之间的区分——符号——在其根基处就变得可疑了。当然,这是一个必须谨慎从事的活动,因为:(a)它必须经历对整个形而上学历史的艰难解构,这是由于形而上学总是将这一对"先验所指"和独立于语言的概念的基本追求强加给所有符号科学;这一追求不是从外部通过"哲学"之类的东西强加的,而是由将我们的语言、文化和"思想体系"同形而上学的历史和体系联结起来的一切所赋予的;(b)它也不是在所有层面上十分简单地混淆能指和所指的问题。虽然这一对立或差异不可能是根本的或绝对的,但这不能阻止它起作用,甚至不能阻止它在某些界限(十分宽泛的界限)内成为必不可少的东西。例如,没有它,任何翻译都是不可能的。实际上,先验所指的主题是在一个绝对纯粹的、透明的和毫无歧义的翻译视界中形成的。在它可能或看来可能的界限中,翻译实现了所指和能指之间的区分。但是,如果这一差异从来都不是纯粹的,那么翻译就更不是了,这样我们就不得不用"变形"概念代替翻译概念:即一种语言和另一种语言,一篇文本与另一篇文本之间有规则的变形。我们从不会,事实上也从没有让纯

---

[1] 这里心智的一面。能指和所指之间的差异总是产生出感觉和心智之间的差异。它源于斯多葛主义,那时就是这样,在 20 世纪也是如此。"现代结构主义思想清楚地说明了这一点:语言是一个符号系统,语言是符号科学即符号学(或用索绪尔的术语:la sémiologie)的一个组成部分。中世纪的定义——感性的东西表示心智的东西(aliquid stat pro aliquo)——在我们的时代复活了,它表明自己仍然是有效的和丰富的。因此,所有一般符号的、尤其是语言学符号的构成标志都表现在它的双重特性之中:所有语言学的单位都是由两部分构成的,包括两个方面:感觉的一面和心智的另一面———一面是'signans'(索绪尔的'能指'),另一面是'signatum'('所指')"。(罗曼•雅各布森:《论普通语言学》,法译本,午夜出版社,1963 年,第 162 页。)

粹所指（能指手段——或"载体"——使之完整无损和未受任何影响）从一种语言"转移"到另一种语言中去，或在同一语言中做这样的转移。

2. 虽然索绪尔承认将语音实体加括号的必要性［"我们将会看到，语言的本质不是语言符号的语音特性"，但"它（语言的能指）在本质上根本不是语音的"］，他认为，出于必要的和基本上是形而上学的理由，必须赋予言语以及维系符号和语音的一切联结物以特权。他也谈到思想和话语、意义与声音之间的"自然联系"。他甚至谈到了"思想—声音"。我在其他地方力图表明，这种表示中什么是传统的，它服从于什么样的必然性。在任何情况下，这种表示最终是与《教程》中这一最有趣的批判动机矛盾的，它使语言学成为一般符号学的标准模型或"模式"，但是从理论上讲，语言学只能是一般符号学的一部分。这样，这种任意性的主题就偏离了它最富有成果的道路（形式化）而朝向一个等级化的目的论："因此，可以这样说，完全任意的符号比任何其他符号都更好地实现符号学过程的理想；这就是语言这种表达系统中最复杂和最广泛的表达手段为什么也成了它们中最富有特性的一个；在此意义上，语言学能够成为所有符号学的一般模式，即使语言仅仅是一个特殊的系统。"在黑格尔的学说中能确切地发现同样的表示和概念。《普通语言学教程》中这两种要素的矛盾也可以在别处的索绪尔的看法中找到："人生具有的不是口头语言，而是构成语言的能力，也即一个清楚符号的系统……"这就是"规则"的可能性和"发音"的可能性，它独立于任何实体，譬如，语音实体。

3. 符号（能指和所指）概念自身含有赋予语音实体以特权和将语言学树立为符号学的"样式"的必然性。其实，语音是被给予意识的能指实体，它与所指概念的思想最密切地联结在一起，由此看来，声音就是意识本身。当我说话时，我不仅意识到对于我的所思是当下在场的，而且我也意识到让一个没有落入世界之中的能指尽量接近我的思想或"概念"，一旦我说出这个能指，我也同时听到它，它似乎依赖于我纯粹的和自由的自发性，不要求使用来自世界的工具、附加物和力量。这样，能指与所指不仅似乎是统一的，而且在这一混同中，能指似乎抹去了自身或者变得透明了，从而允许概念按其本来面貌呈现出来，并且只指涉它的在场而不是他物。能指的外在性似乎被弱化了。自然，这一经验是一种诱惑，但是诱发构成了一个完整的结构或者一个完整的时代的必然性；在这一时代的基础上建构起来的符号学，其概念和基本前提可以十分确切地从柏拉图一直追踪到胡塞尔,其间经过亚里士多德、卢梭和黑格尔等人。

4. 要弱化能指的外在性就是要在符号学实践中排除一切非心理的东西。然而,唯有被赋予语音的和语言的符号的特权能够容许索绪尔的命题,据此,"语言符号是一种双面的心理存在体"。假定这一命题自身有着一种严格的意义,那么就难以明白它怎样才能扩展到每个符号,不论它是不是语音—语言的符号。故此,除了将语音符号当做所有符号的"模式"以外,同样难以理解怎样能够把一般符号学归入心理学之中。然而,索绪尔恰恰这样做了:"这样,人们就能够想象一门旨在社会生活的中心研究符号生活的科学;它将成为社会心理学和一般心理学的一部分;我们将它命名为符号学(符号学来源于希腊文的'semeion',即'signe')。它将告诉是什么符号组成了它们,什么法则支配着它们。因为它尚未存在,人们还不能说它将会是什么;但是它有权存在,它的地位已经预先被决定。语言学仅仅是这一般科学的一部分,符号学所发现的法则将运用于语言学,后者会发现自身已附属于一个在人类全部事实中被完好界定的领域。心理学家的任务就是去规定符号学的正确位置。"

当然,现代语言学家和符号学家都不同意索绪尔的看法,或者至少并没有同意他的"心理主义"。哥本哈根学派和所有美国语言学家就毫不含糊地批评了它。但是,假如我坚持索绪尔的理论,这不仅是因为那些批评他的人仍然把他当做一般符号学的奠基人并从他那里借用了大量概念;而且特别是因为人们不能只是批评符号概念的"心理主义的"用法。用我在开始时谈到的模棱两可的方式来说,心理主义不是一个好概念的坏用法,而且是在符号概念之内被铭写和被规定的。因此这一刻在符号模型上的多义性标志着"符号学的"规划本身和它的概念的有机整体,特别是交流的有机整体,它实际上意味着从一个主体到另一主体,传达所指对象的特性以及与传达过程和能指活动理应分离的意义或概念的特性。交流预先假定了主体(它的特性和在场是在能指活动之前构成的)和对象(所指概念,也即交流过程不能构成,也不能改变的思想意义)。A 向 C 交流 B。通过符号,发出者向接受者传达某种情况,等等。

关于结构概念的情况,你也提出过,它更加模棱两可。一切都取决于人们如何操作它。像符号概念(以及符号学的概念)一样，结构概念可能既证实又动摇了逻各斯中心主义和人种中心主义的不可置疑性。我们不需要抛弃这些概念，而且我们也没有办法去这样做。当然，必须从符号学内部去改变这些概念，替换它们，让它们去反对它们的前提，并且将它们重新铭写入其他符号链，这样一点点地改变我们工作的范围，从而产生出新的结构；我不相信坚决的断裂，不相信今天人们常说的"认识论的断裂"。一块旧布总是不可避免地有破裂的，需要不断地、没完没了地缝补。这种没完没了的修补不是偶然的或意外的；它是本质的、系统的和理论的。这绝不是抹杀某些破裂以及新结构的出现或界定的必然性和相对的重要性……

克里斯特娃：什么是作为一种"非在场的新结构"的书写呢？什么是作为延异(la différance)的文字呢？这些概念对于符号学的基本概念(语音符号和结构)来说引入了什么断裂呢？在文字学中，文本概念是怎样替代陈述的语言学的和符号学的概念的？

德里达：文字的弱化(像能指外在性的弱化一样)是与语音中心主义和逻各斯中心主义同时出现的。我们知道索绪尔是如何根据柏拉图、亚里士多德、卢梭、黑格尔和胡塞尔等人的传统做法，将文字从语言学的领域中(从语言和言语中)排除出去，视其为一种外在表现的现象，既无用又有危害性。他认为："语言学的对象不是由书写的词和口说的词的结合来界定的，而是仅仅由后者构成的"；"文字与(语言的)内部系统无关"；"文字掩盖语言的视域：它没有表达语言，而是歪曲了它"。文字与语言的联系是"表面的"和"人为的"。但异乎寻常的是，这种只能是"形象"的文字却"篡夺了主导作用"，从而"颠倒了这一自然关系"。文字是一个"陷阱"，它的活动是"邪恶的"和"专横的"，它的不轨行为是怪异的，"畸形的病例"，"语言学应该有一个专门部分来考察它们"，等等。自然，这一文字的表现主义概念("语言和文字是两种不同的符号系统；后者唯一的存在理由在于表现前者")是与语音—字母的文字实践相联系的，索绪尔认识到他的研究是以此为"界"的。其实，字母文字似乎是表现言语，但与此同时又在言语面前抹去自身。事实上，像我所做的那样，我们可以表明：并不存在纯粹的语音文字，语音中心主义与其说是一个文化中字母实践的结果，不如说是这一实践的某种伦理的或价值论的经验和再现。活的言语的丰富性完全展现在它记号的透明性之中，它对于说出它和接受它的意义、内容和价值的主体来说是直接在场的，而文字面对这种丰富性应该抹去自身。

然而，假如人们不再将自己限定在被人种中心主义赋予特权的语音文字的模式内，假如我们也从不存在纯粹的语音文字的这一事实中引出各种结论（由于符号之间必要的间隔、标点、间距、书写文字运作不可缺的差异，等等），那么整个音位学家的或逻各斯中心主义者的逻辑就变得可疑了。它的合法范围变得狭小和肤浅。然而，如果我们想要能够比较连贯地解释索绪尔提出的差异原则，那么这一限定是不可或缺的。这一原则不仅迫使我们不要赋予某一实体（在此指所谓时间上的语音实体）以特权，同时又排斥另一实体（例如所谓空间上的书写实体），而且甚至将每一赋意过程视为一种差异的形式游戏。也就是一种踪迹的形式游戏。

为什么说是踪迹的呢？当我们似乎已中立化了每个实体（不论它是语音的、文字的，或其他实体）时，我们有什么理由再引入文字学呢？当然，这不是一个诉诸同样的文字概念[1]和简单地颠倒我们所置疑的不对称的问题。这是一个产生新的文字概念的问题。这一概念可以被称为文字或延异。其实，差异游戏先假定综合和参照，它们在任何时刻或任何意义上禁止作为自身在场并且仅仅指涉自身的单一要素。无论在口头话语还是在文字话语的范围内，每个要素作为符号起作用没有不指涉另一个自身并非简单的在场的要素。这一符号链就导致每一"要素"（语音素或文字素）是建立在符号链或系统的其他要素的踪迹之上的。这一符号链，这一织品是只在另一文本的变化中产生出来的文本。在要素之中或系统之内，没有任何纯粹在场或不在场的东西。只有差异和踪迹之踪迹遍布各处。这样，文字就成了符号学（也就是文字学）最一般的概念，它不仅包括狭义的经典文字领域，也涉及语言学的领域。这一概念的优点（只要它处于某种解释性语境包围之中，因为它和其他概念要素一样，并不只表示它自己，也不只以自身为满足）就是，在原则上中和"符号"的语音主义倾向，而事实上通过从整个"文学实体"的科学领域（超出西方界限之外的文字的历史和体系，它的重要性不是微不足道的，而且我

---

〔1〕 指与声音相对的狭义文字概念。——中译注

们至今还没有注意到它,或者瞧不起它)中解放出来抵消它。

那么,作为延异的文字就是不再从在场与不在场的对立出发来思考的一种结构和运动了。延异是差异和差异之踪迹的系统游戏,也是间隔的系统游戏,正是通过间隔,各种要素才有了关系。这一间隔是间隔既主动又被动的产物("la différance"中的"a"指的是这种相对于主动性和被动性来说的不确定性,但它又不能为这两个对立的术语所支配或分有),如果没有间隔,那么"完满的"术语既不能表征,也不能发挥作用。它也是口语链(也即时间链或线性链)的生成空间;唯有生成空间使得文字和所有言语与文字之间的对应成为可能,让它们相互过渡。

"la différance"中的"a"所包含的积极性或生产性在差异游戏中指涉生成运动。差异既不是从天上掉下来的,也不是永远地处于一个封闭的系统中,这种系统是一个共时性的和分类学的活动能够穷尽的静态结构。差异是变化的结果,那么由此看来,延异的主题与静态的、共时性的、分类学的和非历史的结构概念主题是不相调和的,但是这一主题不是唯一界定结构的东西,而且差异的产物(延异)是非结构的(a-structurale):它产生出系统的和有规则的转变,这些转变在某一点上能够为结构科学留下地盘。这个延异概念甚至发展了"结构主义"最合法的原则要求。

因此,语言以及一般的符号学规则(索绪尔将它们定义为"分类")是结果,但是它们的原因不是主体、实体,也不是外在于延异运动,而于某处在场的某个存在物。因为在符号学的延异之前和之外,在场是不存在的,所以人们可以将索绪尔关于语言的下列说法推广到一般的符号系统上:"言语要被理解并且产生出它的所有结果,语言是必要的;但要建立语言,言语是必要的;从历史上讲,言语现象总是先出现的。"这里存在一个循环,因为假如有人要严格地区分语言和言语、符码和信息、图式和用法等等,假如有人希望公正地对待这样所表述的两个前提,那么他不知道从哪里开始,也不晓得某种东西(不论是语言,还是言语)通常能够怎样开始。因此,在使语言和言语、符码和信息等等分离(以及伴随着这种分离的一切东西)之前,必须承认差异的系统产物,差异系统的产物也即延异,在其结果中,人们通过抽象和根据既定的动机,最终能够区分关于语言的语言学和关于言语的语言学,等等。

这样,没有先于延异和间隔的东西(在场的和非差异的存在物)。并不存在作为延异的代理人、作者和主宰的主体,而且延异最终是在经验上突然降临到它之上的。主体性(像客体性一样)是延异的一个结果,一个处在延异系统之中的结果。这就是为什么"la différance"中的"a"会唤起间隔是指拖延(temporisation)、迂回(détour)和推迟(délai)的原因,通过这种推迟,直觉、知觉和完善(总之,与在场的关系以及对一个在场实在和一个存在物的指涉)总是被延迟。通过差异原则来延迟,这是因为一个要素要发挥作用和有所表征,包含或传达意义,唯有在踪迹结构中指涉另一个过去的或将来的要素才能达到。延异的这一结构方面(它在力量领域中利用某种无意识的算计)与狭隘的符号学方面是分不开的。它证实了主体,首先是有意识的和说话的主体取决于差异系统和延异活动;在延异之前,它不是当下在场的,特别不是对自身当下在场的。主体唯有在与自身分离中、在生成空间中、在拖延中及在推迟中才被构成。而且正如索绪尔所说的那样:"语言(仅仅由差异构成)不是说话主体的功能"。在延异概念和依附于它的符号链插入的那一点上,所有形而上学的概念对立(能指和所指、感性和理性、文字和言语、言语与语言、历时性与同时性、空间与时间、被动性与主动性;等等)——因为它们最终都指涉某种现存事物的在场(例如,在主体自身同一的形式中,他对于所有他的活动都是当下在场的,在一切事故或事件之中当下在场,他在它的"活的言语"中、在它的表述中、在当下的对象和它的语言活动中是自身在场的,等等)——就变得不恰当了。它们时常让延异活动附属于先于延异的价值或意义的当下在场,后者比延异更原始,超越并最终支配了它。这仍然是我们在上文中称为"先验所指"的在场。

克里斯特娃:据说符号学中的"意义"概念明显不同于现象学的"意义"概念。然而,在哪些方面,它们是共同的,在什么程度上符号学的规划仍然保持在形而上学之内呢?

德里达:首先,现象学的"意义"概念的范围看来确实比较广泛,很不确定。甚至确定它的界限都很难。所有经验都是关于意义的经验。呈现给意识的一切和一般地为意识而存在的一切都是意义。意义就是现象的现象性。在《逻辑研究》中,胡塞尔不同意弗雷格在意义(Sinn)和指称(Bedeutung)之间所做的区分。但是后来,这一区分似乎对他有用了,但是他并非像弗雷格那样理解它，而是为了要在最宽泛的意义(Sinn)和作为逻辑表述或语言表达的对象、作为含义的意义(Bedeutung)之间划出分界线。正是在这一点上，你所提及的共同之处才可能出现。譬如：

1. 为了将表述的意义(Sinn ou Bedeutung)与"激活"表述的意义意向(Bedeutungs－Intention)区分开来，胡塞尔需要严格区分能指(感性)方面(他承认它的原初性，但是他又将它从他的逻辑语法问题中排斥出去)和所指意义方面(它是可理解的、观念的和"精神的")。也许我们这里最好是从《观念Ⅰ》中引用一段话："让我们从表达的感觉方面(也即身体方面)和它的非感觉的'精神'方面之间熟识的区别开始。我们没有必要十分集中地讨论第一个方面，也不必讨论将两个方面统一起来的方式。当然，我们借此已经指出了这些重要的现象学问题。我们只有考虑'意义'(Bedeutung)和'意味着'(bedeuten)。这些词最初只与言语领域(Sprachliche Sphäre)、'表达'(des Ausdrückens)领域相关。但是，拓展这些词的意义并且适当地修正它们，使它们以某种方式应用于整个意向活动—意向对象的(noético-noématique)领域以及所有活动，而不管这些所应用的领域和活动是否与表达活动交织在一起。这是不可避免的，同时对知识来说也是重要的一步。因此，在任何意向体验中，我们自己不停地说出'含义'(Sinn)，然而，该词与'意义'(Bedeutung)是对等的。为准确起见，我们更喜欢只用'Bedeutung'一词来指这个旧的概念，特别是在有关'逻辑的意义'或'表达的意义'的复杂表达形式中。至于'含义'一词，我们会在其最广泛的意义上使用它。"由此，无论它是否是"所指"或者是"所表达的"，也不论它是否与赋意过程相交织，"意义"都是一种可理解的或精神性的观念，它最终能够和能指的感觉方面相统一，但它自身并不需要这种能指的感觉方面。一旦现象学家像符号学家一样，要求它指涉一个纯粹的单位以及意义或所指的一个可以严格辨认的方面，那么意义的在场、意义或者意义的本质在这一交织之外也是可以想象的。

2. 这一纯粹意义或者所指层，在胡塞尔那里显然是(至少在符号学实践中隐约地是)与一个前语言学的或前符号学的(胡塞尔称之为前表达的)意义层相关的，它的在场在延异活动之外和之前以及在赋意过程或系统之外和之前都是可以想象的。后者仅仅使意义呈现出来，只是说明它、表述它、交流它、体现它和表达它，等等。因此，这样一种意义(在这两种情况下，它都是现象学的意义,总之,它是在知觉直观中最初被给予意识的)从一开始就不是处于能指的位置上的,它不能被纳入相关的和差异的组织中,这种组织已经把它变成了一种推迟、踪迹、书写物和间隔。我们可以指出,形而上学总是企图通过各种名目使得意义的在场脱离延异;而每当有人要求严格地分割或区分纯粹意义层,或纯粹所指层(或域)时,都会这么做。这样一种符号学怎么能够简单地摆脱对所指同一性的一切诉求呢?意义和符号,或者所指和能指之间的关系于是变成了“外在性”的关系:或者,像胡塞尔所说的,后者成了前者的外在化或者表达。语言被规定为表达(处于内部的亲密关系之外),而且我们又回到了我们刚才所谈的关于索绪尔的全部困难和前提条件上。在别处,我曾试图指出过,那些把全部现象学与这种表达的特权,与这种从纯粹语言领域(语言的“逻辑性”领域)中将“指示”排斥出去,以及与这种必须给予声音等的特权联系起来的种种后果。这一特权在《逻辑研究》中以及在著名的“纯粹逻辑语法”的计划中就有,这种计划比起十七八世纪法国所有“一般理性语法”计划要重要得多,也严格得多。然而,某些现代语言学家提到的却是后者。

克里斯特娃:如果语言总是“表达”,如果由此也证实了表达的封闭性,那么在什么程度上以及通过什么样的实践能够超越这一表达性呢?非表达性在什么程度上是有寓意的呢?文字学难道不是一门以逻辑—数学记号(而非以语言学记号)为基础的非表现的“符号学”吗?

德里达:这里,我想用一种看似矛盾的方式来回答你的问题。一方面,表现主义绝不是可以简单地被超越的,因为不可能弱化作为内与外简单对立的结构的延异的这一效果和促使自己表现为内在构成物的外在表现和再现的语言的这一效果。作为“表达”的语言再现不是一种偶然的偏见,而是一种结构诱惑,即康德可能会说的一种先验幻象。它是随语言、时代和文化的不同而变化的。无疑,西方形而上学构成了这一幻象的强有力的系统,但是我认为,断言只有西方形而上学这样做却是轻率的夸张。相反,另一方面,我要指出,如果表现主义不可以简单地和最终地被超越,那么事实上表现性总是已经被超越,无论人们是否希望它,也无论人们是否了解它。在被称之为“意义”(所表达的)已经而且完全由差异组织构成的范围内,在已经存在着一个文本，在一个对其他文本的文本参照网络的范围内，在其中每一"单个术语"是由另一术语的踪迹来标志的文本变化的范围内，其所假定的意义的内在性就已经受到它自己的外在性的影响了。它总是已经被带到自身之外，而且在任何表达活动之前，它已经与它自身不同了。唯有在这一条件下，它才能构成一个句法要素或文本。只有在这种条件下，它才能"赋意"。由此看来，也许我们不必问非表现性在何种程度上能够赋意的问题。只有非表现性才能赋意，因为严格地说，除非存在综合、句法要素、延异和文本，否则就不存在任何意义。文本概念以及它的所有内涵，是与表达的一义性概念不相容的。当然，当有人说唯有文本才赋意时，他已经改变了赋意和符号的价值。因为假如他以极其严格的古典界定来理解符号，那么他就不得不说出相反的结论：意义就是表达；而无所表达的文本却是无意义的，等等。作为文本科学的文字学，就会是一门仅仅以改变符号概念并使符号脱离它固有的表现主义为条件的非表现的符号学。

你的问题的最后部分也是比较难以回答的。很清楚，抑制和反对逻辑—数学记号一直是支配形而上学以及古典符号学和语言学计划的逻各斯中心主义和语音中心主义的特征。卢梭、黑格尔等对非语音的数学文字（譬如，莱布尼茨的"特征函数"计划）的批评在索绪尔那里又自然而然地复活了，因为对他来讲，它符合对自然语言的偏爱（见《普通语言学教程》）。因此一种与这种先决条件的系统决裂的文字学，必须解除加在语言数学化上的枷锁，并且也要指出"科学的实践事实上从没停止过抗议逻各斯的霸道，譬如，它一而再、再而三地诉诸非语音文字"。[1]总是把逻各斯与语音连接起来的一切都已经受到数学的限制，数学的发展过程是与非语音文字的实践绝对一致的。我相信，关于这些"文字学的"原则和任务，不可能有任何怀疑。但是，扩大数学记号的范围以及文字的形式化，必须十分小心地慢慢来，至少如果有人想要它有效地接管它至今仍被排斥在外的领域。在我看来，用"自然"语言来批判"自然"语言的著作，古典记号的整个内在变化以及"自然"语言与文字之间互相交换的系统实践，应该准备着和伴随着这种形式化。这是一项无止境的任务，因为从根本道理上讲，要绝对弱化自然语言和非数学的记号是不

---

〔1〕见《论文字学》，第12页。——原编者注

可能办到的。我们也必须小心形式主义和数学主义"素朴"的一面,我们不要忘记,在形而上学中,它的次要功能之一就是完善和证实它们可能在另一方面要抗议的逻各斯中心论的神学。这样,在莱布尼茨那里,普遍的、数学的和非语言的特征函数计划是与单一的形而上学不可分的。因此,也与神智存在和神圣的逻各斯不可分。

这样,数学记号的有效过程伴随着形而上学的解构,也伴随着数学自身和科学概念的深刻变化,而科学概念又总是以数学作为典范的。

克里斯特娃:质疑符号就是质疑科学性,那么在什么程度上,文字学是一门"科学",或者不是一门"科学"呢?你是否认为某些符号学著作接近文字学计划呢?如果真是这样的话,它们又是哪些呢?

德里达:文字学必须破坏将科学性的概念、规范与存在一神学、逻各斯中心主义和语音中心主义联结起来的一切东西。这一巨大的和无止境的工作必须不断避免使对科学的古典计划的超越陷入前科学的经验主义的窠臼。这就要求在文字学实践中假定一种"双重表示":它必须超越形而上学的实证主义或科学主义,同时又强调在科学的有效活动中有助于使它摆脱从其开端处就影响它的定义和活动的形而上学假定的任何东西。文字学必须寻求和加强在科学实践中一直力图超越逻各斯中心的封闭体的任何东西。这就是为什么对于文字学是否是一门"科学"的问题不存在简单答案的原因。总之,我要说,它铭写和限定科学,它必须自由地和严格地在它的文字中使得科学的规范起作用;而且,它还标出古典科学性的界限,与此同时又破除这一界限。

出于同样原因,没有任何科学的和符号学的著作是不服务于文字学的。科学在符号学中产生的文字学主题也能够反对符号学话语的形而上学前提条件。在索绪尔的《普通语言学教程》中所表现的心理主义、语音中心主义和对文字的拒斥,只有在《普通语言学教程》中所指出的形式主义和差异主题的基础上才能被批评。同样,在叶姆斯列(Hjelmslev)的语符学中,假如有人从中得出批评索绪尔的心理主义、抵制表达实体与语音学主义(以及"结构主义"和"内在论")、批判形而上学以及游戏主题等等结论,那么,他就必须拒斥被素朴地使用的全部形而上学的概念(在能指对所指的传统中的表达和内容的对立;被用于前面的两个术语上的形式和实体的对立;"经验的原则",等等)。由此,可以先验地说,在任何命题或任何符号学探究的系统中(你能够比我更好地引用当前的例子),形而上学的先决条件是与批判的主题共存的。这一点是根据一个简单事实得出的,即在一定程度上它们共处于同一语言之中。无疑,文字学与其说是另一门科学,一门拥有新的内容或新的领域的新学科,不如说是这一文本域的谨小慎微的实践。

(选自雅克·德里达著:《多重立场》,佘碧平译,生活·读书·新知三联书店 2004 年版,第 21—42 页。)

扩展阅读文献

1. Ashcroft,B.,G. Griffiths & H. Tiffin. *The Post-colonial Studies Reader*. London:Routledge,1995.

2. Derrida,J. *Of Grammatology*. Trans. by G. C. Spivak. Baltimore,ML:Johns Hopkins University Press,1976.

3. 德里达:《德里达中国演讲录》,张宁、杜小真译,中央编译出版社 2003 年版。

4. Bhabha,H. K. *The Location of Culture*. London:Routledge,1994.

5. Williams,P. & L. Chrisman. *Colonial Discourse and Post-colonial Theory:A Reader*. New York:Harvester Wheatsheaf,1993.

分析的意义理论和行为理论的前言

尤尔根·哈贝马斯

　　尤尔根·哈贝马斯(Jürgen Habermas,1929—),是德国当代最重要的哲学家之一,西方马克思主义重要流派法兰克福学派第二代的代表人物。先后在哥廷根大学、苏黎世大学和波恩大学学习哲学、心理学、历史学、德国文学和经济学等,1955年进入霍克海默和阿尔多诺领导的社会研究所。他坚持真理与道义的不可分割性,事实与价值的不可分割性,以及理论与实践的不可分割性,提出了著名的交往理性理论,对后现代主义思潮进行了有力的批判。主要代表作包括《公共领域的结构变化》、《知识和人类旨趣》、《技术和作为意识形态的科学》、《社会科学的逻辑》、《沟通行动理论》、《现代性的哲学话语》、《交往行为理论》等。

　　马克斯·韦伯的宗教社会学研究给我们留下了一个经验问题,亦即一开始就处于开放状态的问题:传统世界观瓦解之后,三种合理性彻底分化了开来,那么,这三种合理性为何没有在现代社会生活秩序当中找到同等重要的代表制度呢? 为何没有对日常交往实践产生同等重要的规约作用呢? 而韦伯用他的行为理论的基本观点预断了这个问题,即:只有从目的理性的角度出发,**社会合理化**的进程才会进入我们的视野。因此,我想来讨论一下韦伯的行为理论在概念策略上存在的一些不足,并把这一批判当做我的出发点,进一步分析交往行为概念。

我在讨论过程中将不涉及英国语境中分析的行为理论(analytische Handlungstheorie)英国的行为理论研究取得了丰硕的成果,我在其他地方曾有所借用。这些研究虽然不是铁板一块,但有一些共同的地方,比如:有共同的概念分析方法,对问题的把握相对而言也都比较严格。分析的行为理论对于阐明目的行为的结构是很有启发的。但是,它过于局限在一个孤立行为者的原子论行为模式上,而忽略了人际关系赖以形成的行为协调机制。分析的行为理论从一个实体世界的本体论前提出发,来构建行为概念,而忽略了行为者与世界之间的关系,这些关系对于社会互动至关重要。由于行为被还原成了对客观世界的有意干预,目的—手段关系的合理性也就走到了前台。最终,分析的行为理论还认为,它的使命就在于从元理论的角度阐明基本概念;它没有注意到,行为理论的基本立场具有重要的经验意义,所以也就未能与社会科学的概念建立起联系。分析的行为理论提出了一系列的哲学问题,但对于社会理论来说,这些问题都过于一般。

在分析的行为理论范围内,经验主义所展现的还是过去的老一套;比如:什么精神与肉体的关系(唯心主义对唯物主义);什么理由与原由(意志自由对决定论);什么态度与行为(客观主义的行为描述对非客观主义的行为描述);什么行为解释的逻辑学意义;以及因果性、意向性等等。归结起来,分析的行为理论是重新拣起了前康德主义意识哲学中的一些重要问题,但并没有触及到社会学行为理论的基本问题。

社会学行为理论应当把交往行为当做起点:

> 行为协调的必然性要求在社会范围内进行一定意义上的交往,而如果想把行为有效地协调起来,以便能够满足需求,则又必须进行交往。

在交往行为理论中,语言沟通作为协调行为的机制,成为了关注的焦点;而分析哲学的核心内容是意义理论(Bedeutungstheorie),它为交往行为理论提供了一个良好的开端,也展现了广阔的前景。这里所说的还不是那些跟行为理论息息相关的意义理论命题,也就是说,还不是**意向主义的语义**学(intentionale Semantik),它的创始人是格里斯(H. P. Grice),后来又经过了刘易斯(D.

Lewis)的补充,并得到了席福(St. Schiffer)和贝内特(J. Bennett)的加工发展。这样一种唯名论(nominalistisch)的意义理论不能用来解释以语言为中介的互动的协调机制,因为它一意孤行,坚持用因果行为模式来分析沟通行为。

意向主义语义学所立足的是一种反直觉的观念,即:对符号表达"X"的意义的理解,可以还原为对言语者"S"的意图的领会,因为言语者借助于符号让听众"H"去理解一些东西。这样,一种派生的沟通样态就被装饰成为了沟通的原生样态。而派生样态的沟通本来是言语者在直接沟通发生障碍的时候才会采用的。意向主义语义学把符号表达"X"的意义,还原成了言语者用"X"所给出的直接或间接的意图。意向主义语义学的这一尝试未能取得成功,因为听众所要理解的是两样东西,一方面是**理解**言语者"S"使用"X"的**意思**,即"X"的**意义**,另一方面则是要认清言语者"S"使用"X"所追求的**目的**,也就是说,言语者通过他的行为所要达到的目的。只有当听众"H"认清了与他交往的言语者"S"的**意图**,并领会了贯穿在言语者"S"交往意图中的真实用意,言语者"S"才有可能成功地把意图展现出来,即让听众"H"去理解意义。仅仅认识到言语者"S"的交往意图,听众是无法理解言语者"S"的真实用意的,**也就是说**,他无法理解言语者为什么会与他交往。

对于交往行为理论具有建构意义的,只是那些关注语言表达结构的分析的意义理论,而非关注言语者意图的分析的意义理论。当然,交往行为理论所看重的是这样一个问题,即:如何才能借助于沟通机制把不同行为者的行为联系起来,也就是说,使这些行为在社会空间和历史时间范围内组成一个网络。就交往行为理论的这个问题而言,卡尔•比勒(Karl Bühler)的**工具论模式**(Organonmodell)具有典型意义。比勒的出发点是关于语言符号的符号学模式,言语者(发送者)使用语言符号的目的,是要与听众(接受者)就对象和事态达成理解。比勒区分了使用分号的三种不同功能:

（a）表现事态的认知功能;

（b）交代言语者经验的表现功能;

（c）向接受者发出要求的召唤功能。

因此,语言符号同时承担着三种功能,分别表现为:符号(Symbol)、表征(Symptom)以及信号(Signal):

> 作为符号,它所依据的是对对象以及事态的分类;作为表征,它所依赖的是发送者,它表达了发送者的内心;作为信号,它所依靠的是对听众的召唤,它像其他交往信号一样,主宰着听众的内在活动和外在行为。

我在这里没有必要进一步探讨语言学和心理学对于这种语言模式的接受和批判,因为它们的重要论述(除了一个例外),都被语言分析哲学吸收了过去;至少,有三种最重要的分析的意义理论可以套用到比勒的语言模式中去,它们通过对语言表达的使用规范的形式分析,从内在阐明了交往理论,而不是根据对转换过程的控制论分析,从外在阐明交往理论。意义理论对工具论模式的这一建构路线,远离了把沟通过程当做发送者与接受者之间传递信息的客观主义观念,而面向一种关于互动的形式语用学概念,这种互动发生在具有言语和行为能力的主体之间,并以沟通行为作为中介。

实用主义符号理论始于皮尔斯(Ch. S. Peirce),后来又得到了莫里斯(Ch. W. Morris)的大力发展。卡尔纳普(R. Carnap)继承了这一理论,从句法学(Syntax)和语义学(Semantik)的角度,对比勒最初只是从功能主义角度考察的复杂符号加以内在分析:意义的载体不是孤立的符号,而是语言系统的各种因素,比如:不同的命题,它们的形式是由句法规则决定的,它们的语义学内涵则是由与对象以及事态之间的关系决定的。**卡尔纳普**的**逻辑句法学**以及**指涉语义学**(Referenzsemantik)的基本观念为从形式的角度分析语言的表现功能铺平了道路。相反,卡尔纳普认为,语言的召唤功能和表达功能是语言应用中的实用内容,可以加以经验分析。在他看来,语用学不是由一种可以重建的普遍规则系统决定的,因此,我们不能像对待句法学和语义学那样,对语用学加以抽象分析。

但是,只有随着指涉语义学向**真值语义学**(Wahrheitsemantik)的成功过渡,意义理论才最终作为一种形式科学得以成立。语义学理论最初是由弗雷格(G. Frege)建立起来的,后来得到了早期维特根斯坦和戴维森(P. David-son)、达米特(M. Dummett)等的不断发展。语义学理论所关注的重点是命题与事态以及语言与世界之间的关系。随着这种本体论的转型,语义学理论放弃了这样一种观念,即:可以用表示对象的名称来解释语言的表现功能。命题的意义与对命题意义的理解,不能脱离语言内部与陈述的有效性的联系。言语者与听众如果知道在何种条件下命题具有真实性，他们也就理解了这个命题。与此相应，他们如果知道一个语词在命题具有真实性方面所发挥的作用，他们也就理解了这个语词。因此，真值语义学提出了这样一个观点，即：一个命题的意义是由其真实性条件决定的。这样就揭示了语言表达的**意义**与由此建构起来的命题的**有效性**之间的内在联系，而且首先是在语言表现事态层面上。

但是，这种理论不可以用断言命题的模式来分析一切命题。一旦不同的命题运用样态被纳入到形式的考察范围，这种命题的局限性也就很清楚了。弗雷格当时就已经区分了论断或问题以及这些表达中所使用的命题结构所具有的断言力量（assertorische Kraft）与或然力量（interrogative Kraft）。沿着这条路线，从后期维特根斯坦经过奥斯汀（Austin）到塞尔（John Searle），他们把关于命题的形式语义学拓展到了言语行为当中。形式语义学不再仅限于语言的表现功能，而且也开始分析各种不同的以言行事力量。**意义的应用理论**（Gebrauchstheorie der Bedeutung）通过抽象分析，也揭示了语言表达的实用方面；**言语行为理论**（Theorie der Sprechakte）是迈向形式语用学的第一步，它涉及非认知的应用方法。但是，从斯特纽斯（E. Stenius）经过肯尼（A. Kenny）直到塞尔（John Searle），他们都尝试系统地划分言语行为的等级。他们的这些尝试表明，这种形式语用学还没有摆脱真值语义学的狭隘的本体论前提。意义理论要想达到比勒所系统阐述的交往理论的同一性高度，就必须像真值语义学对待语言的表现功能那样，给予语言的召唤功能和表达功能（必要的时候也包括雅各布逊所强调的、与表现手段相关的"诗学"功能）以一种系统的论证。我就是沿着这样一条思路，来展开我对普遍语用学的思考的。

比勒的语言功能理论可以与分析的意义理论的方法和观点结合起来，共同成为一种以沟通为取向的行为理论的核心内容，但前提是必须把有效性概念（超越了命题的真实性）加以普遍化，而且不要再仅仅从命题的意义学角度出发，而是从表达的语用学角度出发，去鉴别有效性前提。要想实现这个目标，就必须把语言哲学中的范式转型（最初是由奥斯汀提出的，阿佩尔后来从历史的角度加以阐明）推向极端，以便哪怕是在选择语言理论的本体论前提时，也真正实现摆脱"语言的逻各斯表现论"，也就是说，真正做到放弃语言表现功能的特殊地位。这样做的关键并不在于在断言样态之外再给予其他语言应用样态以同等地位；相反，我们必须像对待断言样态一样，揭示出其他样态的有效性要求和世界关联。我就是在这样的意义上提出我的观点的，即：不要把**以言行事**功能当做是一种**非理性**的力量，而与作为有效性基础的命题内容对立起来；相反，我们必须认真对待以言行事功能，把它们看做是特殊的功能，因为它们详细说明了言语者在他的表达中所提出的是**怎样**的有效性要求，**又是**如何提出的，他为什么会提出这些有效性要求。

借助于表达的以言行事力量，言语者可以促使听众接受他所提供的言语行为，并从**合理的动机出发**对待他的言语行为。这种观点的前提在于：具有言语和行为能力的主体可以与多个世界建立起联系，而且，由于他们相互之间就世界中的事物达成沟通，因此，他们为他们的交往提供了一个共同设定的世界体系作为基础。因此，我建议把外部世界划分为客观世界和社会世界，把内心世界当做外部世界的补充概念。于是，相应的有效性要求，包括真实性、正确性以及真诚性，就可以用来作为选择理论视角的主导概念。由此出发，语言应用的各种样态以及不同的语言功能也就可以得到论证，语言中不断变化的言语行为也就可以明确下来。比勒所说的语言的召唤功能恐怕得区分为调节功能（regulative Funktion）和命令功能（imperative Funktion）。在调节性的措辞中，参与者用不同的方法提出了规范的有效性要求，并与他们共有的社会世界中的事物建立起联系；在命令式的措辞中，参与者与客观世界中的事物建立起联系，在此过程中，面对接受者，言语者所提出的是一种元要求，目的是要促使接受者在行为过程中让所追求的事态能够体现出来。沿着这条路线建立起来的交往理论对于社会学的行为理论是很有用处的，但前提是要阐明，交往行为，也就是言语行为或等价的非口头表达，是如何获得协调行为的功能的，**又是如何建立起互动的**。

交往行为最终依赖的是具体的语境，而这些语境本身又是互动参与者的生活世界的片断。依靠维特根斯坦对背景知识的分析，生活世界概念可以成为交往行为的补充概念，而且正是这个生活世界概念确保了行为理论可以使用社会理论的基本概念。

在短短的中间考察中，我最多只能对这个纲领扼要加以阐述。首先我想讨论一下韦伯行为理论的两个观点，并阐明协调行为问题所具有的重要意义

(1)。接下来我想进一步发展奥斯汀对于以沟通为取向的行为和以目的为取向的行为的区分(2)，以便研究言语行为所提供的以言行事的效果(3)和可以批判检验的有效性要求的作用(4)。讨论对于言语行为的不同分类，就是要对这些论点加以论证(5)。最后我想揭示出从形式语用学研究向经验语用学的转型过程，并根据言语行为的字面意义和语境意义的关系，解释一下交往行为概念为何要用生活世界概念来加以补充(6)。

一、韦伯行为理论的两个观点

韦伯最初把"主观意义"(Sinn)当做行为理论的基本概念，并用这个范畴把行为与可以观察到的态度区别开来：

> 如果或只要行为者把行为与主观意义联系起来，行为就是人的一种态度(而不管是外在举动或内心活动，也不管是疏懒或忍耐)。

韦伯在这里所依靠的并不是意义理论，而是一种意向主义的意识理论。他不是用语言意义的模式来解释"主观意义"(Sinn)，也没有把"主观意义"与可以用来达成沟通的语言媒介结合在一起；相反，他把"主观意义"与最初是孤立的行为主体的意见和意图联系在一起。这是韦伯偏离交往行为理论的第一个岔道口：在韦伯理论当中具有基本意义的，不是至少两个具有言语和行为能力的主体之间(建立在语言沟通基础上)的人际关系，而是孤立的行为主体的目的行为。和意向主义语义学一样，韦伯也是根据目的行为主体的相互作用模式来设计语言沟通：

> 从"作为理想型的目的合理性"角度来看，语言共同体是由无数行为构成的……而指引行为的是期待他人'理解'一种共同的主观意义"。

我们可以从《经济与社会》中找到建构这种社会行为类型的依据；《论理解社会学的几个范畴》(Über einige Kategorien der verstehenden Soziologie)一文也提供了很好的证明。但我在这里并不想援引韦伯的论述对上述社会行为分类加以证明,因为,韦伯对于以利益格局为中介的社会关系和以规范共识为中介的社会关系的划分,虽然十分重要,但从行为取向来看,还有欠明确(我在讨论目的取向和沟通取向时还会加以补充论述)。更重要的是,韦伯尽管区分了传统共识与合理共识,但正如我们所看到的,这种合理共识在私法主体协调模式中并没有被阐述清楚,也没有追溯到话语意志形成的道德—实践基础上。否则,韦伯肯定能明确一点,即社会行为优于共同体行为的地方,并非在于目的理性的行为取向,而是在于后传统意义上的道德—实践理性。由于韦伯未能做到这一点,因此,价值合理性这一特殊概念对于行为理论也就未能发挥它应有的作用;当然,价值合理性如果想要发挥作用的话,还必须满足这样的前提,即对道德合理化在社会行为系统中的后果加以研究,而韦伯在文化传统层面上对道德合理化已经作出了讨论。

韦伯不可能把这种非正式的行为类型学有效地用来解决社会合理化问题。相反,韦伯的正式观点在概念上非常狭隘,以至于只能从目的合理性的角度对社会行为加以评判。根据韦伯的这个概念,行为系统的合理化必须被限定为目的理性行为这一亚类型的建立与普及。这样,我们要想**完整地**探讨社会合理化过程,就必须把**其他的**行为理论也作为基础。

因此,我想重新拿出本书导论中深入阐述的交往行为概念,运用言语行为理论,为被韦伯正式的行为理论忽略的行为合理化内容提供概念基础。我这样做的目的,是想从行为理论的角度,恢复韦伯在文化分析过程中所使用的完整的合理性概念。我将首先对行为加以分类,而且依据的是韦伯关于行为理论的非正式的观点,具体在于:根据两种行为取向来划分社会行为,而且,这两种行为取向同建立在利益格局和规范共识基础上的行为取向是一致的:

行为类型

行为取向 行为语境	以目的为取向	以沟通为取向
非社会的	工具行为	—
社会的	策略行为	交往行为

    工具理性行为模式的出发点在于：行为者主要关注的是要实现一定的目的。行为者选择他认为适合于一定语境的手段，并把其他可以预见的行为后果当做是目的的辅助条件加以算计。所谓达到目的，就是行为者所希望的状态在世界中出现了，而这种状态在一定语境中是计算的结果，具体表现为：或者是有目的地去行动，或者是有目的地放弃行为计划。最终的行为效果由以下几方面内容组成：行为结果（总的而言就是指付诸实现的预期目的）、行为后果（包括行为者已经预见到的，或行为者意向中的，以及行为者必须承担的），以及负面效果（出乎行为者预料的）。如果我们从遵守行为规则的角度对以目的为取向的行为加以考察，并从对状态和事件的干预程度对它们加以评价，那么，我们就说这种行为是**工具**行为。但如果我们从合理选择规则的角度来考察它们，并从影响对手抉择的程度来对它们加以评价，那么，我们就说这种行为是**策略**行为。工具行为可能会和社会互动联系在一起，而策略行为本身就是社会行为。相反，如果参与者的行为计划不是通过各自的斤斤计较，而是通过相互沟通获得协调，那么，我们就说这是一种交往行为。在**交往行为**中，参与者主要关注的不是自己的目的；他们也追求自己的目的，但遵守这样的前提，即：他们在共同确定的语境中对他们的行为计划加以协调。因此，通过协商来确定语境，这是交往行为所需要的解释工作的重要组成部分。

二、目的取向对沟通取向

    我把策略行为和交往行为明确为行为类型，我的出发点是：可以从这样一些角度出发对具体的行为加以分类。我不仅想把"策略"和"交往"当做两个分析视角，由此，同一个行为可以说是目的理性行为者之间的相互影响，也可以说是生活世界成员之间的沟通过程。而且，我们还可以这样来区分社会行为：即参与者是采取一种以目的为取向的立场，还是一种以沟通为取向的立场；甚至，这些立场在一定的情况下还可以根据参与者自身的直觉知识来加以甄别。因此，我们有必要首先对这两种立场进行概念分析。

    这在行为理论范围内不能说是一种心理学的任务。我的目的不是要对行为特征进行经验描述，而是想把握住沟通过程的一般结构，由此可以推导出需要描述的参与前提。要想解释清楚我所说的"以沟通为取向的立场"，就必须对"沟通"概念进行分析。这里的关键并不在于观察者为了描述沟通过程所使用的谓词,而在于有能力的言语者的前理论知识。言语者本身凭直觉就可以断定,他们何时向对方施加影响,何时又与对方进行沟通。此外,他们也知道,何时沟通会出现失败。如果我们能把言语者用于判断的潜在标准挖掘出来,我们也就找到了我们想要得到的沟通概念。

沟通是具有言语和行为能力的主体相互之间取得一致的过程。当然,一个由许多人组成的集体也会觉得他们有一致的意见,但这个意见十分混乱,我们很难给出其中的命题内涵以及它所针对的意向性对象。这样一种集体**一致性**并没有满足成功的沟通所必需的**共识前提**。共识或者是通过交往实现的,或者是在交往行为中共同设定的,它具有不同的命题结构。依靠这种语言结构,不能仅仅把共识归结为外在作用的结果,共识必须得到接受者的有效认可。因此,共识和**实际**中偶然的**意见一致**(Übereinstimmung)有所不同。沟通过程所追求的是共识,它满足了合理同意表达内容的前提。一种通过交往而达致的共识具有合理的基础。也就是说,这种共识不能被**转嫁**到工具行为(对行为语境的直接干预)或策略行为(对对方抉择的算计和左右)当中。共识可以是强制的客观结果,但如果**明显依赖**的是外界影响或暴力,共识就不会得到主体的**承认**。共识的基础是**相互信服**(Überzeugung)。互动一方的言语行为要想取得成功,就必须满足如下前提:即另一方接受了他在言语行为中所提供的内容,并对可以批判检验的有效性要求采取肯定或否定的立场(尽管通常都是悄悄进行的)。无论是用表达提出有效性要求的自我,还是接受或拒绝这个要求的他者,他们的抉择都立足于充足的理由。

如果我们撇开言语模式不理不问,我们就根本无法阐释清楚,两个主体之间进行沟通究竟意味着什么。沟通是人类语言的终极目的。语言与沟通之间的关系尽管不能比作是手段与目的,但如果我们能够确定使用交往命题的意义,我们也就可以对沟通作出解释。语言概念和沟通概念可以相互阐释。因此,我们可以根据交往参与者的立场,来分析沟通立场当中的形式语用学特征。如果形成了交往参与者的立场,那么情况至少是这样的:即一方提供言语行为,另一方采取肯定或否定的立场(哪怕表达在日常交往实践中大多不具备语言的形式,也就是说,根本不具备命题的形式)。

但是,如果我们想通过分析言语行为来确定以目的为取向的行为和以沟通为取向的行为，我们就会遇到如下困难：一方面，我们把言语者和听众用于达成沟通的交往行为视作一种行为的协调机制。根据交往行为概念，沟通行为不能被还原成目的行为，因为它把不同参与者的目的行为计划结合起来，进而把各种行为综合起来，使之形成一种互动。因此，以语言为中介的互动概念具有范式意义，它与意义理论互不相容，比如意向主义语义学，它想把沟通当做解决目的行为主体之协调问题的途径。但另一方面，并非一切以语言为中介的互动都对以沟通为取向的行为具有示范意义。间接沟通显然是大量存在的，比如：一方发出信号让另一方去领会，这就间接地促使另一方认真体会语境、把握语境、由此来形成一定的意见或意图；或者，一方在日常交往实践中悄悄地把另一方吸引到自己的目的上来，也就是说，通过语言手段操纵另一方，使他按照自己的意愿去行动，这样也就把另一方变成了实现自己目的的工具。在这些例子中，语言都被用来追求一定的结果，它们似乎证明言语行为并不能充当以沟通为取向的行为的范例。

但如果我们能够说明，以沟通为取向的语言应用是一种**原始形态**（Originalmodus），它和间接沟通（让人理解或迫使理解）处于寄生状态，那么，事实就并非像上文所说的那样。在我看来，奥斯汀对以言行事（Illokutionen）与以言取效（Perlokutionen）的区分就是要做到这一点。

众所周知，奥斯汀区分了以言表意行为（lokutionäre Akte）、以言行事行为（illokutionäre Akte）以及以言取效行为（perlokutionäre Akte）。奥斯汀认为，陈述命题（"p"）或唯名论的陈述命题（"-daβ p"）具有以言表意的内涵。所谓**以言表意行为**，是指言语者表达了事态；也就是说，言语者有所表达。所谓**以言行事行为**，则是指，言语者在言说过程中完成了一个行为。以言行事作用决定了命题的形式，比如：断言、命令、承诺、坦白等（"M p"）。在常规条件下，命题的表达形式借助的是第一人称现在时所使用的完成行为式的动词，其中，行为意义明确表现为：言语行为的以言行事内容允许附加"特此"（hiermit）一词："我特此向你保证（命令、承认），"。在**以言取效行为**中，言语者所追求的是在听众身上发挥效果。言语者通过完成一个言语行为，对世界中的事物发挥了影响。奥斯汀所区分的三种行为，可以概括如下：**有所表达**；**通过表达**，有所行动；通过表达，有所行动，**进而有所生效**。

奥斯汀的概念十分明确：由以言行事内容和命题内容共同组成的言语行

为("M　p")被认为是一种自足的行为,言语者永远都可以用这种行为来表达交往的意图,也就是说,来表达他的目的:听众能够领会并接受他的表达。以言行事行为的自足性可以这样来理解:言语者的交往意图,以及他所追求的以言行事的目的,是从明确的表达中产生出来的。这和目的行为截然不同。对于目的行为的意义,我们只能根据行为者的意图以及行为者想要实现的目的加以推断。对于以言行事行为,**表达的意义**是重要的构成要素;同样,在目的行为中,行为者的**意向**也是重要的构成因素。

奥斯汀所说的**以言取效**的效果来源于:以言行事行为在目的行为语境中发挥了作用。只要具备如下前提,就一定会出现以言取效的效果:即言语者在追求一定目的的同时,还把言语行为与意图联系起来,并把言语行为当做实现目的的工具,而这些目的与表达的意义之间只是偶然发生了联系:

> 谁如果完成了以言表意行为,进而完成了以言行事行为,他也就进一步完成了另外一种行为。如果有所表达,那么,表达的内容通常会对听众、言语者或其他人的情感、思想或行为产生一定的影响;表达可以是用于计划,也可以是用于意图,或用于目的,但都是为了发挥影响。如果我们注意到这一点,我们就可以认为言语者是一种行为的执行者,在这种行为当中,以言表意行为或以言行事只是间接地表现出来,或者根本就不表现出来。我们认为,这样一种行为就是**以言取效行为**。

对以言行事行为和以言取效行为的区分引起了广泛的争论。从中形成了四个不同的区分标准。

(a)言语者在表达中所追求的以言行事的目的,是从构成言语行为的表达意义自身当中产生出来的。从这个意义上讲,言语行为是自明的。言语者借助于以言行事行为让我们认识到,他想把他所说的内容当做问候、命令、提醒、解释等。他的交往意图在于:听众应当理解言语行为的明确内涵。相反,言语者的以言取效的目的,和目的行为所追求的目的一样,并非来源于言语行为的明确内涵;对于这个目的,我们只能通过行为者的意向去反复揣摩。比如说:观察者看到他的一位熟人正在匆忙地穿越大街,他很难明白这位熟人为何如此匆忙;同样,听众也很难领会对他的要求,**并进而**知道言语者在表达中还有什么具体目的。接受者最多只能根据语境去设法了解言语者的以言取效的目的。其余三个标准与言语行为的自明性特征是联系在一起的。

(b)根据言语行为的描述,如(1)和(2),可以推导出言语者的以言行事目的的前提条件,但无法推导出以言取效目的的前提条件,因为这些目的或许是目的行为者在完成言语行为时想要达到或已经达到的。在对以言取效行为的描述中,如(3)和(4),带有这样一些目的,它们超越了表达的意义范围以及接受者所能直接领会的范围:

(1)S对H肯定地说,他已经炒了公司的鱿鱼。

如果"H"理解了"S"的话,并当真接受了下来,那么,"S"就用(1)中所给出的表达达到了以言行事的效果。这也同样适用于:

(2)H警告S,他不能炒公司的鱿鱼。

如果"S"理解了"H"的警告(关键要看它在一定语境下所具有的是一种诊断的意义,还是一种道德呼吁的意义),并当真接受了下来,那么,"H"就用(2)中所给出的表达达到了以言行事的效果。接受了(2)中描述的表达,无论如何都是对接受者的行为义务和言语者的行为期待的一种证明。至于期待的行为结果是否会如期出现,则与言语者的以言行事目的没有关系。比如说,如果"S"没有炒公司的鱿鱼,那就不是以言取效的作用,而是通过交往达成共识的结果,所以也是对接受者在肯定言语行为时所承担的义务的履行。根据:

(3)S告诉H,他炒了公司的鱿鱼,这样他就(故意地)让H大吃一惊。

可见,(1)中所描述的以言行事效果并不是充分条件,也就是说,还不足以取得一种以言取效的效果。在其他语境下,听众对同一表达的反应可能非常淡漠。这点同样适用于:

(4)H警告S不能炒公司的鱿鱼,这让S十分不安。

在其他语境中,同样的警告或许会更加坚定"S"的决心,比如,当"S"怀疑"H"居心不良的时候。因此,描述以言取效效果,不能**脱离超越**言语行为的目的行为语境。

(c)根据上述思考,奥斯汀得出了如下结论:以言行事目的与言语行为之间存在着一种**规范性**的关系,亦即存在着一种**内在**的联系,而以言取效效果则与表达的意义之间没有什么联系。言语行为可能取得的以言取效效果,离不开偶然的语境,它和以言行事效果不同,不受规范的支配。当然,我们或许可以把(4)当做反面例子。只有当接受者认真对待警告的时候,才会出现不安;而一旦接受者不认真对待警告,他就会觉得自己是对的。行为动词的意义规范是以言行事行为的构成因素,它们在一定的情况下与不同的以言取效的效果相互排斥。尽管如此,这些以言取效的效果与言语行为之间所存在的还不仅仅是规范的联系。如果听众认为"S"的断言是真实的,命令是正确的,坦白是真诚的,并予以接受,那么,他也就潜在地使用具体的规范义务,来约束他的其他行为。相反,某个朋友对"S"的严肃警告造成的不安是一种状态,它可能出现,也可能不出现。

(d)类似的疑虑促使斯特劳森(P. Strawson)用一个新的区分标准代替规范性的标准。如果言语者想要取得成功,他就不能让人们看出他的以言促效的目的;而要想到以言行事的目的,则必须把它们表达出来。以言行事可以公开表达出来,以言取效则不能"予以承认"。这一差别也表现在:描述以言取效行为的谓词(比如大吃一惊,引起不安,陷入疑惑,让人生气,误导某人,伤害某人,自寻烦恼,侮辱某人等),不能用完成以言行事行为的动词表现出来,因为,这些以言行事行为也可能取得相应的以言取效的效果。以言取效行为构成了目的行为的亚类型,它们要想在言语行为中得到贯彻,就必须满足如下条件,即:行为者不能如实地公布或承认行为的目的。

划分以言表意行为和以言行事行为的目的,在于把命题内涵与言语行为的形态当做不同的分析对象区别开来,而对这两种行为类型与以言取效行为的区分,则没有丝毫的分析特征。要想用言语行为来取得以言取效的效果,就必须把言语行为作为**手段**(Mittel)包容到目的行为当中。以言取效的效果表明,不同的言语行为在策略互动关系中得到了整合。它们是意料之中的行为后果,或目的行为的结果,行为者在作出这个行为时,是带着这样一种意图的,即:借助于以言行事的结果,对听众施加一定的影响。但是,言语行为除非能够被用于实现以言行事的目的,否则,它们就不能被**用于实现**诸如影响听众这样的**非以言行事的目的**。如果听众不能理解言语者所说的内容,那么,带有一定目的行为取向的言语者不用交往行为,也可以促使听众按照他所希望的那样去行动。从这个意义上说,我们先前所说的"以结果为取向的语言应用",根本就不是原初意义上的语言应用,而是属于言语行为,它们的目的是以言行事,前提是以目的为取向的行为。

但是,由于言语行为并非总是发挥这样的功能,因此,离开与目的行为结构的关系,语言的交往结构同样也应当能够得到阐明。目的行为者以结果为取向的立场,对于沟通过程的成功与否没有意义,而且,即便它进入了策略互动,也没有意义。我们所说的沟通和以沟通为取向的立场,必须**紧紧依靠以言行事行为**来加以解释。如果奥斯汀所说的言语者实现了他的以言行事的目的,那么,依靠言语行为完成的沟通也就取得了成功。

以言取效的效果,和目的行为的效果一样,可以说是世界中的状态,它们是干预世界而造成的。相反,以言行事的效果是在人际关系层面上出现的,在这个层面上,交往参与者就世界中的事物达成沟通;因此,以言行事的效果**不是处于世界内部**,而是具有超越性质。一旦需要,以言行事的效果便会出现在交往参与者的生活世界当中,因为生活世界构成了交往参与者的沟通背景。这样一种以沟通为取向的行为模式,我在下文还会进一步予以阐述,它在奥斯汀对于以言行事和以言取效的区分当中反而变得更加暧昧了。

根据以上讨论,可以看出,以言取效是策略互动的一种特殊类型。在以言取效过程中,以言行事被当做手段而应用到目的行为关系中。但是,正如斯特劳森(P. Strawson)所指出的,这样一种应用是有条件的,即:带有目的行为取向的言语者,在实现其以言行事的目的(让听众理解他所说的内容,并在接受言语行为时承担起相应的义务)时,**不能暴露出其以言取效的目的**。这一前提使得以言取效与潜在的策略行为之间形成了一种不对称的关系。在有些互动过程中,会出现这样的情况,即至少有一个参与者采取了策略行为,而且,他还对其他参与者隐瞒了如下事实:他并没有满足实现以言行事目的所必需的常规前提。因此,这一类的互动不适合于分析,因为分析应当凭借言语行为的以言行事效果,对协调行为的语言机制加以阐明。适合于分析的,是另外一种互动,其中没有不对称的关系,也没有把以言取效作为附加条件。在这种互动中,所有参与者相互都很尊重对方的行为计划,因此,他们在追求各自的以言行事的目的时**毫无顾虑**。我把这种互动称作交往行为。

奥斯汀也分析了处于互动关系中的言语行为。奥斯汀的理论核心恰好在于:根据一定制度当中的言语行为,诸如:洗礼、打赌、任命等,来归纳出语言表达的完成行为式特征。在这些言语行为中,完成行为过程中出现的义务,必须受制于相应的制度或行为规范。但是,奥斯汀用这些互动,分析了言语行为的以言行事的效果,他不认为这些互动与以言取效效果当中表现出来的互动有**类型上的差别**。这样,奥斯汀就制造了混乱。谁如果在打赌,任命高级指挥官,发挥命令,提出警醒或警告,作出预言,进行叙事,作出坦白,进行揭露,等等,他就是在从事交往行为,他在同样的**互动层面上**根本就不会制造出以言取效的效果。言语者要想达到以言取效的效果,就必须在他的对手面前隐瞒他的策略行为;比如,他发出进攻命令,是想让部队陷入埋伏;他拿出 3000 马克作为赌注,是想置对方于尴尬;他在深夜里讲故事,是不想让客人离开等。当然,交往行为中随时都有可能出现意料不到的行为后果;但是,一旦出现这样的危险,即这些后果被认为是在言语者的意料之中,那么,言语者就会发现有必要作出解释和进行纠正,甚至于作出道歉,以便消除**错误的印象**,负面效果可能就是以言取效的效果。否则,言语者必须注意到,交往参与者会觉得自己受到了欺骗,于是,他们同样也采取策略性的立场,并脱离了以沟通为取向的行为。当然,在复杂的行为语境中,一个言语行为,即便是在交往行为前提下被完成和接受,在**不同的互动层面上**也会同时具有策略意义,在**第三方**那里则会导致以言促效的效果。

因此,在我看来,所谓交往行为,是一些以语言为中介的互动,在这些互动过程中,所有的参与者通过他们的言语行为所追求的都是以言行事的目的,**而且只有**这一个目的。相反,如果互动中至少有一个参与者试图通过他的言语行为,在对方身上唤起以言取效的效果,那么,这种互动就是以语言为中介的策略行为。奥斯汀没有把这两种不同的互动类型严格区别开来,因为他倾向于认为,以语言为中介的互动等同于言语行为,亦即沟通行为。奥斯汀没有认识到,言语行为可以充当**其他**行为的协调机制。它们在进入策略互动之前,必须脱离交往行为的语境。而之所以能够做到这一点,是因为言语行为相对于交往行为具有一定的独立性,而表达的意义总是让我们注意到交往行为的互动结构。言语行为与它通过协调行为而建立起来的互动关系之间是有差异的,只要我们没有像奥斯汀那样眼里只有一定制度当中的言语行为模式,我们很容易就会发现这种差异性[1]。

三、意义与价值:从言语行为中产生的以言行事行为的责任后果

根据以言行事行为与以言取效行为之间的复杂关系,我试图指出,言语行为在开始的时候尽管可能具有策略性,但它只对交往行为具有构成意义。交往行为不同于策略互动的地方在于:一切参与者都毫无顾虑地追求以言行事的目的,以此来达成共识,而这种共识是协调不同行为计划的基础。此外,我还想说明的是,通过交往达成的共识,要想履行协调行为的功能,必须满足怎样的前提。我所依据的是一些基本的命题,它们都是由一个言语者的言语行为和一个听众的肯定立场构成的。比如下述命题:

(1)我(特此)向你保证,我明天会来。

(2)请你戒烟。

(3)我向你坦白,我觉得你的行为是可恶的。

(4)我预先可以告诉你,假期里会下雨。

从这些命题当中,我们可以看到,肯定的立场究竟意味着什么,它所明确的又是怎样的互动结果:

(1')对,我相信……

(2')对,我愿意听你的……

(3')对,我相信你……

(4')对,我们必须考虑到……

听众用"对"(Ja)来表示他接受了言语者的言语行为,并证明了他们之间已经取得共识。这种共识一方面**涉及表达的内容**,另一方面也**涉及言语行为**

---

[1] Habermas:"对于一定制度中的言语行为,我们总是可以确定其具体的制度,而对于非制度性的言语行为,我们只能给出一般的语境条件,这些条件必须得到满足,因为只有这样,相应的行为才能得到完成。要想解释清楚打赌行为和洗礼行为的含义,我必须依靠打赌的制度或洗礼的制度。相反,命令、建议或疑问所表现的就不是制度,而是适用于不同制度的言语行为类型。'制度约束'的确是一个范畴,它不允许在任何情况下都作出明确的划分:只要存在着制度化的权威关系,就会有命令;而任命的前提是官僚组织;婚姻则要求有独立的制度(再说,这种制度已经十分普及了)。但这并没有贬低分析视角的意义。非制度性的言语行为,只要具有调节作用,就涉及行为规范的普遍内容。但它们在本质上并不受到特殊制度的规约。"

内在的保证及其对于互动具有重要意义的约束力。言语行为中的行为力量表现为一种要求,而言语者是在言语行为中用完成行为式的动词提出这个要求的。由于听众认可了这个要求,因此,他也就接受了言语行为所提出的内容。这种以言行事的结果对于行为之所以十分重要,是因为有了这种结果,言语者和听众之间就形成了一种协调一致的人际关系,能够对行为的活动空间和互动结果加以规整,并为听众提供不同的行为,让他们有多种理解的可能性。

但问题是:如果言语行为,比如制度中的言语行为,没有直接从规范的社会价值那里获得其权威性,或者,比如命令式的意志表达,没有获得偶然性的惩罚力量,那么,言语行为又是从哪里获得其协调行为的力量的呢?从表达所针对的听众角度来看,对于(认真对待)言语行为所产生的反应,我们可以区分为三种不同的形式:

(1)听众**理解**了表达,也就是说,听众把握了表达的涵义。

(2)听众对言语行为中所提出的要求采取了**"肯定"或"否定"的立场**,也就是说,听众**接受**或**拒绝**了言语行为。

(3)在最终达成共识的时候,听众**把常规的行为义务作为自己的行为指南**。

具有协调作用的共识属于**语用学**层面,它把意义理解的**语义学**层面和进一步深化共识的**经验**层面结合在了一起。因为,在一定语境中,进一步深化共识对于互动的结果有着深远的意义。我们可以用意义理论来阐释这种结合是如何取得成功的;当然,这就需要我们进一步拓宽形式语义学,因为它一直都局限于对命题的理解〔1〕。

形式语用学的意义理论所提出的第一个问题是：理解一个交往命题，即**一个表达**，**究竟意味着什么**。形式语义学在概念层面上严格区分了命题的意义（Bedeutung）与言语者的意见（Meinung）。言语者把一个命题运用到言语行为当中，他可能另有所指，而不是像这个命题字面上所显示的那样。但是，这样一种区分不能进一步延伸成为对**命题意义**的形式分析与**意见**表达的经验分析之间的方法论划分，因为，离开交往的规范前提，命题的字面意义根本无法得到阐明。当然，形式语用学也必须采取防范措施，以便确保表达的涵义与表达的字面意义在正常情况下不会出现偏差。因此，我们的分析将集中**在规范条件**（Standardbedingungen）下进行的言语行为，并以此来确保言语者的意图就是他所表达的字面意义。

我想把对表达的理解还原为对条件的认识，因为，有了这些条件，表达就能为听众所接受。我这样认为，和真值语义学的基本立场稍微有些相似。**如果我们认识到，是什么使得一个言语行为能够被接受下来，那么，我们也就理解了这个言语行为**。从言语者的角度来看，言语行为的接受条件与其以言行事结果的前提是一致的。我们不能从观察者的角度，在客观主义意义上来定义言语行为是否可以接受，而必须把交往参与者的完成行为式立场当做我们的出发点。因此，一个言语行为可以"接受"，也就应当意味着，它满足了必要的条件，从而使得听众会对言语者所提出的要求采取"肯定"的立场。这些条件不能片面地加以完成，也就是说，不但单纯由言语者或听众来加以完成；相反，它们是**主体相互之间承认**语言要求的条件，并用典型的言语行为，依靠对

---

〔1〕 意义的应用理论是在后期维特根斯坦基础上发展起来的。即便是这种意义的应用理论也还仅仅停留在对命题的孤立运用上。和弗雷格的意义理论一样，意义的应用理论也从非交往的角度对命题的应用当做范例；它忽略了言语者与听众之间的人际关系，因为言语者和听众依靠交往行为，就世界中的事物达成了沟通。图根哈特认为，我们可以这样来证明这种语义学是有其自我局限性的：从交往的角度使用语言，只对特殊的语言表达，特别是对完成行为式的动词以及由这些动词完成的言语行为具有构成意义；而语义学在它的核心内容中把语言用于独白式的思考。实际上，关于言语者与听众之间关系的初步思想，与实际的人际关系之间是存在着差别的，而且，这种差别我们不难觉察。在想象历史过程中，具有想象力的自我在互动关系中占有一席之地，但是，第一人称、第二人称和第三人称的交往参与者所发挥的潜在作用，对于思想或想象的意义始终具有构成意义。只是，这种孤立的思考不仅仅在转换意义上具有话语特征。一旦命题的有效性和判断力出现问题，孤立的思考者就不得不从结论转向寻找和衡量前提，我们也就可以清楚地看到孤立的思考所具有的话语性质。因为在这种情况下，思考者会发现，有必要把正反两方面的论证角色当做一种交往关系吸纳到他的思想当中，这就好比白日梦者，当他沉湎在日常情景的时候，他实际上是采用了类似于言语者与听众关系的叙事结构。

互动的约束,奠定了具有特殊内容的共识的基础。

从社会学行为理论的角度来看,我首先关注的必定是:对言语行为的协调机制加以阐明;因此,我将着重考察促使言语者提出言语行为的前提条件,当然,我们也应当设定,言语者所应用的语言表达在语法上是完整的,它满足了言语行为类型的必要条件[1]。一个听众,如果在语法的完整性和一般语境条件[2]之外,还认识到了言语者促使他采取肯定立场所依据的**核心前提**,那么,他也就理解了一个表达的意义。这些**严格意义上的接受条件**,涉及"S"在常规情况下用完成行为式的动词所表达出来的以言行事的意义。

但我们还是先来看一看符合语法要求的祈使命题,在一定的语境条件下,这种祈使命题被用作命令式:

(5)我(特此)要求你把烟戒掉。

根据以言促效的行为模式,命令式通常被认为是行为者"S"的一种尝试,也就是说,"S"试图促使"H"作出一定的举动。由此看来,只有当"S"把他的如下意图与表达联系起来:即"H"从表达中应当能够得知,"S"试图让他去完成行为"H","S"才完成了一个祈使命题[3]。但是,这种观点忽视了祈使命题所具有的以言行事的意义。言语者通过表达命令,**说出**了他想让"H"完成的事情。这样一种**直接的沟通形式**也就省略掉了言语者用来间接促使听众完成一定行为的言语行为。相反,祈使命题的以言行事意义可以这样来加以分解:

(5a)"S"对"H"说,他可以操心一下"P"的进展情况。

(5b)"S"告诉"H"说,他应当完成"P"。

(5c)"S"所说的要求可以理解如下:"H"应当完成"P"。

其中,"P"表示客观世界中的一种状态,大概在表达的时候,这种状态还处于未来时,但是,如果所有条件都保持不变,那么,经过接受者的介入甚至悬隔,这种状态也就可以成为现实,比如:"H"掐掉了香烟,实现了不许抽烟

---

〔1〕 如果承诺具有这样的形式:即(1⁺)我向你保证,我昨天在汉堡,那么,语法完整的条件就受到了破坏;相反,如果"S"根据下述前提表达了准确的命题(1),即"H"本来可以想到"S"会来访,那么,遭到破坏的就是承诺所特有的语境条件。

〔2〕 关于言语行为理论的哲学著作和语言学著作所探讨的主要就是这些条件。D. Wunderlich 分析了塞尔在其理论中提出的言语行为类型"建议"。

〔3〕 奇怪的是,塞尔的观点也接近于意向主义语义学的观点。

这样一种状态。

听众接受祈使命题(5)所提出的条件,为此,他采取了肯定立场:

(5')好,我将按照要求去……

如果我们仅限于严格意义上的接受条件,那么,这些条件就分解为两个方面的内容。

听众应当这样来理解祈使命题的以言行事意义:他可以用命题(5a)或(5b)及(5c)来分解以言行事意义,并用向他发出的祈使命题,来解释"戒烟"这样一种陈述的内涵。事实上,如果听众认识到"p"得以实现的条件,如果他知道,他在一定情况下应该做什么或不该做什么,这样才能满足条件,那么,他也就理解了祈使命题(5)。要想理解一个命题,首先必须认识其真值条件;同样,要想理解一个命令,也必须认识命令的有效性条件。这些**必要条件**(Erfüllungsbedingungen),最初是用语义学表达出来的,但在语用学的意义理论中,则应当根据对于互动具有重要意义的约束力来加以解释。听众如果知道他该做什么,或不该做什么,才能实现"S"所理想的状态"p",这样,他也就理解了命令,进而也就知道,他怎样才能把自己的行为与"S"的行为**衔接起来**。

我们只要把视角拓展开来,从互动关系的角度来把握对命令的理解,就会清楚地看到,认识到"必要条件",还不足以知道祈使命题何时才能被接受。我们还缺少第二个内容,即对**共识前提的认识**,因为有了**共识**,才能**确保**约束力在互动过程中得到贯彻。听众要想充分理解祈使命题的以言行事的意义,他就必须知道,言语者为何会期待把自己的意志灌输给听众。言语者在他的命令中提出了一种**权力要求**(Machtanspruch),听众如果接受了这个要求,他也就服从了这个要求。命令的意义包括:言语者为了贯彻他的权力要求,而提出一个有着**充分根据**的期待;但前提是,"S"知道,他的接受者有足够的理由去服从他的权力要求。由于祈使命题在开始的时候被认为是意志的实际表达,因此,这些理由不能建立在言语行为自身的以言行事意义之上,而只能依靠与言语行为有着外在联系的认可力量。因此,**必要条件必须要由认可条件来加以补充**,这样才能使得接受条件充分起来。

所以,一个听众要想理解祈使命题,就必须:

(a)认清接受者在实现理想的状态(不要吸烟)时所能立足的条件;

（b）认清"S"所立足的条件，因为，由此出发，他有充分的理由期待，"H"自觉地迫使自己服从"S"的意志（比如，以破坏安全条例为理由，以惩罚加以威胁）。

只有在认清上述两方面内容（a）和（b）之后，听众才会知道，要想对祈使命题（5）采取（5）意义上的肯定立场，他必须要满足那些条件。他认清了这些条件，也就知道了表达之所以会被接受下来的。

如果我们从严格的命令或**简单的**祈使命题转向**规范的祈使命题**或命令，并把祈使命题（5）与命题（2）加以比较，情况就会变得复杂起来，而且，从中我们会有新的发现：

（6）我（特此）提示你把烟掐掉。

这一表达的前提是公认的规范，比如国际民航组织的安全规定，和一定的制度框架，它赋予一定职位上的人以权力，比如乘务员，在飞机开始降落的时候，根据有关规定，提示一定范围内的人们，这里就是乘客，把烟掐掉。

相反，以言行事的意义，首先可以用（a）中所说的条件加以明确；但是，在提示时，以言行事的意义不仅**指明了**必须用行为语境加以补充的条件（b）；而且，这些用于接受语言要求以及在"S"和"H"之间达成共识的条件，是从以言行事行为自身当中产生出来的。在命令式的意志表达中，"S"只有在掌握了用以威胁或引导"H"的认可权力之后，他**才有**充分的理由期待"H"会服从他的意志。只要"S"没有依靠规范的有效性，他也就没有区分开认可权力的基础是在法律当中还是在现实当中。因为，"S"在表达一种命令的时候，也就是说，在仅仅表达自己的意志的时侯，通过威胁或诱导，永远都是在经验层面上对"H"的动机施加影响。接受意志表达的理由涉及听众的动机，而言语者只能在经验层面上用暴力或利益影响听众的动机。规范的祈使命题，比如命令或提示，则不是这样。与命题（5）不同，言语者在命题（6）中所依赖的是安全规定的**有效性**，因此，他在提示的同时也提出了一种有效性要求。

提出一种**有效性要求**，并不是具体意志的表达；对有效性要求的肯定，也不是单纯依靠经验所作出的抉择。提出有效性要求和承认有效性要求，这两种行为都受到规范的限制，因为，这样一种要求只能通过批判而予以拒绝，或者，通过对批判进行反驳而加以捍卫。谁如果不服从提示，人们不会立刻就告诉他不服从所导致的惩罚，而是告诉他相关的规定。谁如果对基本的规范表示怀疑,他就必须拿出**相应的理由**来,无论是针对规定的合法性,也就是说,针对其社会意义的法律依据,还是针对规定的正当性,也就是说,针对在道德实践意义上是正确的或真实的要求。有效性要求与理由之间有着**内在联系**。因此,接受提示的条件,可以从言语行为自身那里获得以言行事的意义;它们无须用**附加的认可条件**来加以完善。

因此,一个听众如果想理解提示(6),他就必须:

(a)认清接受者在实现理想的状态(不要吸烟)时所能援引的条件;

(b)认清"S"所立足的条件,因为由此出发,他可以提出令人信服的理由,认为祈使内涵(a)是有效的,也就是说,是有规范依据的。

条件(a)涉及行为义务,它们[1]是从共识当中产生出来的,而这种共识的基础是主体间承认了针对祈使命题所提出的有效性要求。条件(b)涉及对这个**有效性**要求本身的接受问题,在此过程中,我们必须区分开行为和基本规范的**有效性**、满足其有效性前提的**要求**以及对于有效性**要求**的**兑现**,也就是说,对于如下事实的证明:一个行为或基本规范的有效性前提得到了满足。但是,我们可能会这样认为,言语者可以用**合理的动机**,去促使听众接受他所提出的言语行为,因为他可以从**有效性**、有效性要求以及对于有效性要求的兑现之间的内在联系出发,在必要的时候,**保证**能够给出让人信服的理由,并经受住听众对于有效性要求的批判。因此,言语者并不是从表达的有效性那里,而是从**保障的协调效果**那里,获得了以言行事效果的约束力。而言语者提供保障,是要在一定的时候兑现他在言语行为中提出的有效性要求。认可权力与言语行为是有一定的联系的,它所发挥的是经验层面上的动力。但是,只要以言行事作用表现出来的不是权力要求,而是一种有效性要求,那么,保障有效性要求所具有的合理动力就会取代这种经验动力。

这一点不仅适用于像命题(1)和命题(2)这样的调节式言语行为(regulative Sprechakte),同样也适用于像命题(3)和命题(4)这样的表现式言语行为(expressive Sprechakte)和记述式言语行为(konstative Sprechakte)。言语者用命题(1)为他的下述意图**创立**了一种规范的有效性要求:自己去把理想的

---

[1] 在命令和提示中,义务主要由听众来承担;在承诺或通知中,则主要由言语者来承担;在协商或契约中,义务由双方共同均等承担;在(具有规范内容的)建议或警告中,义务尽管由双方共同承担,但并不均等。

状态付诸实现;用命题(2)为他向"H"发出的下述祈使命题提出了一种规范的有效性要求:"H"应当把"S"的理想状态付诸实现;同样,言语者用命题(3)为他流露出来的意向性经验提供了一种真诚性要求,用命题(4)为陈述提供了一种真实性要求。命题(3)是对一直都处于隐蔽状态的情感立场的揭露,命题(4)则提出了一种断言,言语者通过坦白或预言,来确保其有效性。因此,如果一个听众满足了如下前提,他也就理解了命题(3)中的坦白:

(a)认清可能会让一个人讨厌"p"的条件;

(b)认清"S"在表达自己心声时所具备的条件,因为,由此"s"才能确保他后来的行为与他的坦白是一致的。

同样,一个听众如果满足了如下前提,他也就理解了命题(4):

(a)认清使预言获得成功的条件;

(b)认清"S"提出有力理由所立足的条件,因为,由此"S"才能认为一个命题的内涵是真实的。

当然,也会出现很大的偏差。比如,(a)中所说的条件在表现式言语行为和记述式言语行为中就和命题(3)以及命题(4)一样,所涉及的就**不是**源于主体相互之间对各自有效性要求予以承认的行为义务,而只是对经验命题乃至陈述命题的内涵的理解,因为,对于这一内涵,言语者提出了有效性要求。而在调节式言语行为中,比如命题(1)和(2),(a)中所说的条件尽管同样也涉及对于意向性命题乃至祈使命题的内涵的理解(对此,言语者提出或要求具有规范有效性);但是,在这些命题中,内涵**同时**也明确了影响互动结果的约束力,而且针对的是接受有效性要求的听众。

一般而言,行为义务从表现式言语行为中产生出来的方式只能是这样的:即言语者十分专一,以确保他的行为不会出现什么差错。言语者要想让人相信他言出心声,就只能用他的行为后果来加以证明,而不能依靠给出理由来加以证明。因此,接受了真诚性要求的接受者,也就期待行为在一定意义上能够具有明确性;但这种期待所依据的是(b)所给出的条件。当然,在调节式言语行为和记述式言语行为中,保障**有效性要求**也会导致不同的后果;这些义务对于有效性有着重要的影响,在必要的时候,可以对规范或命题加以证明;但是,只有在元交往的层面上,它们才对**行为**产生意义。对于**互动的延续性具有直接意义的**,只有言语者在表现式言语行为中所承担的保障义务;其中包括这样一种前提,即听众可以根据言语者的行为是否明确,来检验言语者是否言出心声。

一般而言,在记述式言语行为的意义中,不会出现**特殊**的行为义务;而在满足(a)和(b)中所给出的接受条件的时候;要想发挥直接影响互动结果的约束力,言语者和听众就必须相互保证,他们的行为是建立在对语境的解释上的,而且与被认真接受下来的命题之间没有冲突。

我们会遇到真正意义上的命令,言语者用它们提出的是一种权力要求,因此,它们和言语者用以提出可以批判检验的有效性要求的言语行为截然不同。有效性要求与理由之间有着内在联系,并且必须赋予以言行事角色以合理的动力;而权力要求必然会依靠一种制裁的力量,因为只有这样它才能得到贯彻。当然,祈使命题在经过**次要的规范化**之后才能得到理解。这点可以用意向性命题(Absichtssätze)和意向性解释(Absichtserklärung)之间的关系来加以说明。意向性命题和构成命令的祈使命题属于同一个范畴;也就是说,我们可以把意向性命题理解为言语者向自己提出的、带有一定意向的要求。不过,祈使命题是以言行事行为,而意向性命题要想获得以言行事的力量,就必须转变成为意向性解释或**预告**(Ankündigung)。命令从一开始就具有一种以言行事的力量,尽管它可能需要由制裁来加以补充;而意向性命题一开始似乎失去了其以言行事的力量,它要想重新获得以言行事的力量,就必须与有效性要求建立起联系,而且要么表现为一种表现式言语行为:

(7)我向你坦白,我的意图是……

要么表现为一种规范的言语行为:

(8)我(特此)向你解释,我的意图是……

像命题(8)这样的预告,让言语者接受的是一种微弱意义上的规范要求,对此,接受者可以像对待承诺一样提出诉求。

根据意向性命题的上述规范化模式,我们也可以把简单的祈使命题转化成规范的祈使命题,或者,把简单的命令转变成规范的命令。祈使命题(5)一旦带有规范的有效性要求,也就变成了提示(6)。这样,在接受条件中,(b)所说的内容也就发生了变化;附加在命令式权力要求当中的制裁条件,被用于接受可以批判检验的有效性要求的合理条件取而代之。由于这些合理条件可以从以言行事作用当中推导出来,因此,规范的祈使命题也就脱离了单纯的命令,赢得了一种自主性。

由此我们还可以看到,言语行为只有与可以批判检验的有效性要求建立起联系,并依靠自己的力量,而且要把沟通过程中的语言交往当做有效性的基础,才能促使听众接受所提供的言语行为,进而作为机制把行为有效地协调起来[1]。

经过上述考察,现在我们有必要对随机导入的交往行为概念进一步加以明确。我们所说的交往行为,主要是一些互动,其中,参与者在通过交往达成的共识基础上,把他们自己的行为计划毫无保留地协调起来。有了"毫无保留地追求以言行事的目的"这样一个标准,我们也就把潜在的策略行为给排除了出去,因为,在策略行为中,言语者**不动声色地**把以言行事效果变成了以言取效的目的。但是,命令式的意志表达是以言行事行为,依靠它们,言语者**明确**宣布他的目的就是要向对方的抉择施加影响,为此,他在贯彻权力要求过程中肯定会附加上制裁条件。因此,言语者使用真正的命令或非规范化的祈使命题,尽管追求的是以言行事的目的,但还是具有策略行为的特征。

对于交往行为具有构成意义的,只是那些与可以批判检验的有效性要求建立起联系的言语行为。如果出现下述情况:言语者用以言促效行为追求的是一些潜在的目的,对此,听众根本无法表明自己的立场;或者,言语者追求的是以言行事的目的,对此,听众就像面对命令一样,无法表现出**有理由**的立场,那么,语言交往中一直潜藏着的认识理由进而发挥约束力的潜能也就被闲置了。

四、有效性要求与交往样态

我用以言行事的约束效果把交往行为与其他的社会行为区分了开来,接下来我将根据言语行为的类型对不同的交往行为加以归整。言语行为的分类标准是:面对言语者的表达,听众是选择采取"肯定"立场还是选择采取"否

---

〔1〕 施瓦布很少区分简单的要求和规范的要求(指令和命令),也很少区分独白式的意图命题和交往式的意图命题(意图和意图的解释),因此,他在命令和意图的解释之间做了错误的类比,并通过瓦解它们之间的关系而把二者同记述式言语行为区别了开来;通过建立等级秩序而把二者同有效性效果和现实效果区别了开来。

定"立场。在所有上述例子当中,我们的出发点都是:言语者用他的表达正好提出一个有效性要求。承诺(1)对应的有效性要求是明确的意图,提示(2)的有效性要求则是一个祈使要求,坦白(3)所提出的有效性要求是情感的表达,预言(4)的有效性要求则是一个陈述。与此相应,接受者用否定立场,质疑的分别是(1)和(2)的正确性,(3)的真诚性和(4)的真实性。但这个图景并不完整,因为对于任何一个言语行为,我们都可以从一个以上的角度提出质疑,也就是说,认为它们无效而予以拒绝。

我们现在来假定:教授在课堂上向一位学生发出了要求:

(7)请您给我拿一杯水。

但这个学生并不认为教授的要求是纯粹命令式的意志表达,而是认为教授是从沟通的立场出发完成了一个言语行为。因此,这个学生原则上可以从三个有效性角度对教授的请求加以拒绝。他可以对表达的规范正确性提出质疑:

(7')不,您不能把我当做是您的助手。

或者,他可以对表达的主观真诚性提出质疑:

(7'')不,您实际上是想让我在其他学生面前出丑。

或者,他可以对现实条件加以质疑:

(7''')不,最近的水管都很远,我根本无法在下课之前赶回来。

第一种情况质疑的是教授的行为在一定的规范语境中所具有的正确性;第二种情况质疑的是教师是否言出心声,因为他想达致的是一定的以言取效的效果;在第三种情况下,质疑的对象则是教授在一定的情境下必须设定其真实性的陈述。

我们对上述例子的分析,适用于**一切**以沟通为取向的言语行为。在交往行为关系中,言语行为永远都可以根据三个角度中的一个加以否定:言语者在规范语境中为他的行为(乃至直接为规范本身)所提出的正确性要求;言语者为表达他所特有的主观经历所提出的真诚性要求;最后还有,言语者在表达命题(以及唯名化命题内涵的现实条件)时所提出的真实性要求。

这一观点可以用任意一个例子来加以检验,并可以通过下述(把我们带回到比勒的语言功能模式那里的)考察而变得令人信服。

"沟通"(Verständigung)一词的基本涵义在于:(至少)两个具有言语和行为能力的主体共同理解了一个语言表达。但是,基本表达的意义在于这一表达对于接受言语行为意义所作出的贡献。为了理解言语者用这样一种行为所要表达的内容,听众必须认识到这一行为的接受条件。因此,对于基本表达的理解,实际上已经超越了"沟通"一词的基本涵义。如果听众接受了言语者所提供的言语行为,那么,在(至少)两个具有言语和行为能力的主体之间就形成一种**共识**。但共识的基础并不仅仅在于主体间对于单个有效性要求的承认。相反,这样一种共识同时涉及三个层面。如果我们考虑到,言语者在交往行为中选择一种可以理解的语言表达,其目的仅仅是为了与听众就某事达成共识,并使自己能够被别人所理解,我们很容易就区分出上述三个层面。言语者的交往意图包括:

(a)在一定的规范语境中,完成一个**正确**的言语行为,以便在言语者与听众之间建立起一种正当的人际关系;

(b)提出一个**真实**的命题(以及**恰当**的现实条件),以便听众接受和分享言语者的知识;

(c)真诚地表达出意见、意图、情感、愿望等,以便听众相信言语者所说的一切。

主体间通过交往达成共识,其共性在于:规范的一致性、共享命题知识以及相互信任对方的真诚性。而这些共性可以用**语言的沟通功能**来加以解释。

作为沟通媒介,言语行为:

(a)建立和更新人际关系,在此过程中,言语者关怀的是具有正当秩序的**世界**中的事物;

(b)呈现或设定状态和事件,在此过程中,言语者关怀的是**世界**中客观存在的事态;

(c)表达经验,亦即自我表现,在此过程中,言语者关怀的是他的主观**世界**中所特有的东西。

通过交往达成的共识,完全可以根据这三种有效性要求来加以衡量,因为行为者在就某事达成共识并相互理解过程中,不得不把各自的言语行为与上述三个世界关联起来,并从这些角度出发提出其言语行为的有效性要求。一旦拒绝一个可以理解的言语行为,也就至少对其中的一个有效性要求产生了疑问。如果听众认为一个言语行为是不正确的、不真实的或不真诚的,并予以拒绝,那么,他的这一"否定"立场也就说明,命题没有满足其保障人际关系、呈现事态或表达经验的功能,因为它与**我们**正当人际关系的世界、客观事态的世界以及**各自**的主观经验的世界等未能建立起和谐的联系。

尽管以沟通为取向的言语行为总是通过上述方式进入一个错综复杂的世界关联网络,但从它们的以言行事作用中**还是**可以看出,言语者主要是想**从哪个**意向性角度来理解他的表达。如果言语者作出的是陈述、断言、叙事、解释、表现、预言、讨论等,那么,他就是在承认有效性要求的基础上寻求与听众达成共识。如果言语者表达的是一个经验命题、或有所揭露、放弃、坦白、启发等,那就只有在有效性要求得到承认的前提下,才会出现共识。如果言语者作出的是命令或承诺、任命或警告、洗礼或购物、结婚等言语行为,那么,达成共识的前提则是要看参与者是否认为行为具有正确性。这些都是基本样态(Grundmodi),沟通主要依赖的有效性要求越是明确,这些基本样态也就越是趋于纯粹。把理想化或**纯粹化的言语**行为作为分析对象,这样做比较容易一些。我所说的是:

——记述式言语行为,其中所使用的是**基本的陈述命题**;

——表现式言语行为,其中所使用的是**基本的经验命题**(第一人称现在时);

——调节式言语行为,其中所使用的不是基本的**祈使命题**(如命令),就是基本的**意向性命题**(如承诺)。

对于任何一种言语行为,分析哲学都作出了详细而深入的探讨。我们可以根据其中的一些手法和分析,来解释一般普遍的有效性要求,而言语者在表现自己的基本立场时所依赖的就是这些普遍的有效性要求。言语者的立场包括:

——**客观立场**,中立的观察者用这种立场来面对世界中的事物;

——**表现立场**,自我表现的主体用这种立场把自己特有的内心世界展现在公众的面前;

——**规范立场**,社会成员用这种立场来满足正当的行为期待。

这三种基本立场分别对应着不同的"世界"概念。

如果我们用"M p"来表示任意一个明确的言语行为,其中,"M"代表的是以言行事的内容,"p"代表的则是命题内容;如果我们用"$M_{(k)}$"来表示认知式的语言运用,用"$M_{(e)}$"来表示表现式的语言运用,用"$M_{(r)}$"来表示调节式的语言运用;那么,根据上述三种基本立场,我们很容易就可以断定,言语者试图在何种意义上解释其命题内容。在有效的表达类型"$M_{(k)} p$"中,"p"代表的是客观世界中**存在**的事态;在有效的表达类型"$M_{(e)} p$"中,"p"代表的是属于言语者**内心世界**的主观经验;而在有效的表达类型"$M_{(r)} p$"中,"p"表示的则是社会世界中的正当行为。

对于上述三种以沟通为取向的语言应用的描述,或许只能用一种严格的言语行为理论来加以论证。对此,我在这里不可能展开详细的分析,而只想就一些有代表性的反对意见作出回应。

莱斯特(A. Leist)把我的基本观点归纳如下:

> 在一切以交往为取向的言语行为中,只要具有以言行事特征,陈述相对明确,而且不依附于任何制度,那么,对于所有的"S"和"H"来说,也就具备了如下共同的知识:即要求做到言语清晰可懂,态度真诚,表达真实,行为规范正确。

首先,这一归纳需要加以解释的是,我从**互动论**的角度把"以沟通为取向"的言语行为与策略语境中的言语行为隔离了开来。言语行为之所以被包含在策略语境中,要么是因为它们像真正的命令一样,只能提出权力要求,因而无法依靠自身的力量发挥以言行事的约束效果;要么是因为言语者在这些表达中追求以言取效的目的。其次,我没有使用意向主义语义学的概念"共同的知识"(wechselseitiges Wissen),相反,我所说的是"共同的假定"(gemeinsame Unterstellugen)。再次,"要求"(geboten)一词表明的是一种规范的涵义;我更倾向于使用"一般条件"(allemeine Bedingungen),尽管其中略微带有一些先验的色彩。要想达成交往共识,就必须满足这些"一般条件"。最后,我非常遗憾,未能在作为交往条件的语言表达的完美性和可理解性,与真诚性、命题的真实性以及规范的正确性等有效性要求之间区分出轻重缓急。接受了这些有效性要求,"S"和"H"之间就会达成共识,因而这些共识直接关系到互动的结果。我把这样的约束效果一分为二:即言语者为了兑现他所提出的有效性要求而作出的保证;以及听众拒绝有效性要求而承担的相应义务。

莱斯特的质疑主要针对的是如下内容:

——切以沟通为取向的言语行为所提出的都是**上述三个**有效性要求（a）；

——有效性要求**相互之间完全**可以**相互压制**（b）；

——必须从**形式语用学**的角度，也就是说，必须从命题的交往应用角度出发，对有效性要求加以分析（c）。

关于（a）：我们用非记述式言语行为显然不可能提出**真实性要求**，那么，我们是否可以置之不顾，而坚持真实性要求具有普遍性呢？事实证明，我们只有在记述式言语行为中才能提出要求，认为断言命题"p"是真实的。但是，其他所有言语行为也包含着一种陈述内容，通常表现为唯名论的陈述命题"daβ p"。这就意味着，言语者在非记述式言语行为中也和事态建立起了联系，当然不是直接建立的，而是表现为一种陈述立场，比如，某人认为或觉得、知道或相信"p"是真实的。如果言语者在表现式言语行为中使用的是经验命题，在调节式言语行为中使用的是祈使命题乃至意向性命题，那么，他的陈述立场就表现为另外一种类型。它们所针对的绝不是命题中所说事态的客观存在情况。言语者在非记述式言语行为中认为，他有所渴望或憎恶，他想有所实现或者看到有所实现；他在这样**认为**的时候，是把**其他**没有提到的事态的客观存在当做了**前提**。在我们所理解的客观世界当中，事态之间相互关联，而非各自为政、飘摇不定。因此，言语者把言语行为的陈述内容与必要时可以用断言命题来加以解释的**存在前提**（Existenzpräsuppositionen）关联起来。从这个意义上讲，非记述式言语行为也具备一种真实性关怀。

此外，这点不仅仅适用于陈述明确的言语行为，以言行事的行为，比如用于问候的"你好"（Hallo），也被认为满足了用来**补充**言语行为陈述内涵的规范；在祝福接受者或证明接受者的社会地位的时候，情况就是这样。而问候的现实条件包括：某个人的在场——这个人可好可坏，以及他在某个社会群体中的成员资格等。

正确性要求的普遍性则有所不同。质疑的内容在于：从非调节式言语行为意义中，无法推断出与规范语境之间的联系。但是，通知有时"不合时宜"，报告有时"场合不对"，坦白有时"比较痛苦"，揭露有时则"充满伤害"。非调节式言语行为出现失误，并不是由外在造成的，而是它们**作为**言语行为必然会出现的结果。因为，从它们的以言行事的内容中，可以看出，言语者在记述式言语行为和表现式言语行为中也建立起了人际关系；不管这些人际关系是否适应各自的规范语境，它们都属于具有正当秩序的世界。

质疑的矛头同样也针对着**有效性要求图表的完善性**。如果把它们与格莱斯（Grice）所说的对话要求加以比较，就会看到，它们之间既有一定的相似性，也有一些不对称的地方。比如，如下要求在有效性要求图表中就没有相应的内容：言语者总是可以围绕着对话主题提供一定的话语内容。如果不考虑到如下事实，即这样一种事关对话成败的要求可以由听众提出来，并且可以和文本（而非个别的言语行为）建立起联系，也就是说，可以不用"肯定"或"否定"的立场来加以衡量，我们就很难论证这一要求的普遍性。很显然，有一些语境要求具备十分丰富的话语信息，比如社交场合乃至整个文化场域。

关于（b）：此外，从严格区分真实性要求和真诚性要求的可能性角度来看，我们也会提出疑义。言语者在真诚地表达出意见"p"的同时，难道一定要为"p"提出真实性的要求？我们似乎无法"期望'S'表达的真实性不是他所想要表达的——而这实际上就是真诚性问题"。这一疑义涉及的不是所有的表现式言语行为，而是一些命题，在这些命题的陈述中，认知动词表现为第一人称现在时（比如，我认为或知道，我相信、猜测或觉得，"daβ p"），这也就意味着，在这些可以用认知动词表达出来的陈述立场与记述式言语行为之间存在着一种内在联系。谁如果断言、肯定或描述"p"，他同时也就认为、知道或相信，"daβ p"。摩尔（G. E. Moore）早就指出，下述命题具有悖论色彩：

（9⁺）正在下雨，可我不相信正在下雨。

听众可以不管其内在联系，而通过否定下述命题，来拒绝两个不同的有效性要求：

（9）正在下雨。

他的否定立场可能是这样的：

（9'）不，这并不是真的。

也可能是这样的：

（9''）不，你根本就是言不由衷。

在上述两种情况下，命题（9）分别被认为是记述式的命题和表现式的命题。很显然，否定了陈述"p"，并不等于否定信念"daβ p"；反之亦然，否定了命题（9''），并不等于否定命题（9'）；听众可以假定，**如果"S"断言"p"，那么，**

他也就相信"daβ p"。但这样并没有触及到如下内容：真实性要求涉及的是事态"p"的实际存在，而真诚性要求仅仅关系到意见或信念"daβ p"的表达。谋杀者如果坦白的话，可能是言出心声，但他并没有准备说出真相；他也可能在没有准备的情况下说出真相，尽管他为了隐瞒犯罪过程而在说谎。掌握了足够证据的法官可能认为真诚的表达是不真实的，也可能认为真实的表达是不真诚的。

相反，图根哈特（E. Tugendhat）试图仅仅分析其中的一个有效性要求。他加入了在维特根斯坦的私人语言论（Privatsprachenargument）基础上展开的广泛的争论，想由此来阐明经验命题(10)和(11)涉及的是断言性有效性要求：

(10)我有疼痛。

(11)他害怕被强暴。

这与具有同样内涵的陈述命题(12)和(13)是一致的：

(12)他有疼痛。

(13)她害怕被强暴。

其中，第一人称代词和第三人称代词所指涉的应当是同一个人。

如果图根哈特的上述观点是对的，那么，否定命题(10)和(11)，也就等于否定了命题(12)和(13)。这样，在真实性要求之外，再设定一个真诚性要求，也就是多余的了。

和维特根斯坦一样，图根哈特也首先对表达的姿态进行分析，比如发出"哎哟"的声音。图根哈特认为，这种疼痛的呼叫在语言上已经变得多余，被一种表现式的表达所取代，在语义学层面上表现为经验命题(10)。维特根斯坦否认这样的经验命题具有陈述特征。他认为，在非认知性的痛苦表达形式，比如姿态，与命题之间存在着一种延续关系。相反，图根哈特则认为，它们之间存在着范畴上的差别：经验命题可能是错误的，而姿态则不可能是错误的。图根哈特通过分析得出了如下结论：随着呼叫向经验命题的转化，

> 也就形成了一种表达，尽管它的运用规则和呼叫一样，但它只有在正确的时候，才是真实的；这样就出现了一种独特的断言命题，它们可能是正确的，也可能是错误的，但没有认知特征。

因此,我们**无法**根据真实性范畴来区分经验命题,比如命题(10),和具有相同内容的陈述命题,比如命题(12)。两者都可能是正确的,也都可能是错误的。但是,经验命题的特殊之处在于:它们所表达的是一种"不可修正的知识"(unkorrigierbares Wissen),因此,只要它们合乎使用规则,它们就**一定**是真实的。在命题(10)和命题(12)之间存在着一种"真正的呼应关系":只要命题(10)合乎使用规则,命题(12)就是真实的。

图根哈特用特殊的单称名词"我"(Ich)来解释这一联系,因为言语者用"我"来指代自己,而又不与它彻底认同。即便图根哈特的这个观点是正确的,它也没有解决这样的问题:即我们如何才能解释,一个命题在具有断言特征和真实性的同时,却又不能用于认知,也就是说,不能用于表现客观存在的事态。

一般情况下,断言命题的使用规则代表的是一种知识;只有在表现式命题中,正确使用语言表达才应同时对语言表达的真实性提供保障。但是,听众如果想**搞清楚**言语者是不是用命题(10)在欺骗他,则需要**检验**命题(12)是否是真实的。由此可见,第一人称表现式命题并不是用来表达知识的。它们至多是从相应的第三人称陈述命题那里**获得**它们的真实性要求;因为只有第三人称陈述命题才能表现出**事态**来,而真实性要求所关涉的就是事态的实际存在问题。这样,图根哈特就陷入了两难:言语者必须把他用经验命题所意指的内容描述出来。一方面,的确涉及一种知识,言语者为了这种知识提出了命题的真实性要求;另一方面,这种知识又没有达到认识的高度,因为认识只能用断言命题来加以表达,而断言命题一般可能是不真实的。但是,只有在把类似于真实性的真诚性要求与真实性要求等同起来的情况下,才会出现上述两难。一旦我们从语义学层面转移到语用学层面,并对言语行为而非命题加以比较,上述两难也就迎刃而解了:

(14)我必须向你坦白,我有疼痛已经好几天了。

(15)我可以告诉你,他有疼痛已经好几天了。

[其中,命题(14)中的第一人称代词和命题(15)中的第三人称代词指代的是同一个人]

这样,我们一看就很清楚:如果命题(14)无效,那么,言语者就欺骗了听众;而如果命题(15)无效,那么,言语者就只是告诉了听众不真实的内容,而不一定是存心想欺骗听众。因此,替表现式言语行为设定不同于记述式言语行为的有效性要求,也就是正当的了。维特根斯坦在其《哲学研究》(*Philosophische Untersuchung*)中已经非常接近上述观点,比如,他曾用**坦白**(Geständnis)这一典型例子指出,表现式命题没有描述功能,也就是说,表现式命题不可能是真实的,不过,它们可能是**有效的**,也可能是无效的:

> 对于坦白的真实性,我是这样认为的:其标准不是要求像描述事件那样逼真。真实坦白的重要性也不在于明确无误地描述出事件,而是在于从坦白中获得特殊的结论;坦白的真实性是靠真诚性的特殊范畴来加以保障的。

关于(c):在这些论据中,我们已经触及到了第三种疑义,它们针对的是形式语用学关于有效性要求的分析命题。这些有效性要求作为权利要求,所涉及的是人际关系,而且是建立在主体间相互承认基础上的,它们被用到了符号表达的有效性当中,在规范情况下,还被用到了陈述命题以言行事内容的有效性当中。因此,我们可以把有效性要求看做是一种错综复杂的派生现象,其原生现象可以说是对命题有效性条件的满足。可是,这些条件难道一定要在分析陈述命题、经验命题、祈使命题以及意向性命题的语义学层面上去寻找,而不是在分析这些命题被应用到记述式言语行为、表现式言语行为以及调节式言语行为中的语用学层面上去探查?依靠(解释应用命题有效性条件的)意义理论的,难道不正是一种言语行为理论(Theorie der Sprechhandlungen)?这种言语行为理论试图用言语者为表达内容提供的保障以及听众的合理动机来解释以言行事的约束效果。

争论的焦点并不在于划界或名词定义,而是在于:命题的**有效性概念**是否可以撇开命题的**有效性要求的兑现概念**而获得解释。我认为这根本就不可能。对于摹状命题、表现命题以及规范命题的语义学探讨,要想取得成功,就必须转换一下分析层面。对于命题有效性条件的分析,**自身**就迫切要求对主体间相互承认的有效性要求加以分析。这方面的典型例子是达米特(M. Dummett)对于真值语义学(Wahrheitssemantik)的进一步发挥。

达米特首先区分了一个断言命题属实所必须满足的条件与言语者在断言命题属实时对这些真实性条件的认识。这些真实性条件同时也决定了命题的意义。认识了真实性条件，**也就意味着**，知道了**如何断定**它们在一定的语境中是否得到满足。正统的真值语义学试图用对真实性条件的认识来解释对于命题意义的理解；它所依据的是非实在论的观点：一切命题，至少是一切断言命题都具备应用程序；有了这些程序，就可以有效地断定，真实性条件是否得到了满足。这一观点的潜在前提是一种经验主义认识论，它认为，观察性语言的简单谓语命题具有基础意义。但是，图根哈特为了验证这些看起来具有基础意义的命题而设定的论证游戏，从来都不是由一个决定程序构成的，可以像算法那样，在应用过程中彻底排除进一步的论证要求。举凡受到时间和空间约束的命题，比如非实在的条件命题、一般的实际命题以及具有时间限制的命题，都明显缺乏有效的决定程序：

> "之所以出现困难，原因在于，自然语言当中充满了难以明确的命题，其中一个原因在于根本就没有一个有效的程序来确定它们的真实性条件是否得到了满足"。

在大多数情况下，对断言命题真实性条件的认识都很成问题，因此，达米特强调，必须区分使命题属实的条件与言语者断言命题属实所依据的理由。他后来用直觉主义的意义理论把他的这一观点表述如下：

> ……理解一种陈述，也就意味着有能力确认它是否得到验证。也就是说，彻底明确它的真实性。我们没有必要具有任何决定陈述是真实或虚假的方法。只有当它的真实性得到确认的时候，我们才能去承认。

理解一个命题，包括认识兑**现**真实性**要求**的理由的能力。因此，这一理论只是在间接意义上用对于有效性条件的认识，而在直接意义上则是用对言语者兑现真实性要求所具备的客观理由的认识，来解释命题的意义。

但是，言语者总是可以根据一种独白式的应用程序来提出理由；这样，通过论证真实性要求来解释真实性条件，就无须从命题的语义学层面过渡到从交往角度使用命题的语用学层面。不过,达米特强调,言语者决不可以根据推理逻辑,通过演绎来勉强提供必要的验证。大量可以使用的理由,受到了语言结构的内在关系的规定,而语言结构只能用论证来加以测定。达米特进一步深化了这一思想,最终他彻底放弃了验证论(Verifikationismus)的基本观念:

> "验证论同任何一种似是而非的意义理论一样,可以通过确定其原由而解释一个命题的意义。当然,它必须把言语者真实的但非结论性的原由与间接的但结论性的原由区分开来,而且依靠的是给定的意义,特别是对于那些用未来时表达出来的命题,因为在这些命题中,言语者在说话的时候不可能提供后一种类型的理由。而试错论……则把一个断言的内容与言语者提出断言时所许诺的内容联系在一起;一个断言就是一种言语者不愿意验证其错误的冒险"。

我认为,达米特的这段话揭示了用话语兑现有效性要求所具有的证伪主义特征。我在这里不可能深入细致地探讨达米特的意义理论,而只想着重指出一点:言语者为命题的有效性所提出的以言行事的要求,基本上是可以批判检验的。无论任何,经过修正的真值语义学都注意到了,如果不知道如何兑现真实性要求,根本就无法解释真实性条件。理解一个断言,也就意味着,知道了言语者何时能拿出充足的理由,来保证满足断言命题的真实性条件。

如同断言命题的意义一样,从表现命题和规范命题中,我们也能发现,语义学分析远远超出了其自身的范围。正是围绕着维特根斯坦对于经验命题的分析所展开的讨论,使我们认识到,与表现相关的要求从一开始就是针对**其他**人的。表达功能的意义已经说明,这些表达一开始就是用来交往的。更加清楚可见的是,规范的应然有效性(Sollgeltung)具有主体间性的特征。这里,通过对主体面对个性受到伤害或损害所作出的反应加以分析,也会逐步地揭示出道德的基本概念所具有的主体间性意义,亦即超越个性的意义[1]。

---

〔1〕 可信的例子,是斯特劳森对于道德伤害而引起的怨憎的分析。

（选自尤尔根·哈贝马斯著《交往行为理论：行为合理性与社会合理化》，
曹卫东译，上海人民出版社 2004 年版，第 260—303 页。）

扩展阅读文献

1. Adorno，T. W. *Minima Moralia：Reflections from Damaged Life*. London：NLB，1974.

2. Jurgen Habermas. *Communication and the Evolution of Society*. Thomas McCarthy trans.. London：Heinemann，1979.

3. Horkheimer，M. *Critical Theory：Selected Essays*. New York：Continuum，1982.

4. 哈贝马斯：《理论与实践》，郭宫义、李黎译，社会科学文献出版社 2004 年版。

5. 哈贝马斯：《交往与社会进化》，张博树译，重庆出版社 1989 年版。

语言的性质及描述方式

索绪尔

 费尔迪南·德·索绪尔(Ferdinand de Saussure，1857—1913)，出生于瑞士日内瓦的一个学者世家，祖籍法国。他是现代语言学的重要奠基者，也是结构主义的开创者。《普通语言学教程》是索绪尔的代表作，对 20 世纪的现代语言学研究产生了深远的影响。同时，由于其研究视角和方法论所具有的普遍性和深刻性，成为 20 世纪结构主义哲学的重要思想来源。

绪 论

一、语言学的对象

1. 语言；它的定义

 语言学的又完整又具体的对象是什么呢？这个问题特别难以回答，原因将在下面说明，这里只限于使大家了解这种困难。

 别的科学都是对预先确定了的对象进行工作，接着就可以从不同的观点去加以考虑。在我们的领域里，情况却不是这样。有人发出法语 n u "赤裸裸的"这个词，一个肤浅的观察者在这里也许会看到一个具体的语言学对象；但是仔细考察一下，人们将会按照不同的看法连续找到三四个完全不同的事物,如把它看做一个声音,一种观念的表达,一个跟拉丁语 nūdum 相对应的词[1],等等。那远不是对象在观点之前,人们将会说,这是观点创造了对象,而且我们也没法预先知道,在这种种看法中,哪一种比其他的优越。

此外,不管我们采用哪一种看法,语言现象总有两个方面,这两个方面是互相对应的,而且其中的一个要有另外一个才能有它的价值。例如:

(1)人们发出的音节是耳朵听得到的音响印象,但是声音没有发音器官就不能存在;例如一个 n 音只因有这两个方面的对应才能存在。所以我们不能把语言归结为声音,也不能使声音脱离口头上的发音;反过来说,撇开了音响印象也就无从确定发音器官的动作。

(2)就算声音是简单的东西,它是否就构成言语活动了呢? 不,它只是思想的工具;它本身不能单独存在。在这里又出现了一种新的可怕的对应:声音是音响·发音的复合单位,它跟观念结合起来又构成了生理·心理的复合单位。事情还不只是这样:

(3)言语活动有个人的一面,又有社会的一面;没有这一面就无从设想另一面。此外:

(4)在任何时候,言语活动既包含一个已定的系统,又包含一种演变;在任何时候,它都是现行的制度和过去的产物。乍一看来,把这个系统和它的历史,把它的现状和过去的状态区别开来似乎很简单;实际上两者的关系非常密切,很难把它们截然分开。假如我们从起源方面去考虑语言现象,例如从研究儿童的言语活动开始,问题会不会变得简单些呢? 不,因为就言语活动来说,认为起源的问题和恒常条件的问题有什么不同,那是非常错误的;所以我们还是跳不出圈子。

因此,我们无论从哪一方面去着手解决问题,任何地方都找不着语言学的完整的对象;处处都会碰到这样一种进退两难的窘境:要么只执著于每个问题的一个方面,冒着看不见上述二重性的危险;要么同时从几个方面去研究言语活动,这样,语言学的对象就像是乱七八糟的一堆离奇古怪、彼此毫无联系的东西。两种做法都将为好几种科学——心理学、人类学、规范语法、语

---

〔1〕 法语的 nu 这个词和民间拉丁语的 nudo 相对应,到 11 世纪末才由民间拉丁语的 nudo 变成了现代法语的 nu。它跟古典拉丁语的 nūdum 没有直接联系,索绪尔在这里认为法语的 nu 和拉丁语的 nūdum 相对应,这是一种比较简单的说法。——校注

文学,等等——同时敞开大门;这几种科学,我们要把它们跟语言学划分清楚,但是由于用上了错误的方法,它们都将会要求言语活动作为它们的一个对象。

在我们看来,要解决这一切困难只有一个办法:一开始就站在语言的阵地上,把它当做言语活动的其他一切表现的准则。事实上,在这许多二重性当中,看来只有语言可能有一个独立的定义,为人们的精神提供一个差强人意的支点。

但语言是什么呢? 在我们看来,语言和言语活动不能混为一谈;它只是言语活动的一个确定的部分,而且当然是一个主要的部分。它既是言语机能的社会产物,又是社会集团为了使个人有可能行使这机能所采用的一整套必不可少的规约。整个来看,言语活动是多方面的、性质复杂的,同时跨着物理、生理和心理几个领域,它还属于个人的领域和社会的领域。我们没法把它归入任何一个人文事实的范畴,因为不知道怎样去理出它的统一体。

相反,语言本身就是一个整体、一个分类的原则。我们一旦在言语活动的事实中给以首要的地位,就在一个不容许作其他任何分类的整体中引入一种自然的秩序。

也许有人会反对这样一个分类的原则,认为言语活动的运用要以我们的天赋机能为基础,而语言却是某种后天获得的、约定俗成的东西,它应该从属于自然的本能,而不应该居于它之上。

我们可以这样回答:

首先,人们还没有证明,说话时所表现的言语活动的功能完全出于天赋,就是说,人体之有发音器官是为了说话,正如双腿是为了行走一样。语言学家关于这一点的意见很不一致。例如辉特尼就把语言看做一种社会制度,跟其他一切社会制度一样。在他看来,我们之所以使用发音器官作为语言的工具,只是出于偶然,只是为了方便起见;人类本来也可以选择手势,使用视觉形象,而不使用音响形象[1]。他的这番议论无疑太绝对了;语言并不是在任何一点上都跟其他社会制度相同的社会制度(参看第 110 页以下和第 113 页)。此外,辉特尼说我们之所以选择发音器官只是出于偶然,也未免走得太

---

〔1〕 辉特尼的这些话,见于他所著的《语言和语言研究》第十四章。——校注

远;这选择在某种程度上其实是自然强加于我们的。但是在主要论点上,我们觉得这位美国语言学家是对的:语言是一种约定俗成的东西,人们同意使用什么符号,这符号的性质是无关轻重的。所以,关于发音器官的问题,在言语活动的问题上是次要的。

这种想法可以用人们对于所谓 langage articulé(分节语)所下的定义来加以证实。拉丁语 articulus 的意思是"肢体、部分,一连串事物的小区分"。就言语活动来说,articulation(分节)可以指把语链分成音节,也可以指把意链分成意义单位;德语的 gegliederte Sprache 正是就这个意义来说的。根据这个定义,我们可以说,对人类天赋的不是口头的言语活动,而是构成语言——即一套和不同的观念相当的不同的符号——的机能。

卡洛卡(Broca)[1]发现说话的机能位于左大脑第三额回,人们也就根据这一点认为言语活动有天赋的性质。但是大家知道,这个定位已被证明是跟言语活动的一切,其中包括文字,有关的。这些证明,加上人们对于因为这一部位的神经中枢受损害而引起的各种形式的失语症所作的观察,似乎可以表明:(1)口头言语活动的各种错乱跟书写言语活动有千丝万缕的联系;(2)在任何失语症或失书症的病例中,受影响的,与其说是发出某些声音或写出某些符号的机能,不如说是使用某种工具——不管是什么工具——来唤起正常的言语活动中的符号的机能。这一切使我们相信,在各种器官的运用上面有一种更一般的机能,指挥各种符号的机能,那可正好是语言机能。我们上述的结论就是从这里得出的。

为了使语言在言语活动的研究中占首要地位,我们最后还可以提出这样的论据:人们说话的机能——不管是天赋的或非天赋的——只有借助于集体所创造和提供的工具才能运用;所以,说语言使言语活动成为统一体,那绝不是什么空想。

2. 语言在言语活动事实中的地位

要在整个言语活动中找出与语言相当的部分,必须仔细考察可以把言语循环重建出来的个人行为。这种行为至少要有两个人参加:这是使循环完整

---

〔1〕 卡洛卡(1824—1880),法国解剖学家兼外科医生。他研究人脑结构,曾发现人们的言语发动中枢位于左大脑第三额回,它跟语言音响中枢和书写中枢有紧密联系。这些神经中枢受到损害,就会引起失语症和失书症。——校注

的最低限度的人数。所以,假设有甲乙两个人在交谈:

甲　　　　　　　　　　　　乙

　　循环的出发点是在对话者之一例如甲的脑子里,在这里,被称为概念的意识事实是跟用来表达它们的语言符号的表象或音响形象联结在一起的。假设某一个概念在脑子里引起一个相应的音响形象,这完全是一个心理现象。接着是一个生理过程:脑子把一个与那音响形象有相互关系的冲动传递给发音器官,然后把声波从甲的口里播送到乙的耳朵;这是纯粹的物理过程。随后,循环在乙方以相反的程序继续着:从耳朵到脑子,这是音响形象在生理上的传递;在脑子里,是这形象和相应的概念在心理上的联结[1]。如果轮到乙方说话,这新的行为就继续下去——从他的脑子到甲方的脑子——进程跟前一个完全相同,连续经过同一些阶段,可以图示如右:

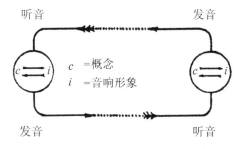

　　这分析当然不是很完备的;我们还可以区分出:纯粹的音响感觉,音响感觉和潜在的音响形象的合一,发音的肌动形象,等等。我们考虑的只是大家认为是主要的要素;但是上图已能使我们把物理部分(声波)同生理部分(发音和听音)和心理部分(词语形象和概念)一举区别开来。重要的是不要把词语形象和声音本身混为一谈,它和跟它联结在一起的概念都是心理现象。

　　上述循环还可以分为:

　　(a)外面部分(声音从口到耳的振动)和包括其余一切的里面部分;

　　(b)心理部分和非心理部分,后者既包括由发音器官发出的生理事实,也包括个人以外的物理事实;

---

〔1〕 德·索绪尔对于心理现象的分析,一般采用了德国赫尔巴特(Herbart)联想心理学的术语和概念,这使他和新语法学派很接近。试参看德尔勃吕克的《语言学的基本问题》和保罗的《语言史原理》。——校注

(c)主动部分和被动部分：凡从说话者的联想中枢到听者的耳朵的一切都属主动部分，凡从听者的耳朵到他的联想中枢的一切都属被动部分；

最后，在脑子里的心理部分中，凡属主动的一切(c→i)都可以称为执行的部分，凡属被动的一切(i→c)都可以称为接受的部分。

此外，我们还要加上一个联合和配置的机能。只要不是孤立的符号，到处都可以看到这个机能；它在作为系统的语言的组织中起着最大的作用。

但是要彻底了解这种作用，我们必须离开个人行为，走向社会事实，因为个人行为只是言语活动的胚胎。

在由言语活动联系起来的每个个人当中，会建立起一种平均数：每个人都在复制（当然不是很确切地，而只是近似地）与相同的概念结合在一起的相同的符号。

这种社会的晶化是怎么来的呢？上述循环中的哪一部分可能是跟它有关的呢？因为很可能不是任何部分都同样在里面起作用的。

我们首先可以把物理部分撇开。当我们听到人家说一种我们不懂的语言的时候，我们的确听到一些声音，但是由于我们不了解，我们仍然是在社会事实之外。

心理部分也不是全部起作用的：执行的一方是没有关系的，因为执行永远不是由集体，而是由个人进行的。个人永远是它的主人；我们管它叫言语。

由于接受机能和配置机能的运用，在说话者当中形成了一些大家都觉得是相同的印迹。我们究竟应该怎样去设想这种社会产物，才能使语言看来是完全跟其他一切分立的呢？如果我们能够全部掌握储存在每个人脑子里的词语形象，也许会接触到构成语言的社会纽带。这是通过言语实践存放在某一社会集团全体成员中的宝库，一个潜存在每一个人的脑子里，或者说得更确切些，潜存在一群人的脑子里的语法体系；因为在任何人的脑子里，语言都是不完备的，它只有在集体中才能完全存在。

把语言和言语分开，我们一下子就把(1)什么是社会的，什么是个人的；(2)什么是主要的，什么是从属的和多少是偶然的分开来了。

语言不是说话者的一种功能，它是个人被动地记录下来的产物；它从来不需要什么深思熟虑，思考也只是为了分类的活动才插进手来，这将是我们在后面所要讨论的问题。

相反，言语却是个人的意志和智能的行为，其中应该区别开：(1)说话者赖以运用语言规则表达他的个人思想的组合；(2)使他有可能把这些组合表露出来的心理·物理机构。

应该注意，我们是给事物下定义，而不是给词下定义，因此，我们所确立的区别不必因为各种语言有某些意义不尽相符的含糊的术语而觉得有什么可怕。例如，德语的 Sprache 是"语言"和"言语活动"的意思；Rede 大致相当于"言语"，但要加上"谈话"的特殊意味。拉丁语的 sermo 毋宁说是指"言语活动"和"言语"，而 lingua 却是"语言"的意思，如此等等。没有一个词跟上面所确定的任何一个概念完全相当。因此，对词下任何定义都是徒劳的；从词出发给事物下定义是一个要不得的办法。

语言的特征可以概括如下：

(1)它是言语活动事实的混杂的总体中一个十分确定的对象。我们可以把它定位在循环中听觉形象和概念相联结的那确定的部分。它是言语活动的社会部分，个人以外的东西；个人独自不能创造语言，也不能改变语言；它只凭社会的成员间通过的一种契约而存在。另一方面，个人必须经过一个见习期才能懂得它的运用；儿童只能一点一滴地掌握它。它是一种很明确的东西，一个人即使丧失了使用言语的能力，只要能理解所听到的声音符号，还算是保持着语言。

(2)语言和言语不同，它是人们能够分出来加以研究的对象。我们虽已不再说死去的语言，但是完全能够掌握它们的语言机构。语言科学不仅可以没有言语活动的其他要素，而且正要没有这些要素掺杂在里面，才能够建立起来。

(3)言语活动是异质的，而这样规定下来的语言却是同质的：它是一种符号系统；在这系统里，只有意义和音响形象的结合是主要的；在这系统里，符号的两个部分都是心理的。

(4)语言这个对象在具体性上比之言语毫无逊色，这对于研究特别有利。语言符号虽然主要是心理的，但并不是抽象的概念；由于集体的同意而得到认可，其全体即构成语言的那种种联结，都是实在的东西，它们的所在地就在我们脑子里。此外，语言的符号可以说都是可以捉摸的；文字把它们固定在约定俗成的形象里。但是要把言语行为的一切细节都摄成照片却是不可能的;一个词的发音,哪怕是一个很短的词的发音,都是无数肌肉运动的结果,是极难以认识和描绘的。相反,语言中只有音响形象,我们可以把它们译成固定的视觉形象。因为把言语中实现音响形象的许许多多动作撇开不谈,那么,我们将可以看到,每个音响形象也不过是若干为数有限的要素或音位的总和,我们还可以在文字中用相应数量的符号把它们唤起。正是这种把有关语言的事实固定下来的可能性使得一本词典和语法能够成为语言的忠实代表;语言既然是音响形象的堆栈,文字就是这些形象的可以捉摸的形式。

3. 语言在人文事实中的地位:符号学

语言的这些特征可以使我们发现另外一个更重要的特征。在言语活动的全部事实中这样划定了界限的语言,可以归入人文事实一类,而言语活动却不可能。

我们刚才已经看到,语言是一种社会制度;但是有几个特点使它和政治、法律等其他制度不同。要了解它的特殊性质,我们必须援引另一类新的事实。

语言是一种表达观念的符号系统,因此,可以比之于文字、聋哑人的字母、象征仪式、礼节形式、军用信号等等,等等。它只是这些系统中最重要的。

因此,我们可以设想有一门研究社会生活中符号生命的科学;它将构成社会心理学的一部分,因而也是普通心理学的一部分;我们管它叫符号学(sémiologie[1],来自希腊语 sēmeîon"符号")。它将告诉我们符号是由什么构成的,受什么规律支配。因为这门科学还不存在,我们说不出它将会是什么样子,但是它有存在的权利,它的地位是预先确定了的。语言学不过是这门一般科学的一部分,将来符号学发现的规律也可以应用于语言学,所以后者将属于全部人文事实中一个非常确定的领域。

确定符号学的恰当地位,这是心理学家的事[2],语言学家的任务是要确定究竟是什么使得语言在全部符号事实中成为一个特殊的系统。这个问题我们回头再谈,在这里只提出一点:如果我们能够在各门科学中第一次为语

---

〔1〕 仔细不要把符号学和语义学混为一谈。语义学是研究语义的变化的,德·索绪尔没有作过有系统的阐述;但是在第 112 页我们可以找到他所表述的基本原理。——原编者注

〔2〕 参看纳维尔(Ad. Naville)的《科学的分类》第二版,第 104 页。——原编者注

按关于符号学的范围,摩里斯(Charles Morris)在《符号,语言和行为》(1946)一书中有所论述。——校注

言学指定一个地位,那是因为我们已把它归属于符号学。

为什么大家还不承认符号学是一门独立的科学,像其他任何科学一样有它自己的研究对象呢? 因为大家老是在一个圈子里打转:一方面,语言比任何东西都更适宜于使人了解符号学问题的性质,但是要把问题提得适当,又必须研究语言本身;可是直到现在,人们差不多老是把它当做别的东西,从别的观点去进行研究。

首先是大众有一种很肤浅的理解,只把语言看做一种分类命名集,这样就取消了对它的真正性质作任何探讨。

其次是心理学家的观点,它要研究个人脑海中符号的机构:这方法是最容易的,但是跨不出个人执行的范围,和符号沾不上边,因为符号在本质上是社会的。

或者,就算看到了符号应该从社会方面去进行研究,大家也只注意到语言中那些使它归属于其他制度,即多少依靠人们的意志的制度的特征。这样就没有对准目标,把那些一般地只属于符号系统和特殊地属于语言的特征忽略了。因为符号在某种程度上总要逃避个人的或社会的意志,这就是它的主要的特征;但这正是乍看起来最不明显的。

正因为这个特征只在语言中显露得最清楚,而它却正是在人们研究得最少的地方表现出来,结果,人们就看不出一门符号科学有什么必要或特殊效用。相反,依我们看来,语言的问题主要是符号学的问题,我们的全部论证都从这一重要的事实获得意义。要发现语言的真正本质,首先必须知道它跟其他一切同类的符号系统有什么共同点。有些语言的因素乍一看来似乎很重要(例如发音器官的作用),但如果只能用来使语言区别于其他系统,那就只好放到次要的地位去考虑。这样做,不仅可以阐明语言的问题,而且我们认为,把仪礼、习惯等等看作符号,这些事实也将显得完全是另一种样子。到那时,人们将会感到有必要把它们划归符号学,并用这门科学的规律去进行解释。

二、语言的语言学和言语的语言学

我们在全部言语活动的研究中为语言科学安排好了它的真正的位置,同时也就确定了整个语言学的地位。言语活动中其他一切构成言语的要素都会自动来归附于这头一门科学；正是由于这种归附，语言学的各部分也就都找到了它们的自然的位置。

例如，试就言语所必需的发音来考虑：发音器官对于语言是外在的东西，正如用来转写莫尔斯电码的发报机对于这电码是外在的东西一样；而且发音，即音响形象的实施，决不会影响到系统本身。在这一方面，我们可以把语言比之于交响乐，它的现实性是跟演奏的方法无关的；演奏交响乐的乐师可能犯的错误绝不致损害这现实性。

我们这样把发音和语言分开，也许有人会提出语音演变，即在言语中发生并对语言本身的命运具有深远影响的声音变化来加以反驳。我们果真有权利认为，语言是不依靠这些现象而独立存在的吗？是的，因为这些现象只能影响到词的物质材料。如果侵蚀到作为符号系统的语言，那也是通过由此产生的解释上的变化间接地进行的，可是这种现象绝对不是语音上的。寻求这些变化的原因也许是很有趣味的，而且语音的研究在这一点上会对我们有很大帮助；但这不是主要的：对语言科学来说，只要看到语音变化并估计到它们的效果也就够了。

我们所说的关于发音的这些话，也适用于言语的其他任何部分。说话者的活动应该在许多学科中研究，这些学科只有跟语言有关，才能在语言学中占一席地。

因此，言语活动的研究就包含着两部分：一部分是主要的，它以实质上是社会的、不依赖于个人的语言为研究对象，这种研究纯粹是心理的；另一部分是次要的，它以言语活动的个人部分，即言语，其中包括发音，为研究对象，它是心理·物理的。

毫无疑问，这两个对象是紧密相联而且互为前提的：要言语为人所理解，并产生它的一切效果，必须有语言；但是要使语言能够建立，也必须有言语。从历史上看，言语的事实总是在前的。如果人们不是先在言语行为中碰到观念和词语形象的联结，他怎么会进行这种联结呢？另一方面，我们总是听见别人说话才学会自己的母语的；它要经过无数次的经验，才能储存在我们的脑子里。最后，促使语言演变的是言语：听别人说话所获得的印象改变着我们的语言习惯。由此可见，语言和言语是互相依存的；语言既是言语的工具，又是言语的产物。但是这一切并不妨碍它们是两种绝对不同的东西。

语言以许多储存于每个人脑子里的印迹的形式存在于集体中，有点像把同样的词典分发给每个人使用。所以，语言是每个人都具有的东西，同时对任何人又都是共同的，而且是在储存人的意志之外的。语言的这种存在方式可表以如下的公式：

$$1＋1＋1＋\cdots＝1(集体模型)$$

言语在这同一集体中是什么样的呢？它是人们所说的话的总和，其中包括：(a)以说话人的意志为转移的个人的组合，(b)实现这些组合所必需的同样是与意志有关的发音行为。

所以在言语中没有任何东西是集体的；它的表现是个人的和暂时的。在这里只有许多特殊情况的总和，其公式如下：

$$(1＋1'＋1''＋1'''＋\cdots)$$

根据这一切理由，要用同一个观点把语言和言语联合起来，简直是幻想。言语活动的整体是没法认识的，因为它并不是同质的，但上面提到的区别和归附关系却可以阐明一切。

这就是我们在建立言语活动理论时遇到的第一条分叉路。两条路不能同时走，我们必须有所选择；它们应该分开走。

如果必要，这两门学科都可以保留语言学这个名称，我们并且可以说有一种言语的语言学。但是不要把它和固有意义的语言学混为一谈，后者是以语言为唯一对象的。

我们将只讨论后一种语言学；如果本陈述的过程中有时要借助于有关言语研究的知识，我们也将力求不抹杀这两个领域的界限。

三、语言的内部要素和外部要素

我们的关于语言的定义是要把一切跟语言的组织、语言的系统无关的东西，简言之，一切我们用"外部语言学"这个术语所指的东西排除出去的。可是外部语言学所研究的却是一些很重要的东西；我们着手研究言语活动的时候想到的也正是这些东西。

首先是语言学和民族学的一切接触点,语言史和种族史或文化史之间可能存在的一切关系。这两种史总是混杂在一起的,彼此之间有相互关系。这有点像固有语言现象之间的对应关系。一个民族的风俗习惯常会在它的语言中有所反映,另一方面,在很大程度上,构成民族的也正是语言。

其次,必须提到语言和政治史的关系。有些历史上的大事件,例如罗马人的征服其他民族,对于许多语言事实有无可估量的影响[1]。殖民只是征服的一种形式,它把一种语言移植到不同的环境,结果引起了这种语言的变化。我们可以举出各种事实来加以证明。例如挪威在政治上和丹麦联合时曾采用过丹麦语;诚然,挪威人今天正要摆脱这种语言的影响[2]。国家的内政对于语言的生命也同样重要:某些政府,例如瑞士,容许几种语言同时并存[3];另外一些政府,例如法国,却希望语言统一[4]。高度的文明有利于某些特殊语言(法律语言,科学术语等等)的发展。

第三点是语言和各种制度如教会、学校等的关系。这些制度和一种语言的文学发展又有密切的联系;这更是一种同政治史分不开的普遍现象。文学语言在任何方面都超越了文学为它划定的界限;例如沙龙、宫廷、科学院都对它发生影响。另一方面,文学语言又提出了它和地方方言发生冲突的重大问题;语言学家还应该考察书面语和口语的相互关系;因为任何文学语言都是文化的产物,到头来都会使它的生存范围脱离自然的范围,即口语的范围。

最后,凡与语言在地理上的扩展和方言分裂有关的一切,都属外部语言学的范围。毫无疑问,正是在这一点上,外部语言学和内部语言学的区别看来似乎最没有道理,因为地理的现象和任何语言的存在都是紧密地联系在一起的;可是,实际上,它并没有触及语言的内部机构。

有人认为,把所有这些问题和固有意义的语言研究分开是绝对不可能

---

〔1〕 罗马人于罗马帝国极盛时代征服了西欧的许多国家,使拉丁语在这些地区取得了统治地位,其后同当地语言发生融合,变成了现在各罗曼族语言。——校注
〔2〕 挪威在中世纪末叶和丹麦结成联盟,曾采用丹麦的 riksmål 语,到 19 世纪初才开始摆脱这种语言的影响,推行一种以挪威方言为基础的 landsmål 语。——校注
〔3〕 瑞士没有自己的语言,现在国内同时使用德语、法语、意大利语等几种语言。——校注
〔4〕 法国政府只承认一种以法兰西岛方言为基础的法语,这是它的正式语言,尽管各地还或多或少有一些方言。——校注

的。特别是自从人们强调"Realia"（实物知识）以来，这就是一个很流行的观点[1]。

正如植物会因受外部因素如土壤、气候等的影响而改变它的内部机构一样，难道语法机构不也经常要依赖于语言变化的外部因素吗[2]？语言里有许多技术上的术语和借词，如果不考虑到它们的来源，似乎很不好解释。一种语言的自然的、有机的发展，我们能把它跟那语言由于外部的，因而是无机的因素而形成的人为的形式，比方文学语言，区别开来吗？我们不是经常看见共同语和地方方言并肩发展吗？

我们认为，外部语言现象的研究是富有成果的；但是不能说，没有这些现象就不能认识语言的内部机构。试以外来借词为例：我们首先可以看到它绝对不是语言生命中的经常要素。在某些偏僻的山谷中有些土语可以说从来没有从外面接受过任何人为的词语，我们难道可以说，这些语言处在言语活动的正常条件之外，不能说明言语活动，而且正因为它们没有经受过混合，所以要对它们进行一种"畸形学的"研究吗？但是借词只要放到系统当中去研究，首先就不算是借词了；它会跟任何土生土长的符号一样，只因与它有关联的词的关系和对立而存在。一般地说，一种语言曾在什么环境中发展，是并不一定要知道的。有些语言，例如禅德语[3]和古斯拉夫语，我们甚至并不确切地知道过去是哪些民族说的，但是这并不妨碍我们从内部研究这些语言和了解它们所经受过的变化。无论如何，把这两种观点分开是必不可少的，这一点我们遵守得越严格越好。

最好的证据是每种观点都创立了不同的方法。外部语言学可以把各种细节一件件地堆积起来而不致感到被系统的老虎钳钳住。例如每个作者都能按照自己的理解把一种语言在它的领域以外扩展的事实作出归类；他如果想要找出是什么因素在各种方言面前创造了一种文学语言，常可以采用简单的列举法；如果他把事实安排得多少有点条理，那只是为了眉目清楚的需要。

---

〔1〕 德语常用"Realia"这个词来指生活中的物质事实，事物的形状、大小等等。这里所说的特别是指舒哈尔德(Schuchardt)所主张的文化史理论。他认为"词物史"(Sachwortgeschicht)是语言学的基本任务。——校注

〔2〕 这句话引自拉法格(Lafargue)的《革命前和革命后的法语》。——校注

〔3〕 波斯人注释火祆教经典《阿味斯达》所用的语言，一般认为是代表中古波斯语的贝尔维语，但也有人说是波斯西北部或东北部的一种方言。——校注

至于内部语言学，情况却完全不同：它不容许随意安排；语言是一个系统，它只知道自己固有的秩序。把它跟国际象棋相比，将更可以使人感觉到这一点。在这里，要区别什么是外部的，什么是内部的，是比较容易的：国际象棋由波斯传到欧洲，这是外部的事实，反之，一切与系统和规则有关的都是内部的。例如我把木头的棋子换成象牙的棋子，这种改变对于系统是无关紧要的；但是假如我减少或增加了棋子的数目，那么，这种改变就会深深影响到"棋法"。不错，要作出这种区别，需要一定的注意。例如，在任何情况下，人们都会提出有关现象的性质问题，而要解决这个问题，我们必须遵守这条规则：一切在任何程度上改变了系统的，都是内部的。

一般原则

一、语言符号的性质

1. 符号、所指、能指

在有些人看来，语言，归结到它的基本原则，不外是一种分类命名集，即一份跟同样多的事物相当的名词术语表。例如：

这种观念有好些方面要受到批评。它假定有现成的、先于词而存在的概念。它没有告诉我们名称按本质来说是声音的还是心理的，因为 arbor（树）可以从这一方面考虑，也可以从那一方面考虑。最后，它会使人想到名称和事物的联系是一种非常简单的作业，而事实上绝不是这样。但是这种天真的看法却可以使我们接近真理，它向我们表明语言单位是一种由两项要素联合构成的双重的东西。

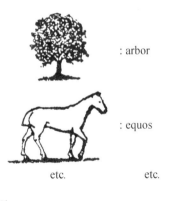

: arbor

: equos

etc.　　　　etc.

我们在谈论言语循环时已经看到，语言符号所包含的两项要素都是心理的，而且由联想的纽带连接在我们的脑子里。我们要强调这一点。

　　语言符号联结的不是事物和名称，而是概念和音响形象[1]。后者不是物质的声音，纯粹物理的东西，而是这声音的心理印迹，我们的感觉给我们证明的声音表象。它是属于感觉的，我们有时把它叫做"物质的"，那只是在这个意义上说的，而且是跟联想的另一个要素，一般更抽象的概念相对立而言的。

　　我们试观察一下自己的言语活动，就可以清楚地看到音响形象的心理性质：我们不动嘴唇，也不动舌头，就能自言自语，或在心里默念一首诗。那是因为语言中的词对我们来说都是一些音响形象，我们必须避免说到构成词的"音位"。"音位"这个术语含有声音动作的观念，只适用于口说的词，适用于内部形象在话语中的实现。我们说到一个词的声音和音节的时候，只要记住那是指的音响形象，就可以避免这种误会。

　　因此语言符号是一种两面的心理实体，我们可以用图表示如下：

　　这两个要素是紧密相连而且彼此呼应的。很明显，我们无论是要找出拉丁语 arbor 这个词的意义，还是拉丁语用来表示"树"这个概念的词，都会觉得只有那语言所认定的连接才是符合实际的，并把我们所能想象的其他任何连接都抛在一边。

　　这个定义提出了一个有关术语的重要问题。我们把概念和音响形象的结合叫做符号，但是在日常使用上，这个术语一般只指音响形象，例如指词（arbor 等等）。人们容易忘记，arbor 之所以被称为符号，只是因为它带有"树"的概念，结果让感觉部分的观念包含了整体的观念。

　　如果我们用一些彼此呼应同时又互相对立的名称来表示这三个概念，那

---

　　〔1〕 音响形象这个术语看来也许过于狭隘，因为一个词除了它的声音表象以外，还有它的发音表象，发音行为的肌动形象。但是在德·索绪尔看来，语言主要是一个贮藏所，一种从外面接受过来的东西（参看第35页）。音响形象作为在一切言语实现之外的潜在的语言事实，就是词的最好不过的自然表象。所以动觉方面可以是不言而喻的，或者无论如何跟音响形象比较起来只占从属的地位。——原编者注

么歧义就可以消除。我们建议保留用符号这个词表示整体，用所能和能指分别代替概念和音响形象。后两个术语的好处是既能表明它们彼此间的对立，又能表明它们和它们所从属的整体间的对立。至于符号，如果我们认为可以满意，那是因为我们不知道该用什么去代替，日常用语没有提出任何别的术语。

这样确定的语言符号有两个头等重要的特征。我们在陈述这些特征的时候将同时提出整个这类研究的基本原则。

2. 第一个原则：符号的任意性

能指和所指的联系是任意的，或者，因为我们所说的符号是指能指和所指相联结所产生的整体，我们可以更简单地说：语言符号是任意的。

例如"姊妹"的观念在法语里同用来做它的能指的 s-ö-r(sœur)这串声音没有任何内在的关系；它也可以用任何别的声音来表示。语言间的差别和不同语言的存在就是证明："牛"这个所指的能指在国界的一边是 b-ö-f(bœuf)，另一边却是 o-k-s(Ochs)〔1〕。

符号的任意性原则没有人反对。但是发现真理往往比为这真理派定一个适当的地位来得容易。上面所说的这个原则支配着整个语言的语言学，它的后果是不胜枚举的。诚然，这些后果不是一下子就能看得同样清楚的；人们经过许多周折才发现它们，同时也发现了这个原则是头等重要的。

顺便指出：等到符号学将来建立起来的时候，它将会提出这样一个问题：那些以完全自然的符号为基础的表达方式——例如哑剧——是否属于它的管辖范围〔2〕。假定它接纳这些自然的符号，它的主要对象仍然是以符号任意性为基础的全体系统。事实上，一个社会所接受的任何表达手段，原则上都是以集体习惯，或者同样可以说，以约定俗成为基础的。例如那些往往带有某种自然表情的礼节符号（试想一想汉人从前用三跪九叩拜见他们的皇帝）也仍然是依照一种规矩给定下来的。强制使用礼节符号的正是这种规矩，而不是符号的内在价值。所以我们可以说，完全任意的符号比其他符号更能实现符号方式的理想；这就是为什么语言这种最复杂、最广泛的表达系

〔1〕 法语管"牛"叫 bœuf〔bœf〕，德语管"牛"叫 Ochs〔ɔks〕。——校注
〔2〕 这里暗指冯德(Wundt)认为语言的声音表情动作出于自然的哑剧运动，参看他所著的《民族心理学》第一编《语言》。——校注

统,同时也是最富有特点的表达系统。正是在这个意义上,语言学可以成为整个符号学中的典范,尽管语言也不过是一种特殊的系统。

曾有人用象征一词来指语言符号,或者更确切地说,来指我们叫做能指的东西[1]。我们不便接受这个词,恰恰就是由于我们的第一个原则。象征的特点是:它永远不是完全任意的;它不是空洞的;它在能指和所指之间有一点自然联系的根基。象征法律的天平就不能随便用什么东西,例如一辆车,来代替。

任意性这个词还要加上一个注解。它不应该使人想起能指完全取决于说话者的自由选择(我们在下面将可以看到,一个符号在语言集体中确立后,个人是不能对它有任何改变的)。我们的意思是说,它是不可论证的,即对现实中跟它没有任何自然联系的所指来说是任意的。

最后,我们想指出,对这第一个原则的建立可能有两种反对意见:

(1)人们可能以拟声词为依据认为能指的选择并不都是任意的。但拟声词从来不是语言系统的有机成分,而且它们的数量比人们所设想的少得多。有些词,例如法语的 fouet(鞭子)或 glas(丧钟)可能以一种富有暗示的音响刺激某些人的耳朵;但是如果我们追溯到它们的拉丁语形式(fouet 来自 fāgus(山毛榉),glas 来自 classicum(一种喇叭的声音))[2],就足以看出它们原来并没有这种特征。它们当前的声音性质,或者毋宁说,人们赋予它们的性质,其实是语音演变的一种偶然的结果。

至于真正的拟声词(像 glou-glou(火鸡的叫声或液体由瓶口流出的声音),tic-tac(嘀嗒),等等),不仅为数甚少,而且它们的选择在某种程度上已经就是任意的,因为它们只是某些声音的近似的、而且有一半已经是约定俗成的模仿(试比较法语的 ouaoua 和德语的 wauwau(汪汪)(狗吠声)。此外,它们一旦被引进语言,就或多或少要卷入其他的词所经受的语音演变,形态演变等等的漩涡(试比较 pigeon(鸽子),来自民间拉丁语的 pipiō,后者是由一个拟声词派生的):这显然可以证明,它们已经丧失了它们原有的某些特性,披

---

〔1〕 这里特别是指德国哲学家卡西勒尔(Cassirer)在《象征形式的哲学》中的观点。他把象征也看做一种符号,忽视了符号的特征。德·索绪尔认为象征和符号有明显的差别。——校注

〔2〕 现代法语的 fouet(鞭子)是古代法语 fou 的指小词,后者来自拉丁语的 fāgus(山毛榉);glas(丧钟)来自民间拉丁语的 classum,古典拉丁语的 classicum(一种喇叭的声音),c 在 l 之前变成了浊音。——校注

上了一般语言符号的不可论证的特征。

（2）感叹词很接近于拟声词，也会引起同样的反对意见，但是对于我们的诊断并不更为危险。有人想把感叹词看做据说是出乎自然的对现实的自发表达。但是对其中的大多数来说，我们可以否认在所指和能指之间有必然的联系。在这一方面，我们试把两种语言比较一下，就足以看到这些表达是多么彼此不同（例如德语的 au!（唉!）和法语的 aïe! 相当）。此外，我们知道，有许多感叹词起初都是一些有确定意义的词（试比较法语的 diable!（鬼）＝（见鬼!）mordieu!（天哪!）＝mort Dieu（上帝的死），等等）。

总而言之，拟声词和感叹词都是次要的，认为它们源出于象征，有一部分是可以争论的。

3. 第二个原则：能指的线条特征

能指属听觉性质，只在时间上展开，而且具有借自时间的特征：(a)它体现一个长度，(b)这长度只能在一个向度上测定：它是一条线。

这个原则是显而易见的，但似乎常为人所忽略，无疑是因为大家觉得太简单了，然而这是一个基本原则，它的后果是数之不尽的；它的重要性与第一条规律不相上下。语言的整个机构都取决于它。它跟视觉的能指（航海信号等等）相反：视觉的能指可以在几个向度上同时并发，而听觉的能指却只有时间上的一条线；它的要素相继出现，构成一个链条。我们只要用文字把它们表示出来，用书写符号的空间线条代替时间上的前后相继，这个特征就马上可以看到。

在某些情况下，这表现得不很清楚。例如我用重音发出一个音节，那似乎是把不止一个有意义的要素结集在同一点上。但这只是一种错觉。音节和它的重音只构成一个发音行为，在这行为内部并没有什么二重性，而只有和相邻要素的各种对立。

二、符号的不变性和可变性

1. 不变性

能指对它所表示的观念来说，看来是自由选择的，相反，对使用它的语言社会来说，却不是自由的，而是强制的。语言并不同社会大众商量，它所选择的能指不能用另外一个来代替。这一事实似乎包含着一种矛盾，我们可以通俗地叫做"强制的牌!"〔1〕。人们对语言说："您选择吧!"但是随即加上一句："您必须选择这个符号，不能选择别的。"已经选定的东西，不但个人即使想改变也不能丝毫有所改变，就是大众也不能对任何一个词行使它的主权；不管语言是什么样子，大众都得同它捆绑在一起。

因此语言不能同单纯的契约相提并论；正是在这一方面，语言符号研究起来特别有趣；因为如果我们想要证明一个集体所承认的法律是人们必须服从的东西，而不是一种可以随便同意或不同意的规则，那么语言就是最明显的证据。

所以首先让我们来看看语言符号怎样不受意志的管束，然后引出这种现象所产生的严重后果。

在任何时代，哪怕追溯到最古的时代，语言看来都是前一时代的遗产。人们什么时候把名称分派给事物，就在概念和音响形象之间订立了一种契约——这种行为是可以设想的，但是从来没有得到证实。我们对符号的任意性有一种非常敏锐的感觉，这使我们想到事情可能是这样。

事实上任何社会，现在或过去，都只知道语言是从前代继承来的产物而照样加以接受。因此，语言起源的问题并不像人们一般认为的那么重要。它甚至不是一个值得提出的问题〔2〕。语言学的唯一的真正的对象是一种已经构成的语言的正常的、有规律的生命。一定的语言状态始终是历史因素的产物。正是这些因素可以解释符号为什么是不变的，即拒绝一切任意的代替。

但是仅仅说语言是一种遗产，如果不更进一步进行考察，那么问题也解释不了。我们不是随时可以改变一些现存的和继承下来的法律吗?

这种反驳使我们不能不把语言放到它的社会环境里去考察，并像对待其他社会制度一样去提出问题。其他社会制度是怎样流传下来的呢? 这是一个包含着不变性问题的更一般的问题。我们首先必须评定其他制度所享受的或大或小的自由；可以看到，对其中任何一种来说，在强制的传统和社会的

---

〔1〕 "强制的牌"(la carte forcée)是变戏法的人使用的一种障眼术；他在洗牌的时候私下把一张牌夹在一副纸牌里让人家挑选，但是说，"你必须选择这张牌，不能选择别的。"——校注

〔2〕 语言起源的问题是 18 世纪欧洲各派学者最喜欢讨论的问题，从 19 世纪起，许多语言学家由于一种实证主义精神的激发，往往拒绝讨论这个问题，尤以法国语言学家表现得最为突出。德·索绪尔正是在这种精神的影响下提出这个问题的。——校注

自由行动之间各有一种不同的平衡。其次,我们要探究,在某类制度里,为什么头一类因素会比另一类因素强些或弱些。最后再回到语言,我们不禁要问为什么累代相传的历史因素完全支配着语言,排除任何一般的和突如其来的变化。

为了回答这个问题,我们可以提出许多论据。比方说语言的变化同世代的交替没有联系[1],因为世代并不像家具的抽屉那样一层叠着一层,而是互相混杂,互相渗透,而且每一世代都包含着各种年龄的人。我们也可以考虑一下一个人学会自己的母语需要花多大的力气,从而断定全面的变化是不可能的。此外,我们还可以再加上一句:语言的实践不需要深思熟虑,说话者在很大程度上并不意识到语言的规律,他们既不知道,又怎能改变呢?即使意识到,我们也不应该忘记,语言事实差不多不致引起批评,因为任何民族一般都满意于它所接受的语言。

这些考虑很重要,但不切题。我们在下面将提出一些更主要、更直接的考虑,其他一切考虑都取决于它们:

(1)符号的任意性。在上面,符号的任意性使我们不能不承认语言的变化在理论上是可能的;深入一步,我们却可以看到,符号的任意性本身实际上使语言避开一切旨在使它发生变化的尝试。大众即使比实际上更加自觉,也不知道怎样去讨论。因为要讨论一件事情,必须以合理的规范为基础。例如我们可以辩论一夫一妻制的婚姻形式是否比一夫多妻制的形式更为合理,并提出赞成这种或那种形式的理由。我们也可以讨论象征系统,因为象征同它所指的事物之间有一种合理的关系。但是对语言——任意的符号系统——来说,却缺少这种基础,因此也就没有任何进行讨论的牢固的基地。为什么要用 sœur 而不用 sister,用 Ochs 而不用 bœuf[2],等等,那是没有什么道理可说的。

(2)构成任何语言都必须有大量的符号。这一事实的涉及面很宽。一个文字体系只有二十至四十个字母,必要时可以用另一个体系来代替。如果语

---

〔1〕 19 世纪 80 年代,欧洲有些语言学家如洛伊德(Lloyd)和皮平(Pipping)等认为语音的自发变化是由儿童和成年人发同一个音有差别引起的。德・索绪尔在这里不同意他们的这种"世代理论"。——校注

〔2〕 Sœur 是法语的词,sister 是英语的词,都是"姊妹"的意思;Ochs 是德语的词,bœuf 是法语的词,都是"牛"的意思。——校注

言只有为数有限的要素,情况也是这样;但语言的符号却是数不胜数的。

(3)系统的性质太复杂。一种语言就构成一个系统。我们将可以看到,在这一方面,语言不是完全任意的,而且里面有相对的道理,同时,也正是在这一点上表现出大众不能改变语言。因为这个系统是一种很复杂的机构,人们要经过深切思考才能掌握,甚至每天使用语言的人对它也很茫然。人们要经过专家、语法学家、逻辑学家等等的参与才能对某一变化有所理解;但是经验表明,直到现在,这种性质的参与并没有获得成功。

(4)集体惰性对一切语言创新的抗拒。这点超出了其他的任何考虑。语言无论什么时候都是每个人的事情;它流行于大众之中,为大众所运用,所有的人整天都在使用着它。在这一点上,我们没法把它跟其他制度作任何比较。法典的条款,宗教的仪式,以及航海信号等等,在一定的时间内,每次只跟一定数目的人打交道,相反,语言却是每个人每时都在里面参与其事的,因此它不停地受到大伙儿的影响。这一首要事实已足以说明要对它进行革命是不可能的。在一切社会制度中,语言是最不适宜于创制的。它同社会大众的生活结成一体,而后者在本质上是惰性的,看来首先就是一种保守的因素。

然而,说语言是社会力量的产物还不足以使人看清它不是自由的。回想语言始终是前一时代的遗产,我们还得补充一句:这些社会力量是因时间而起作用的。语言之所以有稳固的性质,不仅是因为它被绑在集体的镇石上,而且因为它是处在时间之中。这两件事是分不开的。无论什么时候,跟过去有连带关系就会对选择的自由有所妨碍。我们现在说 homme(人)和 chien(狗),因为在我们之前人们就已经说 homme 和 chien。这并不妨碍在整个现象中两个互相抵触的因素之间有一种联系:一个是使选择得以自由的任意的约定俗成,另一个是使选择成为固定的时间。因为符号是任意的,所以它除了传统的规律之外不知道有别的规律;因为它是建立在传统的基础上的,所以它可能是任意的。

2. 可变性

时间保证语言的连续性,同时又有一个从表面看来好像是跟前一个相矛盾的效果,就是使语言符号或快或慢发生变化的效果;因此,在某种意义上,我们可以同时说到符号的不变性和可变性[1]。

最后分析起来,这两件事是有连带关系的:符号正因为是连续的,所以总是处在变化的状态中。在整个变化中,总是旧有材料的保持占优势;对过去不忠实只是相对的。所以,变化的原则是建立在连续性原则的基础上的。

时间上的变化有各种不同的形式,每一种变化都可以写成语言学中很重要的一章。我们不作详细讨论,这里只说明其中几点重要的。

首先,我们不要误解这里所说的变化这个词的意义。它可能使人认为,那是特别指能指所受到的语音变化,或者所指的概念在意义上的变化。这种看法是不充分的。不管变化的因素是什么,孤立的还是结合的,结果都会导致所指和能指关系的转移。

试举几个例子。拉丁语的 necāre 原是"杀死"的意思,在法语变成了 noyer(溺死),它的意义是大家都知道的。音响形象和概念都起了变化。但是我们无需把这现象的两个部分区别开来,只从总的方面看到观念和符号的联系已经松懈,它们的关系有了转移也就够了[2]。如果我们不把古典拉丁语的 necāre 跟法语的 noyer 比较,而把它跟 4 世纪或 5 世纪民间拉丁语带有"溺死"意义的 necare 对比,那么,情况就有点不同。可是就在这里,尽管能指方面没有什么显著的变化,但观念和符号的关系已有了转移[3]。

古代德语的 dritteil"三分之一"变成了现代德语的 Drittel。在这里,虽然概念还是一样,关系却起了两种变化:能指不只在它的物质方面有了改变,而且在它的语法形式方面也起了变化;它已不再含有 Teil(部分)的观念,变成了一个单纯词。不管是哪种变化,都是一种关系的转移。

在盎格鲁—撒克逊语里,文学语言以前的形式 fōt(脚)还是 fōt(现代英语 foot),而它的复数 *fōti 变成了 fēt(现代英语 feet)。不管那是什么样的变化,有一件事是确定的:关系有了转移。语言材料和观念之间出现了另一种

---

〔1〕 责备德·索绪尔认为语言有两种互相矛盾的性质不合逻辑或似是而非,那是错误的。他只是想用两个引人注目的术语的对立着重表明这个真理:语言发生变化,但是说话者不能使它发生变化。我们也可以说,语言是不可触动的,但不是不能改变的。——原编者注

〔2〕 在 19 世纪末和 20 世纪初,许多语言学家和心理学家,如德国的保罗和冯德,常把语言变化分为语音变化和意义变化两部分,并把它们对立起来。德·索绪尔在这里认为应该把这两部分结合起来,考虑它们之间的关系。——校注

〔3〕 德·索绪尔在这期讲课里(1911 年 5 月至 7 月),常把"观念"和"符号"以及"所指"和"能指"这些术语交替运用,不加区别。——校注

对应。

语言根本无力抵抗那些随时促使所指和能指的关系发生转移的因素。这就是符号任意性的后果之一。

别的人文制度——习惯、法律等——在不同的程度上都是以事物的自然关系为基础的；它们在所采用的手段和所追求的目的之间有一种必不可少的适应。甚至服装的时式也不是完全任意的：人们不能过分离开身材所规定的条件。相反，语言在选择它的手段方面却不受任何的限制，因为我们看不出有什么东西会妨碍我们把任何一个观念和任何一连串声音联结起来。

为了使人感到语言是一种纯粹的制度，辉特尼曾很正确地强调符号有任意的性质，从而把语言学置于它的真正的轴线上[1]。但是他没有贯彻到底，没有看到这种任意的性质把语言同其他一切制度从根本上分开。关于这点，我们试看看语言怎么发展就能一目了然。情况是最复杂不过的：一方面，语言处在大众之中，同时又处在时间之中，谁也不能对它有任何的改变；另一方面，语言符号的任意性在理论上又使人们在声音材料和观念之间有建立任何关系的自由。结果是，结合在符号中的这两个要素以绝无仅有的程度各自保持着自己的生命，而语言也就在一切可能达到它的声音或意义的动原的影响下变化着，或者毋宁说，发展着。这种发展是逃避不了的；我们找不到任何语言抗拒发展的例子。过了一定时间，我们常可以看到它已有了明显的转移。

情况确实如此，这个原则甚至在人造语方面也可以得到验证。人造语只要还没有流行开，创制者还能把它控制在手里；但是一旦它要完成它的使命，成为每个人的东西，那就没法控制了。世界语就是一种这样的尝试[2]；假如它获得成功，它能逃避这种注定的规律吗？过了头一段时期，这种语言很可能进入它的符号的生命，按照一些与经过深思熟虑创制出来的规律毫无共同之处的规律流传下去，再也拉不回来。想要制成一种不变的语言，让后代照

---

[1] 辉特尼的这一观点，见于他所著的《语言的生命和成长》。——校注
[2] 世界语（Esperanto）是波兰眼科医生柴门霍夫（Zamenhof）于1887年创制的一种人造语，只有二十八个字母，十六条语法规则，词根百分之七十五出自拉丁语，其余的出自日耳曼语和斯拉夫语，简单易学。这种语言自问世后曾引起许多语言学家的讨论。新语法学派奥斯特霍夫和勃鲁格曼于1876年曾撰《人造世界语批判》一书，对一般人造语持极端怀疑的态度。德·索绪尔在这里对世界语的评价，大致采取了其中的观点。但是拥护世界语的人，如波兰的博杜恩·德·库尔特内和法国的梅耶等，却认为这种人造语只是一种国际辅助语，不能代替自然语言，不必考虑它会发生什么样的变化。——校注

原样接受过去的人,好像孵鸭蛋的母鸡一样:他所创制的语言,不管他愿意不愿意,终将被那席卷一切语言的潮流冲走。

符号在时间上的连续性与在时间上的变化相连,这就是普通符号学的一个原则;我们在文字的体系,聋哑人的言语活动等等中都可以得到验证。

但是变化的必然性是以什么为基础的呢? 人们也许会责备我们在这一点上没有说得像不变性的原则那么清楚。这是因为我们没有把变化的各种因素区别开来;只有考察了多种多样的因素,才能知道它们在什么程度上是必然的。

连续性的原因是观察者先验地看得到的,而语言随着时间起变化的原因却不是这样。我们不如暂时放弃对它作出确切的论述,而只限于一般地谈谈关系的转移。时间可以改变一切,我们没有理由认为语言会逃脱这一普遍的规律。

我们现在参照绪论中所确立的原则,把上面陈述的各个要点总括一下。

(1)我们避免下徒劳无益的词的定义,首先在言语活动所代表的整个现象中分出两个因素:语言和言语。在我们看来,语言就是言语活动减去言语。它是使一个人能够了解和被人了解的全部语言习惯。

(2)但是这个定义还是把语言留在它的社会现实性之外,使语言成了一种非现实的东西,因为它只包括现实性的一个方面,即个人的方面。要有语言,必须有说话的大众。在任何时候,同表面看来相反,语言都不能离开社会事实而存在,因为它是一种符号现象。它的社会性质就是它的内在的特性之一。要给语言下一个完备的定义,必须正视两样分不开的东西,如右图所示。

但是到了这一步,语言只是能活的东西,还不是活着的东西;我们只考虑了社会的现实性,而没有考虑历史事实。

(3)语言符号既然是任意的,这样下定义的语言看来就好像是一个单纯取决于理性原则的,自然而可以随意组织的系统。语言的社会性质,就其本身来说,并不与这种看法正面抵触。诚然,集体心理并不依靠纯粹逻辑的材料进行活动,我们必须考虑到人与人的实际关系中使理性屈服的一切因素。然而我们之所以不能把语言看做一种简单的、可以由当事人随意改变的规约，并不是因为这一点，而是同社会力量的作用结合在一起的时间的作用。离开了时间，语言现实性就不完备，任何结论都无法作出。

要是单从时间方面考虑语言，没有说话的大众——假设有一个人孤零零地活上几个世纪——那么我们也许看不到有什么变化；时间会对它不起作用。反过来，要是只考虑说话的大众，没有时间，我们就将看不见社会力量对语言发生作用的效果。所以，要符合实际，我们必须在上图中添上一个标明时间进程的符号（见右图）。

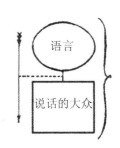

这样一来，语言就不是自由的了，因为时间将使对语言起作用的社会力量可能发挥效力，而我们就达到了那把自由取消的连续性原则。但连续性必然隐含着变化，隐含着关系的不同程度的转移。

三、静态语言学和演化语言学

1. 一切研究价值的科学的内在二重性

很少语言学家怀疑时间因素的干预会给语言学造成特别的困难，使他们的科学面临着两条完全不同的道路。

别的科学大多数不知道有这种根本的二重性，时间在这些科学里不会产生特殊的效果。天文学发现星球经历过很大的变化，但并没有因此一定要分成两个学科。地质学差不多经常谈到连续性，但是当它探讨地层的固定状态的时候，后者并没有成为一个根本不同的研究对象。我们有一门描写的法律学和一门法律史，谁也没有把它们对立起来。各国的政治史完全是在时间上展开的，但是如果一个历史学家描绘某个时代的情况，人们并没有认为他已离开了历史的印象。反过来，关于政治制度的科学主要是描写的，但是遇到必要的时候也大可以讨论历史的问题而不致扰乱它的统一性。

相反，我们所说的二重性却专横地强加于经济学上面。在这里，同上述情况相反，政治经济学和经济史在同一门科学里构成了两个划分得很清楚的学科；最近出版的有关著作都特别强调这种区分。从事这种研究的人常常不很自觉地服从于一种内部的需要[1]。同样的需要迫使我们把语言学也分成两部分，每部分各有它自己的原则。在这里，正如在政治经济学里一样，人们都面临着价值这个概念。那在这两种科学里都是涉及不同类事物间的等价系统，不过一种是劳动和工资，一种是所指和能指。

确实，任何科学如能更仔细地标明它的研究对象所处的轴线，都会是很有益处的。不管在什么地方都应该依照右图分出：（1）同时轴线（AB），它涉及同时存在的事物间的关系，一切时间的干预都要从这里排除出去；（2）连续轴线（CD），在这轴线上，人们一次只能考虑一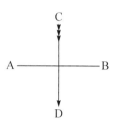样事物，但是第一轴线的一切事物及其变化都位于这条轴线上。

对研究价值的科学来说，这种区分已成了实际的需要，在某些情况下并且成了绝对的需要。在这样的领域里，我们可以向学者们提出警告，如果不考虑这两条轴线，不把从本身考虑的价值的系统和从时间考虑的这同一些价值区别开来，就无法严密组织他们的研究。

语言学家特别要注意到这种区别；因为语言是一个纯粹的价值系统，除它的各项要素的暂时状态以外并不决定于任何东西。只要价值有一个方面扎根于事物和事物的自然关系（在经济学里，情况就是这样。例如地产的价值和它的产量成正比），我们就可以从时间上追溯这价值到一定的地步，不过要随时记住它在任何时候都要取决于同时代的价值系统。它和事物的联系无论如何会给它提供一个自然的基础，由此对它作出的估价绝不会是完全任意的，其中的出入是有限度的。但是正如我们刚才所看到的，在语言学里，自然的资料没有什么地位。

不但如此，价值系统越是复杂，组织得越是严密，正因为它的复杂性，我们越有必要按照两条轴线顺次加以研究。任何系统都不具备这种可与语言相比的特点，任何地方都找不到这样准确地起作用的价值，这样众多、纷繁、严密地互相依存的要素。我们在解释语言的连续性时提到的符号的众多，使我们绝对没有办法同时研究它们在时间上的关系和系统中的关系。

〔1〕 在经济学方面，德·索绪尔受到以华尔拉斯（Walras）等人为代表的瑞士正统经济学派的影响比较深，从中吸取了一些观点，用来阐明他的语言理论。——校注

　　所以我们要分出两种语言学。把它们叫做什么呢？现有的术语并不都同样适宜于表明这种区别。例如历史和"历史语言学"就不能采用，因为它们提示的观念过于含糊。正如政治史既包括各个时代的描写，又包括事件的叙述一样，描写语言的一个接一个的状态还不能设想为沿着时间的轴线在研究语言，要做到这一点，还应该研究使语言从一个状态过渡到另一个状态的现象。演化和演化语言学这两个术语比较确切，我们以后要常常使用；与它相对的可以叫做语言状态的科学或者静态语言学。

　　但是为了更好地表明有关同一对象的两大秩序的现象的对立和交叉，我们不如叫做共时语言学和历时语言学。有关语言学的静态方面的一切都是共时的，有关演化的一切都是历时的。同样，共时态和历时态分别指语言的状态和演化的阶段。

2. 内在二重性和语言学史

　　我们研究语言事实的时候，第一件引人注目的事是，对说话者来说，它们在时间上的连续是不存在的。摆在他面前的是一种状态。所以语言学家要了解这种状态，必须把产生这状态的一切置之度外，不管历时态。他要排除过去，才能深入到说话者的意识中去。历史的干预只能使他的判断发生错误。要描绘阿尔卑斯山的全景，却同时从汝拉山的几个山峰上去摄取，那是荒谬绝伦的[1]；全景只能从某一点去摄取。语言也是这样：我们要集中在某一个状态才能把它加以描写或确定使用的规范。要是语言学家老是跟着语言的演化转，那就好像一个游客从汝拉山的这一端跑到那一端去记录景致的移动。

　　自有近代语言学以来，我们可以说，它全神贯注在历时态方面。印欧语比较语法利用掌握的资料去构拟前代语言的模型；比较对它来说只是重建过去的一种手段。对各语族（罗曼语族、日耳曼语族等等）所作的专门研究，也使用同样的方法；状态的穿插只是片断的、极不完备的。这是葆朴所开创的路子；他对语言的理解是混杂的、犹豫不定的。

　　另一方面，在语言研究建立以前，那些研究语言的人，即受传统方法鼓舞

---

　　〔1〕 阿尔卑斯山在意大利北部，是欧洲一座最高的山。汝拉山在法国和瑞士交界处，与阿尔卑斯山遥遥相对。——校注

的"语法学家",是怎样进行研究的呢？看来奇怪,在我们所研究的问题上面,他们的观点是绝对无可非议的。他们的工作显然表明他们想要描写状态,他们的纲领是严格地共时的。例如波尔·洛瓦雅耳语法[1]试图描写路易十四时代法语的状态,并确定它的价值。它不因此需要中世纪的语言;它忠实地遵循着横轴线,从来没有背离过。所以这种方法是正确的。但并不意味着它对方法的应用是完备的。传统语法对语言的有些部分,例如构词法,毫无所知;它是规范性的,认为应该制定规则,而不是确认事实;它缺乏整体的观点;往往甚至不晓得区别书写的词和口说的词,如此等等。

曾有人责备古典语法不科学[2],但是它的基础比之葆朴所开创的语言学并不那么该受批评,它的对象更为明确。后者的界限模糊,没有确定的目标,它跨着两个领域,因为分不清状态和连续性。

语言学在给历史许下了过大的地位之后,将回过头来转向传统语法的静态观点。但是这一次却是带着新的精神和新的方法回来的。历史方法将作出贡献,使它青春焕发。正是历史方法的反戈一击将使人更好地了解语言的状态。古代语法只看到共时事实,语言学已揭露了一类崭新的现象。但这是不够的,我们应该使人感到这两类事实的对立,从而引出一切可能的结果。

3. 内在二重性例证

这两种观点——共时观点和历时观点——的对立是绝对的,不容许有任何妥协。我们可以举一些事实来表明这种区别是在什么地方,为什么它是不能缩减的。

拉丁语的 crispus"波状的、卷绕的"给法语提供了一个词根 crép-,由此产生出动词 crépir(涂上灰泥)和 décrépir(除去灰泥)。另一方面,在某一个时期,人们又向拉丁语借了 dēcrepitus(衰老)一词,词源不明,并把它变成了 décrépit。确实,今天说话者大众在 un mur *décrépi*(一堵灰泥剥落的墙)和 un homme *décrépit*(一个衰老的人)之间建立了一种关系,尽管在历史上这两个

---

〔1〕 波尔·洛瓦雅耳(Port-Royal)是法国的一所修道院,原是"王港"的意思,建立于 1204 年。1664年,该院佐理阿尔诺(A. Arnaud)和兰斯洛(Lancelot)合编一本语法,叫做"唯理普遍语法",完全以逻辑为基础,试图描写路易十四时代法语的状态。——校注

〔2〕 这是指的新语法学派的看法。他们认为 19 世纪以前的语法是不科学的,只有从历史方面研究语法才是合乎科学原理的。——校注

词彼此毫不相干：人们现在往往说 la facade *décrépite* d'une maison（一所房子的破旧的门面）。这就是一个静态的事实，因为它涉及语言里两个同时存在的要素间的关系。这种事实之所以能够产生，必须有某些演化现象同时并发：crisp-的发音变成了 crép-[1]，而在某个时期，人们又向拉丁语借来了一个新词。这些历时事实——我们可以看得很清楚——同它们所产生的静态事实并没有任何关系；它们是不同秩序的事实。

再举一个牵涉面很广的例子。古高德语 gast（客人）的复数起初是 gasti，hant（手）的复数是 hanti，等等。其后，这个 i 产生了变音（umlaut），使前一音节的 a 变成了 e，如 gasti→gesti，hanti→henti。然后，这个 i 失去了它的音色，因此 gesti→geste 等等。结果，我们今天就有了 Gast：Gäste，Hand：Hände 和一整类单复数之间具有同一差别的词。在盎格鲁·撒克逊语里也曾产生差不多相同的事实：起初是 fōt（脚），复数 *fōti；tōp（牙齿），复数 *tōpi；gōs（鹅），复数 *gōsi 等等。后来由于第一次语音变化，即"变音"的变化，*fōti 变成了 *fēti；由于第二次语音变化，词末的 i 脱落了，*fēti 又变成了 fēt。从此以后，fōt 的复数是 fēt，tōþ 的复数是 tēþ，gōs 的复数是 gēs（即现代英语的 foot：feet，tooth：teeth，goose：geese）。

从前，当人们说 gast：gasti，fōt：fōti 的时候，只简单地加一个 i 来表示复数；Gast：Gäste 和 fōt：fēt 表明已有了一个新的机构表示复数。这个机构在两种情况下是不同的：古英语只有元音的对立，德语还有词末-e 的有无；但这种差别在这里是不重要的。

单复数的关系，不管它的形式怎样，在每个时期都可以用一条横轴线表示如右：

相反，不管是什么事实，凡引起由一个形式过渡到另一个形式的，都可以置于一条纵轴线上面，全图如右。

我们的范例可以提示许多与我们的主题直接有关的思考：

（1）这些历时事实的目标绝不是要用另外一个符号来表示某一个价值：

---

〔1〕 法语的词根 crép-，在古代法语为 cresp-，来自民间拉丁语的 crespu，古典拉丁语的 crispus。到 8 世纪，古代法语的 cresp-由于 s 在辅音之前脱落，变成了现代法语的 crép-。——校注

gasti 变成了 gesti,geste(Gäste),看来跟名词的复数没有什么关系；在 tragit →trägt(挑运)里,同样的"变音"牵涉到动词的屈折形式,如此等等。所以,历时事实是一个有它自己的存在理由的事件；由它可能产生什么样特殊的共时后果,那是跟它完全没有关系的。

(2)这些历时事实甚至没有改变系统的倾向。人们并不愿意由一种关系系统过渡到另一种关系系统；变化不会影响到安排,而只影响到被安排的各个要素。

我们在这里又碰上了一条已经说过的原则：系统从来不是直接改变的,它本身不变,改变的只是某些要素,不管它们跟整体的连带关系怎样。情况有点像绕太阳运行的行星改变了体积和重量：这一孤立的事实将会引起普遍的后果,而且会改变整个太阳系的平衡。要表示复数,必须有两项要素的对立：或是 fōt：* fōti,或是 fōt：fet；两种方式都是可能的,但是人们可以说未加触动就从一个方式过渡到另一个方式。变动的不是整体,也不是一个系统产生了另一个系统,而是头一个系统的一个要素改变了,而这就足以产生出另一个系统。

(3)这一观察可以使我们更好地理解一个状态总带有偶然的性质。同我们不自觉地形成的错误看法相反,语言不是为了表达概念而创造和装配起来的机构。相反,我们可以看到,变化出来的状态并不是注定了要表达它所包含的意思的。等到出现了一个偶然的状态：fōt：fet,人们就紧抓住它,使它负担起单复数的区别；为了表示这种区别,fōt：fet 并不就比 fōt：* fōti 更好些。不管是哪一种状态,都在一定的物质里注入了生机,使它变成了有生命的东西。这种看法是历史语言学提示给我们的,是传统语法所不知道的,而且也是用它自己的方法永远得不到的。大多数的语言哲学家对这一点也同样毫无所知,可是从哲学的观点看,这是最重要不过的[1]。

(4)历时系列的事实是否至少跟共时系列的事实属于同一秩序呢？决不,因为我们已经确定,变化是在一切意图之外发生的。相反,共时态的事实总是有意义的,它总要求助于两项同时的要素；表达复数的不是 Gäste,而是

---

〔1〕 德·索绪尔在这里完全采用了洪堡特(W. von Humboldt)在《论人类语言结构的差异及其对于人类精神发展的影响》一书中反对唯理语法所提出的论点。所谓传统语法就是指唯理语法和 17 世纪以前的语法；所谓大多数的语言哲学家就是指洪德以外的语言学家。——校注

Gast：Gäste 的对立。在历时事实中，情况恰好相反：它只涉及一项要素；一个新的形式（Gäste）出现，旧的形式（gasti）必须给它让位。

所以，要把这样一些不调和的事实结合在一门学科里将是一种空想。在历时的展望里，人们所要处理的是一些跟系统毫不相干的现象，尽管这些现象制约着系统。

现在再举一些例子来证明和补充由前一些例子中所得出的结论。

法语的重音总是落在最后的一个音节上的，除非这最后一个音节有个哑 e(ə)。这就是一个共时事实，法语全部的词和重音的关系。它是从哪里来的呢？从以前的状态来的。拉丁语有一个不同的、比较复杂的重音系统：如果倒数第二个音节是一个长音节，那么，重音就落在这个音节上面；如果是短音节，重音就转移到倒数第三个音节（试比较 amícus（朋友），ánǐma（灵魂））。这个规律引起的关系跟法语的规律毫无类似之处。重音，从它留在原处这个意义上看，当然还是同一个重音；它在法语的词里总是落在原先拉丁语带重音的音节上：amícum→ami，ániman→âme，然而，两个公式在两个时期是不同的，因为词的形式已经变了。我们知道，所有在重音后面的，不是消失了，就是弱化成了哑 e。经过这种变化之后，重音的位置从总体方面看，已经不一样了。从此以后，说话者意识到这种新的关系，就本能地把重音放在最后一个音节，甚至在通过文字借来的借词里（facile（容易），consul（领事），ticket（票），burgrave（城关））也是这样。很显然，人们并不想改变系统，采用一个新的公式，因为在 amícum→ami 这样的词里，重音总还是停留在同一个音节上面；但是这里已插入了一个历时的事实：重音的位置虽然没有受到触动，却已经改变了。重音的规律，正如与语言系统有关的事实一样，都是各项要素的一种安排，来自演化的偶然的，不由自主的结果。

再举一个更引人注目的例子。古斯拉夫语的 slovo（词），工具格单数是 slovemъ，主格复数是 slova，属格复数是 slovъ，等等，在变格里，每个格都有它的词尾。但是到了今天，斯拉夫语代表印欧语 ǐ 和 ǔ 的"弱"元音 ъ 和 ь 已经消失，由此成了例如捷克语的 slovo, slovem, slova, slov。同样，žena（女人）的宾格单数是 ženu，主格复数是 ženy，属格复数是 žen。在这里，属格（slov, žen）的标志是零。由此可见，物质的符号对表达观念来说并不是必不可少的；语言可以满足于有无的对立。例如在这里，人们之所以知道有属格复数

的 žen，只是因为它既不是 žena，又不是 ženu，或者其他任何形式。像属格复数这样一个特殊的观念竟至采用零符号，乍一看来似乎很奇怪，但恰好证明一切都来自纯粹的偶然。语言不管会遭受什么样的损伤，都是一种不断转运的机构。

这一切可以确证上述原则，现在把它们概括如下：

语言是一个系统，它的任何部分都可以而且应该从它们共时的连带关系方面去加以考虑。

变化永远不会涉及整个系统，而只涉及它的这个或那个要素，只能在系统之外进行研究。毫无疑问，每个变化都会对系统有反响，但是原始事实却只能影响到一点；原始事实和它对整个系统可能产生的后果没有任何内在的关系。前后相继的要素和同时存在的要素之间，以及局部事实和涉及整个系统的事实之间的这种本质上的差别，使其中任何一方面都不能成为一门单独科学的材料。

4. 用比拟说明两类事实的差别

为了表明共时态和历时态的独立性及其相互依存关系，我们可以把前者比之于物体在平面上的投影。事实上，任何投影都直接依存于被投影的物体，但是跟它不同，物体是另一回事。没有这一点，就不会有整个的投影学，只考虑物体本身就够了。在语言学里，历史现实性和语言状态之间也有同样的关系，语言状态无疑就是历史现实性在某一时期的投影。我们认识共时的状态，不是由于研究了物体，即历时的事件，正如我们不是因为研究了，甚至非常仔细地研究了不同种类的物体，就会对投影几何获得一个概念一样。

同样，把一段树干从横面切断，我们将在断面上看到一个相当复杂的图形，它无非是纵向纤维的一种情景；这些纵向纤维，如果把树干垂直切开，也可以看到。这里也是一个展望依存于另一个展望：纵断面表明构成植物的纤维本身，横断面表明这些纤维在特定平面上的集结。但是后者究竟不同于前者，因为它可以使人看到各纤维间某些从纵的平面上永远不能理解的关系。

但是在我们所能设想的一切比拟中,最能说明问题的莫过于把语言的运行比之于下棋。两者都使我们面临价值的系统,亲自看到它们的变化。语言以自然的形式呈现于我们眼前的情况,下棋仿佛用人工把它体现出来。

现在让我们仔细地看一看。

首先,下棋的状态与语言的状态相当。棋子的各自价值是由它们在棋盘上的位置决定的,同样,在语言里,每项要素都由于它同其他各项要素对立才能有它的价值。

其次,系统永远只是暂时的,会从一种状态变为另一种状态。诚然,价值还首先决定于不变的规约,即下棋的规则,这种规则在开始下棋之前已经存在,而且在下每一着棋之后还继续存在。语言也有这种一经承认就永远存在的规则,那就是符号学的永恒的原则。

最后,要从一个平衡过渡到另一个平衡,或者用我们的术语说,从一个共时态过渡到另一个共时态,只消把一个棋子移动一下就够了,不会发生什么倾箱倒箧的大搬动。在这里,历时事实及其全部细节可以得到对照。事实上:

(a)我们每下一着棋只移动一个棋子;同样,在语言里受变化影响的只有一些孤立的要素。

(b)尽管这样,每着棋都会对整个系统有所反响,下棋的人不可能准确地预见到这效果的界限。由此引起的价值上的变化,有的是零,有的很严重,有的具有中等的重要性,各视情况而不同。一着棋可能使整盘棋局发生剧变,甚至对暂时没有关系的棋子也有影响。我们刚才看到,对语言来说,情况也恰好一样。

(c)一个棋子的移动跟前后的平衡是绝对不同的两回事。所起的变化不属于这两个状态中的任何一个;可是只有状态是重要的。

在一盘棋里,任何一个局面都具有从它以前的局面摆脱出来的独特性,至于这局面要通过什么途径达到,那完全是无足轻重的。旁观全局的人并不比在紧要关头跑来观战的好奇者多占一点便宜。要描写某一局面,完全用不着回想十秒钟前刚发生过什么。这一切都同样适用于语言,更能表明历时态和共时态之间的根本区别。言语从来就是只依靠一种语言状态进行工作的,介于各状态间的变化,在有关的状态中没有任何地位。

只有一点是没法比拟的：下棋的人有意移动棋子，使它对整个系统发生影响，而语言却不会有什么预谋，它的棋子是自发地和偶然地移动的——或者毋宁说，起变化的。由 hanti 变为 Hände（手），gasti 变为 Gäste（客人）的"变音"固然造成了一个构成复数的新方法，但是也产生了一个动词的形式，如由 tragit 变为 trägt（搬运），等等。要使下棋和语言的运行完全相同，必须设想有一个毫不自觉的或傻头傻脑的棋手。然而这唯一的差别正表明语言学中绝对有必要区别两种秩序的现象，从而使这个比拟显得更有教益。因为在有意志左右着这类变化的时候，历时事实尚且不能归结到受自己制约的共时系统，如果历时事实促使一种盲目的力量同符号系统的组织发生冲突，那么情况就更是这样了。

5. 在方法和原则上对立的两种语言学

历时和共时的对立在任何一点上都是显而易见的。

例如——从最明显的事实说起——它们的重要性是不相等的。在这一点上，共时方面显然优于历时方面[1]，因为对说话的大众来说，它是真正的、唯一的现实性。对语言学家说来也是这样：如果他置身于历时的展望，那么他所看到的就不再是语言，而是一系列改变语言的事件。人们往往断言，认识某一状态的起源是最重要不过的。这在某种意义上说是对的：形成这一状态的条件可以使我们明了它的真正的性质，防止某种错觉。但是这正好证明历时态本身没有自己的目的。它好像人们所说的新闻事业一样：随波逐浪，不知所往。

它们的方法也不同，表现在两个方面：

（a）共时态只知有一个展望，即说话者的展望，它的整个方法就在于搜集说话者的证词。要想知道一件事物的实在程度，必须而且只消探究它在说话者意识中的存在程度。相反，历时语言学却应该区分两个展望：一个是顺时间的潮流而下的前瞻的展望，一个是逆时间的潮流而上的回顾的展望。因此而有方法上的二分，我们将在第五篇加以讨论。

（b）第二种差别来自这两种学科各自包括的范围的界限。共时研究的对

---

[1] 在这一点上，德·索绪尔和新语法学派处在完全相反的地位，因为新语法学派认为在语言研究中，只有语言的历史研究才是合乎科学原理的。——校注

象不是同时存在的一切,而只是与每一语言相当的全部事实,必要时可以分到方言和次方言。共时这个术语其实不够精确,应该用稍稍长一些的特异共时来代替。相反,历时语言学不但没有这种需要,而且不容许对它作这样的明确规定。它所考虑的要素不一定是属于同一种语言的(试比较印欧语的 *esti(是),希腊语的 ésti(是),德语的 ist(是),法语的 est(是))。造成语言的分歧的正是历时事实的继起以及它们在空间上的增殖。为了证明两个形式的接近,只要指出它们之间有一种历史上的联系就够了,不管这联系是多么间接。

这些对立不是最明显,也不是最深刻的。演化事实和静态事实的根本矛盾所招来的后果是,它们双方的有关概念都同样程度地无法互相归结。不论哪个概念都能用来表明这个真理。因此,共时"现象"和历时"现象"毫无共同之处:一个是同时要素间的关系,一个是一个要素在时间上代替了另一个要素,是一种事件。我们在后面也将看到,历时同一性和共时同一性是极不相同的两回事:在历史上,否定词 pas(不)和名词 pas(步)是同一的东西,可是就现代法语来说,这两个要素却是完全不同的[1]。这些已足以使我们明白为什么一定不能把这两个观点混为一谈;不过表现得最明显的,还在于下面就要作出的区别。

6. 共时规律和历时规律

人们常常谈到语言学的规律,但是语言事实是否真受规律的支配呢? 语言事实又可能是什么性质的呢? 语言既是一种社会制度,人们可以先验地想到,它要受到一些与支配社会集体的条例相同的条例支配。可是,任何社会规律都有两个基本的特征[2]:它是命令性的,又是一般性的;它是强加于人的,它要扩展到任何场合——当然,有一定时间和地点的限制。

语言的规律能符合这个定义吗? 要知道这一点,依照刚才所说,头一件

---

〔1〕 现代法语有些否定词如 pas(不),rien(没有什么),personne(没有人),point(一点也没有)等是由有肯定意义的词变来的,如 pas 就是"脚步"的意思,rien 就是"某种东西"的意思,personne 就是"人"的意思,point 就是"点"的意思,如此等等。这些意思之所以发生这种变化,是因为它们常与否定词 ne(不)连用,如 je ne sais pas 是"我不知道"的意思,结果受到 ne 的感染,由肯定词变成了否定词。——校注
〔2〕 德·索绪尔对于社会规律的两个基本特征是按照法国社会学家涂尔干(E. Durkheim)的理论来理解的。涂尔干认为一切社会规律必须符合两个基本原则:强制性和普遍性。德·索绪尔在这里所说的命令性就等于涂尔干的强制性,一般性就等于普遍性。——校注

要做的事就是要再一次划分共时和历时的范围。这是不能混淆的两个问题：一般地谈论语言的规律，那就无异于捕风捉影。

我们在下面举出几个希腊语的例子，故意把两类"规律"混在一起：

（1）印欧语的送气浊音变成了送气清音：* dhūmos→thūmós（生命），* bherō→phérō（我携带）等等。

（2）重音从不越过倒数第三个音节。

（3）所有的词都以元音或 s,n,r 结尾，排除其他一切辅音。

（4）元音之前开头的 s 变成了 h（强烈的送气）：* septm（拉丁语 septem）→heptá（七）。

（5）结尾的 m 变成了 n：* jugom→zugón（试比较拉丁语的 jugum（轭）[1]）。

（6）结尾的塞音脱落了：* gunaik→gúnai（女人）* epheret→éphere（（他）携带了），* epheront→épheron（他们携带了）[2]。

这些规律当中，第一条是历时的：dh 变成了 th 等等。第二条表示词的单位和重音的关系——两项同时存在的要素间的一种结合，这是一条共时的规律。第三条也是这样，因为它涉及词的单位和它的结尾。第四、第五和第六条规律都是历时的：s 变成了 h，-n 代替了-m；-t,-k 等等消失了，没有留下任何痕迹。

此外，我们要注意，第三条规律是第五条和第六条规律的结果；两个历时事实造成了一个共时事实。

我们把这两种规律分开，就可以看到，第二、第三条和第一、第四、第五、第六条是不同性质的。

共时规律是一般性的，但不是命令性的。毫无疑问，它会凭借集体习惯的约束而强加于个人，但是我们在这里考虑的不是与说话者有关的义务。我

---

〔1〕 依照梅耶（A. Meillet）先生（《巴黎语言学学会学术报告》第九种第 365 页及以下）和高提约（Gauthiot）先生（《印欧语词的结尾》第 158 页及以下）的意见，印欧语只有结尾的-n，没有-m。如果我们接受这一理论，那么，把第五条规律列成这样就够了：印欧语一切结尾的-n 在希腊语里都保存着。它说明问题的价值并不因此而减弱，因为一个语音现象最后结果是把一个古代状态保存下来还是造成了一种变化，在性质上是相同的（参看第 202 页）——原编者注

〔2〕 * gunaik→gúnai 是名词 gune（女人）的单数呼格，* epheret→éphere 是动词 phéro（我携带）第三人称单数直陈式未完成体的形式，* epheront→epheron 是同一个动词第三人称复数直陈式未完成体的形式。——校注

们的意思是说,在语言里,当规律性支配着某一点的时候,任何力量也保证不了这一规律性得以保持下去。共时规律只是某一现存秩序的简单的表现,它确认事物的状态,跟确认果园里的树排列成梅花形是同一性质的。正因为它不是命令性的,所以它所确定的秩序是不牢靠的。例如,支配拉丁语重音的共时规律是再有规则不过的了(可与第二条规律相比),然而,这一重音制度并没有抵抗得住变化的因素,它终于在一个新的规律,即语法的规律面前让步了。总之,如果我们谈到共时态的规律,那就意味着排列,意味着规则性的原理。

相反,历时态却必须有一种动力的因素,由此产生一种效果,执行一件事情。但是,这一命令性的特征不足以把规律的概念应用于演化的事实;只有当一类事实全都服从于同一规则的时候,我们才能谈得上规律。而历时事件总有一种偶然的和特殊的性质,尽管从表面上看有些并不是这样。

这一点从语义事实方面可以马上看到。如果法语的 poutre(母马)取得了"木材、椽子"的意义,那是由于一些特殊的原因,并不取决于其他可能同时发生的变化。它只不过是纪录在一种语言的历史里的所有偶然事件中的一件。

句法和形态的变化却不是一开始就能看得这样清楚的。在某一个时代,几乎所有古代主格的形式都从法语中消失了;这难道不是整类事实都服从于同一规律吗?不,因为这些都不过是同一个孤立事实的多种表现。受影响的是主格这个独特的概念,它的消失自然会引起一系列形式的消失。对于任何只看见语言外表的人来说,单一的现象会淹没在它的多种表现之中;但是这现象本身,按它的深刻本质来说,却是单一的,而且会像 poutre 所遭受的语义变化一样在它自己的秩序中构成一个孤立的历史事件。它只因为是在一个系统中实现的,所以才具有"规律"的外貌:系统的严密安排造成了一种错觉,仿佛历时事实和共时事实一样都服从于相同的条件。

最后,对语音变化来说,情况也完全一样。可是人们却常常谈到语音规律。实际上,我们看到在某一个时期,某一个地区,一切具有相同的语音特点的词都会受到同一变化的影响。例如前面所说的第一条规律(*dhūmos→希腊语 thūmós)就牵涉到希腊语一切含有送气浊音的词(试比较* nebhos→néphos,* medhu→méthu,* anghō→ánkhō,等等);第四条规律(* septm→

324

heptá)可以适用于 serpō→hérpo, *sus→hûs 和一切以 s 开头的词。这一规律性,有时虽然有人提出异议,但在我们看来已经很好地确立。有些明显的例外不足以削弱这种变化的必然性,因为例外可以用一些更特殊的语音规律(参看 tríkhes:thriksí 的例子)或者另一类事实(类比,等等)的干预来加以解释。因此,看来再没有什么更符合上面对规律这个词所下的定义了。然而,可以用来证明一条语音规律的例子不管有多少,这规律所包括的一切事实都不过是某一单个的特殊事实的表现罢了。

真正的问题是要知道受到语音变化影响的是词,抑或只是声音。回答是没有什么可以怀疑的:在 néphos, méthu, ánkhō 等词里,那是某一个音位,印欧语的送气浊音变成了送气清音,原始希腊语的开头的 s 变成了 h 等等,其中每一个事实都是孤立的,既与其他同类的事件无关,又与发生变化的词无关[1]。所有这些词的语音材料自然都起了变化,但是这不应该使我们对于音位的真正性质有什么误解。

我们凭什么断言词不是跟语音变化直接有关的呢?只凭一个非常简单的看法,即这些变化对词来说毕竟是外在的东西,不能触及它们的实质。词的单位不只是由它的全部音位构成的,它还有物质以外的其他特征。假如钢琴有一根弦发生故障,弹琴的时候每次触动它,都会发出一个不谐和的声音。毛病在什么地方呢?在旋律里吗?肯定不是。受影响的不是旋律,那只是因为钢琴坏了。语音学的情况也正是这样。音位系统就是我们演奏来发出语词的乐器;如果其中一个要素改变了,引起的后果可能是各种各样的,但事实本身却与词无关,词可以说就是我们演奏节目中的旋律。

所以历时事实是个别的;引起系统变动的事件不仅与系统无关,而且是孤立的,彼此不构成系统。

让我们总括一下:任何共时事实都有一定的规律性,但是没有命令的性质;相反,历时事实却是强加于语言的,但是它们没有任何一般的东西。

一句话,而且这就是我们要得出的结论:两者不论哪一种都不受上述意

---

〔1〕 不消说,上面援引的例子都是纯粹属于图式性质的:当前的语言学家正在努力把尽可能广泛的语音变化归结为同一个根本的原理。例如梅耶先生就是用发音的逐步弱化来解释希腊语塞音的变化(参看《巴黎语言学学会学术报告》第九种第163页以下)。上述有关语音变化的性质的结论,最后分析起来,自然也适用于这些一般事实存在的一切场合。——原编者注

义的规律的支配。如果一定要谈到语言的规律，那么，这一术语就要看应用于哪一个秩序的事物而含有完全不同的意义。

······

然而，这种错误在某些情况下是显而易见的。例如，要解释希腊语的phuktós(逃跑了)这个词，可能有人认为，只要指出希腊语的 g 或 kh 在清辅音之前变成了 k，同时举一些共时的对应如 phugeîn：phuktós，lékhos：léktron 等等加以说明就够了。但是碰上象 tríkhes：thriksí 这样的例子，其中的 t 怎样"过渡"到 th 却是一个很复杂的问题。这个词的形式只能从历史方面用相对年代来解释。原始词干 * thrikh 后面跟着词尾-si 变成了 thriksí，这是一个很古老的现象，跟由词根 lekh-构成 léktron 是一模一样的。其后，在同一个词里，任何送气音后面跟着另一个送气音，都变成了清音，于是 * thríkhes 就变成了 tríkhes，而 thriksí 当然不受这一规律支配。

······

9. 结 论

于是，语言学在这里遇到了它的第二条分叉路。首先，我们必须对语言和言语有所选择；现在我们又处在两条道路的交叉点上：一条通往历时态，另一条通往共时态。

一旦掌握了这个二重的分类原则，我们就可以补充说：语言中凡属历时的，都只是由于言语。一切变化都是在言语中萌芽的。任何变化，在普遍使用之前，无不由若干个人最先发出。现代德语说：ich war(我从前是)，wir waren(我们从前是)，可是古代德语，直到 16 世纪，还是这样变位的：ich was，wir waren(现在英语还说：I was, we were)[1]。war 是怎样代替 was 的呢？有些人因为受了 waren 的影响，于是按类比造出了 war；这是一个言语的事实。这个形式一再重复，为社会所接受，就变成了语言的事实。但不是任何的言语创新都能同样成功，只要它们还是个人的，我们就没有考虑的必要，因为我们研究的是语言。只有等到它们为集体所接受，才进入了我们的观察范围。

---

　　〔1〕 古高德语这个词的变位是 ich was, wir wasen，到 6 世纪才变成了 ich was, wir waren。变化的原因是由于这个词的单数第一人称，重音落在词根音节上面，s 在重音之后不变；复数第一人称，重音落在屈折词尾上面，s 在重音之前浊音化变成了 z，再变为 r，如 wir wasen→wir wazen→wir waren。至于后来 ich was：wir waren 之所以变成 ich war：wir waren，那完全是由于类比作用。——校注

在一个演化事实之前,总是在言语的范围内先有一个或毋宁说许多个类似的事实。这丝毫无损于上面确立的区别,甚至反而证实这种区别。因为在任何创新的历史上,我们都可以看到两个不同的时期:(1)出现于个人的时期;(2)外表虽然相同,但已为集体所采纳,变成了语言事实的时期。

下图可以表明语言研究应该采取的合理形式:

$$\text{言语活动} \begin{cases} \text{语言} \begin{cases} \text{共时态} \\ \text{历时态} \end{cases} \\ \text{言语} \end{cases}$$

应该承认,一门科学的理论上的和理想的形式并不总是实践所要求的形式。在语言学里,这些要求比别处更为强烈;它们为目前统治着语言研究的混乱提供几分口实。即使我们在这里所确立的区别最后被接受了,我们或许也不能以理想的名义强行要求研究工作有明确的指针。

例如在古代法语的共时研究中,语言学家所使用的事实和原则,与他探索这种语言从 13 世纪到 20 世纪的历史所发现的毫无共同之处,反之,与描写当前的一种班图语,公元前四百年的阿狄克希腊语,乃至现代法语所揭示的却很相似,因为其中种种陈述都是以类似的关系为基础的。尽管每种语言各自构成封闭的系统,却都体现一定的永恒的原则,我们可以在不同的语言中找到,因为我们是处在同一个秩序之中。历史的研究也是这样。我们试涉猎一下法语的某一时期(例如 13 世纪到 20 世纪),爪哇语或任何语言的某一时期的历史,就可以看到,到处都是处理类似的事实,只要把它们加以比较就足以建立历时秩序的一般真理。最理想的是每个学者都专搞一方面的研究,掌握尽可能多的有关这方面的事实。不过要想科学地占有这许多不同的语言的确是很困难的。另一方面,每种语言实际上就构成一个研究单位。我们为情势所迫,不能不依次从静态方面和历史方面去加以考虑。尽管这样,我们千万不要忘记,在理论上,这一单位是表面上的,而语言的差异中实隐藏着深刻的一致。在语言的研究中,无论从哪一个方面进行观察,都要想方设法把每一事实纳入它的领域,不要把方法混淆起来。

语言学中这样划定的两部分,将依次成为我们的研究对象。

共时语言学研究同一个集体意识感觉到的各项同时存在并构成系统的要素间的逻辑关系和心理关系。

　　历时语言学，相反地，研究各项不是同一个集体意识所感觉到的相连续要素间的关系，这些要素一个代替一个，彼此间不构成系统。

（节选自费尔迪南·德·索绪尔著：《普通语言学教程》，高名凯译，

商务印书馆 1980 年版，第 17—51,59—66,100—143 页。）

扩展阅读文献

1. Derrida, J. *Of Grammatology*. Trans. G. C. Spivak. Baltimore, ML: Johns Hopkins University Press, 1976.

2. Foucault, M. *The Archaeology of Knowledge and the Discourse on Language*. Trans. by A. M. Sheridan Smith. New York: Pantheon Books, 1972.

3. Giddens, A. Structuralism, Post-structuralism and the Production of Culture. In A. Giddens & J. Tuner, *Social Theory Today*. London: Polity Press, 1987.

4. Levi-Strauss, C. *The Savage Mind*. Chicago: Chicago University Press, 1966.

5. Wittgenstein, L. *Philosophical Investigations*. Oxford: Basil Blackwell, 1968.

社会语言学基础:民俗学方法

戴尔·海姆斯

戴尔·海姆斯(Dell Hymes，1927—2009)，美国社会语言学家、人类学家和民俗学研究者。1955年，他获得印第安纳大学博士学位。之后，先后担任哈佛大学、加州大学伯克利分校、宾夕法尼亚大学和弗吉尼亚大学教授。其主要成就是在20世纪六七十年代超越乔姆斯基的形式语言学概念，提出了语言的文化分析方法。

交际民俗学研究

"交际民俗学"(ethnography of communication)一词旨在表明其研究基础是民俗学的，而其研究的复杂模式的种类与范围是交际性的，即阐明了研究语言的充分方法所必须有的两个特征。该术语指出了研究的范围，并鼓励进行这种研究。

就范围而言，如果想进行语言理论研究，就不可能只是从现有的语言学、心理学、社会学、人种学等领域抽取孤立的成果并寻求其相关性，不管这些成果各自多么有用。我们需要新的数据，需要直接调查语言在各种情景语境下的使用，以便识别言语活动的模式。这种模式独立于语法研究、个性研究、社会结构研究、宗教研究等领域,而这些领域都将言语活动的模式化抽象为其他参考框架。

就基础而言,我们不能把语言形式——一种给定的代码——或言语自身,当做一种限制性的参考框架。我们必须把一个社区或人群网络作为语境,从整体上调查其交际活动,这样,任何交际途径和代码都会成为该社区成员可使用的资源的一部分。

并不是说语言学不重要。经过分析的语言材料是必不可少的,语言学研究方法的逻辑对民俗学研究影响很大。应该说,必须为评估语言在文化与社会中的位置提供指称框架(frame of reference)的不是语言学,而是民俗学;不是语言,而是交际。交际发生的社区的边界,交际发生的情景的边界,选择的方式、目的与模式,及其结构与等级性,这些构成一个群体交际经济体(communicative economy)的所有要素,一定都会受到群体内语言代码的性能的制约,但不是控制。同样的语言手段可以用来达到各种目的;同样的交际目的也可以通过各种语言手段来达到。应该考察一个社群的文化价值观与信仰、社会制度与形态、各种角色与责任、社群历史与生态等各方面因素对于交际事件与模式的影响(正如一个社群生活的任何方面都可能有选择地影响关于亲属关系、性别或角色冲突的研究)。

我们将发现,曾经冲击语言学的大量"变体与偏差"研究都有其自身的组织结构。从语言研究者的视角看"变体与偏差"的现象,在经分析出的言语形式的社群交际经济体中是以结构和模式的形式出现的。这些结构与模式迫使我们重新思考对语言代码自身的分析。正如音位学的要素与关系,从语法组织角度研究时呈现出了新的现象;语法的要素与关系,从语义组织的角度研究时出现了新的规律。当我们从言语行为和言语事件的要素与关系角度来考察时,语言代码整体的要素与关系也将会呈现出新的特点;因为言语行为和言语事件正是一个社群所特有的交际行为体系一部分的组织方式。

以这种方式突出交际民俗学,等于相信我们需要建立第二种描写科学,它是由语言以及当前语言学构成的。最终要理解,当代语言学不能将语言视为抽象的形式或某个社区的抽象伴随体,而是应将语言置于交际活动不断变化的状态和模式中来研究。当代语言学将研究彼此密不可分的交际形式与功能。由此,它将与人们长久以来的语言学观点与研究内容相对立。有一些人将语言形式与语境相分离，一个古老而又常用的例子，就是 Broomfield 那一段常被引用的话：如果有一个乞丐为得到食物而说"我饿了"，与一个小孩子为了不去睡觉而说"我饿了"，那么语言学家只关注两种行为的相同点。换言之，这种研究忽视了语境。相对而言，有一本颇有影响的书正好与之互补，它认为语用学的特点是研究"在符号类型可能相同的情况下，所有使某一交际事件区别于其他事件的各个方面"。换言之，这种研究超越了语言形式。

这种观点绝非是唯一的。从一方面来看这是语言学的特点，从另一方面来看，也是社会科学的特点。实践中的例子不胜枚举。然而，对于交际民俗学来说，其目标不在于通过分清信息形式（Cherry 的符号类型）与使用的语境来区分交际行为与事件，其目标而是来保持所研究的信息与语境的多层级关系。对交际的社会语境与功能的研究，如果脱离了服务于它们的手段，就像脱离了语境与功能的交际手段的研究一样，都不能达到研究目的。当然，从方法上来说，这不是将语言学的结构化视角限定为只研究交际的一个特定成分，而是要将其扩展到研究交际的整体。

交际民俗学得益于近来语言形式研究方法论的成果，并且受到了关于形式语言学意义的争论的时代思潮推动。但交际民俗学的根源却更加深广。一方面，社会文化的形式与内容从作为产品的研究发展到作为过程的研究，此趋势由来已久，即从抽象的范畴、文化分类的研究，到情景、交流与事件的研究；另一方面，语言学自身也越来越趋向研究语言的全部复杂性。早在1929 年（Sapir 当年著述了《语言学的科学地位》）布拉格学派就提出了"功能与形式分析"。现在 Jacobson 将之称为"手段－目的模式"的发展性成果。同期的 J. R. Firth 和 Sapir 也有相似的观点。这些传统观点都经历了兴衰起伏，但现在可以将交际民俗学视为它们的一种延续。

对于很多人来说，交际民俗学的位置似乎与语言学的某些流派无关，却与人类行为的普遍视角有关。多数人都认可社会人类学、社会学、心理学或其他领域的视角。需要进行的研究工作确实可以在上述这些学科领域里展开，而且也彼此不相干扰，但是我们认为，将关于人类的研究割裂为各种领域，本身就是任意的，而且形成了障碍。无论如何，不管在什么学科框架下，最根本的是要识别并寻求与众不同的关注点。有一种方法能够表明这种需要，那就是，有那么多种关于人类学、社会学和心理学的研究，但很少有关于交际行为的民俗学分析以及在此基础上的比较研究成果。

上述评论也同样适用于另一个研究领域，即符号学，而别人可能将这些课题都归入该领域。索绪尔提出，符号学的研究范围比语言学更大，Levi-Strauss就将语言学与社会人类学都纳入符号学研究范围内，认为符号学是关于社会生活中的符号生活的研究。尽管符号学含义宽泛，但是一直只适合用于逻辑分析，符号系统也只作为代码进行研究。关于符号系统在实际社群使用系统中的实证研究倒成了次要的，几乎等于零。

在此，Morris提出的关于符号学的三分法发挥了作用。语用学——关于阐释者如何使用符号的研究，可以成为本课题与严格意义上的语言学之间的桥梁。语用学是一种研究语言（以及其他代码）使用的理论，与其并列的是关于语言（代码）形式与语义结构的理论（Morris称之为句法学与语义学）。"语用学"这一术语的使用在日耳曼语言的研究中确实日趋流行。语用学的某些特征化研究肯定不像上文描述的那样充分。在语用学研究信息形式不变情况下的意义可变性，揭示出行为结构与交际形式结构之间可能呈现的两种关系之一。目的与手段具有双向多重关系，同一手段有时可以达到多种目的，而同一目的有时可用多种手段来实现。

根据Lamb提出的系统化标准，我们可以看到语法体系自然扩展到行为特征的研究中，我们可以称之为语用的层面。Lamb运用"多样化"与"中立化"的双重标准区分了语言层次。"多样化"可用如下事实来说明：一个意义成分可以以不同的表征方式出现，如dog house与kennel（狗舍），cat house与whore house（妓女宅）。中立化的表现方式就是可以用同一个表征来说明多种意义成分（即dog house, dog fight, dognap等词中的dog；cat house, cat fight, catnap中的cat）。我们可以识别出一个层次，将"语用素"（pragmeme）当做行动的一个要素或特征，因为同一个行为特征可能以各种语义表征方式出现，而同一个语义特征可能体现不同的行为特征。引用Susan Ervin-Tripp的一个例子，同一个请求的特征可以编码于下面两句话中："您能帮我取一下大衣吗？"和"您不觉得有点冷吗？"相反的，可以用下例来补充她的例子，"您不觉得有点冷吗？"同一句话可以表达问题字面的特征（其中之一），或要求采取行动（"请帮我取一下大衣"，"带我进去"）。

虽然结构语用学具有无与伦比的价值，但对整个学科研究来说，还是不够的。同理,只有交际理论或控制论也是不够的。但确实,后两个术语中的某个有时特定的含义似乎相当重要,可以成为以民俗学方式研究交际的一个普遍策略。

总的来说,经验表明,从民俗学角度研究交际可能不会与别的角度重复。其他一般性概念看来都忽略了实际人群意义上的具体交际活动。正式化的形式,系统的抽象可行性,企图寻求人类整体的解读,似乎都掩盖了描述与分析真实社群与生活的重要性。我发现这不但是科学的责任,也是政治的责任。无论如何,民俗学与语言描写之间长期存在的密切关系:民俗学的参与者观察实践,文化生活的特定方面所具有的价值,民俗学的交际研究中其他参与者的观点——这些特征都会确保两个特点出现。第一,交际事件的几个成分无一例外地具有详细研究的价值。不但参与者与信息内容值得研究,而且其结构、详尽程度、区别性、与信息渠道相关的价值与体裁、代码、信息形式与背景等成分自身都是值得关注的。当然,最明显的语言代码,对于研究其他代码与其他成分的意义来说,即使不起全部作用,也是必不可少的。另外,还有专门化的次代码与边缘体系,言语掩饰的技巧,遮掩的语言,鼓语(drum-languages),仪式语言和雄辩词,信息渠道(尤其像西非复杂的交际渠道),或像菲律宾 Hanonuu 人情书的写作,诗歌的形式,礼仪场合的讲话,戏剧表演,等等。这些交际的方方面面还远未受到充分关注。我们目前的研究还未关注人的活动,而是忙着建造模式,或者说没有像关注如何达成自己目的那样关注他人是如何达成各自目的的。民俗学可能具有,或可能形成的观点是,模式是为人而建的,人不是为模式而活的;世上本无大众,只有将人群视为大众,一个人眼里的大众就是另一个人的公众或社群;大众传播本身就是脱离了损害结果的人文研究。民俗学家可能从社群自身的视点与利益出发来研究交际,将其成员看做共享知识与见解的资源。我相信,人文科学唯一有价值的前途就在于实现这样一种研究。

致力于交际民俗学研究的语言学,现在一般称作社会语言学。我自己的学习所得与经验也正出于该领域。然而,上述的社会语言学却与当前冠以此名的那些研究领域并不相同。我们在此所关注的社会语言学是通过研究言语手段的组织与目的而进行交际的研究,其指导原则是将这些手段与目的和交际的手段与目的进行最终的结合。在社会语言学中,这样的研究方法可以与其总体术语"交际民俗学"一致,称为"言语民俗学"研究。为实现言语民俗学的研究价值,必须就语言研究的某些方向做出改变。在此提出七个方向,正如在夜空中辨别出的北斗七星。首先是(1)结构或言语体系;(2)先于结构的且使结构合理存在的功能;(3)多功能组织的语言,实现不同视角与组织的功能;(4)语言成分与信息的适当性;(5)各种语言与其他交际手段的功能的多样性;(6)将社群与其他社会语境作为分析与理解的起点;(7)研究功能在语境中实现的方式。另外,语言与群体中其他交际手段的位置、界限、组织等都是值得研究的。简而言之,言语重于编码,功能重于结构,语境重于信息,适当性重于任意性或简单来说的可能性。当然二者之间的关系是基本的,这样我们不但可以将特殊性普遍化,也可以将普遍性特殊化。

我们仍然认为,以言语民俗学构思的社会语言学,最终仍是交际研究整体的一部分。为详细阐述这一语境,我将勾画出交际自身的一个总体框架。此交际框架将指导本书其他章节的阅读。

该框架有四个方面,分别关于(1)交际事件的成分;(2)成分之间的关系;(3)成分的能力与状态;(4)成分构成整体事件的活动。正是在第三与第四方面(与交际有关的两个课题),即交际理论(信息论意义上)与控制论这两个课题上具有研究空间。

交际事件的成分

首先要对一个社群的交际行为进行民俗学的分析。我们必须决定什么能够被定义为交际事件以及交际事件的成分,并且凡是交际行为都要受到某种场景与隐含问题的制约。因此,交际事件是个核心问题(就语言来说,言语事件与言语行为相应地也成为核心问题)。

考虑某一交际事件中共现的几种成分,需要某种参考(指称)框架。某种分类是否比其他分类更具有逻辑性或其他优越性,都不重要。重要的是就区别相关特征提供有用的指导,比如交际事件的规定性正如语音学,而非音位学。

对于民俗学描写所积累的和相关要素,Jacobson在交际理论中识别出并改换到语言学的详细因素可以发挥作用。简述如下:(1)各种交际事件中的各类参与者——信息发送者与接收者、发话人与受话人、译者与发言人等;(2)各种可用信息渠道,及其使用方式、说话、写字、印刷、击鼓、吹气、吹哨、唱歌、可见的面部表情与身体活动,嗅觉、味觉与触觉;(3)各类参与者所共享的各种代码,如语言的、副语言的、体态语的、音乐的、解释性的、互动的等;(4)允许、指示、鼓励或缩减交际的交际场景(包括其他交际);(5)信息形式与体裁,口头的包括从单音素的句子到十四行诗、布道词、推销员的叫卖,以及其他任何有固定模式的日常言语与文体的模式与区别记号;(6)某个信息所传递的态度与内容;(7)事件本身,种类与特征的整体。所有上述这些要素都必须充分认识。

民俗学是参考了 Conklin,Frake,Goodenough,Metzger,Romney 和其他学者共同的研究成果构建的,他们提高了民俗学研究技巧,使其研究目的概念化——对于文化行为的结构分析被视为将理论发展到足以解释具体案例的高度,正如行为的结构分析被视为一个语言代码的具体展现一样。用语言表述其潜在观点的一种方式就是视作有效性的问题。正如分析语音能力必须决定运用何种语音特征识别这些语音能力拥有者的语音,分析文化能力一般也必须决定何种特征能够被运用于参与者文化行为的识别与对比(Sapir的《语言的声音模式》(1925)被视为暗含着关于行为的文化方面的整体表述,到现在它对于人类学在这方面思考的发展还起着很经典和关键的作用,尽管凸显民俗学研究整整用了一代人的工夫)。另一种表述潜在观点的方式,就是将其视为民俗学家与文化中人情景下的普通要素的问题。每个人都必须从有限的经验中总结出理论,来预测和判断在原则上来说无限的文化行为中什么是适当的,什么是不适当的(语法性的判断是一个特殊案例)。

如果只靠观察,即使是系统化的和重复的观察,也明显不足以满足客观、有效的高标准。正如 Sapir 在 Wishram Chinook 部落中观察到的回避规则:

> 很偶然地得到了作为理论民俗学者的教训。如果只是客观地了解男人与女人之间的回避,那么我们说在美拉尼西亚呈现的好像就是那个样子。我们可能推想这种解释是女人由于地位低下,不受尊重而被排斥于男人的社会体系之外,或者男人回避女人是因为女人每月都有的经期。这两种猜测都离题万里。重要的是,我们不但要记录行为,还必须

发现真正的民族情感。[1]

这里的意思与"语言的声音模式"基本相同,从后者那里可以引出目前对于"文化本位"(emic,或译为唯素的)与"文化客位"(etic,或译为唯位的)之间的区分。文化本位的描写就是关于所研究的行为的特征;而文化客位的描写,无论对文化本位的(结构)描写起到怎样基础的支持和提供数据的作用,都缺乏文化本位的有效性。这一点在人类学中是老生常谈,只是由于区分语音学与音位学的重大意义,才突显其重要性(此术语参见 Pike,1954。他受到 Sapir 的启发,将此视角从语言学角度发展为超出语言学的范围)。民俗学的客观性是主体间客观性,但在第一个例子中,所探讨的客观性就是文化参与者之间的客观性。没有哪个发声设备与声谱仪能够发现一种语言的音素代码,并且在共享代码者行为中的主体间性基础上的音素分析对其他研究都是必要的,无论是实证研究还是其他什么。对于构成文化行为其他部分的共同理解的共享代码也是同理。这种方法能够提供一种标准,使我们不能只是认可参与者自身的解释和他们行为的概念化以及他们的"本土模式",其有利之处是明显的。同样,其利处也在于为控制性比较、研究的扩展,或从根本上说其他依据文化行为民俗学描写的准确性和精确性、普遍的或分析的方法提供一个基础(当然,民俗学描写可能和其他一样,例如一致性)。

在一次讨论系统方法时,Conklin 注意到所有的亲属数据都源于民俗学语境,因而阐明了他关于民俗学性质与目的的假想。他的主张不但可应用于亲属数据,还可以运用于交际数据,采用如下:

充分的民俗学研究被视为包括对在给定社会框架之下的(事物)本土化范畴与语境中获得相关关系的生产性陈述进行富有文化意义的安排。这些非任意排列的陈述基本包括某种文化语法。在这样一种民俗学中,要重点研究在给定社会语境范围内某一套文化活动的选择性陈述的阐释、评价与选择。反之,这又会导致对文化内关系与民俗学理论模

---

[1] 这里的观点与评价的语言都出自 Sapir。Wishram 的回避是因为对可能构成通奸行为的惩罚是非常严厉的,甚至是死刑,有时冒犯就是由于私下里交谈或有身体接触。

式的批判性审查。隐性和抽象关系的陈述的可展示的文化内合理性,应建立在之前的对民俗学记录中特殊和普遍现象的分析之上。参照描述的文化现象评价民俗学陈述的充分性的标准是:(1)生产性(如果不是实际预测,也是合理期待);(2)可复制性或可验证性;(3)经济性。在实际田野情况中,记录活动、分析操作和评价程序(简而言之,即民俗学研究技术、方法与理论的应用)能够(我想也应该)被组合起来。事实上,田野记录的改进与不断调整是依赖于同步分析与评价的。

请注意,严格的民俗学概念限定了所允许的交际的概念。正如所谓的音位特征与宗教活动都无法事前识别一样,所谓的交际事件也是如此。当前,对于音位与交际状态有一般的标准。这是一个它们在既定情形下得以满足的现象问题。如果仔细查看人类学家与语言学家的著作,就会发现他们笔下的交际状态一般概念在不断变化,有时甚至会偏离我们在此采用的民俗学的概念。

如果我们认可两件事,那么对任何概念来说,信息的概念首先足以成为一个起点。第一,信息的概念意味着分享(真正的或估算的)(1)一个或几个代码,借此信息能够被理解;(2)参与者,最起码得有发话人与受话人(可能是同一个人);(3)事件,由传递和;(4)一个或几个信息渠道的特征所构成的事件;(5)场景或语境;(6)信息的特定形式或外形;(7)一个话题或评论,即用其他的话对某事说了些什么,信息的概念意味着将上述成分进行排列。第二,信息的实例和由信息传递构成的事件成分的实例,必须运用刚才讨论的由Conklin描述特征的民俗学方法在给定情形下加以确定。

如果我们接受了第二点,那么有些人类学的交际概念必然被判断为范围过窄或过宽,或两者都有。就第一个范围过窄问题,我们不可能事先将走近的脚步声或日落视为不是交际的,他们的状态完全是由他们接收者所构建出来的。一般来说,没有哪个现象能够事先被定性为永远不会构成某种信息。请看下面这些由Hallowell提出的例子:

有一个资料提供者告诉我,多年以前的一个下午,他与一对老夫妇坐在一个帐篷里,外面是狂风暴雨,雷声一阵接一阵。突然老头转身问

他的妻子："你听见它说什么了吗?""不,"她回答,"没听见"。我的这位
资料提供者是土生土长的印第安人。他告诉我一开始他没明白老夫妇
指的是什么。当然,他们指的是雷声。那个老头认为有只雷鸟对他说了
些什么。他像对一个说了什么他没听懂的人那样对雷鸟做出了同样的
反应。他说话很随便,这件事也显得微不足道。这些特征都说明,奥吉
布瓦人(Ojibwa)的行为明显体现出与非人类的"社会关系"的心理深度,
这是受到文化影响而形成的认知模式的结果。

世界各国的文化都有这类例子,比如最近交给我的一份报告,阿马华卡
(Amahuaca)男人的饮酒、问答活动都有一种叫做 yoshi 的超自然力量参与,
有趣的是,这种超自然力量与特定的歌唱形式和声道的使用有关(紧缩声带)
(Carneiro 1964)。Hallowell 对奥吉布瓦人关于人的概念的描写,深刻地说明
文化价值观与世界观对交际行为的影响。有意识地专门研究如言语这类活
动的发生的交际民俗学,可以对如世界观的人类学问题作出贡献。让我再引
用另一个奥吉布瓦人的例子,在其中 Hallowell 讨论了石头在语法上按照性
别归为有灵词,并且被视为能够发出有灵的动作,尤其是在与仪式相关的场
合,然后说道:

> 　　一个白人商人,在挖土豆地时,挖出一块类似刚才所说的大石头。
> 他派人找来约翰·达克,一个做过 wabano 活动的领导者(wabano 是当
> 代一种仪式,在某个类似于举行 Midewiwin 的建筑物里举行,Midewiwin
> 是一种主要的仪式,仪式中石头偶尔也会行使有灵的功能,如移动与张
> 嘴)。商人请约翰注意这块石头,并说石头必须属于他的建筑。约
> 翰·达克对此不太满意,他弯下腰来,低声对着这块大鹅卵石说话,询问
> 它是否属于这里的建筑。据约翰说,石头的回答是否定的。
> 　　明显,约翰下意识地构建了这个在奥吉布瓦语言与文化里可以理解
> 的情景……我很遗憾,我的田野笔记里没有在其他案例中直接口头讲话
> 的使用记录(比如石头的移动,张嘴),但也可能它已经发生过。然而,在
> 约翰·达克的轶事里,他的言语使用作为一种交际方式,将大石头的有
> 灵身份提高到了人类常见的社会互动水平。作为一种观察,我们可以简

单地说,对待石头好像对"人"一样,而不是对一个"物",不用推断,这类事物对于奥吉布瓦人来说,必然会概念化为人。

还有一个例子,哥伦比亚河边的 Wishram 人与 Wasco Chincook 人的文化非常怪异,在同一社群内可以识别出三个而非一个交际网络,各自都用不同的共享代码:第一个是正常的成年人以及幼儿;第二是婴儿、狗、土狼与护卫精灵狗和土狼(大写),还可能包括拥有这些护卫精灵的老人;第三类是曾经的护卫经验使其拥有了能够解释精灵语言的力量的人。[1]

如果严格的民俗学方法要求我们将交际的概念延伸到某个文化的参与者所能认可的界限,那就有必要将它限定在这个范围内。将交际定义为激发反应的方式(Hockett 如此定义,Kluckhohn 对此接受),是将这个术语几乎等同于大体上的行为与互动,使其失去了作为科学与道德概念的特殊价值。有许多行为表现都可能激发反应,但却不会被参考者单方或双方视为是交际性的。作为一种清晰地建立于激发反应(他人或自己)之上的行为,性交是测试这一点的理想事件;那么,激发反应的方式中什么部分才能够当做交际传递或接收呢? 对此,我们再次希望将信息的传递与接收视为不等同于交际,而是比交际更宽的范畴,而交际被视为一个更特定的范围,必然是由人参与或构建的。脚步声或日落可以视为信息的一个来源,但不是消息本身(虽然在上述情况下一个接收者可以将事件阐释为一个消息)。

根据这一观点,基因可以传递信息,但只有从观察者与阐释者的角度,并由他们报告,才是交际性的。人类观察者要报告并处理被当做交际来体验的或推断的过程,是不可挑战的权利。因为,从形式上来说,受到一个奥吉布瓦人、Wishram 人或某个文化的其他参与人行为影响,这正是民俗学者所能接受的权利。其形式特征就是交际事件的证据是由不作为发话人或受话人来参与的观察者所报告的。这种报道的事件很常见,例如在神话中,而且也相当重要,因为当世界的起源被古希伯来人如此描述,或死亡的根源由

[1] 就第一个和第二个交际网络来说,婴儿期将持续到"他们能够清晰地说话"——当然是用 Wishram 语;就第二个网络来说,"这种护卫精灵能够理解婴儿的语言。他们认为,一条狗、一只土狼与一个婴儿能够互相理解,但这个婴儿长到能够说话并理解其父母的语言时,就失去了他自己的语言;第三个人群则在特定的人与精灵之间分别形成了组对关系,举例来说,"例如,一个曾得到土狼保护的人会根据土狼的嗥叫听出哪个人将会死去,但那些说没有护卫精灵体验的活着的人却回忆说他们能够理解土狼们嗥叫的意思"。

Wishram 人在叙事中达到高潮时(这在他们的神话中很典型),他们的宣告会决定其文化生活的那方面将如何进行,以及人们在这方面将如何言语。

简言之,我们面对的事实是:交际事件是暗喻或视角,是使经验得以理解的基础。在任何时候,我们都可能会用到这种交际,即使对现实有不同的解释(相信的,假设的,在笑话中成立的)。正是这个事实,在文化生活中很明显的发挥语言的中心作用。在人类可用的众多代码中,语言,在以交际为中心的多种情况下,作为比其他代码更有能力被同时明确而详细地阐明和超越单独情景的代码,是主要的受益者。当然,在某些情况下,语言并不是受益者。

总之,一个交际事件的任何一个和所有的成分及其信息本身的出现,都可归因为一个观察者的体察,他可能采取说话者、听话者或接受者的立场。虽然已经得出一个结果,但民族学观察者必须做的不仅是观察,更要防止他自己的体察习惯干扰在该地或另一种文化中参与者的体察结果。既然人们能够体察说话者及其目的,或受话者的注意力,另一个结果就是要制定出一种交际事件的特征,该特征对于民族学目的是有用的,对于观察者来说,参与者中至少有一个人是真实的。

文化活动及其成分的鉴定已经详述,因为它在大多数与民族学相关的作品中很少被提到。讨论到现在,一直关注的是交际事件和单个成分的鉴定。事实上,恰当的鉴定通常涉及更多的渠道和情景。不同事件的关系结构,以及它们的成分、成分的能力和状态、事件体系的活动,所有这些都应被包括在内。口头或类型的解读曾经被识别,通常至少涉及成分之间的关系和它们的状态及活动。这些问题构成了正在勾画的参考(指称)框架的其他方面。下面就谈谈这些问题。

交际成分之间的关系

从某种意义上来说,现在研究方法的焦点放在构成交际事件体系的社区上。研究的这个对象可以被视为民族学的部分,但从整体上并不等同于民族学。一种表明在社区或某个特定事件中存在体系的方法,就是观察到各成分并非是随意共现的。参与者、渠道、代码、话题等成分所有可想象的结合并非都可能发生。

社会语言学中的大量工作都在研究成分之间的关系结构。注意,以成分之间的关系为焦点,比以代码为焦点,更容易引入对这些边缘体系的多样性的描述和对比分析;还使人们开始描述和对比任何这种事件和关系的所有特征,如与婴儿讲话。从代码角度看,无论这种事件是否有何特别的特征。在婴儿谈话被忽视的社会,了解对婴儿谈话的特点同样重要。至于信息的形式,在随后的话语模式研究中还有很多规律有待发现和描述,如某些特定关系特有的惯例。

Eevin-Tripp 提出,有关语言关系结构将被证明在某些方面是具体的,而不只是对更为普遍的社会学、心理学和文化概念的阐释。每一个社区所使用的某种代码同样如此。一个启发性的假设是,它们的分离状态暗示了每一个代码都有具体的作用,这并不是任何其他的代码的完全重复(包括语言)。以交际事件中各成分之间关系为中心的研究,是有可能识别对它们通用的模式,这部分地独立于或贯穿于其他领域的研究,那些其他领域是从民俗学角度研究事件的。一旦被寻求,特殊代码使用中的地域风格和地域交际风格通常有可能被发现。Lomax 提出音乐表演即是如此,而 Melville Jacobs 提出的神话戏剧表演也可能是如此。

(Hymes,D. *Foundations in Sociolinguistics*:*An Ethnographic Approach*. Philadelphia:University of Pennsylvania,1974,pp. 21—27.

冯莉、张心翠译)

扩展阅读文献

1. J. Clifford & G. E. Marcus (eds.). *Writing Culture*:*the Poetics and Politics of Ethnography*. Berkeley:University of California Press,1986.

2. Gumperz, J. *Discourse Strategies*. Cambridge:Cambridge University Press,1982.

3. Hammersley, M. & P. Atkinson. Ethnography: *Principles in Practice*, 2nd ed.. London: Routledge, 1995.

4. Hymes, D. *Foundations in Sociolinguistics: An Ethnographic Approach*. Philadelphia: University of Pennsylvania Press, 1974.

5. Saville-Troike, M. *The Ethnography of Communication: An Introduction*, 3rd ed.. Oxford: Blackwell, 2003.

会话分析方法论[1]

哈维·萨克斯

> 哈维·萨克斯（Harvey Sacks，1935—1975），美国社会学家。他在美国加州大学伯克利分校拿到博士学位，并于1964—1975年间在加州大学任教。深受民俗方法学传统的影响。他对会话结构细致入微的分析工作被认为奠定了新学科"会话分析"的基石；这项工作深刻地影响了今天的语言学和心理学。他的代表作 *Lectures on Conversation* 由他在1964年所秋至1972年所做的演讲组成。

我下文所提出的研究领域，虽不从属于任何其他既定学科，但是切实存在的。这一领域被它的探究者称为民族方法学或会话分析，其目的在于试图描述人们从事社会生活的方法。尽管这一领域描述的活动范围也许还不是很清楚，但我们认为对这些活动进行描述的方式及研究方法在本质上是不变的。

以下是我在研究过程中的一些重要发现：

> 现实生活中自然发生的社会行为的进行方式是可以用形式化的方法加以描述的。

---

[1] 这一章包含了已故学者萨克斯对方法论的一些论述，这些论述是从 Gail Jefferson 整理的萨克斯的讲稿中精选出来的。Jefferson 坦言："对节选章节的编辑过程或多或少会对原作者的本义产生曲解。"同样，出版商在此基础上又作了进一步的编辑工作。——原编者注

　　　　社会行为(及其现实的一系列独立的后果)是有规律可循的,也就是说,对它们的描述包括对人们所采用的一整套形式化的步骤的描述。

　　　　人们进行社会活动所采用的方法使对若干独立事件的形式化描述成为可能。这些独立的事件在直观上是可概括的,并且从可再现角度看是十分有用的。

　　上述这些发现对社会学的研究目标和研究方法都具有重要意义。简言之,社会学可以成为一门真实反映生活的、基于日常观察进行研究的科学。

　　社会科学领域的一些重要理论往往倾向于将社会看成是一部机器,其产品系统性较差,在这样的社会中,若干行为的发生或多或少具有随意性。这一观点表明,我们可以从某些地方入手,着力解决系统性问题。但问题是:如果我们可以找到这样的地方,问题可以逐步被解决;如果我们找不到,问题便无从下手。于是我们开始想象一台前部有孔的机器,从这些孔里源源不断地喷出一些好产品,同时机器的后部也吐出了一些垃圾。这样便有了社会学家们关注的问题,那就是寻找"好问题",即那些由"机器"生产的系统有序的数据,并试图构建出能够产生此种结果的必要装置。

　　现在,这一观点往往淹没在人们对"大问题"的关注中,而那些平凡的、偶然发生的、局部的问题引不起人们的研究兴趣。把这一观点当成是一次历史的偶然,或是纯粹的事实,或是人们从开始思考并且假设或发现或试图发现社会问题的历史中的一次意外都是完全可能的,至少在理论上是这样。但是,不论我们从何处着手研究这一现象,我们将发现(有人认为是"强加于")蕴含其中的有序性。

　　这种可能性将对我们试图构建的研究领域产生巨大的影响。借助于已知的"大问题"寻找"好问题"的做法会将大规模的、大批的研究机构作为前文所说的"必要装置",由此,有序性会产生,其中的系统性也会被发现。另一方面,如果我们认为无论人类做了什么,他们也只不过是某种动物而已(这种动物或许比其他动物更复杂,但这种区别未必很明显),那么我们会从人类活动中观察到他们做事的方式,这种方式具有较稳定的可描述性。也就是说,我们可以认为各方面都是有序的。

　　这种有序性将是文化的一个重要来源。比如,一种文化中的任何成员,

344

虽然在幼年时只接触到文化的一小部分,在成长过程中会以某种方式接触到文化的某一部分(父母不同,经历不同,偶然听到的话语不同而导致所获取的词汇也不同),但是他们都会在许多方面表现出与其他社会成员的相似性,也能够和任何其他成员打交道。如果能够确信人是社会中可处理的事物,他们就有适当的取样体制,那么文化就是十分有序的。理所当然地,研究工作就可以利用相同的资源:深入研究任何地方的任何一个人,我们就可以得到具有共性的东西。

此外,各个方面的秩序可以被用来解释一些原本相当奇怪的事实——比如,传统的社会学调查研究虽然始终不能严格遵循统计学操作程序,但是却总能得出系统的结论;再比如,人类学家在研究过程中,通常会深入社会生活,通过询问一两个人一些或多或少具有延展性的问题得出结论,而这些结论往往出奇地具有概括性。这样看来,这些系统的结论和高度的概括性可以被当成是这类研究程序的保障,或被当成一个巨大的谜。这些结论也可以被看做是一种必然的结果:人类活动中存在无法抗拒的有序性,以至于无论我们用何种方式、从何种角度去观察,都不可能不发现它们。

如果一种文化和它的成员是以这样的方式构建的,那么从一个被调查人或一些取样程序中获得的系统的结论就未必是那些自认为是好的程序的保障,而是有序世界的例证。我们也许会发现我们达到了高度的概括性,因为事物是如此有序以至于我们能够获得系统的结论,其前提条件是该文化中的成员在有限的环境中不得不这样做,同时有序的客观环境允许他们这么做。如果我们认为在某种程度上这就是事物存在的方式,那么我们观察什么就不是很重要了,只要我们观察得足够仔细就可以了。(摘自 1966 年第 33 次讲座)

以下是一些颇有影响的著作中的相关段落。

第一段节选自爱德华·萨丕尔(Edward Sapir)的《语言论》:

> 日常生活中我们对抽象的概念是不太感兴趣的……比如当我说"我吃了一顿美味的早餐"时,很显然我并非处于费力思考的痛苦之中。我所要表达的仅仅是一种美好的回忆,这一回忆通过我本人习惯的表达方

式传达了出来……这个句子作为一个整体没有任何抽象的意义。

> 这有点像发电机,它可以产生足以使电梯运转的动力,但运行这部发电机,只需向电铃传输电力。这一类比看似不相关,实则很有启发性:语言可以被看成是一个研究人类心理活动的工具。(1921)

首先,我们来看被萨丕尔认为显而易见的部分:通过语言来表达正在进行的动作是显而易见的;只陈述句子本身,并没有发挥语言本身所具备的功能。所以,对研究者来说,萨丕尔上述论述的意义可大可小。

下文第二个节选片段针对前面萨丕尔的论述,从中得出了一些结论。Weinreich 评论说:

> 在一个值得注意的段落中,萨丕尔把语言比做一部发电机,它的动力虽足以使电梯运转,但它只向电铃输送电力。在大多数情况下语言的使用不需要利用所有的语义。在语言的交际功能中,如果话语仅仅意味着会话者的存在,它在很大程度上容易被"去语义化"。在语言的各种各样的礼仪性功能中,它也可能通过其他途径被去语义化……对我而言,语言学的更加紧迫的任务是解释电梯而不是电铃;避免使用过于随意或礼仪性的话语作为样本;在语言被充分使用的条件下去研究语言。(1963)

这里要提的一点是,即使不去分析语言可以作为何用,我们也知道语言难在哪里、妙在何处。当我们试图研究可以用何种方式表述"我吃了一顿美味的早餐"这一陈述时,无需深入探究,我们只需在一些候选项中作出选择即可,比如"交际"、"非概念"、"去语义化",等等。即便如此,研究计划还是被呈现了出来。这一研究计划的重要性之一在于指明了不需要研究的对象。这些无需研究的对象是基于假设的结论而提出的。这些结论正是很好的研究对象。如果在着手研究之前,我们尚不清楚该学科研究的目的,那么至少在这些规划中蕴藏着对最终研究目的的解释。

我提及这些情况的目的在于说明:人们没有把全部精力投入到对"我吃了一顿美味的早餐"或"你好"这类句子的研究中并非偶然,而是或多或少有充分的理由。然而,不去研究可能会产生比较严重的后果:语言能做什么,人们能借助语言做什么,分析"我吃了一顿美味的早餐"后会得出什么结论,这一系列的问题又会引发哪一个研究领域中的何种研究计划——所有这些问题都没有令人满意的答案。(摘自1966年第6次讲座)

对细微现象的细致研究可能会有助于我们深入理解人们做事情的方式,以及他们运用何种工具构建、安排自己的事务。

世间万物很可能是非常有序的,有众多的社会对象(包括诸如"我吃了一顿美味的早餐"和"你好"这类句子)供人们选择来完成自己的活动;并且不论从事何种活动,人们运用这些对象的方式都是可以被描述的,在分析某一特定的对象时,这些方式是能够被观察到的。

我们试图去命名那些对象、去观察它们如何运作,就如同我们了解动词、形容词、句子等如何使用一样。由此,我们能够逐步发现某一活动是如何构成的,就像我们看到一个句子是由主语,谓语等成分构成一样。当然,与对句子的形式化分析类似,在理论上,我们也需要一种形式化的描写方法去描写人类活动。这种描述不仅能够大体上分析句子,而且能处理特定的某一个句子。随后,我们需要做的是开发一套"语法",而语法为描述那些日常可观察的、有序的社会活动提供了一个模式。(摘自1964年秋季讲座时录制的第三盘磁带)

因为我在进行观察时注意到了事情发生时的细节,所以我们能够发现我的研究方式与社会学研究中的典型方式不同:社会学研究是将假定的、典型的事件作为立论的依据。在社会学研究报告中,研究者会使用"让我们假设某某事发生了"或"典型的事件是……"这样的措辞。读者也会认为自己愿意接受这样的假设。正是基于对这些典型事件的断言、预设或建议,人们建立了对世事的解释框架。

不管我们的想象力如何丰富,我认为:如果我们仅从假定的或假定典型的事件出发进行研究,那么我们会将自己局限于那些专业人士认为合理的框架中。这一局限性所产生的严重后果,只有当我们研究真实发生的事件时才会显现出来。对于要研究的对象,如果我们称:"让我们先假设这件事情已经发生了,现在我们来对其进行分析。"那么听众会质疑:"既然这件事发生与否尚无定论,怎么能空谈解释?"换言之,在这一研究框架下,对会话的理论化过程中,很多实际发生的会话情形是被排除在外的。我认为,这种做法严重影响了社会科学的研究特性。

与上述做法不同,我们所从事的研究会以观察作为理论的依据。因此,我们可以从并非想象的事件入手,而是展现现已发生的事情。随后,我们会逐步发现:通过仔细观察来对事件进行理论化的方法有助于我们找到一些无法通过想象而认为存在的事情。我们不会知晓这些事件是否"典型"。(摘自1971年秋季第一次讲座)的确,我们本来可能不会注意到它们的发生过程。

因此,我所处理的这类现象是按实际发生的顺序,对现实生活中发生的事情的记录。而我所研究的对象就是以这种偶然形式存在的会话:我们能够用磁带记录下真实的场景,并能将其转译成文字,即会话是我们轻而易举就可以着手研究的。(摘自1968年秋季第二次讲座)

在从事社会学研究之初,我便认为只有当社会学能处理真实事件的细节,能用形式化的方式对其进行分析,首要的是能以直接的方式提供这些事件的信息(早期的科学也是以这种方式提供信息的)——即任何其他人能判断所分析的是否与实际情况相符的时候,社会学才能成为真正的科学。这样也能很好地掌控一个人是否学有所获。

于是问题便是:社会学能否以某种方式对真实事件的细节进行形式化的分析,并且提供信息?可能有人会认为浩如烟海的社会学研究文献充分证明这种方式是可以被挖掘出来的;基于同样的文献,有人断言这是不可能的。出于种种原因,我认为以往的文献并未能显示这种方式的存在与否。我打算找一些素材作一次测试,这些素材能帮我们检测社会学研究是否可能处理上述问题,如果可能,我们会继续检测这样做是否有趣。检测结果可能是肯定的,也可能是否定的。

我从录音谈话着手。这样的素材有一个好处:可以反复播放。我能够将其中某些部分译成文字,并对其进行深入研究,且先不管这一过程会耗费多长时间。录音的素材"足够好"地记录下发生过的事件。当然也有其他事情发生了,但至少录下来的事是已经发生过的。我从录音谈话进行研究,并非由于对语言有特别的兴趣或出于理论研究程序的必要,而仅仅是因为我可以由此入手,并且可以反复研究;还因为这样做,可以为那些可能会不同意我的分析结果的人员提供进一步研究的依据。

所以目前我所做的是研究会话。确切地讲是研究会话的细节。在某种意义上说,是研究会话是如何进行的。其具体目标是首先考察实际发生的某一事件是否可被研究,如何被研究,以及对这一事件的解释会如何。(摘自1967年秋季讲座的"引言"部分)

由此,我们真正最感兴趣的并不是将某一特定的会话作为研究对象。用平实、具体的话来讲,我们的目标是要找到一个位置,把"发生了什么事件"的观点由特定的人的特定的行为转化为一部机器的产品。我们正努力找寻这样一部机器。为此,我们必须先获取它的产品。在这一点上,会话为我们提供了这样的机会。(摘自1970年秋季第二次讲座)

现在人们常问我为什么我会选择那些特定的数据来分析,是不是我头脑中产生的问题使我选择这一部分会话语料或片段。我只是坚持说:那些数据不过是碰巧遇到而已,它让我着迷,于是我便花时间来研究它。另外,并非出于解决问题的需要我才着手研究某些数据。(摘自1967年春季第七次讲座)当我们从某些数据着手分析时,是不会考虑最终会以何种问题结束,以及会有何种研究发现的。我们只是选取一部分数据,坐下来,做一些观察,看它们会如何发展。(摘自1967年秋季第五次讲座)

不带任何动机去分析实际发生的会话,即仔细考虑我们碰巧着手研究的某一会话能够带来的任何发现,从任意角度对其深入探究,这样做能产生很有说服力的结果。(摘自1970年冬季第二次讲座)很多情况下,某个问题的解决方法产生于对某些数据无动机的分析,如果我们一开始便带着解决某个问题的动机,也不应该将这些数据当做能解决那个问题的手段和解决方案。

因此,如果尝试着使我们希望能做到的事情与恰巧发生的事件保持一致,那么我们一定会有所收获的。这并不意味着我们选取一些数据分析后就会有所发现,对它的正确理解是:如果我们选取某些数据,不把它当成解决某些问题的手段和方法,那么我们就会有所收获。我们在研究后有所收获的乐趣是在研究之初所无法讲出的。(摘自1967年春季第七次讲座)

(Sacks,H. Notes on Methodology. In J. Maxwell Atkinson John Heritage eds. *Structures of Social Action*: *Sciences in Conversation Analysis*. Cambridge: Cambridge University Press,1944. 中译文为孙淑女、冯卉译)

扩展阅读文献

1. Atkinson, J. M. & J. Heritage (eds.). *Structures of Social Action*: *Studies in Conversation Analysis*. Cambridge: Cambridge University Press, 1984.

2. Brown, P. & Levinson, S. *Politeness*: *Some Universals in Language Usage*. Cambridge: Cambridge University Press, 1987.

3. Levinson, S. C. *Pragmatics*. Cambridge: Cambridge University Press, 1983.

4. Sacks, H. *Lectures on Conversation*. Vols. 1 and 2. Ed. by Gail Jefferson. Cambridge, Mass.: Blackwell, 1995.

5. Schegloff, E. A. , E. Ochs & S. A. Thompson. Introduction. In E. A. Schegloff, E. Ochs & S. A. Thompson (eds.), *Interaction and Grammar*. Cambridge: Cambridge University Press, 1996, pp. 1—51.

论建立传播学亚洲研究
范式的必要性

威玛·迪瑟纳亚可

　　威玛·迪瑟纳亚可（Wimal Dissanayake）早年在斯里兰卡接受教育，之后在英国剑桥大学拿到博士学位，并在美国宾夕法尼亚大学攻读博士后。迪瑟纳亚可是亚洲交际传播学的奠基人之一，也是亚洲电影研究的重要学者，著有 *Global/Local*、*Narratives of A-gency*、*Transcultural Pacific* 等，并用英语和他的母语僧伽罗语这两种语言作诗。目前，迪瑟纳亚可任夏威夷大学教授、香港大学荣誉教授。

　　对元理论的关注清晰地表明，传播学已经在某种程度上成熟了。只要浏览一下关于传播学研究的各种学术期刊，就会看到一个不争的事实，即元理论已经成为一个重要的研究领域。然而到目前为止，我们的注意力仅仅局限在与西方工业发达国家联系在一起的传播学元理论。如果我们准备有成果性地扩展并深入地了解这一研究领域，我们需要对非西方社会的传播理念多加注意。研究古典印度、中国、日本以及其他国家的协定、民间戏曲及其他传统的传播方式，还有亚洲国家的传播行为特征将有其不可估量的价值。因此，需要重视对这些国家传播观特征的研究，并从事这一领域的可持续性的对比研究。

　　第三世界国家的传播学学者们对传播理论表现出了极大的兴趣。例如，一次关于东盟国家传播理论教学的调查报告显示,传播理论在东盟传播学学者喜欢教的传播课程中位居第二。[1] 位居第一的课程是发展传播学。毫无疑问,这是一个很好的迹象。然而,令人担忧的是,在第三世界国家的大学里广泛传播和讨论的传播论实际上起源于北美。这样说并不是贬低植根于北美的传播论或低估库利(Coolely)、米德(Mead)、拉斯韦尔(Lasswell)、施拉姆(Schramm)、贝罗(Berlo)等人对传播理论的贡献。这里要强调的是,在传播学研究的当前发展阶段,为了更进一步理解人类传播的本质,探讨非西方社会的传播观,探索并拓展该研究领域已显示出其重要性和必要性。

例如,在东盟研究中,传播论课程教学使用的资料有71%来自美国。我在南亚调查的数据则是78%。有趣的是东盟研究显示,当年交际理论中使用频率最高的五本教材分别是:

1.《大众传播的过程和影响》,施拉姆(Schramm)和罗伯特(Roberts),1971。

2.《新观念的传播》,罗杰斯(Rogers)和休梅克(Shoemaker),1971。

3.《传播过程》,贝罗(Berlo),1960。

4.《有效的公共关系》,卡特利普(Cutlip)和森特(Center),1971。

5.《电视生产手册及工作规程》,泽窦尔(Zettl),1968。

东盟传播学学者经常使用的由美国学者论著的关于交际的书籍,有:《大众传播和国民发展》(施拉姆,1964)、《发展中国家的传播与转变》(勒纳(Lerner)和施拉姆,1967)、《传媒的四大理论》(希尔德斯(Siebert)等)、《大众传播的责任》(里弗斯(Rivers)和施拉姆,1959)、《大众传播学》(施拉姆,1960);和《农民中的现代化:传播的影响》(罗杰斯和史文宁(Svenning),1969)。

我在南亚研究中发现的最常用的传播学书目排列如下:

1.《大众传播和国民发展》,施拉姆,1964。

2.《发展中国家的传播与转变》,勒纳和施拉姆,1967。

3.《大众传播的过程和影响》,施拉姆和罗伯特,1971。

4.《传播过程》,贝罗,1960。

---

〔1〕 R. Adhikarya, *Transnational Communication in Knowledge Transfer and Utilization Process: The US ASEAN Case*. PhD. dissertation, Stanford University, 1981.

5.《新观念的传播》,罗杰斯,1962。

6.《大众传播学入门》,埃默里(Emery)等,1960。

7.《大众传播的责任》,里弗斯和施拉姆,1959。

8.《大众传播理论》,德·弗乐尔(De Fleur),1970。

9.《大众传播的影响》,克拉彭(Klapper),1960。

10.《传媒的四大理论》,希尔德斯等。

这种对美国传播研究的极大关注是基于一定历史条件的。在第三世界国家,许多大学的传媒学院都建立在新闻学及各种校内外研究大众传媒作用的项目基础上。这些学术学院开设的课程内容和培训性质与美国的十分相似。这并不令人吃惊,因为作为学术研究性的传播学,首先是在美国获得认可的,并且大多数的教师是在那里接受培训的。

作为主流,传播学研究在美国有两个主要的研究领域:一是演讲交际和修辞研究;二是大众传播研究——新闻、广播、电视、公共关系、广告等。在亚洲、非洲和拉丁美洲的许多大学设置传媒学院是为了给各个媒体培养、输送人才,因此他们对大众传播尤其重视。许多第三世界大学的传媒学院是在新闻学院的基础上设立的,而且所教授的大部分内容是深受美国著作的影响的。然而,随着发达及发展中国家的专家学者对传播理论的更高的关注,现在已经到了该从比较的视角重新考虑传播论的本质的时候了。

鼓励和促进比较传播论研究有两个主要原因:第一,这有助于扩展语篇领域的研究,并且有助于使我们从不同的文化视角更好地理解传播行为;第二,传播论和传播研究有着重要的联系。这表明社会研究在很大程度上是受社会环境引导的。社会研究在社会环境中运作并受维系它的文化思潮的影响。因此,为了在非西方社会里进行更有价值的、相关的传播研究而不是盲目顺从西方研究信条的那种研究,鼓励更多的本土传播论研究至关重要。

传播学研究

第三世界国家进行的大多数的传播研究并不令人满意,这些研究在很大程度上与社会迫切关心的问题无关。詹姆斯·哈洛兰(James Halloran)证明有必要重新考虑发展中国家传播研究的作用,他同时主张批评研究或者政策研究,这与最初由保罗·拉扎斯菲尔德(Paul Lazarsfeld)在20世纪40年代提出的行政研究的概念形成对照。[1] 在他看来,批评研究与价值关系密切,且在很大程度上不会受到传媒机构的意愿的影响。据哈洛兰所说,这种新的社会研究的形式力求调查对普通民众重要的,而非对政客或媒体经纪人重要的社会问题。此外,这种批评的研究方法非常注重传播的过程性,并且强调需要对与传媒机构相关的其他社会机构进行研究,强调引用结构、组织、职业化、社会化、参与等概念来开展研究。为了在第三世界推进批评交际研究,非常有必要重新考虑各种时下流行的传播论、传播模式、传播范例和传播观,也有必要提出与文化思潮和人们的世界观一致的新的理论、模式和范例,从而促进建立一个批评研究的新立场。

美国在这方面的经验可以阐明传播论和传播研究的紧切关系。在许多方面仍然由美国主宰的传播模式及其特征是以传播者为基础,具有单向性和操纵性。拉斯韦尔的想法在美国的传播研究中有着非常深远的影响,他认为传播行为应以回答以下五个问题为出发点[2]:

谁?

说什么?

以何种手段?

对谁?

有什么结果?

仙农(Shannon)和维夫(Weaver)在他们广泛讨论的模式里谈论到了信息源——传递者——渠道——接收者——目的地。[3] 不难发现,这两个模式同属相同的思维模式。西方学者中,一些关于传播的最具影响力的描述也具有这种思维模式的印记。例如,欧斯古德(Osgood)说:"一般来说,只要一个

---

〔1〕 J. Halloran, The Context of Mass Communication Research. in E. G. McAnany, (ed.), *Communication and Social Structure*, New York, 1981.

〔2〕 H. D. Lasswell, The Structure and Function of Communication in Society. in L. Bryson, (ed.), *The Communication of Ideas*, New York, 1948.

〔3〕 C. E. Shannon and W. Weaver, *The Mathematical Theory of Communication*. Urbana, Illinois: 1949.

系统,一个信息源,通过连接渠道,进行信息处理来影响另一个系统,这样我们就实现了交际。"〔1〕"影响"和"操控"是两个关键词。

这种典型的西方思想方式,被称为亚里士多德派(经验主义者)。亚里士多德是提出人类传播模式的最早的西方学者之一。在这个模式里,正如在他的著作《修辞学》中描述的那样,传播行为中有三个重要组成部分——传播者、消息和接收者。传播的目的是传播者以一种恰当的方式影响或说服接收者。除了少数几位理论家,诸如贝罗的论著与此有悖之外〔2〕,有理由相信亚里士多德的传播模式在美国仍然是最具有说服力的传播模式,且与美国的传播研究的主流有着密切的联系。

> 哈洛兰说:在美国,大众传播研究已得到了推动和发展,和其他的社会科学一样,从本质上来说,这种发展是为了满足现代工业化的都市社会所提出的实证的、量化的、与政治相关联的信息需要。总的来说,着眼于提高媒体效率的研究经常仅被视为研究对象,或是为了达到商业目的一种"中立工具"。〔3〕

推进这种传播研究极好地适应了先前提到的以传播者为基础的研究模式的需要,它的目的在于影响和操控观众。尽管事实上这个模式是以西方为主的,且与亚洲社会的文化形态和认识论的特征不相协调,亚洲学者大体上也似乎支持这个模式。如果亚洲传播学学者想要提出具有自己文化印记的,能够让他们很好地更加清晰地理解复杂的人类传播的模式,他们就必须摆脱机械的亚里士多德式的传播模式。他们需要致力于利用所积累的亚洲人文科学的智慧,提出能够反映亚洲人文和思潮的、更恰当的、更具启发性的传播理论和模式。

为了使亚洲特色的传播理论及传播模式成为现实,必要的第一步是远离对亚洲产生持续、有影响力的西方功能主义的交际研究视角。随着社会科学

---

〔1〕 C. E. Osgood, *The Measurement of Meaning*. Urbana, Illinois: 1957.

〔2〕 D. Berlo, Communication as Process: Review and Commentary. in *Communication Yearbook* 3, 1979.

〔3〕 J. Halloran, *op. cit.*

解释途径的多元化的兴起和发展,随着诸如福柯(Foucault)、伽达默尔(Gada-mer)、里科尔(Ricouer)、哈贝马斯(Habermas)、格尔茨(Geertz)等学者思想的广泛传播,人们提出了许多有关实证的和功能主义研究方法的问题。除了这些学者提出的问题外,东方的学者们对另外两个问题的考虑也很敏感:一个是实践方面的问题,另一个是理论方面的问题。前者在实质上是保守的,体现了功能主义状况持续的本质,且不能令人信服地、有效地应对社会变化。在大多数人的生活状态仍处于贫困之中的亚洲国家,对社会变化的需求是不可避免的,也是极为重要的。因此,如果我们赞成社会研究应当对社会产生反驳作用的观点,我们就必须更加注重有利于社会变化并能刺激社会变化的研究哲学。

近来,参与性研究的概念已经被广泛接受了,尤其是在欧洲传播学学者当中。社会行为者作为研究对象与研究者共同参与研究,并在研究过程中建立起一种相互教育的互动关系。这种研究形式的提倡者认为研究是一个过程,在这个过程中,社会现实的批判认识将激发这些研究对象的意识并刺激他们的社会行为。当然,这需要研究者深入参与者在传播过程中产生的社会现实中去。正是由于这种为了社会变化而进行经验的分享才产生了理论假说和方法论。这种参与的研究性形式要求我们放弃实证论的研究。

第二个问题与形而上学层面上的功能主义有关。功能主义是建立在实证论的自然科学观的基础上的,即人为了自己的利益控制自然。换言之,这假定了人与自然之间的二元性。与之相反,亚洲文化强调坚持人与自然之间有创造性地双赢的结合。因此,以形而上学和认识论为基础的功能主义与其他亚洲文化的思潮有着明显的不同。恰恰是因为这个差异,我认为亚洲的传播学学者们应当使用哲学的方法,如现象学,不接受表象与实际的严格划分,同时强调想象力、直觉和价值。西方的社会科学家们越来越多地开始质疑功能主义的有效性和实用性,这一事实更强调亚洲传播学者们需要摆脱功能主义的影响。

我已经详细地叙述了传播学研究这方面的内容,因为理论和研究是密不可分的。理论指导研究,研究完善理论。如果亚洲传播学学者们希望从事更有效、更切题的研究,那么有关新的理论和新的研究模式的研究势在必行。

亚洲的理论和模式

到目前为止，我们已经讨论了形成亚洲的传播论的必要性，因为这能使亚洲传播学学者们更有效从事传播学研究，更深入地讨论人类的相互作用。那么如何实现这一目标呢？首先，我们需要审视哲学、修辞、语言学、诗歌等古典论述，着眼于吸取那些有关传播的原则和基本条件。其次，我们需要审视远古流传下来的具有象征意义的各式各样的仪式、民间戏剧等传播形式，并找出其中独特的文化特性。再次，我们需要从不同文化的视角出发来探讨以不同的社会为特征的传播行为，以便获取一套原则或规律来指导传播行为。在这篇文章里我希望着眼于第一种方法。

帕提诃利（**Bhartrhari**）论语言交际

在这方面，已有人做过一些探究性的工作，而我想在这里用我自己对古典印度的研究来展开。[1] 许多学者已经指出了帕提诃利《词句论》的中心的地位。《词句论》创作于公元 5 世纪，它可以帮助我们正确地认识印度的哲学思想和语言思维。[2] 尽管该论著是在 15 个世纪前创作的，但是它核心的传播观却有着现代的气息并为现代传播研究注入了活力。事实上，《词句论》所反映的基本思想完全与传播领域的一些现代观念一致。

正如标题所示，《词句论》是一本讨论句子和词的概念的书。然而，需要注意的是，作者试图以一种全面的方式来加以探索，但却引发了本在他研究范围之外的其他话题。但帕提诃利最初的想法是试图对语言和意义的密切关系作出一个清晰的界定。

《词句论》包含着四条被证明是极具启发性的、引人深究的重要见解。当然，这些见解是相互联系的，来自于他所强烈持有的世界观。他的世界观是与《吠陀经》和《奥义书》紧密联系的一元论。其中最重要的是帕提诃利所持的有关语言在人类认知中的作用的论点。他直截了当地说：

---

〔1〕 W. Dissanayake, *The Phenomenology of Communication：A Classical Indian View.* Semiotica：1983.

〔2〕 K. W. Abhayankar and V. P. Limaye, *Vakyapadiya.* Poona：1965.

如果不被理解,世界上就没有认知。无论过去还是现在——所有的知识都与语言、词语交织在一起。[1]

因此,帕提诃利清楚地指出了存在于语言和人类认知之间的亲密关系。从传播论来说,这个见解有着深刻的含义。

就这一点而言,帕提诃利在 15 个世纪前的主张能够在萨丕尔－沃尔夫理论里的语言相对性中得到共鸣。这个理论起初是在 1929 年萨丕尔发表的文章中提出的。他说:

语言是社会现实的指导。尽管起初社会科学的学生并未对语言的本质感兴趣,但它强有力地支配着我们对于社会问题和社会历程的所有见解。人类不只是生活在客观世界里,也不像先前所认识的那样仅仅生活在社会现实的世界里,而是生活在语言的支配下;语言已成为人类社会表达的中介。想象一个人基本上不使用语言而适应现实,或者想象语言在解决有关交际和反思的具体问题上仅仅是附属的一种手段,都是不切实际的。事实上,真实的世界在很大程度上是下意识地建立在一个团体的语言习惯上的。[2]

同样的,沃尔夫指出,每一个语言的语言系统不仅仅是表达想法的再造手段,而且是人在语言中形成想法。

帕提诃利的想法和萨丕尔－沃尔夫假设惊人地相似。这种思路,确切地说,并非源自西方世界的萨丕尔和沃尔夫。柏拉图的一些言论在一定程度上也可以理解为支持这种观点。然而,用明确的术语阐明这个理论的学者还是萨丕尔和沃尔夫。无疑,极端形式的语言相对论因为其过分简单化和片面性已不为许多学者所接受了。但不争的事实是,这个理论包含的真理引领着并深深吸引了那些现代思想家诸如维特根斯坦(Wittgenstein)、列维－斯特劳

---

〔1〕 Vakyapadiya, I, p. 123.

〔2〕 B. L. Worf, Language, Thought and Reality. in J. B. Caroll, (ed.), *Selected Writings of B. L. Whorf*, New York: 1965.

斯(Levi-Strauss)和皮亚杰(Piaget)等。

从传播论的观点看,包含在《词句论》里的第二个重要概念和语义单位有关。虽然其他大多数学者强调把词看做是语言交际中的语义单位,帕提诃利坚持认为整句应当被认为是语义单位。实际上,帕提诃利在他论著的第二个部分中倾力建构这一观点。他首先讨论了传统的学者理解语言和语义的八种方式,然后表明词是无法离开句子而存在的,故而句子才是语义单位。

有意思的是,帕提诃利的观点与乔姆斯基的语言观有着密切的联系。[1]乔姆斯基和其他的转化生成语法学家把句子作为分析单位。这并不意味着其他的哲学家和语言学家不重视句子,不将其视为语义单位。例如,实证哲学家主要关注的是句子分析和句子间的推理关系,然而,他们关注的焦点是语言的逻辑句法。

从传播论的观点看,帕提诃利倾向于把句子看做是语义单位。这种概念推动了现代传播论的发展。正如金凯德(Kincaid)指出的:

> 对一个词的意义的理解需要根据特定场景选择其众多意义中的某一特定意义。这也是在一定容忍范围内降低不确定性的决断过程。然而,在这一层面,不确定性是由对词的样式的辨认所造成的。此外,对"rebellion"这一词没有一个唯一的理解,同样,英语里只有一个词适用于独特的字母组合,r-e-b-e-l-l-i-o-n.
>
> 词的概念存在于一个相对有限的语义空间或意义集合之中。像"rebellion"这样的词没有自己单一孤立的概念意义,但是如果被置于一个合适的语义区和其他所有通常关联的重要概念联系在一起就有意义了。它的特定意义产生于在特定语境里它与其他相关的概念的相互作用。[2]

《词句论》里的第三个重要概念涉及传播的语境化。帕提诃利令人信服地指出,话语的语境有助于限定语篇的域,从而排除模糊的意义。在帕提诃

〔1〕 N. Chomsky, *Topics in Theory of Generative Grammar*. The Hague:Mouton, 1966.

〔2〕 D. L. Kincaid, The Convergence Model of Communication. paper of the East-West Communication Institute, 1979.

利看来,话语的语境是由许多变量组成的。[1] 这些变量大体上可以分为两类:

1. 语内变量;
2. 语外变量。

第一类包括诸如句法关系(vakya),句子成分间的语义兼容性(artha),由句中特定成分暗示的、影响意义限定的(成分间)联系性(samsarga),由句中特定成分暗示的、影响意义限定的(成分间)分裂性(viprayoga)等变量。第二类包括诸如背景语境(parkarana)、空间关系(dera)、时序关系(kala)等变量。

当研究语内变量时,很明显,帕提诃利强调句法和语义两个维度。一个句子从句法上来说可能是无懈可击的,但是,如果不能满足语义兼容性的需要就不具意义。语外变量由时空和社会文化两个维度组成。这里,庞亚那亚(Punyanaya)——帕提诃利的评注者——给了我们一些具有启发性的例子:

> *Saindhavam anaya*
> 带来盐 / 马[2]

Saindhavam 在梵文里既有盐的意思也有马的意思。因此,在上述引用的祈使句里,*Saindhavam* 的意思是含糊不清的。两种理解都有可能。实际上,只有话语产生的语境才能帮助选择合适的意义;如果话语的语境与食物有关,那么,"盐"是更合适的意义;相反,如果语境与战争有关,"马"便是更恰当的选择。

让我们来讨论一下庞亚那亚的另一个例子。他说当有人提及"门"时,这个词在冬天和夏天有截然不同的两个意思。冬天时,它的意思是关门;夏天时,它的意思是开门。所有这些例子都表明一个重要的事实:话语的语境在很大程度上能够帮助意义的确定。

---

[1] Vakyapadiya, Ⅱ, pp. 314—315.
[2] Vakyapadiya, Ⅱ, pp. 314—315.

从传播论的观点来看,话语语境化的观点在以下几方面体现了其重要性。第一,在蓄意性交际行为中,接收者为了获得信息,总是试图对意义的符号体系进行解码。意义的符号体系可能是听觉的、视觉的、口头的或者是三者的结合。进行传播重要的是接收者必须积极主动地亲自参与解码行为。因此,在我看来,想要构建更有意义的人类交际论,我们必须从接收者和解码过程开始,而不是像其他诸如亚里士多德、香农和维夫所做的那样,从传播者和编码过程开始。

为了更进一步加强这一论点,让我们细想一下语言交际。在语言交际中,要想成功地进行交流,接收者就必须能够解译由传播者构造的符号系统的码。为了有效地交际,编码过程必须包括解码过程的镜像。换言之,在传播者和接收者之间应当有一个共享的释译模式。因此,从传播论的观点来看,摆在我们面前的一个问题是:"是什么因素促使一个能消除传播意义中歧义的共享释译图式的出现?"在这点上,帕提诃利提出了一组有高度提示性的、能够使我们确定交际意义的变量。据我所知,这是最早的、从接收者的观点出发提出的构建交际意义的释译图式。

第二,帕提诃利提出的经验语境化概念有利于阐明语境化和全局视角之间的关系。传播语境概念的重要性体现在:所有事物都有其内部联系,世界中任何事物都不能孤立于其他事物而存在。帕提诃利是一位一元论哲学家,他认为世上万物是婆罗门的具体表现。因此,在现代传播学学者看来,他采用了整体的、系统的观点。从他的一元论观点看,他对传播中语境的重要性的强调源于他的一元论;从传播论的观点来看,传播的语境只有在整体的、系统的层面上才有意义。

第三个关键的概念从各个方面来说都是最重要的,这就是帕提诃利的论著中提及的 *sphota*。帕提诃利在他的论文里提出的重要问题之一是:"听者怎么样从说者发出的一系列声音中寻找意义?"换言之,用语言进行交际意味着什么? 这是理解人类传播的关键。我们首先需要了解一下作者的视角。当我们研究西方传播论的进展时,我们意识到,在 20 世纪后半叶,随着"用法和满足的概念"〔1〕、"交际的交易模式"〔2〕等概念的出现,人们开始从交际的视角研究传播过程。这当然是从亚里士多德模式发展到香农—维夫模式的一个例子。由此看来,1500 多年前就从接收者的角度出发来研究传播行为,其本身就具有重大意义。在帕提诃利的分析框架中,他将 *sphota* 的概念具体化了,认为真正占主导地位的是接收者,而不是说话者。

Sphota 一词有突破、冲开和揭露的意思。因此,我想用 *sphota* 这个词来说明其在语言学语境中的意义到底如何揭示人的思想。尽管 *sphota* 这个概念在早期的哲学文献中就已以一种模糊和某种萌芽的形式出现,但确实是帕提诃利系统地阐明了这一概念。戴维斯(Davis)通过周密地研究文本,找出了帕提诃利在文本的正文中是如何使用 *sphota* 和 *sabda* 这两个词的,并说,一个人可以称 *sphota* 为 *sabda*。然而,戴维斯自己也指出,因为这一概念传统上被称为 *sphota*,因此使用 *sphato* 会更好。我认为这里还需要考虑另外一点,在传统的梵语中,*sabda* 一词有浓厚的宗教色彩,这可能会影响我们的理解。

帕提诃利认为,当听者听到说话者的语言时,其语音模式和意义在他的脑子里结合形成思维内容。说话者大脑里的完整的思想内容被分成相应的语音模式块和意义块,并在听者的脑子里重组。在《词句学》一书中,帕提诃利在多处提到了他坚信词具有双重性:即示形达意。从传播论的观点来看,一个重要的问题是:"听者把听觉信息解码为思维内容的原理是什么?"这里,帕提诃利提出了 *pratibha* 的概念。他说:

> 当(单个词的)意义被独立地理解时,由此产生的对整句的理解,是由个体词的独立的意思综合而来的。
>
> 意义本身不能被这样或那样地解释给别人。它是基于个人的理解,甚至研究对象自己也无法将其解释清楚。〔3〕

---

〔1〕 J. Blumler and E. Katz (eds.), *Current Perspectives in Mass Communication Research*. California: 1974.

〔2〕 D. C. Barnlund, A Transactional Model of Communication. in Sereno and Mortenson, (eds.), *Foundations of Communication Theory*, New York: Harper and Row, 1970.

〔3〕 Vakyapadiya, II, p. 50.

因此，根据帕提诃利，我们明白 *pratibha* 的概念对解码过程的理解起到了很关键的作用，它是难以理解的个人行为，是感知的形式。尽管 *pratibha* 现象是无法说明的，但它完全是自然的、自发的；它意味着人类大脑固有的机制。帕提诃利利用很多生动的例子阐明了这一点。*sphota* 意味着从接收者的立场出发而建立语言交际典范的最早的尝试。

以上这些就是在帕提诃利的《词句学》被认为是能给传播者带来极大启示的三种概念。这三个概念的重要性不仅仅在于它们与当代西方思想家的传播语境化的思想的一致性，更重要的是，这些概念与传统的思维框架间的联系。正如在先前所提到的，帕提诃利对语言和意义的理解直接源自他一元论的世界观。尽管近些年来西方传播学家也注意到了这些概念，但他们没有充分地意识到在一个系统的框架内研究它们的必要性。在这一点上，帕提诃利的著作起着非常好的启蒙作用。

当西方传播学学者从事于构建新的传播论并扩展现有理论的范畴时，文化间的、比较的视角必然会以一种恰当的方式显示其研究价值。在这个背景下，帕提诃利的《词句学》确是一部具有深刻见解的、需要我们仔细研读的论著。

我之所以详细地论述帕提诃利的《词句学》在传播学上的意义，是因为研究古典文献对我们解决传播学上的问题有着重要的价值和意义。

中国的哲学和传播论

成中英在讨论中国的哲学和当代传播论时，注意到在道教和禅宗里，传播的概念可能比较抽象，但却体现了它与在传播领域占统治地位的传播机械论模式截然不同。[1]成中英确认了中国的哲学的六个基本原则。这些原则与当代传播论中存在的问题有着极其密切的联系。它们是：

1. 在体验中将理性具体化的原则
2. 部分—整体的不确定性原则

---

[1] Chung Ying Cheng, Chinese Philosophy and Contemporary Human Communication Theory. paper presented at ICA，1980.

3. 认识论—实用主义统一原则

4. 相对矛盾辩证统一的原则

5. "诗无达诂"的原则

6. 符号参照原则

在这些原则的基础上,成中英说我们要研读古典文献,并着眼于探寻它们在传播论中的意义。

过程概念在印度和中国的传统思维中都占有重要一席,并给我们提供有趣的对照。当前对传播的认知强调其过程观,这预示着对亚里士多德的框架的根本背离。香农认为"对信息的处理需遵循要么是精确,要么是恰当的原则"。[1] 在这一点上,这与普遍流行的西方文化观点完全一致。无可否认的是,诸如赫拉克利特(Heraclitus)、黑格尔(Hegel)和柏格森(Bergson)这些思想家都在关注人类存在的千变万化的进程性的本质。但是,他们在这方面的见解,根本无法融入西方哲学思想的主流。而东方的世界观,尤其是佛教的现实观,强烈支持关于生活的程序性本质的观点。

现代物理学也认为,过程观很重要。当然,这不是新观点,17世纪的科学词汇中就已有这个概念。然而,当时它仅仅被看做是物质从一个状态到另一个状态的变化。随着对牛顿式的世界观的推翻和对相对性、不确定性和概率的重视,一个新的关于过程的概念产生了。从某种意义上说,怀特海(Whitehead)在其极其复杂的《过程和现实》一书提出过这个问题。[2] 他说:"一个真实实体是如何变成这个实体的,以至于这两个被描述的真实实体是相互联系且不能独立存在的。它的存在由它的变化过程组成。这就是过程的原则。"

从多方面来说,怀特海从哲学角度推动了新过程观的发展。史密斯(Smith)说"正如自19世纪以来的量子物理学与牛顿物理学说不同一样。怀特海提出的过程观念也不同于19世纪的提法"。[3] 尽管多年来,一般语义学一直坚持世界是不断变化的而语言是保持静态的,怀特海仍然继续关注过

---

[1] C. E. Shannon, A Mathematical Theory of Communication. *Bell System Technical Journal*, 17.

[2] A. N. Whitehead, *Process and Reality*. New York, 1960.

[3] D. H. Smith, Communication Research and the Idea of Process. *Speech Monographs*, 39:3.

程性。有关传播的讨论中,怀特海对"过程"的理解在大卫·贝罗的《交际过程》中也得以体现。贝罗说,在过去的几年中,为了指导研究,他坚持将怀特海的策略转化成实际建议。我们应怎样理解怀特海所说的"一个真实实体如何变成这个实体"。正如我之前所说的:

> 怀特海的过程观接近于佛教的观点,而佛教的观点十分接近于相互联系的共同起源的观点。怀特海的过程观像佛教的观点一样,是极其复杂和多面的。过程现象是普遍存在的。任何东西都不是自持的、独立的、静态的。世界是以动态为特征的。它是不断形成、不断毁灭的。怀特海认为,形成可以被分为过程单位;每个事物在它毁灭的同时又引发了新的过程。怀特海创造了"真实实体"这一术语来特指这些过程单位。在他看来,这些细微的、处于不断运动状态的真实实体是"点滴的经验",是形成世界的最终真实的因子。这个观点在佛教的经文中也得以体现。怀特海说他的"和西方的、亚洲的和欧洲的思想相比,有机哲学似乎更接近于印度的和中国的思想。[1]

我想说的是,亚洲古典的思想传统包容着许多有益的观念,而这些观念可激发出新的思潮。事实上,我们刚才讨论过的相互联系的共同起源的观点就很值得现代传播论学家们借鉴。正如我在别处指出的一样:

> 互存同源概念(dependent co-origination)便于对充分条件和必要条件进行区分,而这种区分对人际交往尤为重要。每一次的传播事件都是有原因的,但这不意味着每一个传播行为都是提前决定的。传播事件能够被解释的事实并不意味着它已经被决定。我们来举一个具体的例子。A邀请B去野餐。但是B拒绝了,因为上次B和A一起去野餐时,B觉得野餐很无聊。由此,回顾这件事,B会对自己说:正是由于上次无聊的经历感觉导致他拒绝接受邀请。但这并不意味着B应当这样做。他也可以接受这个邀请并对自己说:作为在大学同一个系里的同事,他确实

---

[1] W. Dissanayake, Towards Asian Theories of Communication. *Communicator*, New Delhi: 1981.

有义务接受这个邀请。换言之,尽管 B 拒绝 A 的邀请是有理由的,但是这不意味着他的行为已被完全决定了。所以在人类的互动中,条件性和非决定性是两个关键词。

这个差异确实表明人类传播交易性的本质。在人类传播中,一个人不能指挥或者命令别人以某种特定的方式去行为。一个人只会对其他人的潜在行为进行调节。语言接收者显然有行为的自由,并不按照说话人期待的方式做出反应。相对于决定性,条件性则是佛教的人类交际观的核心。[1]

所有这些让我们得出一个令人信服的结论:如果我们想卓有成效地将研究领域拓展到传播学元理论,我们就更需要从亚洲的视角出发关注这一问题。这将是一个需精心策划的、逐步的过程。我们必须立即行动,开始这一探索之旅。

(节选自 Dissanayake,W. *Communication Theory:The Asian Perspective*.
Singapore:The Asian Mass Communication Research and
Information Centre,1988.
麦丽哈巴·奥兰、邹惠明译)

扩展阅读文献

1. Chen,G. M. & Starosta,W. J. Asian Approaches to Human Communication:A Dialogue. *Intercutural Communication Studies*,2003,12(4),pp. 1—15.

---

[1] The Communication Significance of the Buddhist Concept of Dependent Co—origination. Communication,8:3,1983.

2. Chen, G. M. (2006). Asian Communication Studies: What and Where to Now. *Review of Communication*, 2006, 6, pp. 295—311.

3. Dissanayake, W. Paradigm Dialogues: A Europocentric Universe of Discourse. In B. Dervin, L. Grossberg, B. J. OKeefe, & E. Wartella (eds.), *Rethinking Communication: vol. 1 Paradigm Issues*, 1984, pp. 166—168.

4. Dissanayake, W. Asian Approaches to Human Communication: Retropect and Prospect. In Chen, G-M. & Miike (eds.), Asian Approaches to Human Communication. *Intercultural Communication Studies*, 2003, 12(4), pp. 17—37.

5. Ishii, Satoshi. An Emerging Rationale for Triworld Communication Studies from Buddhist Perspectives. *Human Communnication*, 2001, 4(1), pp. 1—10.

致　　谢

　　感谢本书所选文献相关作者及译者对本套丛书的支持,并慷慨授权本社出版他/她们的相关作品!但是,虽经我们多方努力,仍有部分作者及译者尚未联系到,希望这些作者及译者看到本书后联系本社,我们将尽快奉上稿酬/译酬和样书。

联系方式如下:

邮政地址:杭州市天目山路 148 号浙江大学出版社人文事业部,310028

电　　话:0571－88925612

E-mail:rwsyb2007@gmail.com